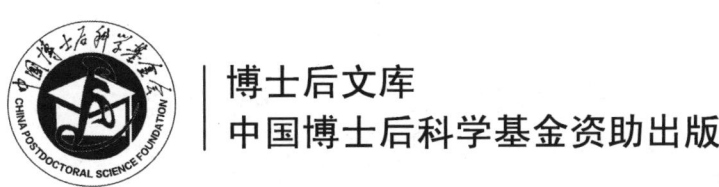

博士后文库
中国博士后科学基金资助出版

船舶智能航行控制方法与应用

柳晨光 著

科学出版社
北京

内 容 简 介

近年来，智能船舶受到了国际海事组织、世界各国的广泛关注，船舶智能航行在提升航运效能、节能减排、减少船舶配员等方面具有重要作用。本书主要介绍船舶智能航行控制涉及的感知、路径规划、控制方法及其在不同场景的应用和验证效果，梳理智能船舶和船舶智能航行发展趋势，提出船载三维激光点云目标识别方法、复杂场景路径规划方法和不确定性环境的船舶运动控制方法，阐述感知-决策-控制一体化无人艇实验平台、船舶运动控制模型船平台和船闸水域船舶编队航行平台的构成、软硬件系统实现及算法应用过程。

本书可供船舶智能感知、决策和控制领域的研究者参考，也可作为水路交通运输工程本科生和研究生的参考教材。

图书在版编目（CIP）数据

船舶智能航行控制方法与应用/柳晨光著.—北京：科学出版社，2021.9
（博士后文库）
ISBN 978-7-03-069821-6

Ⅰ.① 船… Ⅱ.① 柳… Ⅲ.① 船舶航行-智能控制 Ⅳ.① U675.7

中国版本图书馆 CIP 数据核字（2021）第 187164 号

责任编辑：杜 权/责任校对：高 嵘
责任印制：张 伟/封面设计：陈 敬

科学出版社 出版
北京东黄城根北街 16 号
邮政编码：100717
http://www.sciencep.com

北京凌奇印刷有限责任公司印刷
科学出版社发行 各地新华书店经销
*

开本：720×1000 1/16
2021 年 9 月第 一 版 印张：17
2025 年 3 月第三次印刷 字数：330 000
定价：128.00 元
（如有印装质量问题，我社负责调换）

《博士后文库》编委会名单

主　任　李静海
副主任　侯建国　李培林　夏文峰
秘书长　邱春雷
编　委　（按姓氏笔画排序）
　　　　王明政　王复明　王恩东　池　建　吴　军
　　　　何基报　何雅玲　沈大立　沈建忠　张　学
　　　　张建云　邵　峰　罗文光　房建成　袁亚湘
　　　　聂建国　高会军　龚旗煌　谢建新　魏后凯

《博士后文库》序言

1985年,在李政道先生的倡议和邓小平同志的亲自关怀下,我国建立了博士后制度,同时设立了博士后科学基金。30多年来,在党和国家的高度重视下,在社会各方面的关心和支持下,博士后制度为我国培养了一大批青年高层次创新人才。在这一过程中,博士后科学基金发挥了不可替代的独特作用。

博士后科学基金是中国特色博士后制度的重要组成部分,专门用于资助博士后研究人员开展创新探索。博士后科学基金的资助,对正处于独立科研生涯起步阶段的博士后研究人员来说,适逢其时,有利于培养他们独立的科研人格、在选题方面的竞争意识及负责的精神,是他们独立从事科研工作的"第一桶金"。尽管博士后科学基金资助金额不大,但对博士后青年创新人才的培养和激励作用不可估量。四两拨千斤,博士后科学基金有效地推动了博士后研究人员迅速成长为高水平的研究人才,"小基金发挥了大作用"。

在博士后科学基金的资助下,博士后研究人员的优秀学术成果不断涌现。2013年,为提高博士后科学基金的资助效益,中国博士后科学基金会联合科学出版社开展了博士后优秀学术专著出版资助工作,通过专家评审遴选出优秀的博士后学术著作,收入《博士后文库》,由博士后科学基金资助、科学出版社出版。我们希望,借此打造专属于博士后学术创新的旗舰图书品牌,激励博士后研究人员潜心科研,扎实治学,提升博士后优秀学术成果的社会影响力。

2015年,国务院办公厅印发了《关于改革完善博士后制度的意见》(国办发〔2015〕87号),将"实施自然科学、人文社会科学优秀博士后论著出版支持计划"作为"十三五"期间博士后工作的重要内容和提升博士后研究人员培养质量的重要手段,这更加凸显了出版资助工作的意义。我相信,我们提供的这个出版资助平台将对博士后研究人员激发创新智慧、凝聚创新力量发挥独特的作用,促使博士后研究人员的创新成果更好地服务于创新驱动发展战略和创新型国家的建设。

祝愿广大博士后研究人员在博士后科学基金的资助下早日成长为栋梁之材,为实现中华民族伟大复兴的中国梦做出更大的贡献。

中国博士后科学基金会理事长

序

　　自2012年以来，智能船舶受到了世界主要航运国家的广泛关注，中国船级社于2015年率先发布了全球首个智能船舶规范，智能船舶研究方兴未艾。在测绘领域，智能船舶可为岸线、地形、水文等参数的无人化测量节约人力成本，减轻劳动强度并提高测绘效率。在航运领域，智能船舶可以减少船舶配员，提高航运经济性，降低人为失误带来的航行风险。在军事领域，智能船舶可以进行远程无人作战，并能执行扫雷等危险任务。此外，智能船舶也是我国"交通强国""海洋强国"战略的关键技术装备。目前，智能航行是智能船舶发展过程中亟待解决的关键难题，涉及的智慧感知、智能决策和先进控制技术与车辆、飞行器有明显区别。近几年，人工智能、先进感知、新一代通信、高精度实时定位等技术的蓬勃发展，为船舶智能航行的发展与应用提供了必要条件。柳晨光副研究员的这本专著正是在这种背景下完成的。

　　柳晨光2017~2019年在武汉大学测绘遥感信息工程国家重点实验室从事博士后研究期间，在我和毛庆洲教授共同指导下开展了船载三维激光雷达点云目标识别、路径自主规划与控制等研究，并于2018年获得了中国博士后科学基金面上项目资助。博士后出站后进入武汉理工大学智能交通系统研究中心任职，继续从事船舶智能航行控制相关研究，于2020年获得国家自然科学基金青年科学基金资助和湖北省自然科学基金资助。该书的内容主要依托柳晨光博士后出站报告、博士学位论文（2017年中国智能交通协会全国优秀博士论文），以及所发表的学术论文、科研项目成果总结等。该书以船舶智能航行控制为研究主题，分析当前智能船舶和船舶智能航行的研究趋势，并从智能航行感知、决策、控制、平台等方面分别进行研究。在航行感知方面，基于三维激光雷达和毫米波雷达设备探索船舶近距离感知技术，能够为船舶自动靠离泊、近距离避障提供新思路。在航行决策方面，充分考虑智能船舶的全程路径自主规划需求，分别建立船舶航行风险和经济性模型，并兼顾避碰、靠泊、水流、航行规则等多因素，提出基于改进A^*的船舶路径规划方法。在航行控制方面，考虑风、浪、流等干扰下的船舶运动控制问题，构建复杂环境船舶动力学模型和响应型模型，探讨船舶轨迹跟踪控制和路径跟随控制的控制难点，提出基于模型预测控制的船舶精确运动控制器。此外，船舶编队控制作为一种新型航运模式，在未来航运体系中将发挥重要作用，以船编队自适应巡航控制和编队过闸自适应控制为场景，研究船舶编队航行控制方法。在平台建设方面，构建船舶智能航行感知、决策、控制的多个实验平台。其中，2019 年在葛洲坝船闸水域构建的实船编队过闸控制系统产生了良好的应用效果，能够减少船舶待闸时间，提高船闸通行效率。

该书对智能船舶航行领域相关学者、研究生和本科生具有参考价值，有助于系统性理解船舶智能航行的概念、起源和发展。同时，结合具体仿真实例、模型船试验和实船试验，该书可指导开展船舶智能航行控制的相关理论、技术和应用研究，推动交通运输学科、控制学科和测绘学科的融合发展。

2021 年 5 月

前　　言

随着人工智能、大数据、通信、云计算、智能控制等技术的飞速发展，智能船舶受到国际海事组织、各大船级社、航运企业和学术机构愈来愈多的关注。智能航行是智能船舶的核心功能。本书梳理近年来智能船舶和船舶智能航行的发展现状，总结船舶智能航行的发展趋势，可为相关领域研究者提供参考。系统性分析并提出船舶智能航行涉及的感知、决策和控制前沿理论与技术，重点研究船载三维激光点云目标识别方法、考虑多因素的多场景路径规划方法，以及不确定性复杂环境下船舶轨迹跟踪与路径跟随控制方法。本书内容主要来源于作者博士后出站报告《无人船近距离障碍目标识别与路径跟踪控制研究》和博士学位论文《基于预测控制的无人船运动控制方法研究》。

本书运用三维激光雷达和毫米波雷达手段实现智能船舶的近距离目标感知，提出基于姿态角反馈的三维激光雷达点云实时校正及目标识别与分类方法，研发三维激光雷达目标实时识别软件，并在感知-决策-控制一体化无人艇实验平台进行验证。针对复杂场景下船舶智能航行路径规划需求，提出综合考虑避碰、靠泊、水流、航行规则等多因素的改进 A^* 算法路径规划方法，兼顾船舶路径规划的安全性与经济性需求；针对无人航道测量特定需求，提出一种避碰后快速恢复测量航线的路径规划方法，通过设置地理电子围栏保证船舶航行安全。提出自适应视距导航算法，将路径跟随控制问题转换为船舶船首向跟踪控制问题，且保证船舶在过弯时的跟踪精度；提出一种基于 λ-最小二乘支持向量机的模型在线辨识方法，提升船舶参数发生改变时的路径跟踪精度；设计一种状态补偿扩张观测器，解决状态不可测问题对船舶运动控制精度的影响。提出考虑水流干扰条件下基于自适应视距-扩张状态观测器-模型预测控制的自适应路径跟踪控制方法，设计无人船路径跟踪控制系统架构，解决模型预测控制快速求解、系统状态采集与不可测状态观测问题，并在模型船运动控制试验平台进行验证。针对船舶智能航行应用需求，分别构建感知-决策-控制一体化无人艇实验平台、船舶运动控制模型船平台和船闸水域船舶编队航行平台，并在无人航道测量、船舶航行运动控制、船舶编队航行等领域进行测试与应用，可为船舶智能航行理论、技术和平台建设等研究提供支持。

全书共10章。第1章为绪论，介绍智能船舶的概念，综述近年来智能船舶的国内外研究进展与发展趋势，分析船舶智能航行控制的发展现状。第2章为船舶智能航行近距离目标感知，提出基于船载三维激光雷达和毫米波雷达的船舶近距离目标识别方法，并基于 VS、PCL 库、Qt 平台设计并研发船载三维激光雷达目标识别软件。第 3 章为船舶智能航行避碰路径规划，通过对比分析现有智能船舶路径规划方法，提出一种面向无人航道测量的船舶改进 A^* 路径规划方法及考虑多因素的船舶改进 A^* 路径规划方法。第 4 章为船舶智能航行运动控制模型，介绍船舶自适应控制中系统辨识的主要方法和船舶运动状态观测器设计方法，建立考虑环境干扰和不确定性的船舶水动力模型和响应型运动模型。第 5 章为船舶智能航行轨迹跟踪控制，利用船舶水动力模型分别提出基于线性模型预测控制和非线性模型预测控制的船舶轨迹跟踪控制方法。第 6 章为船舶智能航行路径跟随控制，提出一种自适应 LOS 导航算法，以及基于二阶非线性 Nomoto 响应模型的模型预测控制路径跟随方法。第 7 章为考虑不确定性的船舶智能航行路径跟随控制，提出一种基于 λ-LS-SVM 和 MPC 的自适应路径跟随控制方法。第 8 章为基于扩张状态观测器的船舶智能航行路径跟随控制，提出一种基于补偿扩张状态观测器的 MPC 控制方法，以及基于自适应 LOS 导航、补偿 ESO 观测器和 MPC 的船舶路径跟随控制方法。第 9 章为船舶编队航行协同控制，梳理目前船舶编队航行的编队结构和编队控制方法，设计领导-跟随、基于行为相结合的过闸船舶编队控制结构，提出船舶航速控制算法、距离保持算法和停船控制算法。第 10 章为船舶智能航行控制应用，构建感知-决策-控制一体化无人艇实验平台、船舶运动控制模型船平台和船闸水域船舶编队航行平台，开展激光雷达目标识别、路径自主规划、路径控制、船舶编队过闸等测试与应用。

本书获得了国家自然科学基金项目（52001240）、中国博士后科学基金面上项目（2018M632923）、湖北省自然科学基金项目（2020CFB307）的资助。特别感谢博士后导师龚健雅院士，以及初秀民、毛庆洲教授和严新平院士对本书研究工作的悉心指导。吴文祥、余必秀、贺治卜、谢朔参与了本书部分内容的研究工作，贺治卜、吴文祥、李松龙、雷超凡、郭珏菡对书稿进行了校对和整理，武汉大学测绘遥感信息工程国家重点实验室、武汉理工大学智能交通系统研究中心给予了大力支持，在此对他们表示衷心的感谢！

希望本书对从事相关领域的研究者有所帮助。由于作者水平有限，书中难免有疏漏之处，恳请读者批评指正（联系邮箱：liuchenguang@whut.edu.cn）！

柳晨光
2021 年 5 月

目 录

第1章 绪论 ····· 1
1.1 引言 ····· 1
1.2 智能船舶概念与发展 ····· 3
1.3 船舶智能航行控制发展 ····· 5
1.3.1 感知子系统 ····· 7
1.3.2 认知子系统 ····· 7
1.3.3 决策子系统 ····· 7
1.3.4 控制子系统 ····· 8
参考文献 ····· 8

第2章 船舶智能航行近距离目标感知 ····· 10
2.1 船舶智能航行近距离目标感知系统 ····· 10
2.2 基于毫米波雷达的船舶近距离障碍物识别方法 ····· 12
2.2.1 毫米波雷达简介 ····· 12
2.2.2 基于毫米波雷达的船舶感知方法 ····· 13
2.3 基于激光雷达的船舶目标感知方法 ····· 15
2.3.1 基于先验知识的三维点云目标识别方法 ····· 17
2.3.2 基于学习机制的三维点云目标识别方法 ····· 18
2.3.3 基于三维激光点云的目标识别方法 ····· 20
2.4 船载三维激光雷达目标识别软件 ····· 24
2.4.1 软件简介 ····· 24
2.4.2 软件功能 ····· 24
参考文献 ····· 26

第3章 船舶智能航行避碰路径规划 ····· 30
3.1 船舶避碰路径规划主要算法 ····· 30
3.2 基于 A^* 算法的船舶全局路径规划方法 ····· 32

3.3 面向无人航道测量的船舶 A^* 算法路径规划方法 ································ 33
    3.3.1 无人航道测量船路径规划算法的提出 ································ 34
    3.3.2 仿真对比 ··· 36
    3.3.3 仿真结果分析 ··· 39
3.4 考虑多因素的船舶改进 A^* 算法路径规划方法 ································ 41
    3.4.1 风险建模 ··· 41
    3.4.2 A^* 算法改进 ·· 45
    3.4.3 仿真实例 ··· 52
参考文献 ··· 57

第 4 章 船舶智能航行运动控制模型 ·· 60
4.1 船舶运动控制概述 ·· 60
4.2 船舶路径跟踪控制 ·· 61
    4.2.1 最优控制 ··· 61
    4.2.2 变结构（滑模）控制 ··· 62
    4.2.3 反馈线性化 ·· 62
    4.2.4 智能控制 ··· 63
    4.2.5 Backstepping 算法 ·· 64
    4.2.6 模型预测控制 ··· 64
    4.2.7 各种方法的优缺点分析 ·· 65
4.3 船舶路径跟踪自适应控制 ·· 66
    4.3.1 系统辨识方法 ··· 67
    4.3.2 视距导航算法 ··· 69
    4.3.3 船舶运动状态观测器 ··· 69
4.4 船舶运动建模 ·· 71
    4.4.1 船舶运动模型 ··· 71
    4.4.2 环境干扰 ··· 78
    4.4.3 模型不确定性 ··· 80
参考文献 ··· 82

第 5 章 船舶智能航行轨迹跟踪控制 ·· 90
5.1 船舶轨迹跟踪控制原理 ··· 90

         5.1.1 MPC 基本原理 90
         5.1.2 基于 MPC 的船舶轨迹跟踪基本原理 91
    5.2 基于线性 MPC 的船舶轨迹跟踪控制 91
         5.2.1 非线性状态空间模型建立 91
         5.2.2 模型线性化和离散化 92
         5.2.3 约束条件设置 93
         5.2.4 最优化问题 95
         5.2.5 仿真实验 96
    5.3 基于非线性 MPC 的船舶轨迹跟踪控制 104
         5.3.1 模型离散化 104
         5.3.2 约束条件设置 105
         5.3.3 最优化问题 106
         5.3.4 仿真实验 106
    5.4 基于 MPC 与基于滑模控制的船舶轨迹跟踪对比 108
         5.4.1 基于滑模控制的轨迹跟踪控制方法 108
         5.4.2 仿真实验对比 109
    参考文献 110

第 6 章 船舶智能航行路径跟随控制 111
    6.1 船舶路径跟随控制原理 111
    6.2 船舶自适应 LOS 导航 112
         6.2.1 LOS 基本原理 112
         6.2.2 自适应 LOS 导航算法 115
    6.3 船舶路径跟随控制 116
         6.3.1 响应型模型 116
         6.3.2 船舶路径跟随控制模型 117
    6.4 基于自适应 LOS 和 MPC 的船舶路径跟随控制 117
    6.5 基于自适应 LOS 的船舶路径跟随仿真实验 119
         6.5.1 仿真参数设计 119
         6.5.2 自适应 LOS 参数整定 120
         6.5.3 自适应 LOS 与传统 LOS 的路径跟随效果对比 121
         6.5.4 无干扰情况下基于自适应 LOS 和 MPC 的路径跟随控制 122

  6.5.5 基于 MPC 与基于 Backstepping 的路径跟随对比 …………………… 123

  6.5.6 干扰情况下基于自适应 LOS 和 MPC 的路径跟随控制 ………………… 126

 参考文献 …………………………………………………………………………… 130

第 7 章 考虑不确定性的船舶智能航行路径跟随控制 ………………………… 131

 7.1 基于传统 LS-SVM 的运动模型参数辨识方法 ……………………………… 131

  7.1.1 基于传统 LS-SVM 的函数估计方法 ………………………………… 132

  7.1.2 基于传统 LS-SVM 的船舶路径跟随参数辨识方法 ………………… 134

 7.2 基于 λ-LS-SVM 的船舶运动模型在线参数辨识方法 ……………………… 136

  7.2.1 基于滑动数据窗口的在线辨识方法 ………………………………… 136

  7.2.2 模型变化指数设计 …………………………………………………… 137

  7.2.3 输入持续激励方法 …………………………………………………… 138

  7.2.4 基于 λ-LS-SVM 的船舶运动模型在线辨识算法 …………………… 138

 7.3 基于 λ-LS-SVM 和 MPC 的船舶自适应路径跟随控制 …………………… 139

 7.4 仿真实验 ……………………………………………………………………… 141

  7.4.1 场景 1：机构老化引起的参数改变 ………………………………… 141

  7.4.2 场景 2：水流等引起的参数改变 …………………………………… 142

  7.4.3 场景 3：船舶操纵性的改变 ………………………………………… 144

  7.4.4 仿真结果及分析 ……………………………………………………… 146

 参考文献 …………………………………………………………………………… 147

第 8 章 基于扩张状态观测器的船舶智能航行路径跟随控制 ………………… 148

 8.1 通用 ESO ……………………………………………………………………… 148

  8.1.1 ESO 的提出 …………………………………………………………… 148

  8.1.2 通用 ESO 观测器的提出 ……………………………………………… 150

 8.2 补偿 ESO ……………………………………………………………………… 152

  8.2.1 连续补偿扩张状态观测器 …………………………………………… 152

  8.2.2 离散补偿扩张状态观测器 …………………………………………… 154

 8.3 基于离散补偿 ESO 的 MPC 控制方法 ……………………………………… 155

  8.3.1 方法的提出 …………………………………………………………… 155

  8.3.2 稳定性分析 …………………………………………………………… 156

  8.3.3 实例验证 ……………………………………………………………… 158

8.4 基于 LEM 控制方法的船舶路径跟随控制 ·········· 165
8.4.1 基本原理 ·········· 165
8.4.2 仿真实验验证 ·········· 166
参考文献 ·········· 169

第 9 章 船舶编队航行协同控制 ·········· 170
9.1 船舶编队航行控制研究进展 ·········· 170
9.1.1 船舶编队控制结构 ·········· 170
9.1.2 船舶编队运动模型 ·········· 176
9.1.3 船舶编队控制器 ·········· 178
9.1.4 研究现状与关键问题 ·········· 180
9.2 船舶纵向航速协同控制方法 ·········· 181
9.2.1 船舶的纵向动力模型 ·········· 183
9.2.2 船舶航速跟驰建模 ·········· 185
9.2.3 模型预测控制 ·········· 187
9.2.4 仿真验证 ·········· 190
9.3 船舶编队过闸控制方法 ·········· 197
9.3.1 船舶编队过闸控制研究背景 ·········· 197
9.3.2 过闸船舶编队控制结构 ·········· 199
9.3.3 过闸船舶编队控制方法 ·········· 200
9.4 船舶编队控制研究展望 ·········· 204
参考文献 ·········· 205

第 10 章 船舶智能航行控制应用 ·········· 212
10.1 感知-决策-控制一体化无人艇平台 ·········· 212
10.1.1 实验平台设计 ·········· 212
10.1.2 算法与软件实现 ·········· 214
10.1.3 点云目标识别实验 ·········· 215
10.1.4 路径规划实验 ·········· 217
10.2 船舶运动控制模型船平台 ·········· 218
10.2.1 模型船运动控制实验平台 ·········· 219
10.2.2 平台算法实现 ·········· 226

10.2.3 实验验证 ·········· 230
10.3 船闸水域船舶编队航行平台 ·········· 242
　　10.3.1 概述 ·········· 242
　　10.3.2 多船编队过闸控制系统 ·········· 242
参考文献 ·········· 253

编后记 ·········· 254

第 1 章 绪 论

1.1 引 言

水路运输是国民经济发展的命脉,国际贸易 90%以上靠水路运输完成[1]。截至 2019 年末,我国水路运输完成货物周转量达到 103 963.04 亿 t,分别是铁路运输和公路运输的 3.4 倍和 1.7 倍。我国拥有水上运输船舶 13.16 万艘,净载重量达到 25 684.97 万 t,集装箱箱位达到 223.85 万标准箱,港口年货物吞吐量为 139.51 亿 t,位居世界第一[2]。近年来人工智能、大数据、云计算、机器学习、5G 通信、物联网等新技术的兴起,极大推动了智能船舶相关理论与技术的发展。智能船舶是支撑水路运输向智能化和绿色化发展的基础,也是我国海洋强国与交通强国船舶装备建设重点方向,已成为近年来国际海事研究领域的新热点。我国作为造船大国,先后实施了"智能船舶 1.0 研发专项""绿色智能内河船舶创新专项""智能船舶综合测试与验证研究""船舶(航行)态势智能感知系统研制""基于船岸协同的船舶智能航行与控制关键技术"等科技项目,取得了丰硕的成果。但由于全世界智能船舶仍处于探索和发展的初级阶段,许多工作尚待进一步完善。加快船舶智能技术研发与工程应用,对支撑我国抢占智能航运发展先机、促进我国船舶工业高质量发展具有重要作用[3]。

在第 99 届海上安全会议上国际海事组织(International Maritime Organization,IMO)提出了水面自主船舶(maritime autonomous surface ships,MASS)定义及自主水平 4 级划分提议,见表 1.1。由表可见,智能航行是水面自主船舶核心功能之一,且其技术发展是逐步和阶段性的。受智能技术发展与海事法规等因素制约,今后很长一段时间内人机共存的 L1~L3 级水面自主船舶是最有可能实用化的智能船舶技术,是研发的主攻方向。

随着人工智能、大数据、通信、云计算、智能控制等技术的飞速发展,船舶智能化受到了国际海事组织、各大船级社、航运企业和学术机构愈来愈多的关注[4]。近年来,世界主要航海大国船级社相继发布了智能船舶行动计划和智能航行等级划分。2015 年,中国船级社率先发布了《智能船舶规范(2015)》,将智能船舶的功能分为智能航行、智能船体、智能机舱、智能能效管理、智能货物管理和智能

表 1.1　IMO 水面自主船舶分级表

分级	航行决策	遥控驾驶	自主航行	阶段描述	技术条件
L1	船上船员监督	无	具备自动航行功能，船上船员可随时接管操作	辅助智能航行，功能不断完善，可减轻船员工作负荷。如"大智"轮	设备：航海雷达、船载识别系统、自动舵 通信：无特殊要求 场景：任何场景下的船端人员驾驶
L2	船上船员监督	有（异地遥控）	具备自动航行功能，船上船员可随时接管操作	遥控驾驶航行有人监督，逐步推进。如欧盟"自动化无人操控货船"项目	设备：航海雷达、船载识别系统、自动舵、摄像机、态势感知与控制系统等 通信：低时延远程通信 场景：实现简单场景的远程遥控驾驶，以及复杂场景的船端人员驾驶
L3	船上无船员监督	有（异地遥控）	具备自主航行功能，可远程接管操作	遥控驾驶航行无人监督，无船员在船。如英国罗尔斯·罗伊斯公司与芬兰阿尔托大学合作的"高级自主水运应用"项目	设备：航海雷达、船载识别系统、摄像机、激光雷达、态势感知与控制系统、自主航行感知决策与控制系统 通信：低时延高带宽通信 场景：实现简单场景的船端自主航行，以及复杂场景的远程遥控驾驶
L4	无船员	无	完全具备自主航行功能	关键技术及模型船研究阶段，短期不具备实用性，智能航行终极目标	设备：航海雷达、船载识别系统、摄像机、激光雷达、自主航行感知决策与控制系统、全周期航行状态监控与诊断系统 通信：低时延高带宽通信 场景：实现任何场景下的自主航行控制

集成平台[5]。2020 年，中国船级社根据智能船舶发展需要，更新发布了《智能船舶规范（2020）》，新增了远程控制操作和自主操作功能[6]。《智能船舶规范（2020）》中指出："智能船舶系指利用传感器、通信、物联网、互联网等技术手段，自动感知和获得船舶自身、海洋环境、物流、港口等方面的信息和数据，并基于计算机技术、自动控制技术和大数据处理和分析技术，在船舶航行、管理、维护保养、货物运输等方面实现智能化运行的船舶，以使船舶更加安全、更加环保、更加经济和更加可靠。"[6]虽然世界各国对智能船舶的概念和发展阶段的定义不完全相同，但对智能船舶更安全、更经济、更智能、更环保的发展愿景描述基本一致。

1.2 智能船舶概念与发展

船舶智能技术的发展可追溯至综合船桥系统（integrated bridge system，IBS）[7]。从 20 世纪 60 年代末至今，IBS 经历了五十多年的发展，已具备导航、驾控、避碰、信息集中显示、报警监控、通信、岸站支持、航行管理与控制自动化等多种功能，在保障船舶航行安全和降低人员成本方面发挥着重要作用。随着近十年来智能船舶概念逐渐被人们接受和认可，智能船舶的发展已从单一的机舱自动化、驾控一体化和运维智能化，逐渐向船舶整体智能化方向发展。近年来国内外主要进行的智能船舶研究和试验的情况总结如下。

2012 年 9 月，欧洲率先启动了智能船舶项目"智能化及网络支持的海上无人导航系统"，该项目对自主航行和无人驾驶船舶的概念、架构、技术途径和法规等进行了系统性论证和研究。2015 年 7 月，英国罗尔斯·罗伊斯公司（以下简称罗罗公司）发布了"高级无人驾驶船舶应用开发计划"，展示了未来智能船舶概念[8]。2017 年 6 月，罗罗公司与全球拖船运营商 Svitzer 合作，实现了在丹麦哥本哈根港的远程遥控驾驶功能。2017 年 9 月，芬兰瓦锡兰公司通过使用常规卫星通信，在美国加利福尼亚州圣迭戈远程操控位于 8 000 km 外欧洲北海海域的"Highland Chieftain"号轮船，完成了 4 h 的远程遥控船舶操作测试。2017 年 12 月，我国自主研发的全球首艘 38 800 t 智能散货船"大智号"正式交付，该船上安装智能运行与维护系统，能够实现航线自主规划、自动避碰、系统状态自动诊断等功能。2018 年 11 月，我国研发和建造的 40 万吨级智能超大型矿砂船"明远"号正式交付，实现了辅助自动驾驶、能效管理、设备运维、船岸一体通信和货物液化监测等功能[4]。2018 年 12 月，罗罗公司与芬兰渡轮运营商 Finferries 在芬兰图尔库市以南的群岛成功展示了全球首艘无人驾驶渡轮"Falco"号，并完成了无人驾驶和远程驾驶航行。2018 年 12 月，瓦锡兰公司在"Folgefonn"号渡轮上完成了三个港口之间的完全不间断自主航行。2019 年 1 月，ABB 公司的"Suomenlinna II"号冰级客渡轮，通过远程驾驶技术成功航行通过了赫尔辛基港附近的测试区域。2019 年 5 月，具有自主航行、远程遥控、自动靠离泊的"智腾"号船舶完成了航行测试。2019 年 6 月，我国超大油轮示范船"凯征"号正式交付，该船被授予了智能航行、智能机舱、智能能效管理、智能货物管理和智能平台 5 个智能船舶附加标志。2019 年 6 月，欧盟启动"欧洲水域自主航运倡议（autonomous shipping initiative for European waters，AUTOSHIP）"项目，针对短线海洋货运船舶和内河货运船舶开展船舶态势感知、自主避碰、远程自主航行、船岸数据交互、数据安全、智能维护等方面的研究，预计 2023 年底实现商业化应用。2019 年 7 月，日本三井造船公司完成了"ShiojiMaru"号船舶的自动靠泊和离泊试验。2019年9月，挪威船级社与自动化系统供应商Høglund等合作，在"Fannefjord"号渡轮上实现了自动化系统和轮机设备的远程控制[9]。2019年10月，武汉理工大学国家水运安全工程技术研究中心在荷兰海事研究所演示了跨越8500 km的船舶远程控制。2019年12月，韩国三星重工在大田控制中心利用5G技术对250 km外的一艘缩比模型船进行了远程驾驶，演示验证了基于海上避碰规则的自主航行和智能航线优化技术。2019年12月，由中国船级社等单位联合研发的"筋斗云"号小型无人货船首航，该船具有远程监控、多船会遇自动避碰、自主靠离泊等功能。2020年12月，日本邮船公司联合其他机构在东京湾开展了针对"吉野丸"号拖船大约400 km距离的远程操作。由英国普利茅斯大学与IBM公司等机构研发的"五月花"号无人驾驶船舶以风能和太阳能作为动力源，预计在2021年尝试无人驾驶跨越从英国到美国的大西洋航程。全球代表性智能船舶如图1.1所示。

(a)"Falco"号渡轮

(b)"Folgefonn"号客渡轮

(c)"Suomenlinna II"号客渡轮

(d)"Highland Chieftain"号轮船

(e)"大智"号散货船

(f)"明远"号矿砂船

（g）"筋斗云"号货船

（h）"吉野丸"号拖船

图 1.1　全球代表性智能船舶

可见，当前智能船舶已进入了快速发展阶段，以欧洲部分国家和日本、韩国、中国为代表的航运和造船大国正在积极开展智能船舶相关的标准制定、技术研发、测试验证等研究。

1.3　船舶智能航行控制发展

智能航行是智能船舶的核心功能。中国船级社《智能船舶规范（2020）》中对船舶智能航行的定义为："利用先进感知技术和传感信息融合技术等获取和感知船舶航行所需的状态信息，并通过计算机技术、控制技术进行分析和处理，为船舶的航行提供航速和航路优化的决策建议。在可行时，船舶能够在开阔水域、狭窄水道、进出港口、靠离码头等不同航行场景和复杂环境条件下实现船舶的自主航行。"[6]可见，船舶智能航行与自主航行概念上较为接近，考虑船舶智能航行与自主航行都具有相应的等级划分，为便于描述，在本书中认为智能航行与自主航行在概念上等价。船舶智能航行一方面可以替代船员做出决策，降低人为操纵失误带来的航行事故风险；另一方面也可以减少船舶配员，节约成本，推动船舶实现远程驾驶和无人驾驶[10]。但是，船舶智能航行发展也是循序渐进的，国际海事组织、劳氏船级社、挪威自主船舶论坛、罗罗公司等机构相继发布了船舶智能航行等级划分规则，见表 1.2。

表 1.2　船舶智能航行等级划分[11-12]

分级	国际海事组织	劳氏船级社	挪威自主船舶论坛	罗罗公司
L0	—	船员全程驾驶	船员全程驾驶	船员全程驾驶
L1	具有自动处理与决策功能，船员可随时接管	船员驾驶，船载自动系统提供辅助决策	船员驾驶，船载自动系统提供辅助决策	部分自主，船员为主，自动系统为辅
L2	有船员在船的自动航行或远程控制	船员驾驶，船载或远程自动系统提供辅助决策	船员监督下的自动驾驶	条件自主，自动系统为主，船员为辅
L3	无船员在船的自主航行或远程控制	船员监督为主的自主航行	有船员在船的远程驾驶	高度自主，自动系统为主，船员为辅
L4	全程自主航行	船员监督为辅的自主航行	无船员在船的远程驾驶	完全自主，自动系统处理所有任务
L5	—	远程监督下的全程自主航行	远程监督下的自动驾驶	—
L6	—	无人监督下的全程自主航行	远程监督下的自主航行	—
L7	—	—	无人监督下的全程自主航行	—

船舶智能航行系统包括感知、认知、决策和控制等子系统[13]，如图 1.2 所示。近年来，船舶智能航行研究主要以辅助驾驶决策和部分条件下自主航行为主。

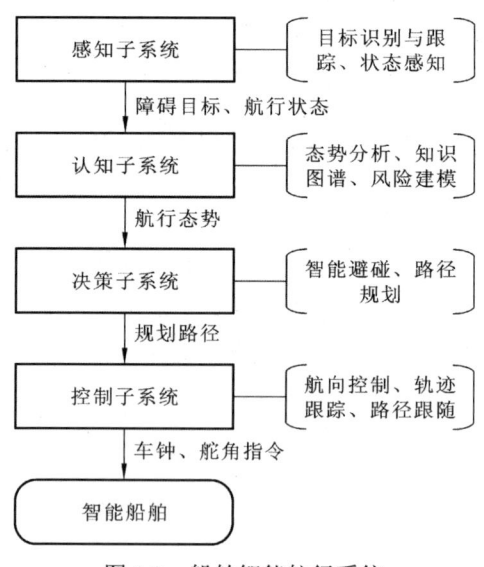

图 1.2　船舶智能航行系统

1.3.1 感知子系统

感知子系统利用航海雷达、船载识别系统(automatic identification system,AIS)、视觉传感器、电子罗经、激光雷达、声音传感器等设备获取船舶周围环境和自身状态数据,识别与跟踪船舶周围他船、桥梁等障碍目标。2017年ABB公司推出一款旨在使船舶运行更加安全高效的航行态势感知解决方案——ABB Ability Marine Pilot Vision,实现了船舶环境的实时可视化与自主感知。2017年武汉理工大学研发的船载安全驾驶智能辅助系统,能够立体实时在线、三维动态地监控航区内所有船舶,及时监管航区船只的航行态势,并提前预警水上交通安全形势。该系统在日本商船三井公司航行于神户和大分之间的165 m"Sunflower"号客渡船上进行了测试[14]。同年,工业和信息化部高技术船舶专项"船舶(航行)态势智能感知系统研制"项目启动,提出研制国际一流水平的智能感知系统,通过固态雷达、激光雷达、全景视觉、全景红外视觉、声音识别、遥感及三维重构数字场景等新技术的高度融合及多媒体技术的应用,提高船舶航行环境态势的智能感知能力[15]。

1.3.2 认知子系统

认知子系统是在状态感知基础上,利用风险建模、知识图谱、态势分析等方法进一步认知船舶航行态势。2017年马士基集团和Sea Machines Robotics公司利用人工智能技术改进了海上目标识别和跟踪、态势感知的能力。2018年罗罗公司推出一款船舶航行态势感知系统,集成了船舶3D地图技术和脉冲激光测距技术,通过链接全球定位系统(global positioning system,GPS)数据创建3D环境,以虚拟现实(virtual reality,VR)、增强现实(augmented reality,AR)形式将航行态势信息提供给船舶驾驶人员。围绕船舶航行态势感知信息应用效用问题,Vu等指出了报警信息过载的现象,提出了综合船桥系统信息人机交互改进策略[16]。景乾峰等提出一种基于虚拟现实系统的船舶数字孪生框架,增强船舶的态势感知能力[17]。Du等采用非线性速度障碍算法预测让路船航行意图,进而提高本船的态势感知能力[18]。

1.3.3 决策子系统

决策子系统是以安全无冲突航行为目标,实现智能/动态避碰、路径规划等行为动作过程。传统船舶航行决策研究通常围绕两个方面展开：一是船舶辅助驾驶决策，即利用先进传感、虚拟现实、视觉增强等技术为驾驶人航行决策提供更精确、更全面的信息支持；二是机器自主航行决策，即利用航线规划、避碰决策等方法实现船舶航行自主决策，以取代驾驶人的作用。综合船桥系统、视觉增强系统等辅助驾驶系统能够有效帮助驾驶人进行航行决策。同时，随着机器学习、大数据、人工智能等技术的飞速发展，人们对于船舶航行自主决策寄予了更多的期望[19]。Chang等利用证据理论和贝叶斯网络分析了自主船面临的主要风险类型[20]；Zhang等基于贝叶斯网络提出了自主船在感知、决策和执行过程中的人因失误概率模型[21]；Fan等提出水面自主船舶的航行风险因素识别框架[22]。

1.3.4 控制子系统

控制子系统是指在风、浪、流等环境干扰及系统不确定性条件下利用比例、积分、微分（proportional integral derivative，PID），滑模，反步法，模型预测控制，神经网络等方法实现航向保持、轨迹跟踪、路径跟随等运动控制。船舶运动控制根据是否依赖模型可分为无模型控制方法和有模型控制方法。其中，无模型控制方法是一种无须建立过程模型的控制方法，通常基于反馈控制实现，如 PID 控制、自抗扰控制等。有模型控制方法是一种基于系统模型的控制方法，如最优控制、模型预测控制、神经网络控制等。系统建模又分为白箱、黑箱和灰箱模型。白箱模型是指系统所有过程都建立在因果关系基础上的模型；黑箱模型是根据输入、输出关系建立的模型；灰箱模型介于白箱和黑箱之间。目前，船舶控制子系统的难点主要在于高海况和不确定干扰下的精确控制。

参 考 文 献

[1] 严新平. 智能船舶的研究现状与发展趋势[J]. 交通与港航, 2016(1): 23-26.

[2] 交通运输部. 2019 年交通运输行业发展统计公报[R/OL]. (2020-05-12)[2021-03-24]. http://www. gov. cn/ xinwen/2020-05/12/content_5510817.htm

[3] 工业和信息化部，交通运输部，国防科工局. 智能船舶发展行动计划（2019-2021 年）[R/OL]. (2018-12-30) [2021-02-05]. http://www.gov.cn/xinwen/2018-12/30/content_5353550.htm.

[4] 李永杰，张瑞，魏慕恒，等. 船舶自主航行关键技术研究现状与展望[J]. 中国舰船研究，2021, 16(1): 32-44.

[5] 中国船级社. 智能船舶规范 2015[S]. 北京: 2015.

[6] 中国船级社. 智能船舶规范 2020[S]. 北京: 2020.

[7] 柳晨光, 初秀民, 谢朔, 等. 船舶智能化研究现状与展望[J]. 船舶工程, 2016(3):77-84.

[8] JOKIOINEN E. Remote and autonomous ships-the next steps[R]. London: AAWA, 2016.

[9] 王远渊, 刘佳仑, 马枫, 等. 智能船舶远程驾驶控制技术研究现状与趋势[J]. 中国舰船研究, 2021, 16(1): 18-31.

[10] 高宗江, 张英俊, 孙培廷, 等. 无人驾驶船舶研究综述[J]. 大连海事大学学报, 2017, 43(2): 1-7.

[11] LR. Design code for unmanned marine systems[R]. 2019.

[12] NFAS. Definition of autonomy levels for merchant ships[R/OL]. [2021-03-24]. https://nfas.autonomous-ship.org/wp-content/uploads/2020/09/autonom-defs.pdf.

[13] 严新平, 吴超, 马枫. 面向智能航行的货船"航行脑"概念设计[J]. 中国航海, 2017, 40(4): 95-98, 136.

[14] 刘昭青. 商船三井展示 AR 导航系统支持船员安全值班和船舶运作[J]. 航海, 2019, 244(6): 69.

[15] 海兰信. "船舶(航行)态势智能感知系统研制"项目启动[EB/OL]. [2021-04-21]. https://www.highlander.com.cn/newsmes.html?id=1473.

[16] VU V D, LÜTZHÖFT M, EMAD G R. Frequency of use: the first step toward human-centred interfaces for marine navigation systems[J]. Journal of Navigation, 2019, 72: 1089-1107.

[17] 景乾峰, 神和龙, 尹勇. 一种基于虚拟现实系统的船舶数字孪生框架[J]. 北京交通大学学报, 2020, 213(5): 121-128.

[18] DU L, GOERLANDT F, BANDA O A V, et al. Improving stand-on ship's situational awareness by estimating the intention of the give-way ship[J]. Ocean Engineering, 2020, 201: 107110.

[19] IMO. Autonomous shipping [EB/OL]. [2021-02-05]. https://www.imo.org/en/MediaCentre/HotTopics/Pages/Autonomous-shipping.aspx.

[20] CHANG C H, KONTOVAS C, YU Q, et al. Risk assessment of the operations of maritime autonomous surface ships[J]. Reliability Engineering & System Safety, 2021, 207: 107324.

[21] ZHANG M, ZHANG D, YAO H, et al. A probabilistic model of human error assessment for autonomous cargo ships focusing on human–autonomy collaboration[J]. Safety Science, 2020, 130: 104838.

[22] FAN C, WRÓBEL K, MONTEWKA J, et al. A framework to identify factors influencing navigational risk for Maritime Autonomous Surface Ships[J]. Ocean Engineering, 2020, 202: 107-188.

第2章 船舶智能航行近距离目标感知

国际与国内贸易量的日益增加对交通运输的效率、安全与节能提出了新的挑战，作为一种重要的贸易运输方式，如何提高船舶的智能化水平是航运亟待解决的关键问题[1]。船舶人力的减少一方面可以节约宝贵的船体空间、降低运营成本，另一方面可以有效降低甚至避免人为因素造成船舶事故的发生。近年来，无人机、无人车等载运工具的研究与应用促进了船舶无人化和智能化进程，科研机构、船舶公司和各国政府也将更多的目光集中于智能船舶之上。本书将这类无人化、智能化、自主化的水面船舶统称为智能船舶。航行感知系统是实现船舶智能航行的基础，相当于人的感官，采集船舶航行环境周围的图像、电磁回波、激光点云、声音、报文等类型的信息，为船舶态势认识、航行决策提供可航行区域、障碍物目标、风险建模等信息支持。严新平院士提出的"航行脑系统"将船舶感知系统与人脑的感知系统进行映射，为研发新一代船舶智能感知系统指明了重要方向[2]。航海雷达、AIS、视觉传感器等感知手段在船舶远距离目标感知中发挥了重要作用，相关研究较多。而针对智能船舶自主靠离泊、近距离避障等近距离目标感知问题研究较少。本章首先介绍船舶智能航行近距离目标感知系统的发展，其次提出基于毫米波雷达的船舶目标感知方法和基于三维激光点云的船舶目标感知方法，最后研发船舶三维激光雷达目标识别软件，为船舶智能航行近距离目标感知研究提供参考。

2.1 船舶智能航行近距离目标感知系统

当前船舶自动化水平较高，但船舶的正常运行始终离不开人的参与[3]。即使是无人值班机舱，当有紧急情况发生时仍需要船员来处理。船舶驾驶虽有卫星导航、电子罗盘、电子航道图和自动舵的辅助，但驾驶台还未完全实现无人化。船舶无人化不仅能提高船舶的自动化和智能化水平，还能减少船舶发生危险的风险。据统计，在船舶碰撞事故中，89%~96%的事故可归结于人自身的原因，包括明显的和潜在的原因[4]。近年来，人工智能、通信传感技术的快速发展使智能船舶吸引了更多的目光。从用途上划分，智能船舶研究已经覆盖了军用、海洋测绘、水质监测、海事巡航、远洋和内河运输等多个领域；从方法和技术角度划分，智能船舶研究主要集中于能源保障、避碰避险、环境感知、路径规划和航迹控制等方面。智能船舶涉及智能船体、智能航行、智能能效、智能货物管理等多个方面，智能航行或自主航行是智能船舶的核心功能之一。本节主要围绕智能航行开展讨论。

实际上，遥控无人船早在二战时就已经应用于攻击敌船，在技术上已经比较成熟[5]。但具有智能航行或自主航行的智能船舶目前仍处于研究阶段，关键的理论和技术问题还有待解决。通常将船舶智能航行感知子系统和认知子系统统称为感知与认知子系统，因此，船舶智能航行系统可分为环境感知与认知子系统、路径规划子系统和运动控制子系统，其相互关系如图 2.1 所示。

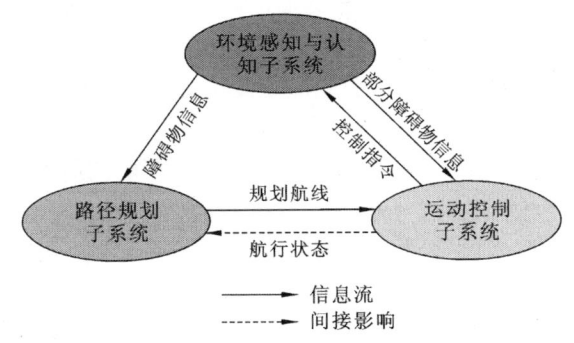

图 2.1　船舶智能航行系统组成及其相互关系

航行过程中环境障碍目标会对智能船舶安全航行带来重大隐患，具备环境障碍物精确检测能力是实现智能船舶自主航行的基础。船舶航行环境障碍物主要包括他船（航行船舶、航标船、趸船等）、桥梁、礁石、岛屿、岸基、水上建筑物、浅滩等。针对智能船舶障碍物感知问题，目前主要是利用航海雷达、AIS、图像传感器和电子海（江）图综合解决的。但是，这些手段仍不能满足智能船舶对环境障碍目标识别的需求，主要原因为：①航海雷达具有盲区，近距离无法识别障碍目标，且航海雷达易受波浪干扰，很难提取目标障碍物的具体尺寸和方位信息；②AIS 只能以一定时间间隔获取在航船舶的航行状态信息，无法获取其他障碍物信息，且定位不准导致 AIS 接收到的他船位置信息错误的情况时有发生；③图像传感器（相机）虽然分辨率较高，但受外界光源影响很大，且单一图像传感器不具备测距和方位（orientation）计算能力，即使是双目视觉，在某些场景也存在目标匹配困难的问题；④电子海（江）图只能提供水深、航道、航标船、岛屿等静态信息，无法实时提供在航船舶、礁石等障碍目标的状态信息。航海雷达、AIS、图像传感器（相机）和电子海（江）图等传统目标识别手段很难获取智能船舶周围近距离障碍目标的准确状态信息（位置、大小、方位角等）。

激光雷达（laser detection and ranging，LiDAR）是一种主动传感器，通过向目

标照射一束激光来测量目标的距离等参数。激光雷达具有测距精度高、量程大、抗光、抗干扰能力强等优点,随着固态雷达技术逐渐成熟,未来激光雷达成本高的劣势可能也不复存在[6]。激光雷达在无人车环境感知中应用十分广泛,全球领先的无人驾驶公司 Waymo、汽车厂商丰田、国内自动驾驶平台百度 Apollo 等均采用激光雷达作为重要的感知手段。相比而言,激光雷达在智能船舶环境感知中应用较少,船舶自主航行场景激光点云目标识别方法也不够完善。目前用于障碍物检测的激光雷达一般为三维激光雷达,最大测距能力为 300 m 左右,采用的激光波长为 905 nm,随着激光雷达技术不断发展,1 550 nm 波长激光雷达能够进一步增强测距和抗雨雾能力。在复杂繁忙水域航行或者靠离泊时,智能船舶需要获取近距离范围内(<300 m)障碍目标的精确位置、方位角、大小等状态信息,以进行避障操作。使用激光雷达作为感知手段将有效解决船舶近距离障碍目标识别问题。

除激光雷达外,毫米波雷达在智能船舶近距离障碍目标感知时也能起到十分关键的作用。毫米波雷达发射毫米波段的电磁波,常用的频率有 24 GHz、77 GHz 和 79 GHz[7]。该频段的电磁波具有优良的穿透能力,能够在雨雾天气测量障碍物的距离和速度。由于毫米波雷达波长较激光雷达长,其测距精度不如激光雷达高,但通常也能达到分米级,且具有较高的速度测量精度。常用的车载毫米波雷达测距范围最大可达 250 m 左右,速度测量范围很广。因此,毫米波雷达也是智能船舶近距离障碍目标的重要感知手段。

当智能船舶获取到周围障碍物目标信息后,需设计一条满足经济性、安全性要求的最优路径,使智能船舶能够到达目标地点。智能船舶路径规划是指在有障碍物的环境中寻找一条从给定起点到终点的运动路径,使智能船舶能安全、可靠地避开所有障碍物[8]。智能船舶在进行路径规划时,除保证路径最短之外,还应考虑智能船舶自身的操纵性、水流、风力等因素对航行的影响。同时,对海上和航道内航行的船舶,在路径规划时还应考虑海上和内河避碰规则的约束。目前很多学者在从事智能船舶的路径规划研究,但提出的路径规划方法缺乏实证,也很难满足复杂场景的避碰。

2.2 基于毫米波雷达的船舶近距离障碍物识别方法

2.2.1 毫米波雷达简介

毫米波雷达波长(1~10 mm)介于红外与微波之间,兼有红外和微波的优点,即具有高分辨率、窄波束、小尺寸和全天候工作等优点[9]。毫米波雷达在车辆障碍目标检测应用较多，主要用于车辆前方障碍物（其他车辆、行人等）的检测，测量方位角可达 180°，测量距离可达 250 m[10]。毫米波雷达空间分辨率高，能获得周边环境的深度信息，因此可以确定前方障碍物的形状、位置等。

黄伟利用针对车辆前方障碍物检测需求，首先利用自车道车距最小值原则确定初选目标，再运用卡尔曼滤波对初选目标进行预测，并建立有效目标检测与更新流程图，最后根据生命周期法对有效目标进行更新[11]。基于毫米波雷达的自适应巡航控制（adaptive cruise control，ACC）系统能够根据车辆前方目标车辆速度和距离自动调整自车速度，使自车与目标车辆距离始终保持在安全范围内。船舶领域，胡天彤等利用毫米波雷达和机器视觉对夜间船舶进行检测，获取船舶的速度、位置等信息[12]。庄加兴等提出基于毫米波雷达与激光雷达的无人船近距离目标运动态势融合感知方案，能够有效弥补现有无人船感知盲区，提高近距离目标感知精度及自主靠离泊的可靠性[13]。

目前毫米波雷达在船舶障碍物探测领域运用较少，但其对于近距离目标感知毫米波雷达仍能发挥重要作用，特别是多船列队航行时，毫米波雷达可以作为前后船舶距离和速度测量的重要选择。

2.2.2　基于毫米波雷达的船舶感知方法

船舶正常航行时与他船和障碍物的距离保持较远，毫米波雷达只能作为一种紧急避障手段。但是，当船舶组成编队时，编队内船舶之间的纵向和横向间距较短，毫米波雷达较适用于船舶编队之间的相对距离和相对速度的测量。本小节以船闸水域船舶编队航行感知为例，提出一种基于毫米波雷达的船舶感知方法。

通过毫米波雷达获取船舶之间的相对距离及船舶相对速度，为避免船舶在闸室内时，毫米波雷达扫到两侧闸壁对船舶间距数据产生影响，通过设置毫米波雷达的有效扫射角，对数据进行筛选以排除闸壁对目标测量的影响。在编队内每艘船舶的前、后、左、右分别安装一台毫米波雷达，以过闸船舶前置毫米波雷达为例，雷达扫描角度设置如图 2.2 所示。

图 2.2 中：φ 为毫米波雷达有效扫射角度；W_L 为船闸宽度；c 为毫米波雷达距离两侧闸壁距离中较小的距离；d 为船舶编队纵向允许的最近距离；θ 为船首向与船闸方向的夹角。毫米波雷达的有效扫射角度设置需要考虑闸壁干扰，因此航向发生偏移时毫米波雷达的有效扫射角度设置应满足以下条件：

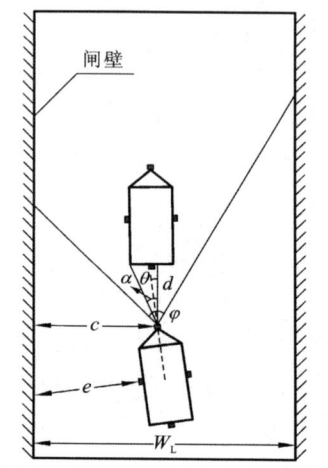

图 2.2 毫米波雷达扫射角度设置

$$d \leqslant \frac{c}{\sin\left(\dfrac{\varphi}{2}+\theta\right)} \tag{2.1}$$

式中：c 的值可以通过侧舷毫米波雷达测得。根据毫米波雷达测距值可以计算得到船舶在船闸室内的精确位置坐标，如图 2.3 所示。

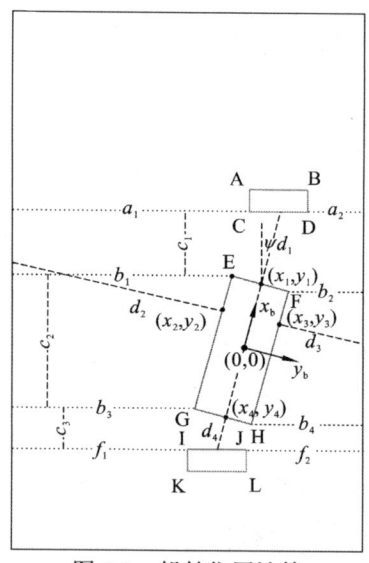

图 2.3 船舶位置计算

图 2.3 中：ABDC 表示前船，EFHG 表示本船，IJLK 表示后船。假设前船为某一固定大小的矩形目标，其距离左右闸壁的距离分别为 a_1 和 a_2；本船 EFHG 在

前、左、右、后位置安装的毫米波雷达获取的正前方距离分别为 d_1、d_2、d_3 和 d_4；假设后船为某一固定大小的矩形目标，其距离左右闸壁的距离分别为 f_1 和 f_2。本船相对于闸室前进方向的夹角为 ψ。参数计算如下：

$$a_1 = b_1 + \frac{W}{2}(\cos\psi - 1) + d_1\sin\psi \tag{2.2}$$

$$\begin{cases} b_1 = d_2\cos\psi + (L/2 - x_2)\sin\psi \\ b_2 = d_3\cos\psi - (L/2 - x_3)\sin\psi \\ b_3 = b_1 - L\sin\psi \\ b_4 = b_2 + L\sin\psi \end{cases} \tag{2.3}$$

$$\begin{cases} c_1 = d_1\cos\psi - \frac{W}{2}\sin\psi \\ c_2 = L\cos\psi \\ c_3 = \frac{W}{2}\sin\psi + d_4\cos\psi \end{cases} \tag{2.4}$$

式中：W、L 分别为本船 EFHG 的船宽和船长。

在毫米波雷达进行实际测量时，可通过设置雷达截面积、扫描角度范围、扫描目标位置范围等参数，以及利用中值滤波、均值滤波、卡尔曼滤波等方法实现对水面干扰和测量噪声的过滤。通过毫米波雷达测得的船舶相对距离和相对航速曲线如图 2.4 所示。由图可见，测得的相对距离和航速未产生异常点。

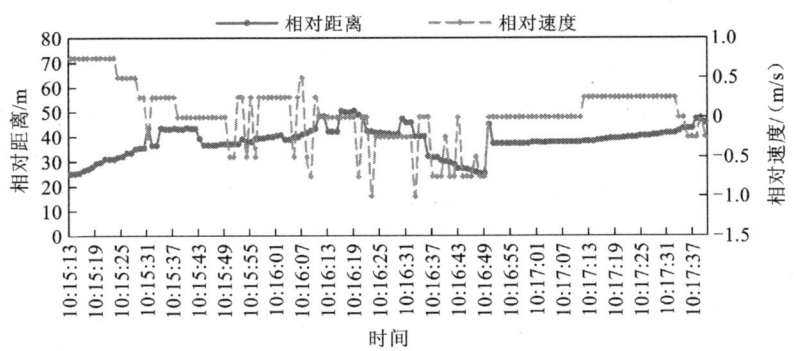

图 2.4 毫米波雷达测量的船舶相对距离和相对航速

2.3 基于激光雷达的船舶目标感知方法

现有基于激光点云的无人车、无人机障碍目标识别方法分别由车辆和飞机驾驶场景提出，很难直接应用于智能船舶自主航行场景。智能船舶航行场景与车辆驾驶场景对于障碍物检测的区别主要体现在：①当风浪较大时船舶剧烈摇晃会对激光雷达点云配准带来不利影响；②激光雷达一般无法接收到平静水面的反射光，但是当水面有波浪或者船舶尾浪时，激光雷达可以接收到水面反射光，这与道路路面提取的情况存在差异；③车辆比大型船舶尺寸要小很多，激光雷达通常可以扫描到车辆整体轮廓，而很难扫描到大型船整体轮廓，这增加了船舶整体识别和方位计算的难度；④激光雷达能够检测到水面漂浮物（木块、垃圾、浮游生物等），且这些漂浮物会随水流运动，一般来说漂浮物对船舶航行几乎没有影响，因此在目标识别时有必要将它们从三维点云中去除。这些关键问题如果能够得到解决，将会使激光雷达在智能船舶近距离障碍目标识别中发挥重要作用，也会大大增加智能船舶在复杂场景的自主航行能力。

随着激光雷达技术的不断发展，激光雷达可以提供分辨率高、测距远、抗干扰能力强的场景实时三维点云，通过对三维点云的处理可以获得场景内障碍目标状态，为实现汽车和船舶的自动驾驶提供坚实基础。近年来，Waymo、丰田、大众、苹果、百度等公司均采用激光雷达作为感知手段，可以说激光雷达已经成为目前无人车必不可少的传感器。从查阅的文献来看，激光雷达很少应用于船舶航行目标识别，相关的三维点云目标识别方法讨论也较少。罗罗公司设计的船舶自动驾驶感知平台将激光雷达作为船舶周围三维环境重构传感器，在夜间和恶劣天气下均发挥重要作用。在 2016 年国际无人驾驶车辆系统协会举办的 Maritime RobotX Challenge 系列比赛中，参赛船舶普遍采用激光雷达作为障碍物检测传感器[14]。Halterman 等将 Velodyne HDL-64E 激光雷达架设在船舶上，通过激光雷达可以扫描到船舶、皮艇、浮标、石头、船舶尾浪、浮藻等障碍目标，这在一定程度上展现了航行环境下激光点云的特点[15]。上海大学在研发的"精海"船舶上搭载了激光雷达，为智能船舶自主航行提供环境障碍物信息支持[16]。2019 年 9 月，日本邮船公司根据 IMO 发布的《水面自主船舶试航暂行指南》对各海试项目进行了测试，在海试过程中利用三维激光点云实现目标船舶的运动态势感知[17]。

三维激光雷达常用于自动驾驶场景，其每秒能生成几十万到几百万个点云数据，基于这些点云数据就可以精确还原激光雷达周围三维场景。三维激光点云的主要特征可描述如下。

（1）数据量大。以 Velodyne VLS-128 激光雷达为例，其每秒产生 960 万个激光点云数据，假定自动驾驶系统以 10 Hz 频率更新障碍物信息，则意味着 100 ms 时间内需要处理 96 万个激光点云数据。

（2）非结构化。二维图像所有像素都可以用一个二维矩阵表示，属于结构化表示；与二维图像不同的是，三维点云属于非结构化表示，使用不同的设备或者在不同位置对同一个物体进行扫描，三维点云的排列顺序千差万别。

（3）稀疏性。在自动驾驶的场景中，激光雷达的采样点覆盖相对于场景大小来讲，具有很强的稀疏性。在 KITTI 数据集中，如果把原始的激光雷达点云投影到对应的彩色图像上，大概只有 3%的像素才有对应的雷达点[18]。

（4）存在遮挡、重叠问题。由于障碍物相互遮挡和自遮挡，激光雷达获取的三维点云数据存在缺失、重叠问题。一般的点云分割算法很难将重叠的目标分割开[19]。

（5）存在噪声干扰。激光雷达在测量过程中不可避免地混有不合理的噪声点，导致重构的曲线、曲面不平滑[20]。

2.3.1 基于先验知识的三维点云目标识别方法

三维激光点云目标识别方法可以分成两大类：基于先验知识的目标识别方法和基于学习机制的目标识别方法[19]。基于先验知识的目标识别方法依赖于感兴趣目标的先验信息，比如形状、大小、反射强度、高度等，主要包括基于栅格和基于模型拟合的三维点云目标识别方法。

1. 基于栅格的三维点云目标识别方法

基于栅格的三维点云目标识别方法是将扫描的三维激光雷达点云按照某种方式投影到二维或三维网格中，通过定义栅格点云平均高度、密度、高度差等属性进行分析，从而判断某一栅格是否为障碍栅格[7]。基于栅格的障碍物检测方法最早应用于 2005 年 DARPA 无人车挑战赛，斯坦福大学的"Stanley"无人车将点云投影到栅格中，根据栅格高度差和一阶马尔可夫模型实现快速地面分割[21]。Douillard 等提出了一种平均高度和最大最小高度相结合的地面分割方法，计算每个栅格内点的平均高度，与相邻的四个栅格作差，保留最大差值作为高度梯度，将差值小于一定阈值的点标记为地面点，将高度梯度大于阈值的标记为障碍物点[22]。李小毛等提出了一种基于无人水面艇三维激光雷达的障碍检测算法，将三维激光点云投影到 2.5D 栅格地图中进行聚类分割[23]。类似地，赵玉梁也提出了一种基于点云梯度变化并结合栅格地图显示的点云识别和目标识别检测方法[24]。刘德庆等建立了一种障碍物密集度和障碍物表达时间与栅格地图分辨率之间的函数关系，提出一种基于三维激光雷达的无人艇的障碍物自适应栅格表示方法[25]。栅格法具有直观、易处理的优点，但找到一种适合所有场景的栅格大小是十分困难的，且二维栅格通常会丢失一些信息。

2. 基于模型拟合的三维点云目标识别方法

基于模型拟合的三维点云目标识别方法主要采用分段平面拟合、马尔可夫随机场和高斯回归过程等方法，实现良好的地面分割效果。Asvadi 等在用分段平面拟合算法进行地面分割的基础上，通过对基于栅格划分的三维点云模型判别分析以检测静态和动态障碍物[26]。Himmelsbach 等利用分块直线拟合的方法进行地面分割，再根据二维连通性对障碍物聚类分析，通过实验验证得到较好的障碍物检测效果[27]。王肖等利用分块直线拟合算法剔除三维激光雷达数据中的地面点，再使用计算机视觉算法对行人和车辆进行聚类分析，该方法有效地降低了过分割和欠分割的错误率，提高了车辆和行人检测的准确率[28]。基于模型拟合的方法在参数求解时通常使用统一的阈值从而缺乏尺度适应能力，此外一次分割只能提取出一类基本元素，当场景具有复杂多样的结构形态时并不适用[29]。

2.3.2 基于学习机制的三维点云目标识别方法

基于学习机制的三维点云目标识别方法设计了一种统一的目标识别模型，利用训练数据可以自适应地确定模型结构和参数。基于学习机制的方法可大致分为基于分类器的三维点云目标识别方法和基于深度学习的三维点云目标识别方法。其中，基于深度学习的三维点云实例分割方法受到了很多关注。

1. 基于分类器的三维点云目标识别方法

基于分类器的三维点云目标识别方法的基本思路是首先提取多个特征（局部法向量），再使用条件随机场（conditional random field，CRF）、支持向量机（support vector machine，SVM）、决策树进行训练，最后根据其提取的特征优化分类判断地面和障碍物。Yang 等提出了一种基于形状特征的城市场景激光点云分割方法，其中利用 SVM 实现基于几何特征的点云分类[30]。任国亭等提出了一种基于 SVM 的可通行区域检测方法，该方法使用 SVM 对多特征融合的样本集进行训练，通过训练好的模型对激光雷达数据进行检测[31]。王贵槐等在对激光数据进行预处理的基础上，提出了一种基于 SVM 的内河经典障碍物识别方法，可将感知算法的识别率提高到 80%以上，对障碍物进行精确的感知识别[32]。基于分类器的三维点云目标识别方法通常比基于先验知识的目标识别方法具有更高的识别精度和泛化能力，但是分类器方法在处理遮挡、重叠等场景时目标识别精度和可靠性仍不足。

2. 基于深度学习的三维点云目标识别方法

深度学习目前在二维图像检测、语音识别等领域应用十分成功。与传统人工提取特征进行模式识别相比,深度学习方法具有自主学习特征。由于三维点云具有数据量大、非结构化、稀疏性、存在遮挡和重叠等特征,利用深度学习对三维点云进行目标识别时会遇到一些困难。当前已尝试的三维点云深度学习方法主要有体素化方法、多视角方法、点云直接处理方法、图像与三维点云融合方法等。

(1) 体素化方法。体素化用体素表示物体的一种形式,体素表示的物体不仅包含了物体表面信息,而且能描述物体内部属性。三维空间体素与图像二维像素表示比较类似,只是从二维的点扩展到三维的立方体单元[33]。体素化后的数据可以使用三维深度学习网络架构(卷积神经网络等)进行特征学习,以达到分类或目标识别的目的。比较具有代表性的是 3D ShapeNets[33]、VoxNet[34]、VoxelNet[35]等。基于体素的目标识别方法占用内存很大,且需要较长时间训练;体素网格分辨率一般较低,存在局部信息丢失问题,较难应用于大场景目标识别。

(2) 多视角方法。不同于体素化方法,多视角方法是通过使用不同视角下的图片来将三维物体的表面特征完整表示出来,然后直接利用成熟的二维深度学习方法进行目标识别。Multi-View 3D Networks 是一种典型的多视角方法[36]。Complex-YOLO 是一种基于 YOLOv2 改进的点云深度学习方法,在检测精度和实时性方面做出了较好的尝试。该方法首先将点云转换为鸟瞰 RGB-map 图,再在欧拉-区域建议网络(Euler-region-proposal network,E-RPN)中利用回归方式估计目标姿态,最后利用卷积神经网络(convolutional neural network,CNN)实现目标识别[37]。通过对同一物体多视角图片学习到的特征,可获得比单张图片检测更好的性能。多视角方法获得的视角图片数量有限,理论上无法将三维模型完全表示出来,不可避免地会出现信息丢失,但是该方法的显著优点是可以将现有二维深度学习方法有效移植过来,并能够削弱三维点云处理计算量大的缺点。

(3) 点云直接处理方法。体素化和多视角方法都是尝试将三维点云转换为规则的、可被深度学习直接处理的数据格式,但是这两种方法都会损失原始点云的某些信息。赵毅强等提出一种基于体素化图卷积神经网络的激光雷达三维点云目标检测算法,该方法能够消除传统 3D 卷积神经网络的计算冗余性[38]。斯坦福大学 Qi 等提出的 PointNet 方法是直接对三维点云进行处理,并利用对称函数和 T-Net 网络解决了点云无序和姿态变换问题[18]。点云直接处理方法通常可以取得较好的目标识别精度,但是该方法一般要求对每个采样点分别处理,这样会导致计算量很大,点云处理实时性会受到影响。

(4) 图像与三维点云融合方法。为弥补三维点云在稀疏性和无序性(非结构化）上的不足，学者们提出了一种基于图像和三维点云融合的目标识别方法。常见的方式是利用图像信息对点云进行分割，再利用点云深度学习方法对分割后的点云进行处理。从信息融合角度来看，二维图像与三维点云的融合会给目标识别提供更多的信息支持，但同时也存在图像数据与三维数据的同步、配准和冲突问题，一旦解决不好这些问题，可能会大大降低融合效果[35]。

2.3.3 基于三维激光点云的目标识别方法

基于三维激光点云的目标识别在无人车障碍物感知领域研究较多，特别是很多研究机构已构建了公开的数据集，为开展基于深度学习的无人车点云目标识别提供了基础。相比而言，船舶相关的点云数据集十分少见，目前尚未找到公开的数据集可以利用，因此，开展基于三维点云的船舶目标识别时，可以从基于先验知识的方式入手，如基于栅格和基于模型的三维点云处理对训练数据集要求较低，同时具有较好的点云处理实时性。

船舶三维激光点云包含了船舶周围障碍物反射点的距离、方位、反射率等数据。通过对三维激光点云进行处理，可以得到障碍目标的轮廓、位置和速度信息。目标识别一般包括点云分割和识别两个过程。对于障碍目标识别，本节采用两种方法（栅格法和模型法）分别实现障碍目标识别。栅格法是将三维点云投影到具有网络的平面，通过判断网格内是否有点云来识别障碍目标。模型法是通过模型拟合的方式来实现对目标的识别。

基于栅格的点云目标识别包括点云预处理和点云分割过程。

1. 点云预处理

点云预处理过程包括坐标转换与校正、噪声点去除和栅格表示等过程。

1) 坐标转换与校正

（1）坐标转换。点云数据处理涉及 3 个坐标系，即 LiDAR 坐标系、无人艇坐标系和全局坐标系。在 LiDAR 坐标系中，三维激光雷达的点云数据通常以球坐标形式 (ρ,α,ω) 保存，需要将点云坐标转换为无人艇坐标系，即笛卡儿坐标系形式 (x,y,z)，转换公式如下：

$$\begin{cases} x = \rho\cos\omega\sin\alpha \\ y = \rho\cos\omega\cos\alpha \\ z = \rho\sin\omega \end{cases} \tag{2.5}$$

式中：ρ,α,ω 分别为球坐标中的球径、方位角和高度角。

（2）点云校正。在对点云进行处理时，需要将点云 LiDAR 坐标换算为全局坐标系，以保证点云障碍物目标的统一描述。考虑无人艇坐标系与全局坐标系的转换与无人艇姿态角相关，点云需要经过无人艇姿态角校正才能得到全局坐标系下的真实坐标。式（2.5）描述了点云 LiDAR 坐标与无人艇坐标系的转换，式（2.6）描述了大地坐标系 (X,Y,Z) 与无人艇坐标系的转换关系：

$$\begin{cases} \dot{X} = u\cos\psi\cos\theta + v[\cos\psi\sin\theta\sin\phi - \sin\psi\cos\phi] \\ \quad + w[\sin\psi\sin\phi + \cos\psi\cos\phi\sin\theta] \\ \dot{Y} = u\sin\psi\cos\theta + v[\cos\psi\cos\phi + \sin\phi\sin\theta\sin\psi] \\ \quad + w[\sin\theta\sin\psi\cos\psi - \cos\psi\sin\phi] \\ \dot{Z} = -u\sin\theta + v\cos\theta\sin\phi + w\cos\theta\cos\phi \end{cases} \quad (2.6)$$

式中：u,v,w 分别为无人艇坐标系 X,Y,Z 方向的速度，ϕ,θ,ψ 分别为无人艇横倾角、纵倾角和方位角。

2）噪声点去除

激光点云数据中通常存在噪声点，采用中值滤波法进行去除。借鉴数字图像去噪声的处理方法，将点云的数据点看作一个具有灰度值的像素点，即将点云数据点的 z 值作为图像中像素点的灰度值。假设某数据点 (x,y,z) 邻域点的高度平均值为 z_m，设置中值滤波阈值为 T_h，如果 $|z-z_m|>T_h$，则该数据点为噪声点，高度值 z 由 z_m 替代；否则，该点为信号点，高度值保持不变。

3）栅格表示

以 Velodyne 公司 VLP-16 激光雷达为例，其每秒最多产生 30 万个数据点，在目标检测时如果对每个点都进行处理，会导致计算量过大，实时性变差，因此需要将点云三维数据转换为栅格地图来处理。根据激光雷达检测范围建立二维栅格地图，无人艇始终为栅格地图的原点，如图 2.5 所示。其中，R 为激光雷达的检测范围，栅格大小与船长有关，通常一个栅格里包含有若干个激光扫描点。栅格属性包括栅格坐标、有无激光返回点（1 表示有，0 表示无）、点数量、平均高度值和最大高度差等。定义有激光返回点的栅格为障碍栅格，无激光范围点的栅格为非障碍栅格。

2. 点云分割过程

八邻域搜索方法以网格为基础且具有易实现、计算量小等优点，本书利用八邻域膨胀的快速区域标记方法实现点云分割[39]。选定栅格 C 作为当前中心栅格，与当前网格所有方向相邻接的栅格为 8 个邻接栅格，标号分别为 $\{N_0,N_1,N_2,\cdots,N_7\}$，如图 2.6 所示。

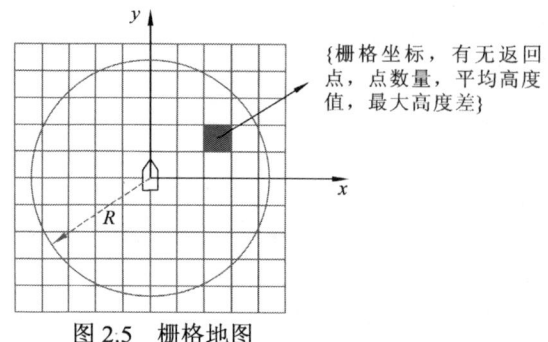
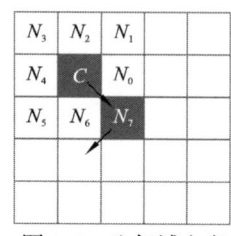

图 2.5 栅格地图   图 2.6 八邻域定义

八邻域实现点云分割的步骤为：①以栅格坐标系最左下角栅格（x 和 y 坐标值均最小）为起点，按照从左至右、从下到上的方式进行检索，找到的第一个障碍栅格为障碍物 O_1 的起点栅格；②以起点栅格正右方栅格 N_0 为初始方向（$C \to N_0$）逆时针遍历其八邻域栅格；③若 $N_p(p=0,1,2,\cdots,7)$ 为障碍栅格，则以 N_p 为中心栅格，在当前搜索方向（$C \to N_p$）基础上顺时针旋转 90°（搜索方向减 2），以避免与上一次已搜索栅格重复；④重复步骤②和③，继续寻找下一个障碍网格，直到搜索不到任何其他障碍栅格（排除已搜索障碍栅格）为止，得到障碍物 O_1 所有障碍栅格集；⑤以栅格坐标系最左下角栅格为起点寻找下一个障碍物 O_2 的起点栅格，并保证障碍物 O_2 的起点栅格与 O_1 所有障碍栅格都不重复，重复步骤②到④，得到障碍物 O_2 所有障碍栅格集；⑥以此类推，得到栅格地图上所有障碍物的障碍栅格集。

在示例中，对栅格进行分割后获得的障碍栅格结果如图 2.7 所示，障碍物"1""2""3"为分割后的障碍物目标。

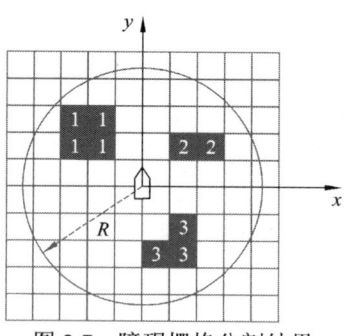

图 2.7 障碍栅格分割结果

3. 基于模型的点云目标识别方法

点云目标识别包括点云特征提取和点云目标分类。

1）点云特征提取

对聚类后的障碍目标进行特征提取，提取的障碍物特征包括网格数量、网格形状、网格平均高度、网格高度差、网格平均回波强度等。

（1）"虚假"目标特征提取。由于多线激光雷达在竖直方向会发射多束激光，以及船舶自身晃动等原因，激光会扫射到水面，通常情况下大部分激光会被水面吸收，但水面也会产生镜面反射，接收到反射激光后会产生激光点，这些激光点会形成"虚假"目标。船舶尾浪、浮藻、漂浮物等"虚假"目标也会产生回波，而这些目标的共同的特点是它们的高度与水面接近，高度差较小，点云较稀疏。因此，可以将障碍物目标的平均高度、高度差、点数量作为特征，来判断这些目标是否为"虚假"目标。但在真实场景中，这些"虚假"目标对船舶航行几乎没有影响，不需要进行避障，可将这些"虚假"目标排除在障碍物之外。

（2）大型船舶局部轮廓特征提取。大型船舶从不同角度、距离得到的局部点云轮廓都不相同，在进行特征提取时应获取大型船舶的轮廓线特征，包括矩形度（rectangularity）、细长度（elongatedness）、紧凑度（compactness）等形状特征，以及平均高度、点数量等其他特征。

（3）其他特征提取。航标船、岸基、桥墩等目标的检测也需要提取相应的特征来实现，如航标船栅格的点数量、平均高度均较小；岸基栅格的返回点回波强度一般较弱，且轮廓线较长；桥墩栅格平均高度较高。因此，在进行特征提取时应充分提取栅格的各种特征，以提高目标分类的精度。

2）点云目标分类

采用 SVM 实现对目标的精确分类。SVM 基于统计学习 VC 维理论和结构风险最小化原理，在高维特征空间构造一个超平面，解决线性条件不可分的分类问题。SVM 一般解决的是二分类问题，本书激光雷达目标实现显然是多分类问题，即将目标分为船舶、桥墩、岸基等多类，因此，需要提出一种多分类的 SVM 分类方法。在进行分类时，一般会遇到配错（mismatch）问题，所以在分类的结果中应增加一个"其他分类"类型，保证所有障碍物目标均会被分类。采用比较简单、可靠的二叉树思想来实现支持向量机的多分类，具体实现原理如图 2.8 所示。为实现 6 类目标的分类，共需要设计 5 个分类器，即 SVM1、SVM2、SVM3、SVM4 和 SVM5。

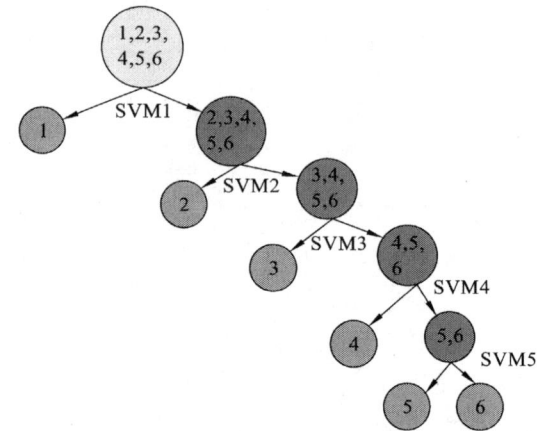

图 2.8　二叉树实现支持向量机的多分类原理
1—"虚拟"目标；2—"小艇"目标；3—岸基目标；4—桥墩目标；5—大型船舶目标；6—其他目标

2.4　船载三维激光雷达目标识别软件

2.4.1　软件简介

船载三维激光雷达目标识别软件可以实现对激光雷达三维点云的实时处理、显示、存储和目标输出。本节将介绍一种基于 Microsoft Visual Studio 平台、点云库（point cloud library，PCL）库、Qt 平台，且面向船舶目标实时识别的三维激光雷达软件"VLP16Process 1.0"（简称 VLP 1.0）。VLP 1.0 软件分别以 VS 2017 平台、PCL 1.9.2 库和 Qt 5.9.2 平台作为集成开发环境、点云库和工具集。配置该软件的开发环境需要用到 VS 安装包、Qt 安装包、PCL-ALL-IN-ONE 工具包和 CMake 工具包等。VLP 1.0 软件包括原始三维点云显示、目标识别结果显示、软件运行状态显示、系统与参数设置、船舶状态显示等功能，其界面如图 2.9 所示。该软件实现了点云预处理、点云分割、障碍栅格标识、点云显示和配置等算法，处理频率达到 5 Hz 以上，并可将障碍物物识别结果通过 TCP/IP 协议发送至路径规划计算单元，实现船舶实时避碰。

2.4.2　软件功能

VLP 1.0 软件功能框架如图 2.10 所示，具体功能如下。

第 2 章 船舶智能航行近距离目标感知

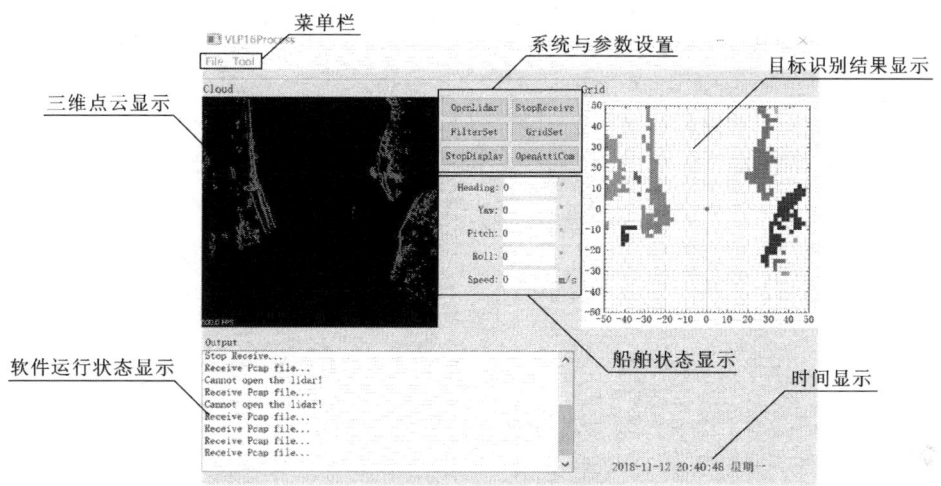

图 2.9 船载三维激光雷达软件界面

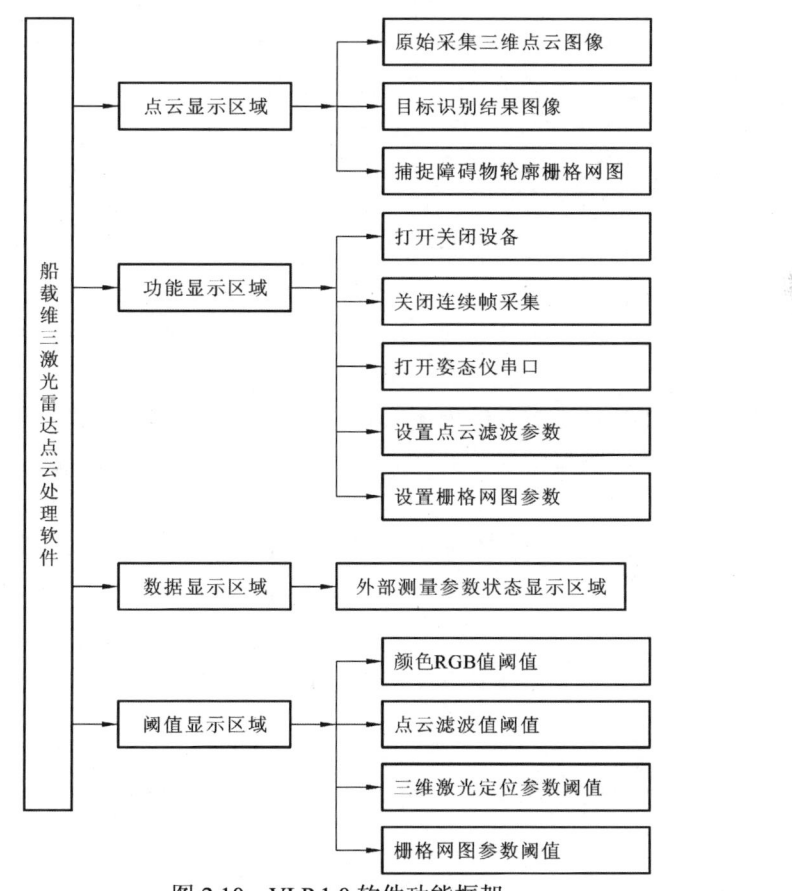

图 2.10 VLP 1.0 软件功能框架

（1）点云显示区域。图像显示区域位于系统窗口的上方，显示实验船舶在水域内，由 16 束激光雷达采集的船舶周围障碍物的三维点云图像（左方）和识别了轮廓之后的栅格图（右方）。

（2）功能按钮区域。各按钮对应功能见表 2.1。

表 2.1 软件按钮功能

按钮	功能
Open Lidar	打开三维激光物体识别设备
Stop Receive	停止接收三维激光获取数值
Filter Set	点云滤波参数设置
Grid Set	栅格参数设置
Stop Display	停止连续帧图像采集
Open AttiCom	打开姿态传感器串口

在 Cloud Filter 组框内可调整在点云图像中 X 轴、Y 轴和 Z 轴三个方向的整观视角范围大小，在组框的右边输入 X 轴、Y 轴和 Z 轴三个方向的最小和最大数值，点云图像则根据所接收的数据显示相应范围内的三维点云图像。其中，Intensity 为三维点云图像中的点云密度，只需要输入最小值即可。Angle 组框内的数值为三维激光雷达对障碍物识别的角度值的上下限。

（3）数据显示区域。数据显示区域可实时显示本船运动速度、船首向、纵倾角、横滚角和首向转向率等数据。其中，Heading 是指船舶在航行中船首的指向；Yaw 是指船舶转向的速率；Pitch 是指船舶在正浮时的水线面与纵倾后的水线面相交的角度；Roll 是指导航系统中用来标识目标的横向倾角，其值等于目标物体所在平面上与艏艉线垂直的线与其在水平面的投影间的夹角；Speed 是指测量船舶的运行速度。

（4）状态输出区域。数据输出区域位于窗口左下角，可显示雷达连接、数据保存、通信等状态。

参 考 文 献

[1] 柳晨光, 初秀民, 谢朔, 等. 船舶智能化研究现状与展望[J]. 船舶工程, 2016(3): 77-84, 92.
[2] 严新平, 吴超, 马枫. 面向智能航行的货船"航行脑"概念设计[J]. 中国航海, 2017, 40(4): 95-98, 136.

[3] 柳晨光, 初秀民, 吴青, 等. USV 发展现状及展望[J]. 中国造船, 2014, 55(4): 194-205.

[4] ROTHBLUM A M. Human error and marine safety[R]. New London: US Coastguard Research and Development Centre, 2000.

[5] CORFIELD S J, YOUNG J M. Unmanned surface vehicles: Game changing technology for naval operations[M]// ROBERTS G N, SUTTON R. Advances in Unmanned Marine Vehicles. UK: The Institution of Electrical Engineers, 2006.

[6] 郭珏菡, 柳晨光, 于周讯, 等. 智能船舶激光雷达感知技术综述与展望[C]// 中国智能交通协会. 第十五届中国智能交通年会科技论文集. 中国智能交通协会, 2020: 162-173.

[7] 张银, 任国全, 程子阳, 等. 三维激光雷达在无人车环境感知中的应用研究[J]. 激光与光电子学进展, 2019, 56(13): 9-19.

[8] 张玉奎. 水面无人船路径规划技术研究[D]. 哈尔滨: 哈尔滨工程大学, 2008.

[9] 何松华, 郭桂蓉, 郭修煌. FMCW 毫米波雷达高分辨率目标距离像及其处理[J]. 系统工程与电子技术, 1991(10): 33-38.

[10] 丁洪正. 基于毫米波雷达和机器视觉的前方车辆检测研究[D]. 哈尔滨: 哈尔滨理工大学, 2018.

[11] 黄伟. 基于雷达和机器视觉的车辆前方障碍物检测系统设计与实现[D]. 武汉: 武汉理工大学, 2010.

[12] 胡天彤, 白首华. 基于毫米波雷达和机器视觉的夜间前方船舶检测研究[J]. 舰船科学技术, 2018, 40(22): 59-61.

[13] 庄加兴, 焦侬, 殷非. 毫米波雷达与激光雷达在无人船上的应用[J]. 船舶工程, 2019, 41(11): 79-82, 119.

[14] FRANK D, GRAY A, ALLEN K, et al. University of Florida: Team NaviGator AMS[C]//RobotX Forum, 2016.

[15] HALTERMAN R, BRUCH M. Velodyne HDL-64E LiDAR for unmanned surface vehicle obstacle detection[C]// SPIE Proceedings of Unmanned Systems Technology XII. Orlando: SPIE, 2010.

[16] 上海大学. "精海4号"无人船介绍[EB/OL]. [2019-01-31]. http://www.jhai.shu.edu.cn/Default.aspx?tabid=35151.

[17] 严新平, 刘佳仑, 范爱龙, 等. 智能船舶技术发展与趋势简述[J]. 船舶工程, 2020, 42(3): 15-20.

[18] QI C R, SU H, MO K, et al. PointNet: Deep learning on point sets for 3D classification and segmentation[J]. Proc. Computer Vision and Pattern Recognition (CVPR), IEEE, 2017, 1(2): 652-660.

[19] 汪汉云. 高分辨率三维点云目标识别技术研究[D]. 长沙: 国防科技大学, 2015.

[20] 董明晓, 郑康平. 一种点云数据噪声点的随机滤波处理方法[J]. 中国图像图形学报, 2004, 9(2): 245-248.

[21] THRUN S, MONTEMERLO M, DAHLKAMP H, et al. Stanley: The robot that won the DARPA Grand Challenge[J]. Journal of Field Robotics, 2006, 23(9): 661-692.

[22] DOUILLARD B, UNDERWOOD J, MELKUMYAN N, et al. Hybrid elevation maps: 3D surface models for segmentation[C]// Proceedings of International Conference on Intelligent Robots and Systems (IROS). IEEE, 2010: 1532-1538.

[23] 李小毛, 张鑫, 王文涛, 等. 基于3D激光雷达的无人水面艇海上目标识别[J]. 上海大学学报(自然科学版), 2017, 23(1): 27-36.

[24] 赵玉梁. 基于三维激光雷达的无人船目标识别[D]. 哈尔滨: 哈尔滨工程大学, 2018.

[25] 刘德庆, 张杰, 金久才. 基于三维激光雷达的无人船障碍物自适应栅格表达方法[J]. 中国激光, 2020, 47(1): 273-278.

[26] ASVADI A, PREMEBIDA C, PEIXOTO P, et al. 3D Lidar-based static and moving obstacle detection in driving environments: An approach based on voxels and multi-region ground planes[J]. Robotics and Autonomous Systems, 2016, 83: 299-311.

[27] HIMMELSBACH M, HUNDELSHAUSEN F V, WUENSCHE H J. Fast segmentation of 3D point clouds for ground vehicles[C]// Proceedings of Intelligent Vehicles Symposium (IV). IEEE, 2010: 560-565.

[28] 王肖, 王建强, 李克强, 等. 智能车辆3-D点云快速分割方法[J]. 清华大学学报(自然科学版), 2014(11): 1440-1446.

[29] 李明磊, 刘少创, 杨欢, 等. 双层优化的激光雷达点云场景分割方法[J]. 2018, 47(2): 269-274.

[30] YANG B, DONG Z. A shape-based segmentation method for mobile laser scanning point clouds[J]. ISPRS Journal of Photogrammetry and Remote Sensing, 2013, 81: 19-30.

[31] 任国亭, 王新晴, 黄杰等. 基于支持向量机的激光雷达可通行区域检测[J]. 计算机应用, 2017, 37(S2): 82-84.

[32] 王贵槐, 谢朔, 柳晨光, 等. 基于激光雷达的内河无人船障碍物识别方法[J]. 光学技术, 2018, 44(5): 602-608.

[33] WU Z, SONG S, KHOSLA A, et al. 3D ShapeNets: A deep representation for volumetric shapes[C]// Proceedings of the IEEE Conference on Computer Vision and Pattern Recognition. 2015: 1912-1920.

[34] MATURANA D, SCHERER S. VoxNet: A 3D convolutional neural network for real-time object recognition[C]// Proceedings of International Conference on Intelligent Robots and Systems (IROS), 2015: 922-928.

[35] ZHOU Y, TUZEL O. VoxelNet: End-to-end learning for point cloud based 3D object detection[C]// Proceedings of the IEEE Conference on Computer Vision and Pattern Recognition, 2018: 4490-4499.

[36] CHEN X, MA H, WAN J, et al. Multi-view 3D object detection network for autonomous driving[C]// Proceedings of 2017 IEEE CVPR, 2017: 1907-1915.

[37] SIMON M, MILZ S, AMENDE K, et al. Complex-YOLO: Real-time 3D object detection on point clouds[EB/OL]. arXiv preprint arXiv: 1803. 06199, 2018.

[38] 赵毅强, 艾西丁·艾克白尔, 陈瑞, 等. 基于体素化图卷积网络的三维点云目标检测方法[J/OL]. 红外与激光工程: 1-8[2021-04-11]. http://kns. cnki. net/kcms/detail/12. 1261. TN. 20210409. 1138. 005. html.

[39] 胡晋山, 康建荣, 张琪, 等. 一种八邻域图像边界追踪改进算法[J]. 测绘通报, 2018(12): 21-25.

第 3 章 船舶智能航行避碰路径规划

船舶智能航行决策是指船舶为实现安全无冲突航行目标而实施的避碰路径规划及跟踪等行为过程。船舶避碰路径规划问题具有较长的研究历史。在目前以人驾驶为主的航行模式中，是由人来规划从起点到终点的预设航线，在航行过程中驾驶员再根据障碍物和环境变化动态调整船舶航线。对于船舶智能航行场景，规划和动态调整航线应由机器自主实现，因此，研究复杂环境下船舶智能航行自动避碰路径规划是十分迫切的。本章将首先介绍船舶避碰路径规划的主要算法；然后，在介绍基于传统 A-star（A^*）算法的船舶全局路径规划算法基础上，针对无人航道测量路径规划问题，提出基于改进 A^* 算法的动态路径规划算法；最后，针对靠泊、航行规则、水流等多因素影响下的船舶动态路径规划问题，提出基于 A^* 算法的船舶路径动态规划算法，并在长江航道武汉段进行验证。

3.1 船舶避碰路径规划主要算法

在通常的定义中船舶避碰路径规划分为全局路径规划和局部路径规划。全局路径规划基于全部环境信息已知，又称静态或离线路径规划。其规划方法主要以 Dijkstra 算法、A^* 算法、可视图法、栅格法、拓扑法及相互间融合的方法为主[1-2]。局部路径规划基于环境信息全部未知或部分未知，又称动态或在线路径规划，以势场理论、模糊逻辑算法、神经网络法、遗传算法、蚁群算法为主[3-7]。以下对比较经典的 A^* 算法、人工势场、模糊逻辑控制、神经网络法、遗传算法和蚁群算法等算法进行介绍，并分析其优缺点。

（1）A^* 算法。A^* 算法是静态路网中求解最短路径最有效的一种方法。它是一种启发式算法，采用启发函数评估地图上任意节点到目标节点的远近程度，通过将搜索方向偏向目标点以提高搜索效率。A^* 算法在静态路网中非常有效，当启发函数的估算值小于实际距离时，A^* 算法总能找到最优解。但 A^* 算法不适用于动态环境，且将启发函数复杂化后存在找不到最优解的可能[8-9]。

（2）人工势场。人工势场常用于机器人、无人机、船舶局部路径规划和避障中。势场理论是由 Khatib 等提出的一种虚拟方法，其基本思想是将控制对象在环境中的运动视为一种在虚拟人工受力场的运动，障碍物对控制对象产生斥力，目标点对控制对象产生引力，引力和斥力的合力控制着对象的运动方向和位置[10]。但势场理论很难克服以下问题：①局部最小点问题，即当局部环境信息感知不完全时（比如障碍物很大、散杂拥挤等），单纯的势场法就会陷入局部极小，此时路径需重新规划；②动态避碰问题，即势场理论并未考虑速度因素，经常会避让一些完全无碰撞可能的障碍物。

（3）模糊逻辑控制。模糊逻辑控制方法的优点是克服了势场理论易产生的局部极小值问题，对处理未知环境的规划问题有很大的优越性；缺点是人的经验不一定完备，当输入量过多时可能会导致推理规则或模糊表急剧膨胀[11]。

（4）神经网络法。神经网络法的优点是并行处理效率高，具有学习能力，能收敛到最优路径；缺点是收敛速度慢，可能收敛于极小值，不适合用于多目标优化处理[12]。

（5）遗传算法。遗传算法的整体搜索策略和优化计算不依赖于梯度信息，解决了一些其他优化算法无法解决的问题。但遗传算法运算速度不快，进化众多的规划要占据较大的存储空间和运算时间[13]。

（6）蚁群算法。蚁群算法是由 Dorigo 等于 1991 年通过分析蚂蚁群体在自然界的觅食过程，即从简单蚂蚁之间的协同行为演变成群体的高度社会行为的表现中受到启发而提出的一种仿生算法[14]。蚁群算法具有良好的全局优化能力、本质上的并行性、易于用计算机实现等优点，在机器人、无人机领域路径规划中应用较广。Gao 等利用改进的增强启发式蚁群算法实现了复杂环境下的移动机器人路径规划问题[15]，Ali 等利用最大最小蚂蚁系统的蚁群优化算法实现了动态环境中无人机编队的合作路径规划问题[16]，辜勇等利用一种改进的蚁群算法解决了仓储物流机器人的路径规划问题[17]。

船舶路径规划需要考虑多种约束条件：①桥梁、航标船、码头等静态障碍，以及航行船舶等动态障碍；②根据上下行航道和实时水深划分的可航行区域；③船舶避碰规则和船舶操纵性；④特定航行任务，如航道测量、巡逻等。船舶路径规划方法优缺点对比见表 3.1。

表 3.1 船舶路径规划方法优缺点对比

算法类型	适用场合	路径生成速度	轨迹平滑程度	优势和缺陷
A*算法	全局	较慢	不平滑	A*算法在静态路网中非常有效，当启发函数的估算值小于实际距离时，A*算法总能找到最优解；但A*算法不适用于动态环境，且将启发函数复杂化后存在找不到最优解的可能

续表

算法类型	适用场合	路径生成速度	轨迹平滑程度	优势和缺陷
人工势场	局部	较快	平滑	能够直接生成平滑的轨迹，便于实现轨迹跟随，且在面对一些操纵性约束、避碰规则约束上更容易实现，缺点是容易陷入局部最优，经常会避让一些完全无碰撞可能的障碍物
模糊逻辑控制	局部	快	平滑	优点是克服了势场理论易产生的局部极小值问题，对处理未知环境的规划问题有很大的优越性；缺点是人的经验不一定完备，当输入量过多时可能会导致推理规则或模糊表极具膨胀[11]
神经网络法	局部	快	平滑	优点是并行处理效率高，具有学习能力，能收敛到最优路径；缺点是收敛速度慢，可能收敛于极小值，不适合用于多目标优化处理
遗传算法	全局	慢	平滑	整体搜索策略和优化计算不依赖于梯度信息，解决了一些其他优化算法无法解决的问题。但遗传算法运算速度不快，进化众多的规划要占据较大的存储空间和运算时间[13]
蚁群算法	全局	较慢	平滑	蚁群算法具有良好的全局优化能力、本质上的并行性、易于用计算机实现等优点，但是蚁群算法收敛速度较慢，生成路径的时间较长。

3.2 基于 A^* 算法的船舶全局路径规划方法

船舶路径规划可分为全局路径规划和局部路径规划。A^* 算法作为一种启发式算法，相比其他方法具有更高的计算效率。卢艳爽采用 A^* 算法与海事规则速度避障法相结合的方法为水面无人艇进行路径规划，首先通过 A^* 算法找到全局路径点，再通过速度避障法不断地调整无人艇的行驶路径，最后通过仿真验证了提出的方法的可行性和有效性[18]。Zhu 为了解决海上无人艇在内河复杂环境下的全局路径规划问题，提出了一种基于自适应网格处理的 A^* 算法，该算法首先建立基于电子江图的环境模型，然后提出了使环境模型适应该算法的网格处理和自适应网格处理方法，最后通过仿真证明了改进 A^* 算法的有效性[19]。

A^* 算法是一种典型的启发式搜索算法，启发式搜索在一定程度上避免了无效的搜索路径，提高了搜索效率。广泛应用的启发式搜索算法包括 3 种：深度优先（depth-first）、广度优先（breadth-first）和最佳优先（best-first）。A*算法是一种最佳优先的启发式搜索算法。A*算法在某一结点的估价函数可以表示为

$$f(n)=g(n)+h(n) \tag{3.1}$$

式中：$f(n)$ 为节点 n 从初始点到目标点的估价函数；$g(n)$ 为在状态空间中从初始节点到 n 节点的实际代价；$h(n)$ 为从 n 节点到目标节点最佳路径的估计代价。

$g(n)$ 在 $f(n)$ 中的比重越大，搜索越倾向于横向趋势；$g(n)=0$，则只希望找到目标节点而不考虑会付出的代价。$h(n)$ 是结点 n 到目标结点的最佳路径的实际代价 $h^*(n)$ 的估算值（$h(n) \geqslant h^*(n)$）。$h(n)$ 在 $f(n)$ 中的比重越大，越强调启发因素对搜索效率的影响，搜索越倾向于纵向趋势；反之比重越小，则越突出横向搜索的特性。$h(n)=0$，则为广度优先搜索。

考虑不同船舶会有不同的路径规划需求，本章针对正常航行的船舶和航道测量无人船分别设计不同的路径规划算法。以下分别介绍这两种算法。

3.3 面向无人航道测量的船舶 A*算法路径规划方法

随着内河航道尺度的不断提升，以及内河电子航道图系统的全面推广应用，航道测量的需求持续增长、要求不断提高。传统大型航道测量船搭载工作人员进行航道测量的方式效率较低且对测量水深有一定的限制，较难满足物联网、大数据时代对航道测量的需求。因此，无人航道测量船应运而生。无人航道测量船是集移动测量技术、高精度定姿定位技术、测深仪流速仪集成技术、无人遥控和自动控制的外业作业技术等于一体的航道要素信息采集移动测量设备[20-22]。无人航道测量船不仅节约了大量的人力、物力和财力，还扩大了测量的范围，保证了工作人员的安全，促进了智能航运系统的发展[23]。为使无人航道测量船测量数据更加准确，在无人航道测量船完成避碰基础上有必要使规划的避碰路线更接近预设测量航线。

采用传统 A*算法为无人航道测量船规划路径时，当船舶避开障碍物之后，由于缺乏对路径偏差的代价约束，A*算法规划的路径偏离预设测量航线的距离较远，不符合航道测量需求。为了使无人航道测量船在避开障碍物之后能够迅速回到预设测量航线，需要对 A*算法的估价函数进行修改。由 A*算法的估价函数式可知，若需要在避开障碍物之后回到预设航线，则在避开障碍物之后，每个点的当前估价函数值需要在靠近预设航线方向达到最小，因此有必要在原始估价函数

的基础上增加一个新的代价值,使无人航道测量船在靠近终点的同时也不断地靠近预设航线。本节提出一种改进的 A^* 算法,分别通过仿真对比实验和真实实验验证该算法的有效性和可行性。需要说明的是,考虑在实际情况下,若障碍物大小与航道测量测深线间距之比小于 1/3,则本节提出的改进 A^* 算法讨论的实际意义不大,因此,本书设定的前提条件是障碍物大小与航道测深线间距之比在 1/3~2/3。传统 A^* 算法是寻找一条从起点网格到终点网格的最短路径。但对于船舶路径规划问题,有必要对传统 A^* 算法进行改进,使其计算得到的路径更加高效和安全。

3.3.1 无人航道测量船路径规划算法的提出

改进之后的 A^* 算法的估价函数为

$$f(n) = \begin{cases} g(n)+h(n) \\ g(n)+h(n)+t(n) \end{cases} \tag{3.2}$$

式中:$t(n)$ 为新增加的代价值。

分段函数取值与无人航道测量船是否需要回归到预设航线工作状态相对应。当无人航道测量船没有进入障碍物区域或者处于障碍物区域时,算法的估价函数 $f(n)$ 取式(3.2)上半部分的值,即 $g(n)+h(n)$,也就是原始 A^* 算法对应的值;当无人航道测量船离开障碍物区域时,算法的估价函数 $f(n)$ 取式(3.2)下半部分的值,即 $g(n)+h(n)+t(n)$;当无人航道测量船跟踪上预设航线之后,算法的估价函数 $f(n)$ 重新取式(3.2)上半部分的值,即 $g(n)+h(n)$,也就是回归到原始 A^* 算法。

1. 代价值的选取

由上面的分析可知,改进 A^* 算法能否满足要求取决于代价值 $t(n)$。无人航道测量船在离开障碍物区域之后,需要在靠近终点的同时不断靠近预设航线。因此,在无人航道测量船到达预设航线上之前,$t(n)$ 的值应该和 $h(n)$ 的值在一个数量级上,但是为了使无人航道测量船尽快回到预设航线上,$t(n)$ 的值对整个估价函数的影响程度应大于 $h(n)$,即 $t(n)$ 的值应该大于 $h(n)$。当无人航道测量船逐步靠近预设航线时,$t(n)$ 值应逐渐减小。

因此,$t(n)$ 的取值可表示为

$$t(n) = \frac{2d-l}{d}h(n) \tag{3.3}$$

式中：d 为当前位置点到预设航线的垂直距离；l 为栅格地图的每格的长度。
式（3.3）变量物理定义如图 3.1 所示。

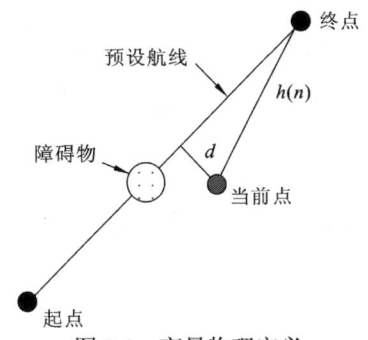

图 3.1　变量物理定义

假设起点坐标为 (x_0, y_0)，终点坐标为 (x_1, y_1)，起点终点连线的方程可表示为

$$y - y_0 = \frac{y_1 - y_0}{x_1 - x_0}(x - x_0) \tag{3.4}$$

将式（3.4）展开之后可得

$$\frac{y_1 - y_0}{x_1 - x_0}x - y + y_0 - \frac{y_1 - y_0}{x_1 - x_0}x_0 = 0 \tag{3.5}$$

令：$a = \frac{y_1 - y_0}{x_1 - x_0}$，$b = -1$，$c = y_0 - \frac{y_1 - y_0}{x_1 - x_0}x_0$，假设当前位置点的坐标为 (x_n, y_n)，则 d 的取值可表示为

$$d = \frac{|ax_n + by_n + c|}{\sqrt{a^2 + b^2}} \tag{3.6}$$

因此，改进后的 A^* 算法估价函数 $f(n)$ 可表示为

$$f(n) = \begin{cases} g(n) + h(n) \\ g(n) + \dfrac{3d - l}{d}h(n) \end{cases} \tag{3.7}$$

2. 算法实现

在路径规划过程中，需为无人航道测量船和检测到的障碍物分别设置一个安全范围。安全范围大小可根据实际情况具体设置。当无人航道测量船航行到某个节点时，如果发现其安全范围与障碍物安全范围有重叠，那么就可以认为无人航道测量船当前节点安全范围内存在障碍物，否则没有。障碍物和无人船安全范围说明如图 3.2 所示。

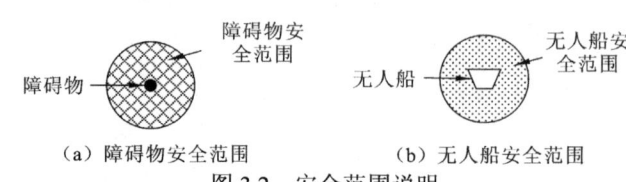

图 3.2　安全范围说明

改进 A^* 算法实现步骤总结如下。

（1）判断起点安全范围内是否存在障碍物：若不存在，转到步骤（2）；否则转到步骤（3）。

（2）运用传统 A^* 算法计算得到无人航道测量船下一路径节点，判断该节点是否是终点，若是，则转到步骤（5）；若不是，则判断该节点的安全范围内是否存在障碍物。若不存在，继续步骤（2）；若存在，转到步骤（3）。

（3）运用传统 A^* 算法计算得到无人航道测量船下一路径节点，判断该节点是否是终点，若是，则转到步骤（5）；若不是，则判断该节点的安全范围内是否存在障碍物。若存在，继续步骤（3）；若不存在，转到步骤（4）。

（4）运用改进 A^* 算法计算得到无人航道测量船下一路径节点，判断该节点是否是终点，若是，则转到步骤（5）；若不是，则判断该节点是否处于预设航线之上。若不是，继续步骤（4）；若是，转到步骤（2）。

（5）停止寻找路径节点，并将前述步骤找到的节点按照顺序连接，即为改进 A^* 算法规划得到的路径。

3.3.2　仿真对比

为了验证改进算法的有效性，寻找更优化的算法，在仿真实验中利用 MATLAB 工具分别将改进 A^* 算法与原始 A^* 算法和原始人工势场法进行对比。

1. 仿真说明

1）仿真地图构建

首先在 MATLAB 中构建一个大小为 32×32 的栅格地图，并设定左下角（0，0）为原点坐标。地图中的边缘和障碍物设置为不可通行区域，其他区域设为可通行。

2）仿真实验过程

具体步骤如下。

第 3 章 船舶智能航行避碰路径规划

（1）确定单个障碍物和多个障碍物两种情况，并分别设置两种仿真场景：①起点坐标(15，2)，终点坐标(15，31)；②起点坐标(2，2)，终点坐标(31，31)。

（2）分别利用传统 A^* 算法和人工势场法得到避障规划路径。

（3）对传统 A^* 算法进行改进，利用改进 A^* 算法得到避障规划路径。

（4）结合预设航线将上述三种方法生成的避碰路径进行对比，并分析结果。

当给定起始点与终点后，若两点之间不存在任何影响船舶航行的障碍物，那么此时预设航线应是两点之间的直线段。为了直观地对比算法改进前后的效果，引入参数 S。S 表示算法规划的路径曲线与预设航线构成的多边形的面积。求取公式如式（3.8）所示：

$$S = \sum_{k=1}^{\infty} S_{\triangle o p_k p_{k+1}} = \frac{1}{2}\sum_{k=1}^{\infty}(x_k y_{k+1} - x_{k+1} y_k) \quad (3.8)$$

式中：S 为多边形的面积，k 为多边形顶点的顺序，$S_{\triangle o p_k p_{k+1}}$ 为第 k 个三角形的面积，O 为选取的第一个顶点，p_k 为第 k 个顶点，(x_k, y_k) 为多边形第 k 个顶点的坐标。

假设 S_1 为原始 A^* 算法规划的路径曲线与预设航线构成的多边形面积，S_2 为人工势场法规划的路径曲线与预设航线构成的多边形面积，S_3 为改进 A^* 算法规划的路径曲线与预设航线构成的多边形面积。S 值越小，说明规划的路径越靠近预设航线。

2. 单个障碍物仿真结果

1）场景一

设置起点坐标为（15，2），终点坐标为（15，31）。经过仿真得到的路径规划对比图如图 3.3 所示。图 3.3（a）中，$S_1=32$；图 3.3（b）中，$S_3=4$；图 3.3（c）中，$S_2 \approx 40$。

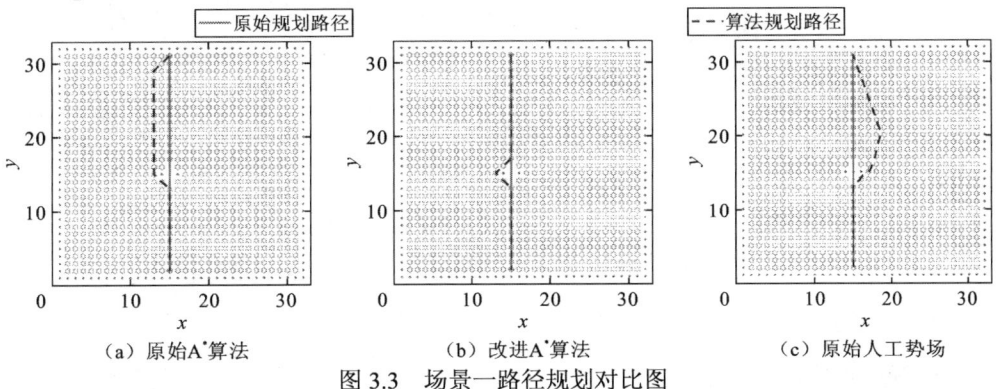

（a）原始A^*算法　　　（b）改进A^*算法　　　（c）原始人工势场

图 3.3　场景一路径规划对比图

2）场景二

设置起点坐标为（2，2），终点坐标为（31，31）。经过仿真得到路径规划对比图如图 3.4 所示。图 3.4（a）中，S_1=47.5；图 3.4（b）中，S_3=20.5；图 3.4（c）中，S_2≈63。

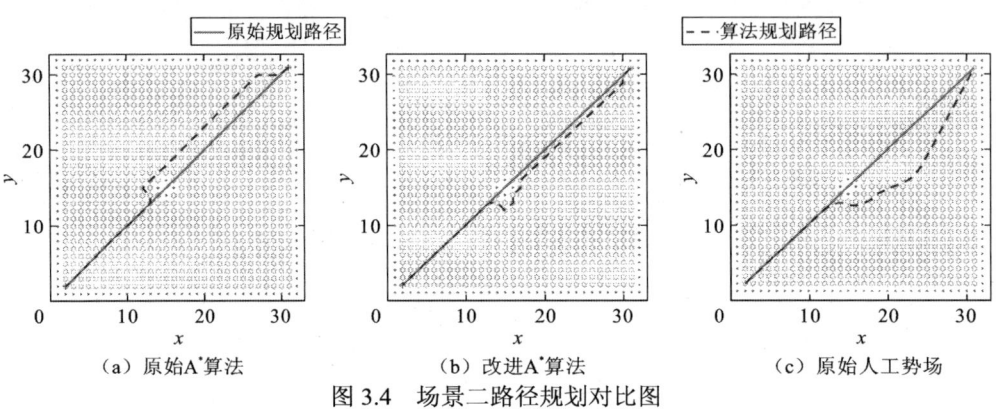

(a) 原始A*算法　　(b) 改进A*算法　　(c) 原始人工势场

图 3.4　场景二路径规划对比图

3. 多个障碍物仿真结果

1）场景三

设置起点坐标为（15，2），终点坐标为（15，31）。经过仿真得到的路径规划对比图如图 3.5 所示。图 3.5（a）中，S_1=24；图 3.5（b）中，S_3=8；图 3.5（c）中，S_2≈69.5。

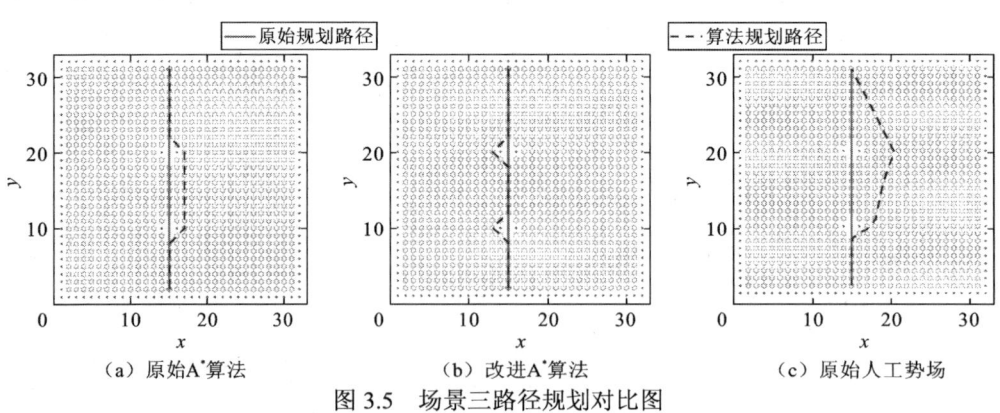

(a) 原始A*算法　　(b) 改进A*算法　　(c) 原始人工势场

图 3.5　场景三路径规划对比图

2）场景四

设置起点坐标为（2，2），终点坐标为（31，31）。经过仿真得到路径规划对比图如图 3.6 所示。图 3.6（a）中，S_1=62.5；图 3.6（b）中，S_3=28；图 3.6（c）中，S_2≈76。

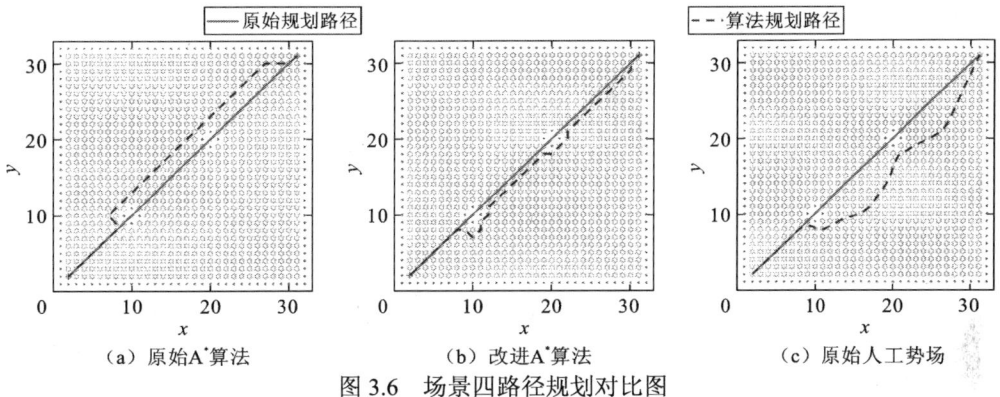

图 3.6 场景四路径规划对比图

3.3.3 仿真结果分析

从仿真结果图可以看到，单个障碍物和多个障碍物情况下的 4 种场景中，A^* 算法改进前和原始人工势场算法规划的路径在绕开障碍物之后虽然也能到达终点，但是绕开障碍物之后的路径与原始规划路径差距较大。通过引入的 S_1、S_2、S_3 值对比可知，相比较于 A^* 算法改进前和原始人工势场的路径，A^* 算法改进后规划的路径在绕开障碍物之后更靠近原始预设航线。由仿真结果分析可知，改进后的 A^* 算法对无人航道测量船的功能需求有比较明显的提升。

地理围栏（geo-fencing）是基于移动位置服务（location based service）的一种新应用，即用一个虚拟的栅栏围出一个虚拟地理边界[24]。当进入、离开某个特定地理区域，或在该区域内活动时，设备可以自动接收通知和警告。虽然无人航道测量船测量数据的准确度是非常重要的指标，但是航行安全依然是无人航道测量船的首要前提。为了验证改进算法的安全性，本小节将采用地理围栏技术对实验数据进行分析。

要实现地理围栏功能，首先需要通过设置定义一个围栏，包括围栏的中心位置、围栏半径等参数。为了使分析更直观，在本书中将 GPS 得到的经纬度坐标通过高斯-克吕格投影法转换成平面坐标。如图 3.7 所示，假设无人船的中心位置为 (x_1, y_1)，障碍物的中心位置为 (x_2, y_2)，围栏半径为 r（r 大于障碍物的半径和无人航道测量船的半径之和），船体中心与障碍物中心的距离为 R。当 $R<r$ 时，可知

无人船进入了障碍物的围栏之内,这时就会触发报警机制,提醒后台管理人员可能会有危险。并且,还可以通过 R 的增大与减小来判断无人船是接近障碍物的围栏还是远离障碍物的围栏,从而可以及时地发出预警。

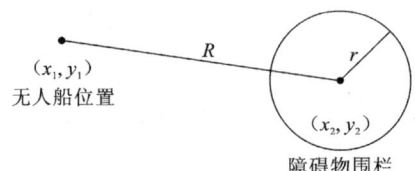

图 3.7 地理围栏示意图

实验中,考虑障碍物大小、无人航道测量船大小、控制和定位误差等因素,设定障碍物围栏半径为 6 m(障碍物直径小于 1 m,船长 3 m)。本节所述的原点坐标通过高斯-克吕格投影法转换后为(20 246 250,3 390 620),因此本节的平面坐标值均是相对于该原点坐标。在实际场景中,让无人航道测量船分别采用改进前算法和改进后算法进行避障实验,得到的围栏分析如图 3.8 所示。

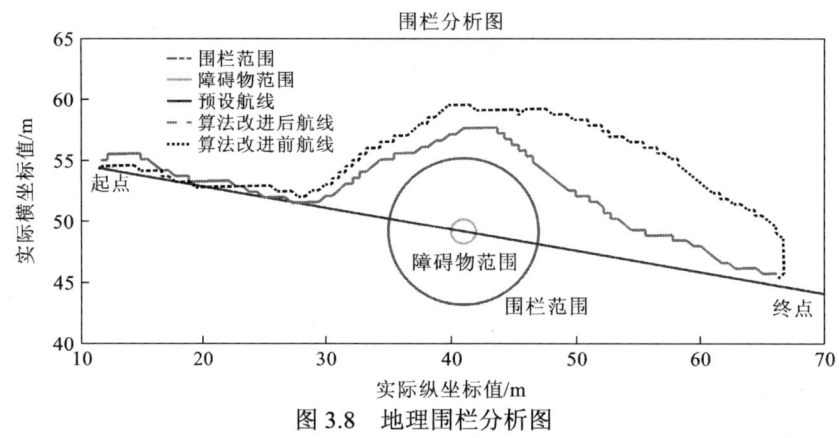

图 3.8 地理围栏分析图

图 3.8 中的坐标均是平面坐标,为了方便画图,图中纵坐标是实际的横坐标值,横坐标是实际的纵坐标值。从图中可以看出,算法改进前后的航行路径均没有进入障碍物的围栏范围,即算法改进前后的航行路径都是安全的,但是从图中可以看到,算法改进后的路径更靠近原始规划的航线,因此本节提出的改进算法可以让无人航道测量船更靠近规划航线,同样也能保证无人航道测量船的安全。

3.4 考虑多因素的船舶改进 A*算法路径规划方法

船舶在进行路径规划时,除考虑路径最短以外,还需考虑避障、分航制规则、靠泊规则、水流和船舶操纵性限制。因此本节将提出一种综合考虑水流、分航规则、靠泊的改进 A*算法路径规划算法[25]。

3.4.1 风险建模

传统 A*算法计算最优路径时,遇到障碍物通常会选择以最短距离绕过去,而不会考虑距离障碍物太近的风险、水流引起的风险、分航制带来的风险、操纵性风险及靠泊风险等。以下针对这些风险分别进行建模。

1. 考虑水流的障碍物风险建模

图 3.9 为传统 A*算法规划的路径,从图中可以看出,路径与障碍物距离很近,船舶在跟踪这条路径时具有很大的碰撞风险。同时,在水流作用下船舶更容易与障碍物发生碰撞。考虑不同障碍物对船舶发生碰撞的风险大小不同,将障碍物类型分为 5 类,即桥墩、岸、船舶、港口和其他。障碍节点 $O[n]$ 周围的可航行节点 $N[m]$ 的危险度 $r_o[m,n]$ 为

$$r_0[m,n] = \frac{e^{-d}}{a} + \frac{c_m v_m}{d} \tag{3.9}$$

式中:d 为从节点 $N[m]$ 到节点 $O[n]$ 的欧氏距离,a 为不同类型障碍物的风险因子。本节将桥墩、岸、船舶、港口和其他障碍的风险因子分别设为 5、5、3、4、3。v_m 为节点 $N[m]$ 处的水流速度。c_m 为节点 $N[m]$ 处的方向参数,定义如下:

$$c_m = \begin{cases} -\cos(\phi_c - \phi_g), & \cos(\phi_c - \phi_g) < 0 \\ 0, & \cos(\phi_c - \phi_g) \geq 0 \end{cases} \tag{3.10}$$

式中:$\phi_c \in (0, 2\pi)$ 为相对于正北的水流方向;$\phi_g \in (0, 2\pi)$ 为节点 $N[m]$ 相对于节点 $O[n]$ 的方向,也就是向量 $\overrightarrow{N[m]O[n]}$ 相对于正北的方向。

图 3.10 中可行栅格内的数字表示危险度,数字越大碰撞风险越大,箭头表示水流方向,箭头越长表示水流速度越大。图中展示的是由传统 A*算法规划的路径,容易看出船舶如果沿这条路径航行会有很大的碰撞风险,进一步印证了传统 A*算法因没有考虑水流因素会导致船舶碰撞桥墩、船舶、港口的风险增大。根据

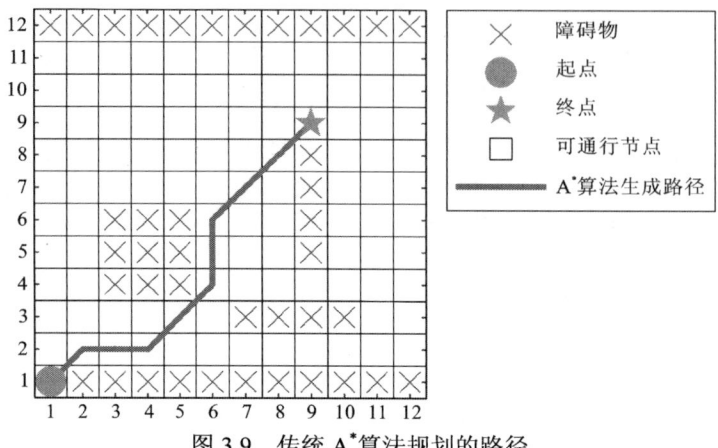

图 3.9 传统 A*算法规划的路径

式（3.9），可航行栅格 $N[m]$ 周围可能有 k 个障碍栅格，会计算得到 k 个危险度。这里选择危险度最大值作为栅格 $N[m]$ 的危险度，具体表示为

$$r_o[m] = \max\{r_o[m,1], r_o[m,2], \cdots, r_o[m,k]\} \quad (3.11)$$

式中：$r_o[m,n]$ 表示周围第 n 个障碍栅格对可航行栅格 $N[m]$ 的危险度。

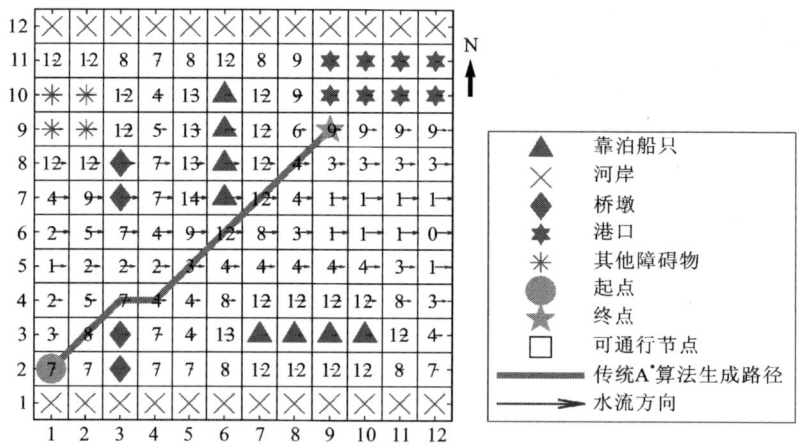

图 3.10 水流存在时传统 A*算法规划的路径

2. 分航制风险建模

与汽车分道行驶类似，为保证航行安全和提高航行效率，一些航段内的船舶也需要遵循分道航行规则（分航制）。根据分航制规则，可航行栅格 $N[m]$ 的风险模型设计如下：

第 3 章 船舶智能航行避碰路径规划

$$r[m] = \begin{cases} 1-\cos(\phi_n - \phi_r), & 0 < \cos(\phi_n - \phi_r) \leq 1 \\ 1-\alpha\cos(\phi_n - \phi_r), & -1 \leq \cos(\phi_n - \phi_r) \leq 0 \end{cases} \quad (3.12)$$

式中：$\phi_n \in (0, 2\pi)$ 为分航制规定的船舶航行方向（与正北的夹角）。假设规划的路径记为 $\{N[1], \cdots, N[m], \cdots\}$，则可航行栅格 $N[m]$ 处的路径方向 $\overrightarrow{N[m-1][m]}$ 记为 $\phi_r \in (0, 2\pi)$（相对于正北方向）。当分航制航行方向 ϕ_n 与路径方向 ϕ_r 一致时，可得到 $0 \leq r_s[m] < 1$；否则，可得到 $1 \leq r_s[m] \leq 1+\alpha$。考虑分航制的栅格地图如图 3.11 所示。从图 3.11 可以看出，传统 A* 算法规划的路径无法满足分航制对船舶航行路径的要求。

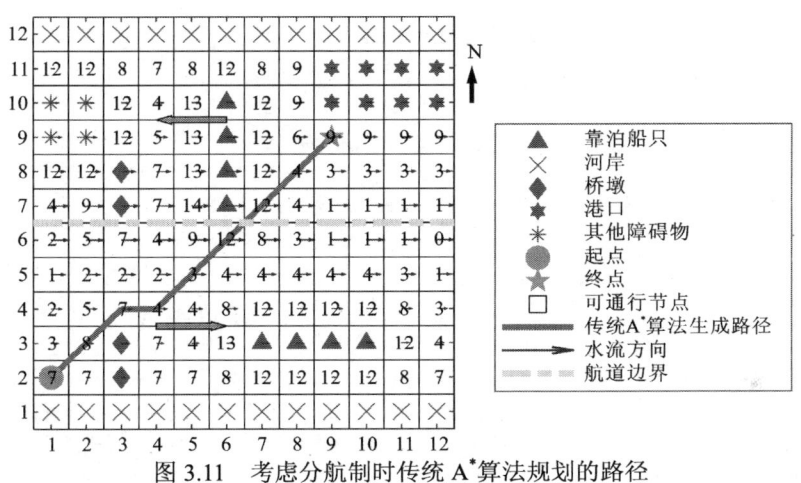

图 3.11 考虑分航制时传统 A* 算法规划的路径

3. 靠泊风险建模

为保证船舶航行安全，船舶需要逆水靠泊，即船舶航行方向与水流方向相反。逆水靠泊的目的可总结为：①船舶将会保持相对高的对水速度和相对低的对地速度；②水流推力将有助于船舶侧向靠泊。图 3.12 展示了传统 A* 算法计算的靠泊路径。船舶如果按照该条路径靠泊，水流将会增加船舶靠泊的难度，同时也增加了航行风险。因此，当路径终点栅格为靠泊终点时，需要考虑逆水靠泊。

计算靠泊路径时应分别处理正常航行路径与靠泊路径。定义常规路径为 P_n、靠泊路径为 P_b。靠泊路径 P_b 应考虑水流影响。路径规划的起点和终点是已知的，但对于常规路径 P_n 和靠泊路径 P_b 来说，P_n 的终点和 P_b 的起点未知。为解决这一问题，可以以靠泊终点栅格作为起点，设定靠泊路径长度，反向生成靠泊路径 P_b，再以靠泊路径的终点栅格作为常规路径的终点。因此，如何生成靠泊路径是十分关键的。

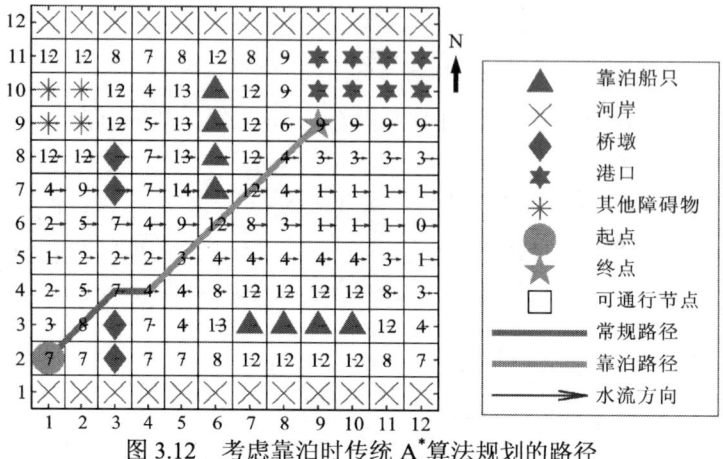

图 3.12 考虑靠泊时传统 A*算法规划的路径

对于可航行栅格 $N[m]$，靠泊风险度 $r_{be}[m]$ 表示为

$$r_{be}[m] = \frac{c}{s_m}[1+\cos(\phi_n-\phi_r)] \qquad (3.13)$$

式中：$r_{be}[m]>0$；$c>0$ 为常数；$s_m=0,1,\cdots,N_{be}$ 为从靠泊终点栅格开始计数的栅格序号，N_{be} 为靠泊路径 P_b 的路径栅格总数量。ϕ_n 和 ϕ_r 的定义见式（3.12）。

4. 操纵性风险建模

船舶最小转弯半径代表了船舶转弯性能，船舶转弯性能是操纵性的一种表现。在设计路径时，如果不考虑转弯半径，船舶可能无法跟踪目标路径，从而增加了碰撞或搁浅风险。

假设 P_{i-1}, P_i, P_{i+1} 是某条路径的连续三个路径点，如图 3.13 所示。图中，$\theta \in (0,\pi)$ 表示线段 $P_{i-1}P_i$ 和线段 P_iP_{i+1} 的夹角。l 是线段 $P_{i-1}P_i$ 和线段 P_iP_{i+1} 中较短的线段长度。建立一个内切圆，保证该内切圆与线段 $P_{i-1}P_i$ 和线段 P_iP_{i+1} 相切。于是，内切圆半径 R_i 可得

$$R_i = l\tan\frac{\theta}{2} \qquad (3.14)$$

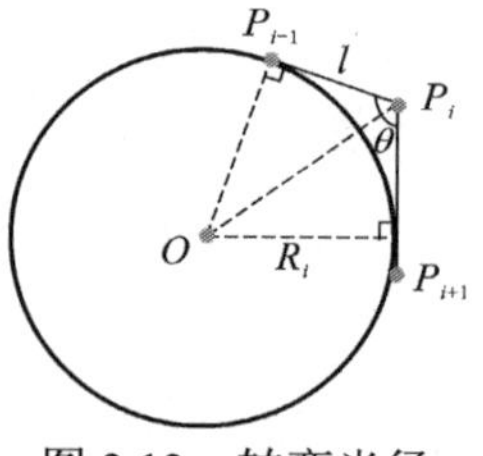

图 3.13 转弯半径

如果某船最小转弯半径 R_0 大于 R_i，这就表明路径栅格点 P_{i-1},P_i,P_{i+1} 构成的路径不适合该艘船舶航行；相反，如果 R_0 小于或等于 R_i，就表明 P_{i-1},P_i,P_{i+1} 路径适合该艘船舶航行。基于此，船舶操纵性风险建模如下：

$$r_m[m] = \begin{cases} b\left(1+\dfrac{R_i}{R_0}\right), & R_0 > R_i \\ 0, & R_0 \leqslant R_i \end{cases} \quad (3.15)$$

式中：$b>0$ 为常数。

3.4.2 A*算法改进

考虑传统 A*算法在进行船舶路径规划时会存在多种缺陷，本节基于 3.3.2 小节提出的风险模型设计一种改进 A*算法。为便于比较和理解，首先介绍传统 A*算法流程，再详细介绍改进 A*算法的实现。

1. 传统 A*算法流程

传统 A*算法的目的是为了找一条从起点栅格 $N[start]$ 到终点栅格 $N[dest]$ 花费最少（路径最短）的路径。3.2 节阐述的传统 A*算法处理流程见表 3.2。式（3.1）所示估价函数中，$h(n)$ 有欧氏距离、曼哈顿距离和切比雪夫距离等多种方式，本书选择欧氏距离进行表示。

表 3.2 传统 A*算法流程

步骤	流程
1	将 $N[start]$ 加入 openlist 列表
2	**while** openlist $\neq \phi$, **do**
3	从 openlist 列表选择开启栅格(open node) $N[i]$，并保证 $N[i]$ 的估价函数值 $f(N[i])$ 是最小的
4	**if** $N[i] == N[dest]$
5	**return** "路径已找到"
6	**else**
7	$N[i]$ 加入 closelist 列表。寻找 $N[i]$ 周围下一个可航行栅格 $N_i[j]$
8	**if** 栅格 $N_i[j]$ 不属于 closelist 列表
9	将 $N_i[j]$ 加入 openlist 列表，并且计算 $f(N_i[j])$ 的值。

续表

步骤	流程
10	**if** $f(N_i[j])$ 比其他任一 $f(N_m[j])$ 更小，且 $N[m]$ 属于 closelist 列表
11	$f(N[j])=f(N_i[j])$，将 $N_i[j]$ 设为 $N[i]$ 的父栅格
12	end if
13	end if
14	end if
15	end while
16	return "路径未找到"

2. 基于改进 A* 算法的常规路径规划

本书将船舶路径规划场景分为两种：一种是不包含靠泊路径，即只规划常规路径；另一种是包含靠泊路径，即同时规划常规路径和靠泊路径。以下介绍常规路径的规划过程。

为满足船舶航行安全要求，根据本书提出的风险建模函数，对传统 A* 算法估价函数式（3.1）进行了重新设计。式（3.1）中 $g(n)$ 更改为 $g_n(N[i])$，表示从栅格（节点）$N[start]$ 到栅格 $N[i]$ 的实际代价，即

$$g_n(N[i]) = g_0(N[i]) + \tau_n r_n(N[i]) \tag{3.16}$$

式中：$\tau_n > 0$ 为常数。$g_0(N[i])$ 定义如下：

$$g_n(N[i]) = \sum_{k=1}^{p-1} d(k) \tag{3.17}$$

式中：$p \geq 1$ 为从栅格 $N[i]$ 到栅格 $N[start]$（$N[i]$，$N[i].parent$，$N[i].parent.parent$，…，$N[start]$）的栅格总数；$N[i].parent$ 为栅格 $N[i]$ 的父栅格；为是第 k 个栅格到第 $k+1$ 栅格的欧氏距离，k 为从 $N[start]$ 开始计数得到的栅格序号。具体来说，假设第 k 个栅格的坐标为 (x_k, y_k)，于是 $d(k)$ 可表示为

$$d(k) = \sqrt{(x_k - x_{k+1})^2 + (y_k - y_{k+1})^2} \tag{3.18}$$

$r_n(N[i])$ 是风险函数，表示为

$$r_n(N[i]) = r_o[i] + r_s[i] + r_m[i] \tag{3.19}$$

式中：$r_o[i]$、$r_s[i]$ 和 $r_m[i]$ 定义分别见式（3.2）、式（3.3）和式（3.6）。当 $r_s = 0$ 时表示该处航道没有实行分航制。

估价函数 $f_n(N[i])$ 重新设置如下：

$$f_n(N[i]) = g_n(N[i]) + \beta_n h_n(N[i]) \tag{3.20}$$

式中：$\beta_n > 0$ 为常数，β_n 是为了平衡 $g_n(N[i])$ 和 $h_n(N[j])$ 的权值设置的。假设栅格 $N[i]$ 的坐标为 $(x_{N[i]}, y_{N[i]})$，栅格 $N[dest]$ 的坐标为 $(x_{N[dest]}, y_{N[dest]})$，于是 $h_n(N[i])$ 表示如下：

$$h_n(N[i]) = \sqrt{(x_{N[i]} - x_{N[dest]})^2 + (y_{N[i]} - y_{N[dest]})^2} \tag{3.21}$$

改进 A* 算法常规路径规划算法见表 3.3。

表 3.3 改进 A* 算法常规路径规划流程

步骤	流程
1	将 $N[start]$ 加入 openlist 列表
2	if 终点栅格不是靠泊终点
3	if 所在航道没有实行分航制
4	r_s=0
5	end if
6	while openlist ≠ ϕ, do
7	从 openlist 列表中选择估价函数值 $f_n(N[i])$ 最小的栅格，记为 $N[i]$
8	if $N[i]$ == $N[dest]$
9	return "路径 p_n 已找到"
10	else
11	将 $N[i]$ 加入 closelist 列表。寻找 $N[i]$ 周围下一个可航行栅格 $N_i[j]$
12	if 栅格 $f(N_i[j])$ 不属于 closelist 列表
13	将 $N_i[j]$ 加入 openlist 列表，计算 $r_o[j], r_s[j], r_m[j]$ 的值，得到 $r_n(N_i[j]) = r_o[j] + r_s[j] + r_m[j]$
14	if $N_i[j]$ 比其他任一 $f(N_m[j])$ 更小，其中 $N[m]$ 属于 closelist 列表
15	$f_n(N[j]) = f_n(N_i[j])$，将 $N_i[j]$ 设为 $N[i]$ 的父栅格
16	end if
17	end if
18	end if
19	end while
20	return "路径 p_n 未找到"

3. 基于改进 A^* 算法的靠泊路径规划

如前所述,当船舶路径规划路径终点为靠泊点时,需单独规划靠泊路径 P_b,此时完整的路径应包括常规路径 P_n 和靠泊路径 P_b。假设 $N[berth]$ 为靠泊路径的起始栅格,$N[dest]$ 为靠泊路径的终点栅格。在进行路径规划之前,$N[berth]$ 栅格是未知的,需要通过本书提出的算法反向找到 $N[berth]$。

靠泊路径的估价函数 $f_b(N[i])$ 定义为

$$f_b(N[i]) = g_b(N[i]) + \beta_b h_b(N[i]) \quad (3.22)$$

式中:$\beta_b > 0$ 为常数。由于栅格 $N[berth]$ 是未知的,可以设置 $h_b(N[i]) = 0$。$g_b(N[i])$ 定义如下:

$$g_b(N[i]) = g_0(N[i]) + \tau_b r_b(N[i]) \quad (3.23)$$

式中:$g_0(N[i]) = 0$,$\tau_b > 0$ 为常数。$r_b(N[i])$ 定义如下:

$$r_b(N[i]) = r_o[i] + r_{be}[i] + r_m[i] \quad (3.24)$$

因为船舶逆水靠泊,所以不需考虑分航制的约束,即 $r_s = 0$ 始终成立。联立式(3.23)~式(3.25),$f_b(N[i])$ 可表示为

$$f_b(N[i]) = r_o[i] + r_{be}[i] + r_m[i] \quad (3.25)$$

需要注意的是因为 $g_0(N[i]) = 0$ 和 $h_b(N[i]) = 0$ 始终成立,所以 $\tau_b = 1$ 和 $\beta_b = 1$ 被消去。基于改进 A^* 算法的靠泊路径规划流程见表 3.4。

表 3.4 基于改进 A^* 算法的靠泊路径规划流程

步骤	流程
1	将 $N[dest]$ 加入 openlist 列表
2	if 终点栅格是靠泊终点
3	设置靠泊路径栅格数量为 q_0
4	while openlist $\neq \phi$, do
5	从 openlist 列表中选择估价函数值 $f_n(N[i])$ 最小的栅格,记为 $N[i]$
6	if $N[i] == N[dest]$
7	return "路径 p_n 已找到"
8	else
9	将 $N[i]$ 加入 closelist 列表。寻找 $N[i]$ 周围下一个可航行栅格 $N_i[j]$

续表

步骤	流程
10	if 栅格 $f(N_i[j])$ 不属于 closelist 列表
11	将 $N_i[j]$ 加入 openlist 列表，计算 $r_o[j]$，$r_s[j]$，$r_m[j]$ 的值，得到 $r_n(N_i[j])=r_o[j]+r_s[j]+r_m[j]$
12	if $N_i[j]$ 比其他任一 $f(N_m[j])$ 更小，其中 $N[m]$ 属于 closelist 列表
13	$f_n(N[j])=f_n(N_i[j])$，将 $N_i[j]$ 设为 $N[i]$ 的父栅格
14	end if
15	end if
16	end if
17	end while
18	return "路径 p_n 未找到"
19	end if

4. 常规路径与靠泊路径的结合

在大多数情况下，当在路径规划终点处船舶需要停泊，此时常规路径和靠泊路径是需要同时规划的，这时候就存在常规路径和靠泊路径的连接问题。如果常规路径和靠泊路径不能正确连接，可能会导致路径无法满足船舶操纵性要求。在图 3.14 中，常规路径和靠泊路径连接处存在一个较急的转弯，船舶受操纵性约束可能无法跟踪连接处这一段路径。设定栅格为正方形，相邻栅格（节点）距离等于栅格长度，记为 l_n。通常栅格长度与船舶最小转弯半径（记为 R_0）相关。在本书，将栅格长度 l_n 设为 R_0。

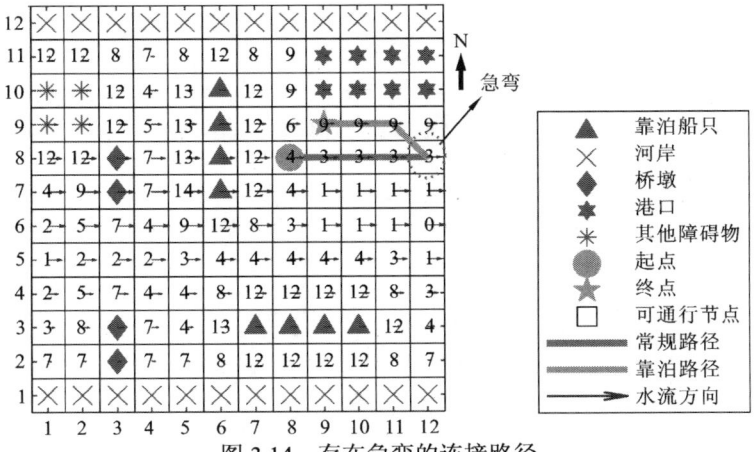

图 3.14 存在急弯的连接路径

常规路径 P_n 与靠泊路径 P_b 连接后的路径记为结合路径 P_c，即 $P_c = P_n + P_b$。靠泊路径 P_b 的起始栅格即常规路径 P_n 的终点栅格记为连接栅格 $N[berth]$，为了避免在常规路径与靠泊路径连接处出现急弯，需保证在连接栅格 $N[berth]$ 处的内切圆半径 $R_{berth} > R_0$。如果 $R_{berth} < R_0$，则需要人为增加一个栅格来"平滑"连接处路径。常规路径与靠泊路径的结合路径算法见表 3.5，变量定义见图 3.15。

表 3.5 常规路径与靠泊路径的结合路径平滑算法

步骤	流程
1	定义常规路径 $P_n=\{N[start], \cdots, N[ne], N[berth]\}$ 的后两个栅格分别为 $N[ne]$ 和 $N[berth]$，定义靠泊路径 $P_b=\{N[berth], N[b1], \cdots, N[dest]\}$
2	根据式（3.8）计算 $r_m[berth]$
3	if $r_m[berth] == 0$ then
4	return "不用增加额外栅格"
5	end if
6	if $r_m[berth] > 0$ then
7	路径段 $N[ne] \to N[berth] \to N[b1]$ 不能被船舶跟踪
8	从 $N[berth]$ 相邻的 8 个栅格（除去 $N[b1]$ 和 $N[ne]$）中寻找一个可航行栅格，使其满足船舶操纵性要求，并将其添加到 P_b 中。设栅格 $N[berth]$ 的坐标为 $(x_{N[berth]}, y_{N[berth]})$
9	count = 0
10	for $i = -1:1$ do
11	for $j = -1:1$ do
12	从 $N[berth]$ 相邻的栅格中选择一个栅格，即 $N[c_{count}](x_{N[berth]}+i, y_{N[berth]}+j)$
13	if $N[c_{count}] \neq N[b1]$ && $N[c_{count}] \neq N[ne]$ && $N[c_{count}]$ 属于可航行栅格 && $N[c_{count}]$ 处于地图坐标范围内 then
14	根据式（3.8）计算路径点 $N[berth] \to N[c_{count}] \to N[b1]$ 的 $r_{m1}[c_{count}]$ 和路径点 $N[ne] \to N[berth] \to N[c_{count}]$ 的 $r_{m1}[berth]$
15	根据式（3.8）计算路径点 $N[c_{count}] \to N[berth] \to N[b1]$ 的 $r_{m2}[c]$ 和路径点 $N[ne] \to N[c_{count}] \to N[berth]$ 的 $r_{m2}[berth]$
16	if ($r_{m1}[berth]==0$ && $r_{m1}[c_{count}]==0$) $\|$ ($r_{m2}[berth]==0$ && $r_{m2}[c_{count}]==0$) then
17	将 $N[c_{count}](x_{N[berth]}+i, y_{N[berth]}+j)$ 列入增加栅格列表 addnodelist
18	计算危险度 $r_{add}[c_{count}] = r_{m1(2)}[c_{count}] + r_{o1(2)}[c_{count}]$，根据式（3.4）计算 $r_{o1(2)}[c_{count}]$
19	$f_{add}[c]=1(2)$，增加 $f_{add}[c]$ 到标志列表 flaglist

续表

步骤	流程
20	$count = count + 1$
21	end if
22	end if
23	end for
24	end for
25	if $count>0$ then
26	得到满足增加栅格要求的栅格列表 addnodelist，即 $N[c_n](n = 1,2,\cdots,count)$，其对应的危险度为 $r_{add}[c_n] = r_m[c_n] + r_o[c_n]$
27	从栅格列表 addnodelist 选择危险度 r_{add} 最小的栅格，记为 $N[c_{min}]$，且设 $N[add] = N[c_{min}]$
28	if $f_{add}[c_{min}] == 1$ then
29	将 P_b 更新为 $P'_b=\{N[berth], N[add], N[b1], \cdots, N[dest]\}$，且 $P_c = P_n + P'_b$
30	else
31	将 P_n 更新为 $P'_n=\{N[start], \cdots, N[add], N[berth]\}$，且 $P_c = P'_n + P_b$
32	end if
33	return "增加栅格已找到"
34	else
35	return "增加栅格不能找到"
36	end if
37	end if

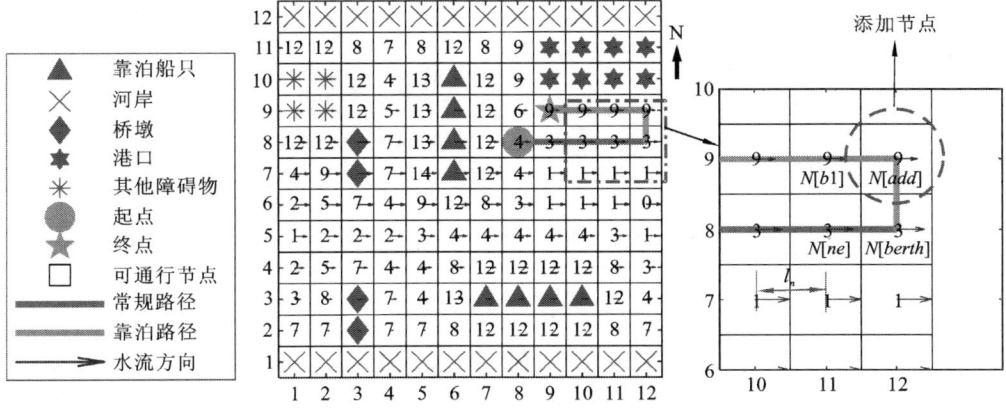

图 3.15　处理急弯后的结合路径

3.4.3 仿真实例

为了验证本书提出的改进 A^* 算法的有效性，本小节将进行相关仿真实验。首先，考虑障碍物、分航制和操纵性等风险条件下利用改进 A^* 算法计算常规路径，并将改进 A^* 算法得到的常规路径和传统 A^* 算法得到的路径进行对比。然后，利用改进 A^* 算法计算靠泊路径和常规路径，验证常规路径和靠泊路径的结合方法的有效性。最后，在长江航道武汉段真实场景下，验证改进 A^* 的路径规划算法的有效性。

1. 场景一：常规路径规划

常规路径规划时，障碍物风险和船舶操纵性风险是始终需要考虑的，而分航制风险需要根据具体的航道航行规则来决定是否需要考虑。在本场景中，始终会考虑分航制风险。

1) 参数初始化

为了对风险进行建模，有必要确定风险模型参数。由于水流速度在靠近岸边时会减小，假定水流速度为

$$v_m = \begin{cases} 0.4 d_s, & d_s \leq 4 l_n \\ 2, & d_s > 4 l_n \end{cases} \quad (3.26)$$

式中：$d_s(m)$ 表示栅格 $N[m]$ 距离最近岸边的垂直距离。其他参数见表 3.6。船舶从起点栅格（3，3）到终点栅格（32，21）。

表 3.6 参数初始化

参数	数值	参数	数值
栅格地图 x 轴范围	[1, 38]	栅格地图 y 轴范围	[1, 25]
栅格长度/m	30	船舶最小转弯半径/m	27
α	100	τ	0.20
β	0.50		

2) 仿真结果

传统 A^* 算法和改进 A^* 算法得到的常规路径对比如图 3.16 所示。从图中可以看出传统 A^* 算法将路径最短作为目标，而改进 A^* 算法会综合考虑路径长度、障碍物碰撞风险、分航制风险和操纵性风险。从具体规划路径对比来看，传统 A^*

算法和改进 A^* 算法得到的路径总长度分别为 34.0 和 38.1（单位为 l_n）。将各个路径点对应的障碍物碰撞风险相加可以得到路径障碍物总风险，经过计算，传统 A^* 算法和改进 A^* 算法得到的路径障碍物总风险分别为 150 和 22。从图 3.16 中也可以看出传统 A^* 算法规划的路径更靠近桥墩和船舶。

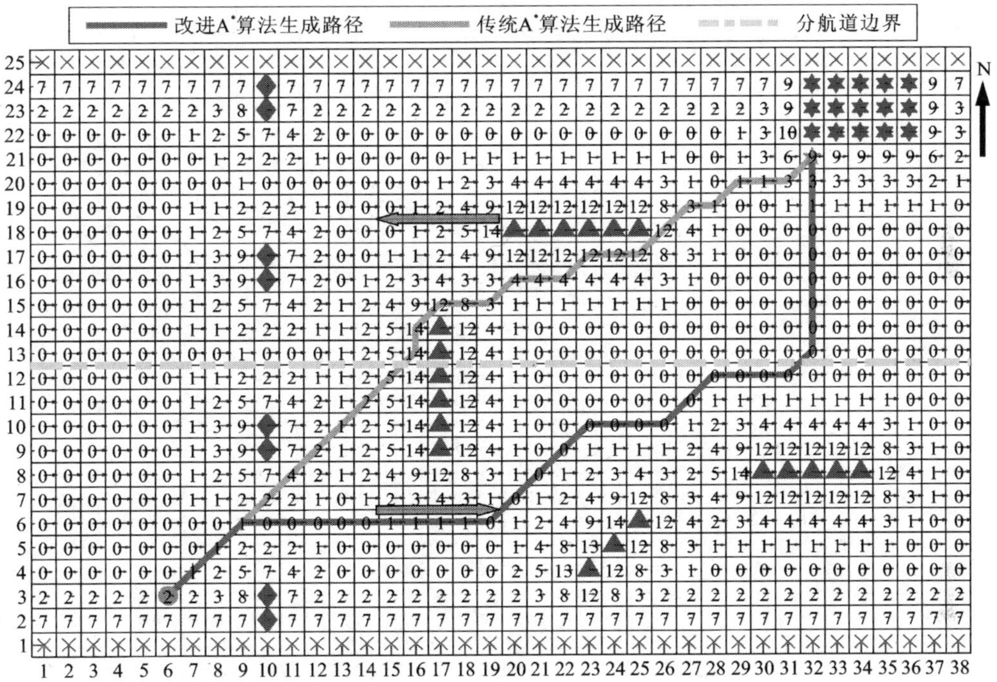

图 3.16 改进 A^* 算法和传统 A^* 算法规划的常规路径对比

从传统 A^* 算法和改进 A^* 算法规划的路径还可以看出，传统 A^* 算法无法考虑分航制约束，这增大了船舶碰撞的风险，而改进 A^* 算法规划的路径保证船舶在驶向对岸过程中仍能基本满足分航规则要求。因此，改进 A^* 算法在常规路径规划时比传统 A^* 算法更优。

2. 场景二：靠泊路径规划

1）参数初始化

为保证靠泊安全，船舶应逆水靠泊。在本场景中，船舶从起点（6，3）航行至终点（32，21）。靠泊路径 P_b 的路径点数量设置为 6，其他参数设置与表 3.6 相同。

2）仿真结果

改进 A^* 算法和传统 A^* 算法规划的路径结果如图 3.17 所示。因为 A^* 算法不考虑逆水靠泊原则，所以 A^* 算法处理靠泊路径和常规路径是相同的。对于改进 A^* 算法，应用靠泊路径算法（表 3.3）可以规划得到路径，这里的路径包括常规路径（P_n）和靠泊路径（P_b）。其中常规路径和靠泊路径的连接栅格为 $N[berth]$（37,18）。从图 3.17 可见，改进 A^* 算法规划的靠泊路径在考虑逆水靠泊的同时也兼顾了障碍物碰撞风险。

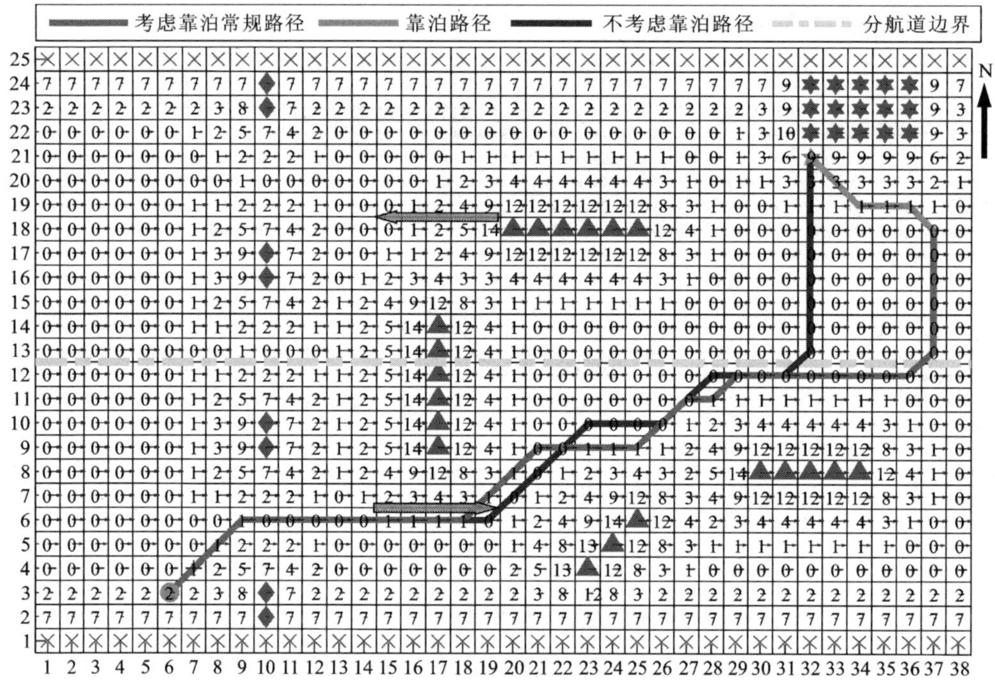

图 3.17　改进 A^* 算法和传统 A^* 算法规划的常规靠泊对比

3. 场景三：常规路径和靠泊路径的结合

场景二中常规路径和靠泊路径的连接栅格满足船舶操纵性要求，但是在某些情况下连接栅格处会存在急弯。图 3.18 分别显示了未使用和使用表 3.5 平滑算法的规划路径。可见，在未使用平滑算法时规划的路径会产生急弯，不满足船舶操纵性约束要求。在使用表 3.5 算法后，规划的靠泊路径新增了一个栅格（added node），且该栅格是满足平滑条件下风险最小的栅格。

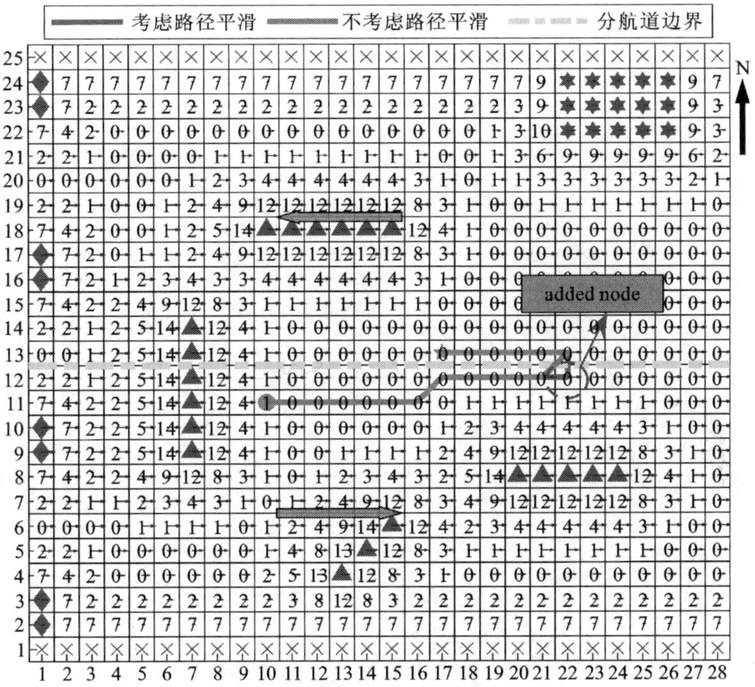

图 3.18 常规路径和靠泊路径的结合

4. 场景四：真实航道环境路径规划

以长江航道武汉段作为真实环境验证改进 A^* 算法的有效性。在此场景中，船舶从江岸的一边驶向另一边，途中经过武汉长江二桥桥区，如图 3.19 所示。船舶航行到这一桥区时，需要按照两列航标船指示的航道航行，也就是说两艘航标船中间的航道是供船舶航行的航道。为了应用 A^* 算法，需对航行区域进行栅格化。设置栅格长度 l_n 为 50 m，船舶最小转弯半径 R_0 为 45 m。起始位置经纬度坐标为（30°36′02.6″N，114°19′23.4″E），终点位置（靠泊位置）经纬度坐标为（30°37′35.9″N，114°19′36.0″E），此区域内不设置分航制。根据改进 A^* 算法应用要求，航行中的船舶不作为障碍船舶，只有抛锚和已靠泊船舶作为障碍船舶。其他参数设置与场景一相同。

改进 A^* 算法和传统 A^* 算法计算得到的路径如图 3.19 所示。其中，改进 A^* 算法的路径由常规路径和靠泊路径组成。从图中可见，传统 A^* 算法在桥区时与桥墩有更高的碰撞风险，且无法满足船舶逆水靠泊要求。另外，为了比较启发式算法在计算效率上的优势，使用了 A^* 算法和 Dijkstra 算法在计算效率上的区别，在相同计算平台上计时发现，针对本场景路径规划要求，A^* 算法和 Dijkstra 算法计算一次路径所花费的时间分别为 935 ms 和 1 127 ms，因此 A^* 算法相比非启发式算法具有一定的计算效率优势。

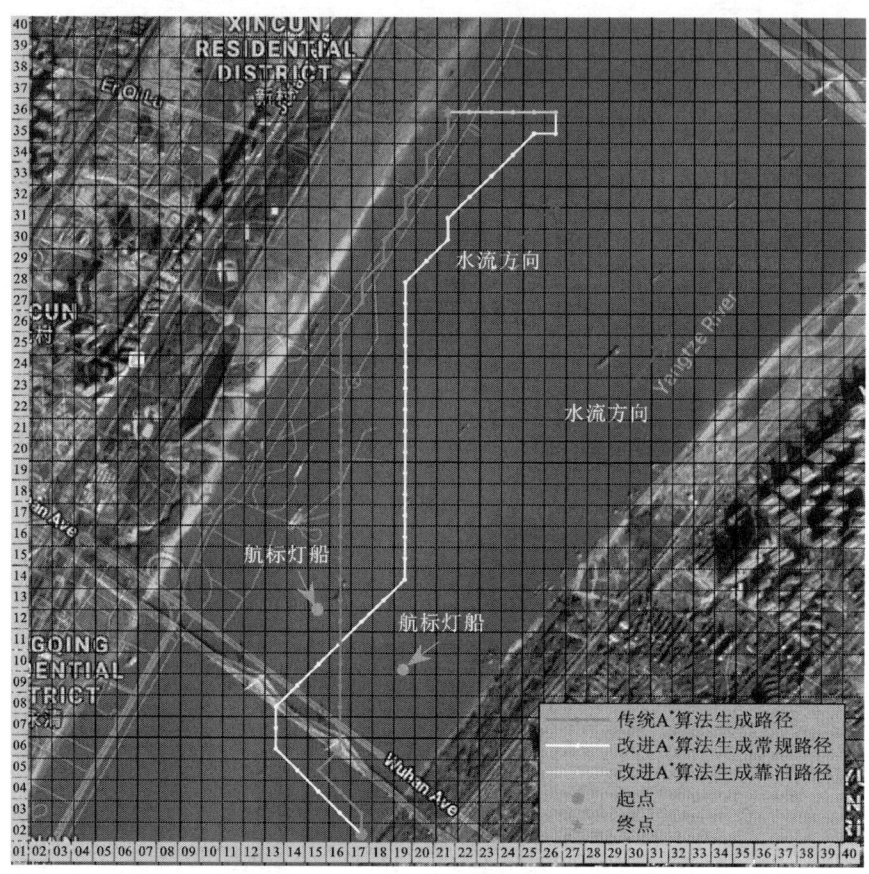

图 3.19　改进 A^* 算法和传统 A^* 算法计算得到的路径

图 3.19 计算得到的路径是由连续的折线构成的，本书采用三次 B 样条曲线对其进行曲线拟合。拟合后的路径曲线如图 3.20 所示。

图 3.20　路径曲线拟合

参 考 文 献

[1] SKIENA S. Dijkstra's algorithm[J]. Implementing Discrete Mathematics: Combinatorics and Graph Theory with Mathematica, Reading: Addison-Wesley, 1990: 225-227.

[2] 陈超, 唐坚. 基于可视图法的水面无人艇路径规划设计[J]. 中国造船, 2013(1): 129-135.

[3] SANG H, YOU Y, SUN X, et al. The hybrid path planning algorithm based on improved A* and artificial potential field for unmanned surface vehicle formations[J]. Ocean Engineering, 2021, 223: 108709.

[4] LEE S M, KWON K Y, JOONGSEON J. A fuzzy logic for autonomous navigation of marine vehicles satisfying COLREG guidelines[J]. International Journal of Control, Automation, and Systems, 2004, 2(2): 171-181.

[5] 王宏健, 伍祥红, 施小成. 基于蚁群算法的 AUV 全局路径规划方法[J]. 中国造船, 2008,

49(2): 88-93.

[6] GARCIA M A, MONTIEL O, CASTILLO O, et al. Path planning for autonomous mobile robot navigation with ant colony optimization and fuzzy cost function evaluation[J]. Applied Soft Computing, 2009, 9(3): 1102-1110.

[7] MANIKAS T W, ASHENAYI K, Wainwright R L. Genetic algorithms for autonomous robot navigation[J]. Instrumentation & Measurement Magazine, IEEE, 2007, 10(6): 26-31.

[8] YANG A, NIU Q, ZHAO W, et al. An efficient algorithm for grid-based robotic path planning based on priority sorting of direction vectors[M]//Life System Modeling and Intelligent Computing. Berlin: Springer, 2010: 456-466.

[9] NAEEM W, IRWIN G W, YANG A. COLREGs-based collision avoidance strategies for unmanned surface vehicles[J]. Mechatronics, 2012, 22(6): 669-678.

[10] KHATIB O. Real-time obstacle avoidance for manipulators and mobile robots[J]. The international journal of robotics research, 1986, 5(1): 90-98.

[11] HAGRAS H A. A hierarchical type-2 fuzzy logic control architecture for autonomous mobile robots[J]. IEEE Transactions on Fuzzy Systems, 2004, 12(4): 524-539.

[12] 宋欣达. 室外移动机器人的遥操作系统和路径规划的研究[D]. 太原：太原理工大学, 2011.

[13] SEDIGHI K H, ASHENAYI K, MANIKAS T W, et al. Autonomous local path planning for a mobile robot using a genetic algorithm[C]//Proceedings of the Congress on Evolutionary Computation. IEEE, 2004, 2: 1338-1345.

[14] 金飞虎, 洪炳熔, 高庆吉. 基于蚁群算法的自由飞行空间机器人路径规划[J]. 机器人, 2011, 24(6): 526-529.

[15] GAO W, TANG Q, YE B, et al. An enhanced heuristic ant colony optimization for mobile robot path planning[J]. Soft Computing, 2020: 1-12.

[16] ALI Z A, ZHANGANG H, HANG W B. Cooperative path planning of multiple UAVs by using max-min ant colony optimization along with Cauchy mutant operator[J]. Fluctuation and Noise Letters, 2021, 20(1): 2150002.

[17] 辜勇, 段晶晶, 苏宇霞, 等. 基于改进蚁群算法的仓储物流机器人路径规划[J]. 武汉理工大学学报(交通科学与工程版), 2020, 44(4): 688-693, 697.

[18] 卢艳爽. 水面无人艇路径规划算法研究[D]. 哈尔滨: 哈尔滨工程大学, 2010.

[19] ZHU M. A global path planning algorithm of unmanned vessel in inland waterway[C] // Proceeding of the International Conference on Transportation Information and Safety. IEEE, Wuhan, China, 2013: 2106-2113.

[20] 李家良. 水面无人艇发展与应用[J].火力与指挥控制, 2012, 37(6): 203-207.

[21] 柳晨光, 初秀民, 吴青, 等. USV 发展现状及展望[J]. 中国造船, 2014(4):194-205.

[22] 黄国良, 徐恒, 熊波, 等. 内河无人航道测量船系统设计[J]. 水运工程, 2016(1): 162-168.
[23] 余必秀, 初秀民, 柳晨光, 等. 基于改进A*算法的无人航道测量船路径规划方法[J]. 武汉大学学报(信息科学版), 2019, 44(8): 1258-1264.
[24] 吴竞妍, 隋芯, 孙昱昌, 等. 基于北斗和地理围栏的公共自行车防盗系统设计[J]. 测绘科学技术, 2017, 5(3): 119-126.
[25] LIU C, MAO Q, CHU X, XIE S. An improved a-star algorithm considering water current, traffic separation and berthing for vessel path planning[J]. Applied Sciences, 2019, 9(6): 1057.

第 4 章　船舶智能航行运动控制模型

　　自主航行的智能船舶目前仍处于研究阶段,其关键理论和技术问题还有待解决。由于易受到外界干扰和不确定环境影响,精确的船舶运动控制一直是实现船舶自主航行的关键。本章将首先介绍船舶运动控制的研究概况,将其分为船舶轨迹跟踪和路径跟随两类;然后对船舶路径跟踪控制和路径自适应控制研究分别进行系统分析;最后建立考虑环境影响和不确定性干扰的船舶运动响应型、分离型和整体型模型,为船舶智能运动控制提供模型基础。

4.1　船舶运动控制概述

　　船舶在航行过程中由于受到外界环境和自身系统不确定性影响,船舶真实的控制效果会与预设的不一致。比如,水流、风、波浪会使船舶运动控制性能变差,同时操纵性也会因船速、航行水深、载重量的变化而改变,一个有经验的驾驶员可通过调整操船策略或方式来应对这种变化,但对于无人驾驶的智能船舶,如果不能根据外界环境对运动控制进行相应调整,则很难实现精确的航迹控制,也增大了智能船舶的航行风险[1]。考虑大部分船舶都是欠驱动方式推进的(无侧推器),以及船舶固有的时滞、大惯性等特点,船舶运动控制一直以来受到了学者的重视和关注。虽然目前已建立了比较完善的船舶水动力模型,也尝试了多种运动控制方法,取得了一些成果,但是如何提升船舶运动控制的精度、可靠性和实时性一直是亟待解决的关键问题。根据上述分析,本书尝试解决船舶运动控制中的以下具体问题:①船舶运动控制中因模型或参数改变造成的运动控制精度下降的问题;②船舶运动控制中因某些状态或干扰不可测造成的运动控制精度不高的问题;③模型预测控制在船舶运动控制中的实时性问题。

　　船舶运动控制主要有两种控制形式:轨迹跟踪(trajectory tracking)控制和路径跟随(path following)控制。轨迹跟踪控制要求船舶实时跟踪时变的参考轨迹,也就是参考轨迹是时间的函数;路径跟随控制则只要求船舶的航迹能跟踪上计划航线,并没有时间维度上的约束或要求。前者是几何位置跟踪,后者是动态轨迹跟踪[2]。由于船舶路径跟随和轨迹跟踪对于船舶的欠驱动、非线性、系统不确定、不可观测性等问题的处理是基本一致的[3]，本书用路径跟踪控制统一指代这两种控制方式。

4.2 船舶路径跟踪控制

为解决船舶路径跟踪控制问题，早在 20 世纪 20 年代就出现了机械式的自动舵装置，自动舵能在无人操控的情况下保持船舶航向基本不变，后来又逐步发展为 PID 自动舵、自适应自动舵、智能舵等[4]。从目前来看，虽然在某些情况下自动舵能够替代人来操控船舶，但是在复杂或者不确定性环境下，自动舵往往无法满足需求。例如，在内河环境下，由于航道较窄、曲折，水深变化明显，上下行分航，风、浪、流干扰等原因，传统的自动舵很难达到相应控制需求；目前的自动舵也无法自主完成停泊、进出港等操作。为解决这一问题，国内外学者开展了不少研究，也提出了相应的运动控制方法。本节将首先介绍目前常用的船舶路径跟踪控制方法，再具体分析自适应控制在船舶路径跟踪控制中的应用，最后简要介绍视距导航在路径跟踪中的应用概况。在 GPS 出现之前，自动舵只能进行航向控制，无法实现路径跟踪控制[5]。GPS、北斗等全球导航卫星系统的普及和差分定位技术的成熟，使满足船舶自主航行需要的精确路径跟踪控制成为可能。船舶路径跟踪控制方法也从最早的 PID 控制逐步发展到了最优控制、滑模控制、模型预测控制和人工智能控制等复杂控制。

4.2.1 最优控制

最优控制是变分法的一种扩展，是由 20 世纪 50 年代空间技术推动和发展产生的。美国学者 Bellman 提出的动态规划方法和苏联学者 Pontryagin 提出的极大值原理对最优控制的最终形成发挥了重要作用。线性二次高斯（linear quadratic Gaussian, LQG）控制问题是最优控制中最典型的问题，通过状态估计建立二次成本函数，求解得到最优控制律[6]。Holzhuter 等应用前馈控制、基于 LQG 的反馈控制，以及卡尔曼滤波实现了船舶航迹控制，但所研究的模型比较简单[7-8]。Cimen 面向大型油轮非线性带约束的运动控制问题，提出了一种通过求解状态相关 Riccati 方程得到最优控制律的非线性最优控制方法，并通过大量真实实验验证了该方法的有效性[9]。与文献[9]不同，胡洲等提出了一种无须求解非线性 Riccati 方程的最优控制方法，并将该方法用于船舶的航迹跟踪控制，仿真结果表明在一定的外界环境干扰存在时仍具有较好的控制效果[10]。彭秀艳等提出了一种用于船舶航迹控制的 LQG 随机控制方法，在该方法中利用卡尔曼滤波器实现了对航向角、舵角、船位的最优估计，仿真结果表明该方法具有较高的控制精度[11]。涂武为解决船舶运动中自动舵的波动和可靠性问题，在构造控制最优目标函数时考虑自动舵相关约束，并基于此提出了一种考虑舵机性能的非线性最优控制器[12]。朱丽燕等将 actor-critic 结构、模糊逻辑评价系统和模糊逻辑执行系统分别用于构建最优评价信号和最优控制信号，提出了一种基于模糊逻辑系统的自适应最优航向控制算法，并通过前向差分 Lyapunov 方法证明了其稳定性，并进一步通过仿真验证了其有效性和合理性[13]。

4.2.2 变结构（滑模）控制

变结构控制（variable structure control，VSC）是一种非连续非线性控制方法，其反馈控制律不是时间的连续函数，控制律的结构是根据状态轨迹位置的变化而改变，即控制律可以从一个"滑动模态"切换到另一个"滑动模态"。考虑控制律结构的不确定性，通常也将 VSC 称为滑模控制（sliding-model control，SMC）。Ashrafiuon 等较早尝试将 SMC 方法用于解决参数不确定条件下的欠驱动船舶的鲁棒跟踪控制问题，具体是以船舶纵向位置跟踪偏差作为一阶滑模面，以横向轨迹位置偏差作为二阶滑模面，在保证船舶旋转运动有界的情况下完成位置跟踪[14]。McNinch 等应用非线性预测控制方法设计了滑模控制的最优滑模面，使得船舶在跟踪过程中能保证最小的跟踪误差或者最低的能量消耗[15]。Valenciaga 针对无人驾驶船舶路径跟随控制问题，设计了一种基于 Lyapunov 和高阶滑模控制方法的控制器，该控制器既能有效避免滑模面的抖振问题又减少了计算负担[16]。张戎军等利用伪线性化变换将船舶非线性操纵运动模型线性化为可控正则型，并针对线性化后的操纵运动模型提出了一种连续的变结构控制方法，有效提高了控制系统的鲁棒性，在限制水域船舶纠偏控制中有较好的效果[17]。卜仁祥等为解决带有横向漂移及非完整约束的船舶航迹控制问题，提出了一种基于分解迭代非线性滑模的增量反馈控制器，在不对模型不确定性参数或环境干扰进行估计的情况下可以实现航迹的稳定控制，仿真实验表明控制器具有较强的鲁棒性[18-19]。廖煜雷等设计了一种基于滑模控制方法的船舶轨迹跟踪控制律，该控制律可以同时保证控制的渐进稳定性和首摇运动的有界输入有界输出稳定性[20]。

4.2.3 反馈线性化

反馈线性化（feedback linearization）方法在非线性系统控制问题中应用广泛，

是通过对系统状态量的非线性变换和非线性反馈将非线性系统转换为等价的线性系统,从而简化了非线性系统的控制问题[21]。Tzeng 等设计了一种考虑舵机极限位置和转动速率约束的反馈线性化自动舵设计方法[22]。Pettersen 等针对路径点跟踪控制问题,提出了一种以首摇扭矩为输入、基于全状态反馈线性化和级联控制技术的跟踪控制方法,该方法能保证船首向和路径跟踪偏差的收敛性[23]。Encarnacao 等研究了定常未知水流下船舶的路径跟随控制问题,提出了一种基于 Lyapunov 理论、反馈线性化和 Backstepping 技术的路径跟随控制器,在水流干扰下能保证船舶跟踪上预设路径[24]。Paliotta 等借鉴了无人驾驶车轨迹跟踪中"hand point"的概念,提出了一种基于输入输出反馈线性化的轨迹跟踪控制方法,并利用 Lyapunov 稳定性理论证明了该方法的几乎全局渐进稳定性(almost-global asymptotic stability)[25]。李铁山等运用输入输出线性化方法设计了一个具有渐进跟踪能力的控制律,实现了船舶的直线轨迹跟踪控制[26]。之后,李铁山等在原有输入输出线性化方法的基础上,通过重定义输出变量提出了一种状态反馈控制律,能够使船舶轨迹渐进稳定于参考航迹[27]。与文献[27]类似,周岗等针对船舶直接航迹控制问题,基于输入输出线性化方法也设计了一种全局渐进稳定的控制律,取得较好的控制效果[28]。石为人等在建立包括舵机特性的船舶航向控制非线性模型的基础上,通过反馈线性化方法将该非线性模型转换为可控的线性模型,并基于此设计了动态滑模控制器[29]。

4.2.4 智能控制

考虑船舶运动控制系统具有非线性、干扰、不确定性、时变等特点,单纯设计某一种控制律通常很难满足精确路径控制的需求,而智能控制算法(比如神经网络、遗传算法、模糊逻辑等)具有系统参数自整定功能,可以尝试用于解决复杂的船舶运动控制问题。Burns 考虑利用卡尔曼滤波器进行船舶运动模型参数辨识时可能需要耗费较多的计算量,提出了一种基于神经网络的辨识方法,并与最优控制方法联合实现了船舶的智能最优控制[30]。Zhang 等提出了一种单输入多输出神经网络控制器,该控制器能够同时消除跟踪误差和船首向误差,且神经网络采用的是一种"无教师"的在线学习方式[31]。Velagic 等提出了一种用于船舶航迹控制的自适应模糊增益自动舵,该自动舵是由两个反馈回路组成,一个是常规的模糊控制反馈回路,另一个是可以调整模糊控制反馈参数的反馈回路,该自动舵对外界干扰、模型不确定性均有较强的鲁棒性[32]。Yang 等针对不确定船舶运动非线性系统提出了一种模型参考自适应鲁棒模糊控制方法,其中模糊逻辑算法用于估计舵机系统的集总未知项（lumped unknown function），Lyapunov 方法用于设计控制律，该自适应控制方法能够实现跟踪的渐进稳定[33]。与文献[31]类似，程启明等也提出了一种在线单输入多输出的神经网络控制器用于船舶的航迹保持控制，通过控制舵角输入同时消除了航迹偏差和航向偏差[34]。邓华等利用分布式遗传算法结合模拟退火算法对常规遗传算法进行改进，利用改进的遗传算法对径向基函数（radical basis function，RBF）神经网络进行优化，设计了基于遗传神经网络优化算法的船舶航向控制器，并通过实验验证了该控制器的控制性能优于现有的模糊 PID 控制器和神经网络滑模控制器[35]。

4.2.5　Backstepping 算法

Backstepping 算法的基本原理是把状态变化、不确定参数调节函数和一个基于 Lyapunov 函数镇定函数关联，通过不断缩小设定目标状态与实际状态之间的偏差，实现对系统的全局控制[36]。Kristin 等和 Pettersen 等针对欠驱动船舶的运动跟踪控制问题，提出了一种基于积分 Backstepping 方法和平均法的运动控制器，该控制器能够保证在邻域内参考轨迹的稳定性[37-38]。Skjetne 等为实现曲线路径的跟踪控制引入了 Serret-Frenet 框架，并基于加速度反馈技术和 3 步 Backstepping 方法设计了路径跟随控制器[39]。Do 等基于状态和输出反馈设计了欠驱动水面船舶的路径跟随控制器，该控制器具体是利用 Lyapunov 直接法和 Backstepping 方法来进行控制律设计[40]。李铁山等基于 Backstepping 设计思想和耗散理论，提出了一种鲁棒全局状态反馈控制算法，该算法在风、浪、流干扰下可以保证欠驱动船舶全局最终稳定到某一条直线上[41]；后来，基于 Lyapunov 稳定性理论，又将 Nussbaum 增益技术融入 Backstepping 设计之中，提出了一种鲁棒自适应模糊控制直线航迹跟踪控制算法，并保证了闭环系统的一致有界性[42]。张国庆等在 Backstepping 方法基础上利用非线性函数逼近技术实现了对模型不确定因素的补偿控制，基于此设计了鲁棒自适应路径跟踪控制器，其中非线性逼近是通过神经网络在线学习得到的，该控制器能够解决欠驱动船舶在路径跟踪控制中因不确定性和外界环境干扰引起的路径跟踪控制精度不高的问题[43]。

4.2.6　模型预测控制

模型预测控制（model predictive control，MPC），通常也被称为预测控制，在 20 世纪 80 年代最早应用于化工、原油提炼等领域的过程控制中，是一种先进过程控制方法，但近年来在电力系统控制、交通管理、运动控制等实时控制领域也被广泛研究和应用，并取得了很多成果。近年来，MPC 越来越多地被用于船舶运动控制领域，并取得了一定的成果。胡耀华等基于广义预测控制研究了欠驱动船舶的直线航迹控制问题，对存在滞后、约束和不确定性的非线性船舶航迹控制系统取得了有效的控制效果[44]。Yan 等在不考虑外界干扰的情况下，针对 MPC 中的二次规划（quadratic programming，QP）求解困难的问题，提出了一种基于递归神经网络（recurrent neural networks，RNN）快速求解最优值的方法，在提高算法实时性的同时完成了欠驱动船舶对目标轨迹的跟踪[45]。Li 等考虑舵机执行器饱和约束和运动速率约束的条件下利用 MPC 实现了对四自由度船舶的跟踪控制[46]。Liu 等考虑输入控制约束情况下利用基于线性矩阵不等式（linear matrix inequalities，LMIs）的非线性模型控制方法（nonlinear model predictive control，NMPC）实现了欠驱动船舶的运动控制[47]。Oh 等在欠驱动船舶跟踪轨迹过程中先利用视距导航产生目标轨迹，再应用 MPC 实现对目标轨迹的跟踪[48]。Wang 等通过将解析模型预测控制与非线性观测器结合提出了一种鲁棒路径跟踪控制器，实现了欠驱动船舶对参考路径的跟踪[49]。

4.2.7 各种方法的优缺点分析

通过查阅文献，总结当前适合船舶路径跟踪控制的几种典型方法，它们各自优缺点对比见表 4.1。

表 4.1 船舶路径跟踪控制方法优缺点对比

方法类型	主要优点	主要缺点
最优控制	①可以处理约束；②目标函数中可以明确控制目标	①对模型精度要求比较高；②最优控制问题的解析解通常比较复杂
变结构控制	①快速响应；②对参数变化和扰动不灵敏	抖振问题难以消除
反馈线性化	简化了控制问题	①非线性控制律比较复杂；②对模型精度要求比较高[50]
智能控制	可以处理复杂的非线性、干扰、不确定性、时变等控制问题	通常难以定义控制目标
Backstepping 算法	①能保证闭环系统的稳定性；②取消了系统不确定性需满足匹配条件的约束	存在 Lyapunov 函数难以设定的问题
模型预测控制	①可以显式处理多变量约束优化控制问题；②可以处理时变或者非时变、线性或者非线性、有时滞或者无时滞的系统的约束最优控制问题	非线性优化问题求解速率较慢，在实时控制中难以满足实时性需求

需要指出的是，表 4.1 中提到的优缺点仅是针对某种方法的共性特征进行描述的，实际应用具体方法时通常有相应的改进手段来克服这些缺点，且几种方法融合使用也十分常见。因此，很难通过比较说明哪种方法具有绝对优势，通常是针对某一具体问题选择合适的控制方法。船舶运动系统具有时变、非线性、时滞、多约束等特征，考虑 MPC 具备的前馈-反馈特性、自适应能力强等优点，以及能解决其他控制方法不易解决的多变量约束问题，如果 MPC 的实时性问题能够得以解决，那么 MPC 应该是解决船舶运动控制问题最优选择之一。

4.3 船舶路径跟踪自适应控制

由于船舶运动模型的结构、参数和环境干扰经常发生变化，常规的反馈控制、前馈控制手段很难达到较满意的控制效果，自适应控制可以在一定程度上抵消模型变化带来的影响，使运动控制达到较好的效果。自适应控制是一种对系统参数变化具有适应能力的控制方法，典型的应用场景是飞机越洋飞行时由于燃油消耗而造成控制模型改变，自适应控制能够辨识这种模型变化，使控制性能基本保持不变，而传统方法很难应对这种改变。自适应控制通常可分为两种类型：一种是直接自适应控制；另一种是间接自适应控制。直接自适应控制是根据外界扰动直接调整控制器参数；间接自适应控制是通过在线辨识更新模型参数，再根据更新后的模型调整控制器[51]。

（1）直接自适应控制。直接自适应控制通常是基于 Lyapunov 稳定性推导得到的直接自适应控制律。模型参考自适应控制（model reference adaptive control，MRAC）是一种典型的直接自适应控制方法[52]。MRAC 原理如图 4.1 所示。参考模型是系统的理想模型，通过综合考量参考输出与系统输入、系统输出得到控制器调节参数，该参数用来自主调节控制器，使得系统输出更快更稳定地跟踪目标值。直接自适应控制可以从数学上保证控制的收敛性，但对于非线性系统，往往很难设计出合适的控制律以满足稳定性需求。

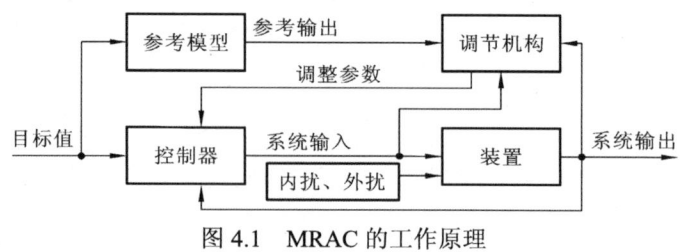

图 4.1 MRAC 的工作原理

（2）间接自适应控制。模型识别自适应控制（model identification adaptive control，MIAC）是在系统运行时进行系统识别，利用系统识别的结果来调整系统，是一种典型的间接自适应控制。MIAC 的工作原理如图 4.2 所示。由于系统干扰（包括外界环境和内部参数改变）的存在，系统真实输出与理想输出通常存在偏差，系统辨识能够根据系统输入和输出辨识得到系统的真实参数，通过调节机构将辨识后的参数反馈给控制器。

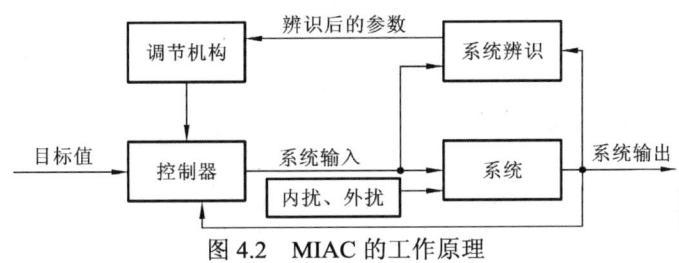

图 4.2 MIAC 的工作原理

系统模型辨识的准确性对间接自适应控制效果有直接影响，随着神经网络、支持向量机、遗传算法等智能识别方法的日渐成熟，间接自适应控制的应用也越来越广泛。以下具体说明系统辨识方法的研究进展。

4.3.1 系统辨识方法

系统辨识和控制理论是互相关联、密不可分的[53]。在控制过程中不能脱离被控对象的数学模型，然而在很多情况下并不知道被控对象的数学模型，或者在控制过程中对象参数发生变化，因此当需要将控制理论应用于现实中时，首先应对被控对象进行建模[53]。系统辨识（估计）是研究建立系统数学模型的过程，已广泛应用于许多科学和工程领域，如化工过程、电力系统、航空航天、船舶控制、社会经济系统、生物生态系统等[54]。系统辨识方法按其属性特征可分为最小二乘估计算法、梯度估计算法、随机逼近估计算法、递阶辨识方法、极大似然辨识方法、贝叶斯辨识方法、支持向量机方法、神经网络方法等；按其辨识的模型类别可分为机理辨识方法（白箱法）、实验辨识方法（黑箱法）和介于两者之间的灰箱法；按其实时性可分为在线辨识方法和离散辨识方法[55]。对于自适应控制，应选择实时性较好的在线辨识方法。

船舶运动数学模型描述了船舶在运动过程中系统输入（舵角、螺旋桨转速）与系统输出（速度、位置、加速度）的关系。因此，建立精确的船舶运动数学模型是设计运动控制器的基础[56]。利用系统辨识获取船舶运动数学模型的一般过程如图 4.3 所示[38]。

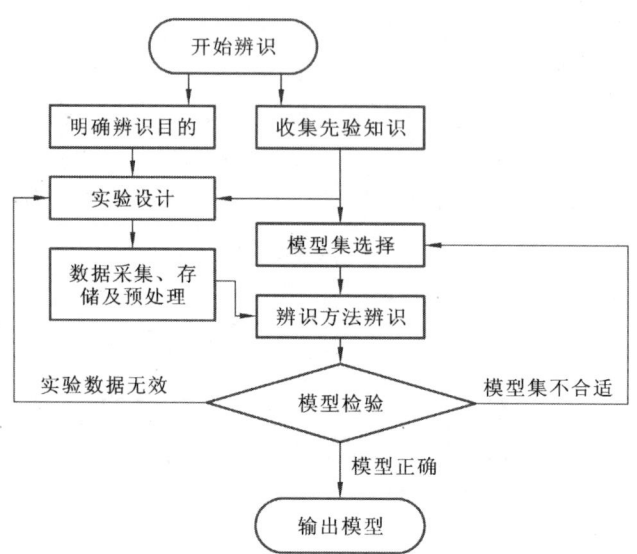

图 4.3 船舶运动数学模型辨识过程

在国外，Hayes 早在 1971 年就利用模型参考方法辨识了 Abkowitz 模型中的水动力参数[57]。1976 年，Äström 等又提出了一种船舶舵机响应模型参数辨识的方法，具体是将离散测量数据作为模型辨识数据，并利用极大似然法估计模型参数[58]。1982 年，Amerongen 使用直接模型参考自适应方法来辨识舵机响应模型参数，基于此提出了一种自适应自动舵控制器[59]。1983 年，Salid 等提出了一种递归预测误差方法（recursive prediction error，RPE）用于在线模型参数辨识[60]。类似地，1989 年，Zhou 等将线性回归预报误差法用于非线性状态空间模型的辨识[61]。2005 年，Casado 等针对 Nomoto 二阶模型的 6 个参数辨识提出了一种基于船舶回转测试和 Backstepping 的非线性辨识方法[62]。

在国内，由于我国在船舶自动化的工作起步较晚，船舶模型辨识相关研究较少。林莉等针对船舶运动的特点，提出了两种不同的神经网络模型用于船舶运动数学模型辨识[63]。徐孟等提出一种基于多局部种群遗传算法的船舶参数辨识算法，该算法用于辨识 K-T 模型参数，并能保证参数辨识的收敛性和全局优化能力[64]。戴运桃等针对横向水动力参数多、参数间耦合度高的特点，给出一种计算参数敏感系数的方法，并依据敏感性系数对参数进行了分类，采用分阶段粒子群优化算法对参数进行辨识[65]。

船舶运动模型系统辨识方法主要包括最小二乘法[66-67]、扩展卡尔曼滤波法[68-71]等传统辨识方法，以及支持向量机[72-76]、神经网络法[77-81]和粒子群优化算法[82-84]等智能辨识方法。

4.3.2 视距导航算法

船舶自主路径跟踪控制在某种程度上来说是为了达到人来操控船舶的效果,视距(line-of-sight,LOS)导航某种程度上是人操控船舶的一种体现。在船舶路径跟踪控制过程中,只要保证船首向能跟踪上目标 LOS 角,那么船舶路径就能逐渐收敛至目标路径。对于具有欠驱动性的船舶来说,LOS 导航算法能将 3 自由度(横向、纵向和首摇)转换为 2 自由度的控制(首摇和纵向),大大简化了控制难度。

经典自动舵一般使用 LOS 导航和 PID 航向控制来实现路径跟踪控制。LOS 导航算法不仅能用于直线路径的跟踪,也能用于曲线路径的跟踪。McGookin 等[85]和 Fossen 等[86]在基于 LOS 的船舶路径跟踪控制方面做了很多开拓性的工作。随后,针对 LOS 圆和路径点之前存在没有交点的情况,Moreira 提出了一种可变 LOS 圆的方法[87]。Oh 等使用了可变的 LOS 前向距离(lookahead distance)获得了更高的路径跟踪精度[48]。在船舶路径跟踪控制中,Fossen 等利用 LOS 和 Backstepping 实现了欠驱动船舶的路径跟踪控制[86]。Burger 等为实现欠驱动水面船舶列队的路径跟随控制,设计了基于 LOS 和自适应船首向控制的路径跟随控制器[88]。Pavlov 等基于可变的 LOS 前向距离和 MPC 提出了一种渐进稳定的欠驱动船舶路径跟踪控制方法[89]。

4.3.3 船舶运动状态观测器

在船舶路径跟踪控制过程中,航行状态的准确性和实时性对于控制效果有直接影响,由于受到传感器类型、性能,以及安装费用等限制,一般很难完全获取船舶航行过程中所有状态量的实时值。例如,当船舶航行过程中水流速度不为零时控制效果会变差,而如果能测量到真实水流速度则会改善控制效果,但不是所有的船舶都会因此而安装水流测速仪来测量实时流速。观测器是在实际控制过程中根据系统输入输出来估计其内部状态的一种系统,通常可分为状态观测器和干扰观测器。状态观测器是用于估计系统未知状态变量,具有代表性的有 Luenberger 观测器[90]、卡尔曼滤波估计器[91]、滑模观测器[92]。干扰观测器是将干扰列入观测状态变量中的一种扩展状态观测器[93],基于干扰观测器的控制方法综述可参考文献[94]。

如果将系统干扰作为一种状态变量,那么可将干扰观测器也纳入状态观测器的范畴。在有些情况下,控制过程中的某些状态变量和干扰变量均不可知,比如船舶运动过程中同时需要获取水流和船首角加速度信息,一般的观测器处理这种情况时具有一定的局限性。未知输入观测器(unknown input observer,UIO)和扩张状态观测器(extended state observer,ESO)是典型的能够同时估计未知状态变量和干扰变量的观测器[95-98]。

1. UIO

UIO 中的"未知输入"(unknown input)指的是系统未知干扰和不确定项。Johnson 首次提出了一种同时估计未知状态和干扰的 UIO,并结合状态反馈提出了扰动控制方法[95]。此后,UIO 被广泛应用于各种故障诊断中[96,99-104]。相比于在故障诊断中的应用,基于 UIO 的控制方法研究相对较少。王斌等针对某种涡扇发动机,通过 UIO 建立了推力估计器,通过解耦外界干扰实现了全飞行包线推力的准确估计,并基于闭环反馈控制提出了一种具有良好抗干扰性能的发动机直接推力控制方法[105]。朱芳来等针对具有不匹配未知干扰的非线性系统,提出了一种基于 UIO 的状态估计和未知输入重构的控制方法[106]。

2. ESO

1995 年,韩京清首次提出了针对某类不确定对象的 ESO,该 ESO 中的扩张状态是指在系统原有状态变量的基础上构造的新状态变量,用于估计系统干扰或不确定项的值[97]。ESO 在自抗扰控制器(active disturbance rejection controller,ADRC)中的应用最为典型。在 ADRC 中,ESO 用于估计观测系统中的未知变量和干扰变量,并将系统近似为一个线性系统。该方法不要求系统具有精确的数学模型,在处理非线性较强或扰动较大系统时具有良好的控制效果[107]。Wu 等针对欠驱动水面船舶设计了一种基于 ESO 的路径跟踪自抗扰控制器,该控制器在外界风流干扰和内部不确定环境下具有良好的鲁棒性。不同于其他观测器,ESO 是通过增加状态变量而不是通过减少系统阶数来进行观测的[108]。除应用于 ADRC 外,ESO 还能与状态反馈控制、预测函数控制和滑模控制等方法联合使用,并取得了不错的效果[109-111]。

最初的 ESO 是基于非线性函数形式的,其中观测器的参数整定完全基于人的经验,这样就会造成在实际应用过程中的不便。针对这一情况,Gao 提出了一种线性 ESO(linear extended state observer,LESO),并给出了 LESO 中参数的具体含义和配置方法,使 ESO 的配置更加直观和有效[112]。同时,Gao 从理论层面证明了 LESO 在干扰条件下的观测误差的有界性,并给出了相应的稳定性依据[113]。考虑到 ESO 或 LESO 都是基于标准积分串联型的状态空间模型，Li 等提出了一种通用 ESO（generalized extended state observer，GESO），在一定程度上拓展了 ESO 的应用范围[109]。

4.4 船舶运动建模

4.4.1 船舶运动模型

船舶运动模型一般可分为两类：一类是水动力模型，另一类是响应型模型[114]。水动力模型通常分为整体型模型和分离型模型，包含了各种水动力导数和干扰系数，一般应用于船舶运动仿真器设计和运动分析。响应型模型描述了系统输出[首向角（船首向）、首摇角速度等]对系统输入（舵角、螺旋桨转速等）的动态响应关系，相比水动力模型更为简洁，一般应用于船舶运动控制器设计和操纵性分析。

1. 运动坐标系

1）船舶运动坐标系

船舶运动控制是以船舶运动模型为基础的。船舶运动一般由 6 个自由度来描述，即前进（surge）、横漂（sway）、首摇（yaw）、起伏（heave）、横摇（roll）和纵摇（pitch）。为了定量地描述这 6 个自由度的运动，通常采用两种坐标系：一种是以船舶自身为参考点的附体坐标系，记为 $\{b\} = (x_b, y_b, z_b)$；另一种是以地球为参考点的惯性坐标系，记为 $\{n\} = (x_n, y_n, z_n)$，如图 4.4 所示[115]。

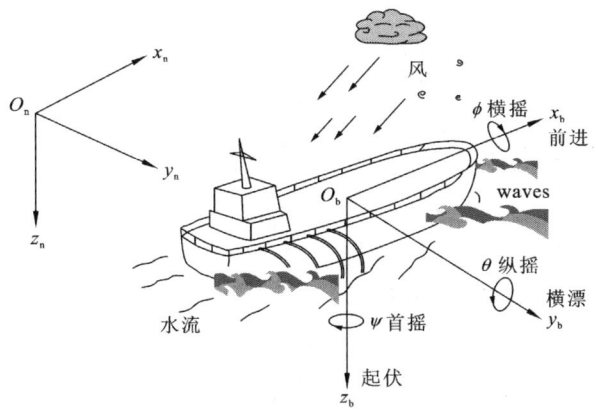

图 4.4 船舶 6 自由度运动模型

为降低船舶运动控制的复杂性,通常仅需要研究船舶在水平面的运动,即仅考虑前进、横漂和首摇 3 个自由度,如图 4.5 所示[115]。

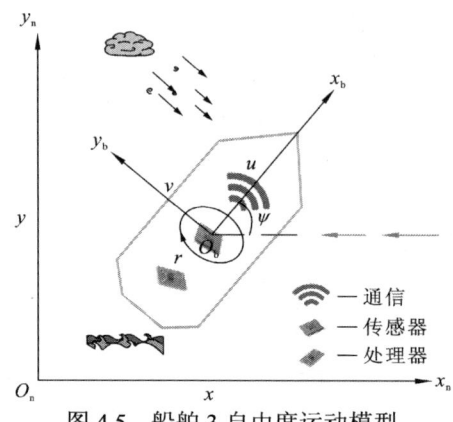

图 4.5 船舶 3 自由度运动模型

2) 船舶运动坐标系转换

对于 3 自由度模型,船舶在附体坐标系 {b} 中的前进速度、横漂速度和首摇角速度分别用 u、v 和 r 表示,在惯性坐标系 {n} 中的 x 轴位置、y 轴位置和船首向分别用 x、y 和 ψ 表示。

定义附体坐标系的速度向量为 $\boldsymbol{v} = [u, v, r]^T$,惯性坐标系的位置和船首向向量为 $\boldsymbol{\eta} = [x, y, \psi]^T$,于是 $\boldsymbol{v}$ 到 $\dot{\boldsymbol{\eta}}$ 的转换如下:

$$\dot{\boldsymbol{\eta}} = \boldsymbol{T}(\psi)\boldsymbol{v} \tag{4.1}$$

式中: $\boldsymbol{T}(\psi)$ 为从附体坐标系 {b} 速度 $\boldsymbol{v}$ 到惯性坐标系 {n} 速度 $\dot{\boldsymbol{\eta}}$ 的转换矩阵,可表示为

$$\boldsymbol{T}(\psi) = \begin{bmatrix} \cos\psi & -\sin\psi & 0 \\ \sin\psi & \cos\psi & 0 \\ 0 & 0 & 1 \end{bmatrix} \tag{4.2}$$

2. 水动力模型

国内外文献通常将船舶水动力模型分为整体型模型和分离型模型,但从船舶动力学角度来看这两种模型是可以统一的,于是 Fossen 对这两种模型做了一致的描述,本书称之为水动力统一模型。

1) 整体型模型

整体型数学模型主要是指 Abkowitz 模型,是由美国 Abkowitz 教授在 1964

第 4 章 船舶智能航行运动控制模型

年提出的,在欧美国家中应用较广。该模型把船、桨、舵看成一个整体,以匀速直航状态作为平衡点,应用 Taylor 级数将船舶操纵运动方程的水动力表达式展开并保留到三阶项,从数学角度看比较完整、严密。

由牛顿第二定理,船舶在水平面内的运动方程为

$$\begin{cases} X = m(\dot{u} - vr - x_G r^2) \\ Y = m(\dot{v} + ur + x_G \dot{r}) \\ N = I_z \dot{r} + m x_G (\dot{v} + ur) \end{cases} \quad (4.3)$$

式中:m 为船舶质量,I_z 为船体绕船舶附体坐标系 z 轴的惯性矩,x_G 为船体重心在船舶附体坐标系中的纵向坐标;X、Y 为作用在船舶上的水动力沿附体坐标系中 x 轴、y 轴的分量,N 为绕 z 轴的水动力矩分量。

将整个水动力 F(包括惯性类和黏性类)看作为运动量和控制量的函数,即 $F = f(u,v,r,\dot{u},\dot{v},\dot{r},\delta)$,并将其在匀速直航状态下($u_0 > 0$ 为常数,$v_0 = r_0 = \delta_0 = \dot{u}_0 = \dot{v}_0 = \dot{\delta}_0 = 0$)以泰勒级数形式展开。通常来说,将泰勒级数展开到三阶就能满足模型精度要求。对于式(4.3),将 X、Y 和 N 按照三阶泰勒展开,进行变换后得到如下 Abkowitz 模型[116]:

$$\begin{cases} (m - X_{\dot{u}})\dot{u} = f_1(u,v,r,\delta) \\ (m - Y_{\dot{v}})\dot{v} + (m x_G - Y_{\dot{r}})\dot{r} = f_2(u,v,r,\delta) \\ (m x_G - N_{\dot{v}})\dot{v} + (I_z - N_{\dot{r}})\dot{r} = f_3(u,v,r,\delta) \end{cases} \quad (4.4)$$

式中:$X_{\dot{u}}$、$Y_{\dot{v}}$、$Y_{\dot{r}}$、$N_{\dot{v}}$ 和 $N_{\dot{r}}$ 为流体加速度(角加速度)导数或附加质量(附加惯性矩);状态量可表示为

$$u = u_0 + \Delta u, \quad v = \Delta v, \quad r = \Delta r, \quad \delta = \Delta \delta, \quad \dot{u} = \Delta \dot{u}, \quad \dot{v} = \Delta \dot{v}, \quad \dot{r} = \Delta \dot{r}$$

式中:Δu、Δv、Δr 为速度(角速度)扰动量,$\Delta \delta$ 为舵角扰动量,$\Delta \dot{u}$、$\Delta \dot{v}$、$\Delta \dot{r}$ 为加速度(角加速度)扰动量。

式(4.4)右端的函数 f_1、f_2 和 f_3 为关于速度(角速度)和舵角的非线性函数,包含了一阶到三阶的水动力导数,f_1、f_2 和 f_3 可表达为

$$\begin{aligned} f_1(u,v,r,\delta) = & X_0 + X_u \Delta u + X_{uu} \Delta u^2 + X_{uuu} \Delta u^3 + X_{vv} v^2 + (X_{rr} + m x_G) r^2 \\ & + X_{\delta\delta} \delta^2 + (X_{vr} + m) vr + X_{v\delta} v\delta + X_{r\delta} r\delta + X_{vvu} v^2 \Delta u \\ & + X_{rru} r^2 \Delta u + X_{\delta\delta u} \delta^2 \Delta u + X_{vru} vr \Delta u + X_{v\delta u} v\delta \Delta u + X_{r\delta u} r\delta \Delta u \end{aligned} \quad (4.5)$$

$$\begin{aligned} f_2(u,v,r,\delta) = & Y_0 + Y_u \Delta u + Y_{uu} \Delta u^2 + Y_{uuu} \Delta u^3 + Y_v v + Y_r r + mru + Y_\delta \delta + Y_{vvv} v^3 \\ & + Y_{rrr} r^3 + Y_{\delta\delta\delta} \delta^3 + Y_{vvr} v^2 r + Y_{vv\delta} v^2 \delta + Y_{vrr} vr^2 + Y_{\delta rr} \delta r^2 + Y_{v\delta\delta} v\delta^2 \\ & + Y_{r\delta\delta} r\delta^2 + Y_{vr\delta} vr\delta + Y_{vu} v\Delta u + Y_{ru} r\Delta u + Y_{\delta u} \delta \Delta u + Y_{vuu} v\Delta u^2 \\ & + Y_{ruu} r\Delta u^2 + Y_{\delta uu} \delta \Delta u^2 \end{aligned} \quad (4.6)$$

$$\begin{aligned}f_3(u,v,r,\delta) =\ & N_0 + N_u\Delta u + N_{uu}\Delta u^2 + N_{uuu}\Delta u^3 + N_v v + N_r r + N_\delta \delta + N_{vvv}v^3 \\ & + N_{rrr}r^3 + N_{\delta\delta\delta}\delta^3 + N_{vvr}v^2 r + N_{vv\delta}v^2\delta + N_{vrr}vr^2 + N_{\delta rr}\delta r^2 \\ & + N_{v\delta\delta}v\delta^2 + N_{r\delta\delta}r\delta^2 + N_{vr\delta}vr\delta + N_{vu}v\Delta u + N_{ru}r\Delta u - mx_G r\Delta u \\ & + N_{\delta u}\delta\Delta u + N_{vuu}v\Delta u^2 + N_{ruu}r\Delta u^2 + N_{\delta uu}\delta\Delta u^2 \end{aligned} \quad (4.7)$$

式中：$X_0 = 0$，Y_0 和 N_0 是在 $u = u_0$ 直航状态下因螺旋桨单向转动的不对称性对船舶造成的横向力和横向力矩。式（4.5）~式（4.7）中带下标的 X、Y 和 N 系数（比如 X_u、Y_u 等）均为泰勒展开式系数。

2）分离型模型

分离型模型是日本船舶数学模型建模小组（ship manoeuvring mathematical model group，MMG）于 20 世纪 70 年代末提出的，通常也称之为 MMG 模型，在日本和韩国应用较广。分离型模型可以看成 Abkowitz 模型的一种简化，更强调各个水动力导数的物理意义，去掉了一些由约束模型试验结果表明可以忽略的水动力导数。分离型模型考虑了船、桨、舵之间的相互影响，通过试验较易获得该模型的水动力导数和船体-桨-舵干扰系数。

分离型模型定义附体坐标系原点在船舶重心 G，其船舶运动方程为[117]

$$\begin{cases} m(\dot{u} - vr) = X = X_\text{H} + X_\text{P} + X_\text{R} \\ m(\dot{v} + ur) = Y = Y_\text{H} + Y_\text{P} + Y_\text{R} \\ I_z \dot{r} = N - Y_\text{H} \cdot x_\text{C} = N_\text{H} + N_\text{P} + N_\text{R} - Y_\text{H} \cdot x_\text{C} \end{cases} \quad (4.8)$$

式中：X、Y 和 N 的下标 H、P 和 R 分别为船体、螺旋桨和舵；x_C 为船舶中心在附体坐标系中 x 轴坐标，因为流体动力矩 N 是相对于船舶中心的，所以需要将 N 修正到相对重心的力矩；作用于船体上的流体动力和力矩 X_H、Y_H 和 N_H 又可以按照性质分为惯性类和黏性类的流体动力和力矩；螺旋桨和舵产生的力和力矩 X_P、Y_P、N_P、X_R、Y_R、N_R 可通过桨力和舵力模型计算得到。

3. 水动力统一模型

虽然式（4.4）和式（4.8）建立船舶运动模型的出发点有所不同，但是从船舶动力学的角度上看都是一致的。Fossen 在总结已有整体型和分离型模型的基础上，提出一种统一的水动力模型，将船舶受力分为刚体力、流体动力、推进力和干扰力[118]。

假定船舶材质是均匀的且 xz 平面是对称的，则有 $I_{xy} = I_{yz} = 0$，其中 I_{xy} 和 I_{yz} 是 xy 平面和 yz 平面的惯性矩。在不考虑干扰的情况下，船舶水动力模型可表示为

$$M_\text{RB}\dot{v} + M_A\dot{v} + C_\text{RB}(v)v + C_A(v)v + D(v)v = \tau \quad (4.9)$$

式中：M_RB、$C_\text{RB}(v)$ 分别为刚体惯性矩阵和离心力矩阵，M_A、$C_A(v)$ 分别为附

加质量矩阵和由于附体坐标系旋转产生的离心力矩阵，$D(v)$ 为阻尼矩阵，τ 为推进力。定义 $\tau = [f_u \ f_v \ t_r]$，其中 f_u、f_v 和 t_r 分别为船舶螺旋桨、侧推器和舵机共同产生的前进力、横漂力和首摇力矩。式（4.9）中的力和力矩可归类为

$$\begin{cases} 惯性力：M_{RB}\dot{v} + M_A\dot{v} + C_{RB}(v)v + C_A(v)v \\ 阻尼力：D(v)v \\ 推进力：\tau \end{cases}$$

式中

$$M_{RB} = \begin{bmatrix} m & 0 & 0 \\ 0 & m & mx_G \\ 0 & mx_G & I_z \end{bmatrix}, \quad M_A = \begin{bmatrix} -X_{\dot{u}} & 0 & 0 \\ 0 & -Y_{\dot{v}} & -Y_{\dot{r}} \\ 0 & -N_{\dot{v}} & -N_{\dot{r}} \end{bmatrix}$$

$$C_{RB}(v) = \begin{bmatrix} 0 & 0 & -m(x_G r + v) \\ 0 & 0 & mu \\ m(x_G r + v) & -mu & 0 \end{bmatrix}$$

$$C_A(v) = \begin{bmatrix} 0 & 0 & Y_{\dot{v}}v + \frac{1}{2}(N_{\dot{v}} + Y_{\dot{r}})r \\ 0 & 0 & -X_{\dot{u}}u \\ -Y_{\dot{v}}v - \frac{1}{2}(N_{\dot{v}} + Y_{\dot{r}})r & X_{\dot{u}}u & 0 \end{bmatrix}$$

$$D(v) = \begin{bmatrix} -X_u - X_{|u|u}|u| - X_{uuu}u^2 & 0 & 0 \\ 0 & -Y_v - Y_{|v|v}|v| - Y_{|r|v}|r| & -Y_r - Y_{|v|r}|v| - Y_{|r|r}|r| \\ 0 & -N_v - N_{|v|v}|v| - N_{|r|v}|r| & -N_r - N_{|v|r}|v| - N_{|r|r}|r| \end{bmatrix}$$

式中：$X_{|u|u}$、$Y_{|v|v}$、$Y_{|r|v}$、$Y_{|v|r}$、$Y_{|r|r}$、$N_{|v|v}$、$N_{|r|v}$、$N_{|v|r}$、$N_{|r|r}$ 为水动力学系数。

式（4.9）通常可简化为

$$M\dot{v} + C(v)v + D(v)v = \tau \tag{4.10}$$

式中：$M = M_A + M_{RB}$、$C(v) = C_A(v) + C_{RB}(v)$ 和 $D(v)$ 分别为惯性矩阵、离心力矩阵和阻尼矩阵，具体为

$$M = \begin{bmatrix} m - X_{\dot{u}} & 0 & 0 \\ 0 & m - Y_{\dot{v}} & mx_G - Y_{\dot{r}} \\ 0 & mx_G - N_{\dot{v}} & I_z - N_{\dot{r}} \end{bmatrix}$$

$$C(v) := \begin{bmatrix} 0 & 0 & -m(x_G r + v) + Y_{\dot{v}}v + (N_{\dot{v}} + Y_{\dot{r}})r/2 \\ 0 & 0 & mu - X_{\dot{u}}u \\ m(x_G r + v) - Y_{\dot{v}}v - (N_{\dot{v}} + Y_{\dot{r}})r/2 & -mu + X_{\dot{u}}u & 0 \end{bmatrix}$$

近年来，Fossen 模型在船舶运动控制仿真研究中应用越来越广泛。

4. 响应型模型

除水动力模型外，响应型模型在船舶操纵性分析、自动舵等运动控制器设计中应用广泛。从数学上分析，响应型模型其实是水动力模型的一种简化，比如线性响应型模型是由线性 Abkowitz 模型推导来的。

对于响应型模型，船首向通常定义为船舶首向（纵轴线方向）与地球正北方向的夹角，取值范围为 0~360°，跟正北方向重合时为 0°，沿着顺时针方向依次增大。因此，不同于图 4.5 中对船首向的定义，响应模型中的坐标和运动参数定义如图 4.6 所示。

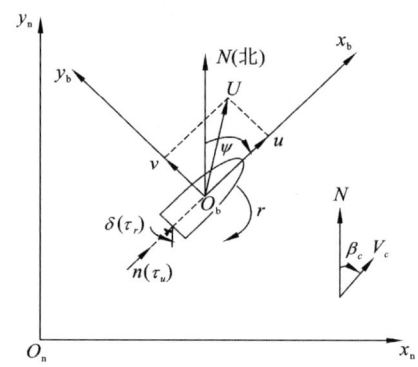

图 4.6　响应型模型坐标和运动参数定义

惯性坐标系 {n} 和附体坐标系 {b} 速度向量的转换关系为

$$\begin{bmatrix} \dot{x} \\ \dot{y} \\ \dot{\psi} \end{bmatrix} = \begin{bmatrix} \sin\psi & -\cos\psi & 0 \\ \cos\psi & \sin\psi & 0 \\ 0 & 0 & 1 \end{bmatrix} \begin{bmatrix} u \\ v \\ r \end{bmatrix}$$

式中：x、y、ψ 分别为惯性坐标系下的 x 轴位置、y 轴位置和船首向，u、v、r 分别为附体坐标系下 x 轴速度、y 轴速度和首摇角速度。

常用的 Nomoto 响应型模型可分为线性模型和非线性模型，线性和非线性模型又都包含一阶和二阶模型，具体表示如下。

一阶线性响应模型为

$$T\dot{r} + r = K\delta \tag{4.11}$$

一阶非线性响应模型为

$$T\dot{r} + r + \alpha r^3 = K\delta \tag{4.12}$$

二阶线性响应模型为

$$T_1T_2\ddot{r} + (T_1+T_2)\dot{r} + r = K\delta + KT_3\dot{\delta} \tag{4.13}$$

二阶非线性响应模型为

$$T_1T_2\ddot{r} + (T_1+T_2)\dot{r} + r + \alpha r^3 = K\delta + KT_3\dot{\delta} \tag{4.14}$$

式中：δ 为实际舵角，r 为首摇角速度，K、T、T_1、T_2、T_3 为操纵性指数，α 为非线性常系数。

需要指出的是，线性模型是描述在小的操舵角下首摇角速度 r 与舵角 δ 的关系，K、T、T_1、T_2、T_3 等操纵性指数是对水动力学导数的一种近似，并且这些操纵性指数不随首摇角速度 r 的变化而改变。一阶线性响应模型在船舶自动舵设计中应用较多。而当操舵角 δ 较大时，水动力学导数，即操纵性指数往往会随 r 的变化而改变，需要通过非线性项来抵消这种改变。因此，非线性响应模型具有更高的建模精度[116]。

对船舶航向进行控制的舵机，一般由电气-液压操舵机构来驱动，因此从发出舵角命令（舵令）到真实舵角达到舵令位置必定有一个延迟，不可能实现阶跃操舵。该伺服系统的响应过程可用下列动态方程表示：

$$T_E\dot{\delta} + \delta = K_E\delta_E \tag{4.15}$$

式中：δ_E 为航向控制器发出的舵令，K_E 为舵机控制增益，T_E 为舵机时间常数。

考虑船舶的非线性特性很难忽略，本书采用精度较高的模型式（4.14）作为舵角响应模型，联立式（4.14）和式（4.15）可得船舶舵角响应模型：

$$\begin{cases} T_1T_2\ddot{r} + (T_1+T_2)\dot{r} + r + \alpha r^3 = K\delta + KT_3\dot{\delta} \\ T_E\dot{\delta} + \delta = K_E\delta_E \end{cases} \tag{4.16}$$

不难看出，舵角响应模型式（4.15）描述的是舵令 δ_E 与首摇角速度 r 的响应关系。模型中的参数 K、T_1、T_2、T_3、α 会随着船舶航速的变化而改变，因此为提高模型的精度，不同的航速可考虑在线辨识得到最新的模型参数作为模型参数。

总的来说，整体型模型、分离型模型和响应型模型具有如下特征。

（1）整体型数学模型对船舶运动描述精确，但模型本身较为复杂；水动力导数较多且物理意义不明确，很难将船体结构（包括桨、舵）改变与模型参数变换关联起来。

（2）分离型模型水动力导数物理意义明确，适合分析桨、舵的修改对船舶运动性能的影响。

（3）响应模型结构简单，通常只需要通过 Z 型试验或者辨识实验得到模型参数值，但响应模型不能描述船舶运动的本质，对船舶运动描述的精度相对水动力模型低[114]。

4.4.2 环境干扰

1. 水动力模型

为实现船舶运动的闭环控制,有必要准确地描述作用于船体上干扰力的数学模型。可是,由于风、浪、流干扰的随机性,建立精确的风、浪、流干扰力模型本身就是一件很困难的事情,通常是利用概率论和随机过程理论来假定外界风、浪、流干扰服从某种分布,基于此建立风、浪、流干扰模型[116]。船舶运动模型如图 4.7 所示。

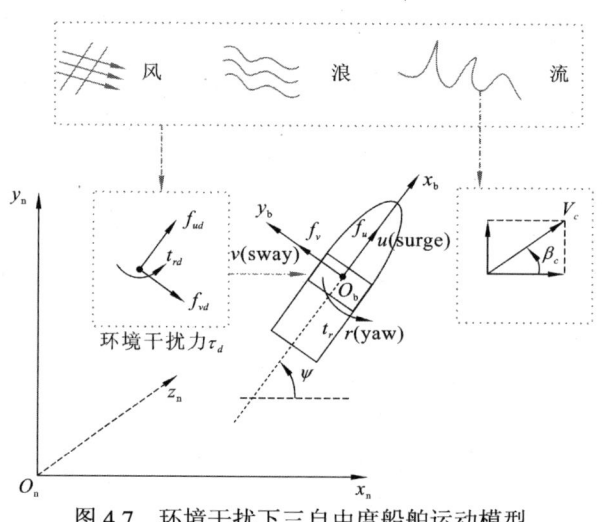

图 4.7 环境干扰下三自由度船舶运动模型

船舶运动仿真器要求对船舶航行过程中船舶的各种受力尽可能精确地进行描述,因此有必要深入研究风、浪、流的具体物理模型,以生成尽可能接近现实的风、浪、流干扰,使运动模型更具有真实性。而与船舶运动仿真器研究不同,船舶运动控制应力求简单、易实现,因此通常是假定船舶航行过程中外界干扰不变或者服从某种分布。文献[119]在研究船舶路径跟踪控制时就假定水动力模型中的水流速度方向和速度均保持不变。文献[120]在响应型模型中考虑了外界干扰和建模误差,并实现了船舶路径跟踪控制。

假设船舶航行时相对于惯性坐标系 $\{n\}$ 的定常水流速度大小为 V_c,V_c 在 $\{n\}$ 下的方向角为 $\beta_c(\dot{\beta}_c=0)$,于是 V_c 沿着 $\{n\}$ 的 x 轴和 y 轴和的速度大小分别为 $V_c\cos\beta_c$ 和 $V_c\sin\beta_c$,其绕 $\{n\}$ 的 z 轴旋转的速度大小保持为 0。由于水流速度不为零,在附体坐标系 $\{b\}$ 下船舶的相对速度 $\boldsymbol{v}_r=[u_r \quad v_r \quad r_r]^{\mathrm{T}}=\boldsymbol{v}-\boldsymbol{v}_c$,其中,

第 4 章 船舶智能航行运动控制模型

$v_c = [u_c \quad v_c \quad r_c]^T$ 为水流在 $\{b\}$ 下的速度。由式（4.2）式有

$$v_c = T(\psi)^T \begin{bmatrix} V_c \cos\beta_c \\ V_c \sin\beta_c \\ 0 \end{bmatrix} \quad (4.17)$$

因为

$$\frac{d[T(\psi)]}{dt} = \dot{\psi} T(\psi) \begin{bmatrix} 0 & -1 & 0 \\ 1 & 0 & 0 \\ 0 & 0 & 0 \end{bmatrix}$$

所以

$$\dot{v}_c = r \begin{bmatrix} 0 & 1 & 0 \\ -1 & 0 & 0 \\ 0 & 0 & 0 \end{bmatrix} T(\psi)^T \begin{bmatrix} V_c \cos\beta_c \\ V_c \sin\beta_c \\ 0 \end{bmatrix}$$

假定风、浪、流等环境干扰对船体的作用力分别为 $\tau_{\text{wind}}(t)$、$\tau_{\text{wave}}(t)$ 和 $\tau_{\text{current}}(t)$，在这些环境干扰下船舶运动数学模型修正为

$$M_{\text{RB}}\dot{v} + M_A\dot{v}_r + C_{\text{RB}}(v)v + C_A(v_r)v_r + D(v_r)v_r = \tau + \tau_{\text{wind}} + \tau_{\text{wave}} + \tau_{\text{current}} \quad (4.18)$$

式中：τ、τ_{wind}、τ_{wave} 和 τ_{current} 分别定义如下：

$$\tau = \begin{bmatrix} f_u \\ f_v \\ t_r \end{bmatrix}, \quad \tau_{\text{wind}} = \begin{bmatrix} f_{u\text{wind}} \\ f_{v\text{wind}} \\ t_{r\text{wind}} \end{bmatrix}, \quad \tau_{\text{wave}} = \begin{bmatrix} f_{u\text{wave}} \\ f_{v\text{wave}} \\ t_{r\text{wave}} \end{bmatrix}, \quad \tau_{\text{current}} = \begin{bmatrix} f_{u\text{current}} \\ f_{v\text{current}} \\ t_{r\text{current}} \end{bmatrix}$$

式中：f_u、f_v 和 t_r 分别为船舶执行机构的螺旋桨、侧推器和舵机产生的前进力、横漂力和首摇力矩。由于船舶一般是欠驱动的，即没有侧推器产生的侧推力（忽略舵叶产生的微小侧推力），一般可认为 $f_v \equiv 0$。$f_{u\text{wind}}$、$f_{u\text{wave}}$、$f_{u\text{current}}$ 分别为风、浪、流产生的前进力，$f_{v\text{wind}}$、$f_{v\text{wave}}$、$f_{v\text{current}}$ 分别为风、浪、流产生的横漂力，$t_{r\text{wind}}$、$t_{r\text{wave}}$、$t_{r\text{current}}$ 分别为风、浪、流产生的首摇力矩。

由式（4.18）可以看出，附加质量力 $M_A\dot{v}_r$、流体动力学离心力 $C_A(v_r)v_r$ 和流体黏性阻力 $D(v_r)v_r$ 均与相对水流速度 v_r 相关。自然环境下的风、浪、流具有较强的随机性，精确建立环境干扰模型是十分困难的，本书利用均匀分布来近似描述环境干扰。定义环境总干扰 $\tau_d = \tau_{\text{wind}} + \tau_{\text{wave}} + \tau_{\text{current}}$，并且满足

$$\tau_d = \begin{bmatrix} f_{ud} \\ f_{vd} \\ f_{td} \end{bmatrix} = \begin{bmatrix} \alpha_1 \text{rand1}(t) \\ \alpha_2 \text{rand2}(t) \\ \alpha_3 \text{rand3}(t) \end{bmatrix} \quad (4.19)$$

式中：$\alpha_1(\alpha_1 \geq 0)$、$\alpha_2(\alpha_2 \geq 0)$ 和 $\alpha_3(\alpha_3 \geq 0)$ 分别为风、浪、流的权重参数，$\text{rand1}(t)$、 rand2(t)和rand3(t)均表示[-1 1]的均匀随机数。于是模型（4.18）变为

$$M_{RB}\dot{v} + M_A\dot{v}_r + C_{RB}(v)v + C_A(v_r)v_r + D(v_r)v_r = \tau + \tau_d \quad (4.20)$$

模型（4.20）因其物理意义较为明确、不考虑推进力具体结构而在船舶运动仿真研究中应用广泛，但在真实船舶运动控制中由于较难获得系统力和力矩 τ 与系统输入舵角 δ、螺旋桨转速 n 之间的对应及耦合关系，通常很少直接用于船舶运动控制器的设计。

2. 响应型模型

不同于水动力模型，响应型模型是一种单输入单输出模型，外界环境干扰对模型的影响只能通过首摇角速度 r、首摇加速度 $\dot{r}$ 或首摇角速度的二阶导数 $\ddot{r}$ 来体现。由于环境干扰（比如水流影响）和建模误差（比如船体质量左右不对中）的存在，文献[1,76,121]在模型（4.11）～模型（4.15）中考虑压舵角 δ_r，压舵角（$\delta_r \neq 0$）的存在表明船舶需通过操舵（舵不居中或船体不对称）来保持船首向不变（$\dot{\psi} = r = 0$）。通常认为压舵角 δ_r 为固定常数，但考虑外界干扰的不确定性，压舵角也是一个变化的参数，本书用参数 d_0 代替 δ_r 来描述环境干扰和建模误差。于是，模型（4.18）可描述为

$$\begin{cases} T_1T_2\ddot{r} + (T_1+T_2)\dot{r} + r + \alpha r^3 = K(\delta + T_3\dot{\delta}) + d_0 \\ T_E\dot{\delta} + \delta = K_E\delta_E \end{cases} \quad (4.21)$$

水流速度 V_c 不仅会对响应模型有影响，还会导致惯性坐标系中船舶航速发生改变。当 $V_c \neq 0$ 时，则惯性坐标系和附体坐标系速度向量之间的转换关系为

$$\begin{bmatrix} \dot{x} \\ \dot{y} \\ \dot{\psi} \end{bmatrix} = \begin{bmatrix} \sin\psi & -\cos\psi & 0 \\ \cos\psi & \sin\psi & 0 \\ 0 & 0 & 1 \end{bmatrix} \begin{bmatrix} u \\ v \\ r \end{bmatrix} + \begin{bmatrix} V_c\cos\beta_c \\ V_c\sin\beta_c \\ 0 \end{bmatrix}$$

4.4.3 模型不确定性

船舶运动模型参数一旦确定以后（通过参数测量或者系统辨识方法），通常认为该运动模型参数保持不变，并以此来设计运动控制器，但实际上船舶运动过程中运动模型中存在很多不确定性，主要表现在：①船舶装载量的改变、浅水区水深的改变、舵或螺旋桨执行机构的老化及船体表面粗糙度的改变等会使船舶重心、控制延时和运动阻力等发生相应改变，从而引起船舶运动性能和运动模型参数发生变化；②由于传感器噪声始终存在，获取的运动状态跟真实状态始终不一

致；③对于舵角响应模型，航速的变化也会引起模型参数的改变。在设计船舶运动控制器时，如果不考虑模型中的这些不确定性，会造成控制器性能变差，从而间接造成船舶能耗增加、航行风险增大等后果。

以下分别以水动力模型和响应型模型来探讨船舶运动模型的不确定性。

1. 水动力模型

模型（4.20）中考虑模型参数改变，具体如下：

$$\tau + \tau_d = (M_{RB} + \Delta M_{RB})\dot{v} + (M_A + \Delta M_A)\dot{v}_r + [C_{RB}(v) + \Delta C_{RB}(v)]v \\ + [C_A(v_r) + \Delta C_A(v_r)]v_r + [D(v_r) + \Delta D(v_r)]v_r \quad (4.22)$$

式中：ΔM_{RB}、ΔM_A、$\Delta C_{RB}(v)$、$\Delta C_A(v_r)$、$\Delta D(v_r)$ 为模型参数改变量。

为便于控制器设计和分析，将水动力模型转换为状态空间模型。定义系统状态向量 $x = [x\ y\ \psi\ u\ v\ r]^T$，即 $x = [\eta^T\ v^T]^T$，联立式（4.1）和式（4.22），船舶状态空间模型可表示为

$$\begin{cases} \dot{\eta} = T(\psi)v \\ \dot{v} = (M'_{RB} + M'_A)^{-1}[\tau + \tau_d + M'_A \dot{v}_c - C'_{RB}(v)v - C'_A(v_r)v_r - D'(v_r)v_r] \end{cases} \quad (4.23)$$

式中

$$M'_{RB} = M_{RB} + \Delta M_{RB}, M'_A = M_A + \Delta M_A, C'_{RB}(v) = C_{RB}(v) + \Delta C_{RB}(v) \\ C'_A(v_r) = C_A(v_r) + \Delta C_A(v_r), D'(v_r) = D(v_r) + \Delta D(v_r)$$

模型（4.23）还可能存在传感器噪声引起的状态量测量偏差，假设测量噪声为 $w \in \mathbb{R}^{6\times 1}$，则加上测量噪声后模型（4.23）变为

$$\dot{x} = \begin{bmatrix} \dot{\eta} \\ \dot{v} \end{bmatrix} = \begin{bmatrix} T(\psi)v \\ (M'_{RB} + M'_A)^{-1}[\tau + \tau_d + M'_A \dot{v}_c - C'_{RB}(v)v - C'_A(v_r)v_r - D'(v_r)v_r] \end{bmatrix} + w \quad (4.24)$$

2. 响应型模型

首先将模型（4.21）转换为状态空间模型。定义系统状态向量为 $x = [\psi\ r\ \dot{r}\ \delta]^T$，模型（4.21）可转换为如下状态空间模型：

$$\dot{x} = \begin{bmatrix} \dot{\psi} \\ \dot{r} \\ \ddot{r} \\ \dot{\delta} \end{bmatrix} = \begin{bmatrix} r \\ \dot{r} \\ \dfrac{1}{T_1 T_2}\left[-r - \alpha r^3 - (T_1 + T_2)\dot{r} + \dfrac{K(T_E - T_3)}{T_E}\delta + \dfrac{KK_E T_3}{T_E}\delta_E + d_0\right] \\ \dfrac{1}{T_E}(K_E \delta_E - \delta) \end{bmatrix} \quad (4.25)$$

式中：舵令 δ_E 为系统输入。

类似地，考虑到模型参数的改变，定义 $K' = K + \Delta K$，$T_1' = T_1 + \Delta T_1$，$T_2' = T_2 + \Delta T_2$，$T_3' = T_3 + \Delta T_3$，$T_E' = T_E + \Delta T_E$，$\alpha' = \alpha + \Delta \alpha$，$d_0' = d_0 + \Delta d_0$。在考虑模型参数改变和传感器误差等因素情况中，舵角响应模型（4.25）可变为

$$\dot{x} = \begin{bmatrix} \dot{\psi} \\ \dot{r} \\ \ddot{r} \\ \dot{\delta} \end{bmatrix} = \begin{bmatrix} r \\ \dot{r} \\ \dfrac{1}{T_1' T_2'} \left[-r - \alpha' r^3 - (T_1' + T_2')\dot{r} + \dfrac{K'(T_E' - T_3')}{T_E'}\delta + \dfrac{K' K_E T_3'}{T_E'}\delta_E + d_0' \right] \\ \dfrac{1}{T_E'}(K_E \delta_E - \delta) \end{bmatrix} + w \quad (4.26)$$

式中：$w \in \mathbf{R}^{4 \times 1}$ 为测量噪声。

参 考 文 献

[1] 张旋武, 谢磊, 初秀民, 等. 无人船路径跟随控制方法综述[J]. 交通信息与安全, 2020, 38(1): 20-26.

[2] LEFEBER E, PETTERSEN K Y, NIJMEIJER H. Tracking control of an underactuated ship[J]. IEEE Transactions on Control Systems Technology, 2003, 11(1): 52-61.

[3] 孟威. 欠驱动水面船舶运动的非线性控制研究[D]. 大连: 大连海事大学, 2012.

[4] 陈雪丽, 程启明. 船舶自动舵控制技术的发展[J]. 南京工业大学学报(自然科学版), 2001, 23(4): 101-105.

[5] 刘胜. 现代船舶控制工程[M]. 北京: 科学出版社, 2010: 4-5.

[6] 牟鹏程. 水面无人船轨迹跟踪控制方法研究[D]. 哈尔滨: 哈尔滨工程大学, 2013.

[7] HOLZHUTER T, SCHULTZE R. Operating experience with a high-precision track controller for commercial ships[J]. Control Engineering Practice, 1996, 4(3): 343-350.

[8] HOLZHUTER T. LQG approach for the high-precision track control of ships[J]. Control Theory and Applications, 1997, 144(2): 121-127.

[9] CIMEN T. Development and validation of a mathematical model for control of constrained non-linear oil tanker motion[J]. Mathematical and Computer Modelling of Dynamical Systems, 2009, 15(1): 17-49.

[10] 胡洲, 王志胜, 甄子洋. 欠驱动水面船舶非线性信息融合航迹跟踪控制[J]. 哈尔滨工程大学学报, 2014(7): 820-825.

[11] 彭秀艳, 李小军, 沈艳, 等. 大型船舶航迹多变量随机最优控制[J]. 船舶工程, 2003, 25(3): 41-45.

[12] 涂武. 船舶航向最优控制与仿真研究[D]. 哈尔滨: 哈尔滨工程大学, 2008.

[13] 朱丽燕, 李铁山, 单麒赫. 船舶航向非线性离散系统自适应模糊最优控制[J]. 哈尔滨工程大学学报, 2019, 40(9):1576-1581.

[14] ASHRAFIUON H, MUSKE K R, MCNINCH L C, et al. Sliding-mode tracking control of surface vessels[J]. IEEE Transactions on Industrial Electronics, 2008, 55(11): 4004-4012.

[15] MCNINCH L, ASHRAFIUON H, MUSKE K. Optimal specification of sliding mode control parameters for unmanned surface vessel systems[C]//Proceedings of the 2009 American Control Conference. St Louis: IEEE, 2009: 2350-2355.

[16] VALENCIAGA F. A second order sliding mode path following control for autonomous surface vessels[J]. Asian Journal of Control, 2014, 16(5): 1515-1521.

[17] 张戎军, 许汉珍. 船舶操纵非线性系统的鲁棒变结构控制[J]. 控制与决策, 1994(5): 360-366.

[18] 卜仁祥. 欠驱动水面船舶非线性反馈控制研究[D]. 大连: 大连海事大学, 2008.

[19] 卜仁祥, 刘正江, 胡江强. 基于动态非线性滑动模态的欠驱动船舶直线航迹控制[J]. 清华大学学报(自然科学版), 2007, 47(2): 1880-1883.

[20] 廖煜雷, 庄佳园, 李晔, 等. 欠驱动无人艇轨迹跟踪的滑模控制方法[J]. 应用科学学报, 2011, 29(4): 428-434.

[21] SASTRY S S, ISIDORI A. Adaptive control of linearizable systems[J]. IEEE Transactions on Automatic Control, 1989, 34(11): 1123-1131.

[22] TZENG C Y, GOODWIN G C, CRISAFULLI S. Feedback linearization design of a ship steering autopilot with saturating and slew rate limiting actuator[J]. International Journal of Adaptive Control & Signal Processing, 2015, 13(1): 23-30.

[23] PETTERSEN K Y, LEFEBER E. Way-point tracking control of ships[C]//Proceedings of the IEEE Conference on Decision and Control. Florida: IEEE, 2001: 940-945.

[24] ENCARNACAO P, PASCOAL A, ARCAK M. Path following for autonomous marine craft[C]//Proceedings of the 5th IFAC Conference on Maneuvering and Control of Marine Craft. Aalborg: IFAC, 2000: 117-22.

[25] PALIOTTA C, LEFEBER E, PETTERSEN K Y. Trajectory tracking of under-actuated marine vehicles[C]//Proceedings of the 55th IEEE Conference on Decision and Control. Las Vegas: IEEE, 2016: 5660-5667.

[26] 李铁山, 杨盐生, 郑云峰. 不完全驱动船舶非线性控制[J]. 交通运输工程学报, 2003, 3(4): 39-43.

[27] 李铁山, 杨盐生, 郑云峰. 不完全驱动船舶航迹控制输入输出线性化设计[J]. 系统工程与电子技术, 2004, 26(7): 945-948.

[28] 周岗, 姚琼荟, 陈永冰, 等. 基于输入输出线性化的船舶全局直线航迹控制[J]. 控制理论与应用, 2007, 24(1): 117-121.

[29] 石为人, 邹剑, 宗志亚. 基于反馈线性化的船舶自动舵动态滑模控制[J]. 船舶工程, 2011, 33(5): 50-53.

[30] BURNS R S. The use of artificial neural networks for the intelligent optimal control of surface ships[J]. IEEE Journal of Oceanic Engineering, 1995, 20(1): 65-72.

[31] ZHANG Y, HEARN G E, SEN P. A neural network approach to ship track-keeping control[J]. IEEE Journal of Oceanic Engineering, 1996, 21(4): 513-527.

[32] VELAGIC J, VUKIC Z, OMERDIC E. Adaptive fuzzy ship autopilot for track-keeping[J]. Control Engineering Practice, 2003, 11(4): 433-443.

[33] YANG Y, ZHOU C, REN J. Model reference adaptive robust fuzzy control for ship steering autopilot with uncertain nonlinear systems[J]. Applied Soft Computing, 2003, 3(4): 305-316.

[34] 程启明, 刘其明, 王志宏, 等. 船舶航迹保持的在线 SIMO 神经网络控制器研究[J]. 工业仪表与自动化装置, 2000(5): 3-6, 41.

[35] 邓华, 王仁强, 胡甚平, 等. 分布式遗传的船舶航向神经网络优化控制[J]. 上海海事大学学报, 2020, 41(4): 15-19, 49.

[36] 王晓飞. 基于解析模型预测控制的欠驱动船舶路径跟踪控制研究[D]. 上海: 上海交通大学, 2009.

[37] KRISTIN Y, PETTERSEN, HENK NIJMEIJER. Global practice stability and tracking for an underactuated ship—a combined averaging and backstepping approach[J]. Modeling Identification and Control, 1999, 20(4): 189-200.

[38] PETTERSEN K Y, NIJMEIJER H. Semi-global practical stabilization and disturbance adaptation for an underactuated ship[C]//Proceedings of the 39th IEEE Conference on Decision and Control. Sydney: IEEE, 2000: 2144-2149.

[39] SKJETNE R, FOSSEN T. Nonlinear maneuvering and control of ships[C]//Proceedings of the 2001 MTS/IEEE Conference and Exhibition on OCEANS. Honolulu: IEEE, 2001: 1808-1815.

[40] DO K D, PAN J. State-and output-feedback robust path-following controllers for underactuated ships using Serret–Frenet frame[J]. Ocean Engineering, 2004, 31(5): 587-613.

[41] 李铁山, 杨盐生. 基于耗散理论的不完全驱动船舶直线航迹控制设计[J]. 应用科学学报, 2005, 23(2): 204-208.

[42] 李铁山, 杨盐生, 洪碧光, 等. 船舶航迹控制鲁棒自适应模糊设计[J]. 控制理论与应用, 2007, 24(3): 445-448.

[43] 张国庆, 张显库, 关巍. 欠驱动船舶简捷鲁棒自适应路径跟踪控制[J]. 哈尔滨工程大学学报, 2014(9): 1053-1059.

[44] 胡耀华, 贾欣乐. 具有约束条件的船舶运动预测控制[J]. 控制理论与应用, 2000, 17(4): 542-547.

[45] YAN Z, WANG J. Model predictive control for tracking of underactuated vessels based on recurrent neural networks[J]. IEEE Journal of Oceanic Engineering, 2012, 37(4): 717-726.

[46] LI Z, SUN J, OH S. Path following for marine surface vessels with rudder and roll constraints: an MPC approach[C]// Proceedings of the 2009 American Control Conference. St. Louis: IEEE, 2009: 3611-3616.

[47] LIU L, LIU Z, ZHANG J. LMI-based model predictive control for underactuated surface vessels with input constraints[J]. Abstract and Applied Analysis, 2014: 1-9.

[48] OH S R, SUN J. Path following of underactuated marine surface vessels using line-of-sight based model predictive control[J]. Ocean Engineering, 2010, 37(2): 289-295.

[49] WANG X, ZHANG B, CHU D, et al. Adaptive analytic model predictive controller for path following of underactuated ships[C]//Proceedings of the 2011 Chinese Control Conference (CCC). Yantai: IEEE, 2011: 5515-5521.

[50] 吴青华, 蒋林. 非线性控制理论在电力系统中应用综述[J]. 电力系统自动化, 2001, 25(3): 1-10.

[51] 刘杨. 欠驱动水面船舶的非线性自适应控制研究[D]. 大连: 大连海事大学, 2010.

[52] 吴忠强, 朴春俊. 模型参考自适应控制理论发展综述[J]. 信息技术, 2000(7): 34-36.

[53] 王春园. 模型船的数学模型辨识[D]. 大连: 大连海事大学, 2012.

[54] 丁锋. 系统辨识(1): 辨识导引[J]. 南京信息工程大学学报(自然科学版), 2011, 3(1): 1-22.

[55] AKAIKE H. Fitting autoregressive models for prediction[J]. Annals of the Institute of Statistical Mathematics, 1969, 21(1): 243-247.

[56] 曹包华. 基于模型参数辨识的船舶运动控制仿真系统研究[D]. 长春: 吉林大学, 2012.

[57] HAYES M N. Parametric identification of nonlinear stochastic systems applied to ocean vehicle dynamics[M]. Massachusetts: Massachusetts Institute of Technolog, 1971.

[58] ÅSTRÖM K J, KÄLLSTRÖM C G. Identification of ship steering dynamics[J]. Automatica, 1976, 12(1): 9-22.

[59] VAN AMERONGEN J. Adaptive steering of ships: A model reference approach[J]. Automatica, 1984, 20(1): 3-14.

[60] SALID S, JENSSEN N A. Adaptive ship autopilot with wave filter[J]. Modeling, Identification and Control, 1983, 4(1): 33-45.

[61] ZHOU W W, BLANKE M. Identification of a class of non-linear state space models using RPE techniques[J]. IEEE Transactions on Automatic Control, 1989, 34(3): 312-316.

[62] CASADO M H, FERREIRO R. Identification of the nonlinear ship model parameters based on

the turning test trial and the backstepping procedure[J]. Ocean Engineering, 2005, 32(11): 1350-1369.

[63] 林莉, 万德钧, 李滋刚. 基于人工神经网络的船舶运动数学模型的辨识[J]. 东南大学学报（自然科学版）, 2000, 30(2): 71-74.

[64] 徐孟, 陈永冰, 周永余. 基于高级遗传算法的船舶模型参数辨识[J]. 舰船电子工程, 2006, 26(1): 101-106.

[65] 戴运桃, 刘利强, 李英. 基于分阶段粒子群优化算法的船舶横向运动水动力参数辨识[J]. 船舶力学, 2011, 15(10): 1090-1096.

[66] 秦余钢, 马勇, 张亮, 等. 基于改进最小二乘算法的船舶操纵性参数辨识[J]. 吉林大学学报（工学版）, 2016, 46(3): 897-903.

[67] 李光磊, 臧涛, 范邹, 等. 参数辨识在船舶运动控制中的研究与应用[J]. 船电技术, 2011, 31(4): 46-50.

[68] ABKOWITZ M A. Measurement of hydrodynamic characteristics from ship maneuvering trials by system identification[J]. Transactions of the Society of Naval Architects and Marine Engineers, 1980, 88(1): 283-318.

[69] 任光, 朱利民, 于成, 等. 多模型卡尔曼滤波器的研究[J]. 大连海事大学学报, 1999, 25(4): 1-5.

[70] 赵大明, 施朝健, 彭静. 应用扩展卡尔曼滤波算法的船舶运动模型参数辨识[J]. 上海海事大学学报, 2008, 29(3): 5-9.

[71] 丁彦侃, 俞孟蕻. 并行扩展卡尔曼滤波的船舶模型参数辨识研究[J]. 船舶工程, 2015(1): 72-74, 99.

[72] HIRSCHMÜLLER H, INNOCENT P R, GARIBALDI J. Real-time correlation-based stereo vision with reduced border errors[J]. International Journal of Computer Vision, 2002, 47(1-3): 229-246.

[73] WANG Z, ZHANG Z, MAO J. Adaptive tracking control based on online LS-SVM identifier for unknown nonlinear system[J]. International Journal of Fuzzy Systems, 2012, 14(2): 330-336.

[74] XU F, ZOU Z J, YIN J C, et al. Identification modeling of underwater vehicles' nonlinear dynamics based on support vector machines[J]. Ocean Engineering, 2013, 67: 68-76.

[75] 罗伟林, 邹早建. 基于最小二乘支持向量机的船舶操纵运动建模[J]. 系统仿真学报, 2008, 20(13): 3381-3384.

[76] 张心光. 基于船舶操纵性试验分析的辨识建模研究[D]. 上海: 上海交通大学, 2012.

[77] EBADA A, ABDEL-MAKSOUD M. Applying artificial intelligence (AI) to predict the limits of ship turning manoeuvres[J]. Jahrbuch der Schiffbautechnischen Gesellschaft, 2005, 99: 132-139.

[78] 刘祖源, 张谢东, 吴秀恒. 船舶操纵性能预报的人工神经网络方法[J]. 武汉交通科技大学

学报, 1997(1): 1-5.

[79] 张孝双, 彭秀艳, 赵希人. 基于神经网络方法的船舶姿态运动极短期预报与仿真[J]. 系统仿真学报, 2002, 14(5): 641-642.

[80] 乐美龙. 船舶操纵性预报与港航操纵运动仿真[M]. 上海: 上海交通大学出版社, 2004: 35-37.

[81] 杨雪晶, 赵希人, 王显峰. 基于神经网络的船舶运动建模及随机最优控制[J]. 系统仿真学报, 2007, 19(2): 372-375.

[82] CHIU F C, CHANG T L, GO J, et al. A recursive neural networks model for ship maneuverability prediction[C]// Proceedings of the Conference on Techno-Ocean'04. Kobe: IEEE, 2004: 1211-1218.

[83] 戴运桃. 粒子群优化算法研究及其在船舶运动参数辨识中的应用[D]. 哈尔滨: 哈尔滨工程大学, 2010.

[84] 孟非, 徐红洋, 解志斌. 基于云粒子群算法的船舶纵摇运动参数辨识[J]. 舰船科学技术, 2014, 36(7): 37-40.

[85] MCGOOKIN E W, MURRAY-SMITH D J, LI Y, et al. Ship steering control system optimization using genetic algorithms[J]. Control Engineering Practice, 2000, 8(4): 429-443.

[86] FOSSEN T I, BREIVIK M, SKJETNE R. Line-of-sight path following of underactuated marine craft[C]//Proceedings of the 6th IFAC Manoeuvring and Control of Marine Craft. Girona, Spain: IFAC, 2003: 244-249.

[87] MOREIRA L, FOSSEN T I, SOARES C G. Path following control system for a tanker ship model[J]. Ocean Engineering, 2007, 34(14): 2074-2085.

[88] BURGER M, PAVLOV A, BORHAUG E, et al. Straight line path following for formations of underactuated surface vessels under influence of constant ocean currents[C]//Proceedings of the 2009 American Control Conference. St Louis: IEEE, 2009: 3065-3070.

[89] PAVLOV A, NORDAHL H, BREIVIK M. MPC-based optimal path following for underactuated vessels[C]//Proceedings of the 8th IFAC International Conference on Manoeuvring and Control of Marine Craft. Guarujá, Brazil: IFAC, 2009: 340-345.

[90] ZEITZ M. The extended Luenberger observer for nonlinear systems[J]. Systems & Control Letters, 1987, 9(2): 149-156.

[91] VELARDI S A, HAMMOURI H, BARRESI A A. In-line monitoring of the primary drying phase of the freeze-drying process in vial by means of a Kalman filter based observer[J]. Chemical Engineering Research and Design, 2009, 87(10): 1409-1419.

[92] SLOTINE J J E, HEDRICK J K, MISAWA E A. On sliding observers for nonlinear systems[J]. Journal of Dynamic Systems, Measurement, and Control, 1987, 109(3): 245-252.

[93] 尹正男. 具有鲁棒性的最优干扰观测器的系统性设计及其应用[D]. 上海: 上海交通大学, 2012.

[94] CHEN W H, YANG J, GUO L, et al. Disturbance-observer-based control and related methods—an overview[J]. IEEE Transactions on Industrial Electronics, 2016, 63(2): 1083-1095.

[95] JOHNSON C. Optimal control of the linear regulator with constant disturbances[J]. IEEE Transactions on Automatic Control, 1968, 13(4): 416-421.

[96] CHEN J, PATTON R J, ZHANG H Y. Design of unknown input observers and robust fault detection filters[J]. International Journal of Control, 1996, 63(1): 85-105.

[97] 韩京清. 一类不确定对象的扩张状态观测器[J]. 控制与决策, 1995, 10(1): 85-88.

[98] HAN J. From PID to active disturbance rejection control[J]. IEEE Transactions on Industrial Electronics, 2009, 56(3): 900-906.

[99] PATTON R J, CHEN J. Optimal unknown input distribution matrix selection in robust fault diagnosis[J]. Automatica, 1993, 29(4): 837-841.

[100] PATTON R J, CHEN J. Observer-based fault detection and isolation: robustness and applications[J]. Control Engineering Practice, 1997, 5(5): 671-682.

[101] WANG D, LUM K Y. Adaptive unknown input observer approach for aircraft actuator fault detection and isolation[J]. International Journal of Adaptive Control and Signal Processing, 2007, 21(1): 31-48.

[102] 胡志坤, 孙岩, 姜斌, 等. 一种基于最优未知输入观测器的故障诊断方法[J]. 自动化学报, 2013, 39(8): 1225-1230.

[103] 杨俊起, 张良, 朱芳来, 等. Lipschitz 非线性系统未知输入观测器设计[J]. 西安交通大学学报, 2013, 47(8): 87-92.

[104] 柳超. 基于未知输入观测器的 ESP 系统故障诊断[D]. 长春: 吉林大学, 2013.

[105] 王斌, 王曦, 孔祥兴, 等. 基于未知输入观测器的涡扇发动机直接推力控制[J]. 航空动力学报, 2016 (3): 692-699.

[106] 朱芳来, 李励. 基于未知输入观测器的不匹配干扰系统滑模控制[J]. 同济大学学报(自然科学版), 2014, 42(7): 1111-1116.

[107] 王海强, 黄海. 扩张状态观测器的性能与应用[J]. 控制与决策, 2013, 28(7): 1078-1082.

[108] WU D, CHEN K, WANG X. Tracking control and active disturbance rejection with application to noncircular machining[J]. International Journal of Machine Tools and Manufacture, 2007, 47(15): 2207-2217.

[109] LI S, YANG J, CHEN W H, et al. Generalized extended state observer based control for systems with mismatched uncertainties[J]. IEEE Transactions on Industrial Electronics, 2012, 59(12): 4792-4802.

[110] LIU H, LI S. Speed control for PMSM servo system using predictive functional control and extended state observer[J]. IEEE Transactions on Industrial Electronics, 2012, 59(2): 1171-1183.

[111] XIA Y, ZHU Z, FU M. Back-stepping sliding mode control for missile systems based on an extended state observer[J]. IET Control Theory & Applications, 2011, 5(1): 93-102.

[112] GAO Z. Scaling and bandwidth-parameterization based controller tuning[C]//Proceedings of the 2003 American Control Conference. Colorado: IEEE, 2003: 4989-4996.

[113] GAO Z. Active disturbance rejection control: a paradigm shift in feedback control system design[C]//Proceedings of the 2006 American Control Conference. Minneapolis: IEEE, 2006: 2399-2405.

[114] 罗伟林. 基于支持向量机方法的船舶操纵运动建模研究[D]. 上海: 上海交通大学, 2009.

[115] ZHENG H, NEGENBORN R R, LODEWIJKS G. Trajectory tracking of autonomous vessels using model predictive control[C]// Proceedings of the 19th IFAC World Congress. Cape Town: IFAC, 2014: 8812-8818.

[116] 贾欣乐, 杨盐生. 船舶运动数学模型: 机理建模与辨识建模[M]. 大连: 大连海事大学出版社, 1999.

[117] 吴秀恒, 刘祖源, 施生达, 等. 船舶操纵性[M]. 北京: 国防工业出版社, 2005:15-16.

[118] FOSSEN T I. Handbook of marine craft hydrodynamics and motion control[M]. New Jersey: John Wiley & Sons, 2011.

[119] BENJAMIN M R, CURCIO J A. COLREGS-based navigation of autonomous marine vehicles[C]//Proceedings of the 2004 IEEE/OES Conference on Autonomous Underwater Vehicles. United States of America: IEEE, 2004: 32-39.

[120] FOSSEN T I, LEKKAS A M. Direct and indirect adaptive integral line-of-sight path-following controllers for marine craft exposed to ocean currents[J]. International Journal of Adaptive Control and Signal Processing, 2015.

[121] 柳晨光. 基于预测控制的无人船运动控制方法研究[D]. 武汉: 武汉理工大学, 2017.

第5章 船舶智能航行轨迹跟踪控制

MPC 具有的预测模型的多样性、滚动优化的时变性、反馈校正的鲁棒性等特征，使其在不确定性和干扰等环境下能够有较好的控制性能。目前在利用 MPC 设计船舶轨迹跟踪控制算法时对环境因素干扰、执行器饱和约束、控制增量约束、输出约束等限制条件的考虑仍不够完善，本章将在第 4 章所述的船舶运动模型的基础上，分别实现线性和非线性离散 MPC 算法的设计，最后在 MATLAB 平台上分别在有环境干扰和无环境干扰下分析并验证所提出算法的轨迹跟踪性能。

5.1 船舶轨迹跟踪控制原理

5.1.1 MPC 基本原理

MPC 的基本原理如图 5.1 所示[1]。在时刻 k，根据当前时刻测量输出和参考轨迹，求解在预测步长 N_P 内的最优预测控制输入序列，使得以预测输出和参考轨迹定义的目标函数最小。将最优预测控制输入序列中的第一个控制输入作为时刻 k 的系统控制输入，当其输入系统后，在时刻 $k+1$ 又重复时刻 k 的计算过程，从而得到时刻 $k+1$ 的最优系统输入，这种滚动优化的策略能够保证每一步的输入都

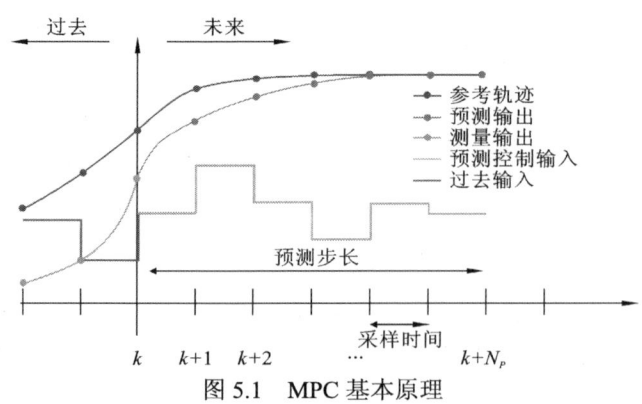

图 5.1 MPC 基本原理

是基于当前状态计算得到的最优值,这是 MPC 与最优控制的不同之处。MPC 的控制性能与建模精确性、预测步长、目标函数最优求解效率都有关系,在控制过程中应结合具体的需求选择适当的模型、合适的控制参数与目标函数,以满足不同的控制系统的需求。

5.1.2　基于 MPC 的船舶轨迹跟踪基本原理

在船舶轨迹跟踪过程中,首先由传感器获取当前船舶的运动状态,再结合系统预测模型、前一时刻控制输入、未知输入序列计算未来预测输出轨迹序列;然后将预测输出轨迹序列、参考轨迹和未知输入序列代入目标函数,在考虑系统约束情况下求解最优输入序列使目标函数值最优;最后将最优输入序列的第一个输入量作用到船舶并保持一个控制周期,因为外界干扰的存在,船舶真实状态与预测状态有差别,所以需要通过传感器获取船舶的真实运动状态,利用该状态进行下一步最优输入计算[2]。基于 MPC 的船舶轨迹跟踪控制原理如图 5.2 所示。

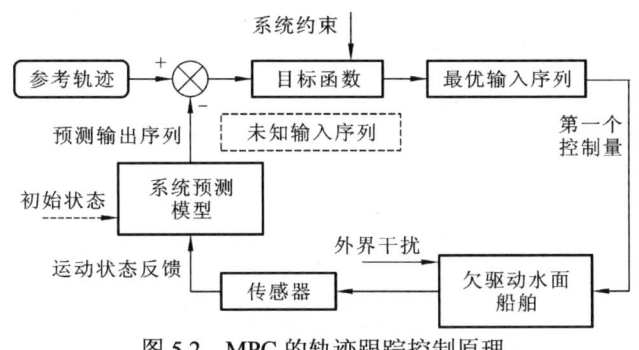

图 5.2　MPC 的轨迹跟踪控制原理

5.2　基于线性 MPC 的船舶轨迹跟踪控制

5.2.1　非线性状态空间模型建立

船舶是一个具有大惯性和时滞特性的复杂系统,在航行时会同时受到动力系统的推力、水动力(流体阻力等)、水静力(浮力等)、外界干扰力(波浪、风、水流等)等多种力的作用,因此船舶轨迹跟踪模型具有明显的非线性特征。船舶轨迹跟踪是对运动目标轨迹的实时跟踪,对船舶的机动性要求较高,单纯的航向控制很难满足轨迹跟踪的需求，因此通常使用水动力模型作为轨迹跟踪控制模型。

为简化模型的复杂性，水动力模型中不考虑舵、螺旋桨的驱动模型及耦合关系，用力和力矩作为轨迹跟踪控制的输入，位置作为轨迹跟踪控制的输出。考虑船舶的欠驱动性，系统输入由 3 自由度输入 $\boldsymbol{\tau}=[f_u \ f_v \ t_r]^T$ 变为 2 自由度输入 $\boldsymbol{\tau}'=[f_u \ t_r]^T$。船舶的水动力模型（4.20）相应变为

$$\boldsymbol{M}_{RB}\dot{\boldsymbol{v}} + \boldsymbol{M}_A\dot{\boldsymbol{v}}_r + \boldsymbol{C}_{RB}(v)v + \boldsymbol{C}_A(v_r)v_r + \boldsymbol{D}(v_r)v_r = \boldsymbol{P}_1\boldsymbol{\tau} + \boldsymbol{\tau}_d \quad (5.1)$$

式中：$\boldsymbol{P}_1 = \begin{bmatrix} 1 & 0 & 0 \\ 0 & 0 & 1 \end{bmatrix}^T$，其他参数定义与式（4.20）一致。

定义 $\boldsymbol{x}=[x \ y \ \psi \ u \ v \ r]^T$ 为系统状态变量，$\boldsymbol{u}=\boldsymbol{\tau}'=[f_u \ t_r]^T$ 为控制输入，$\boldsymbol{y}=[x \ y]^T$ 为系统输出，于是船舶运动的状态空间模型为

$$\begin{cases} \dot{\boldsymbol{x}} = f(\boldsymbol{x},\boldsymbol{u}) = \begin{bmatrix} \boldsymbol{T}(\psi)v \\ (\boldsymbol{M}_{RB}+\boldsymbol{M}_A)^{-1}[\boldsymbol{P}_1\boldsymbol{u}+\boldsymbol{\tau}_d\boldsymbol{M}_A\dot{\boldsymbol{v}}_c - \boldsymbol{C}_{RB}(v)v - \boldsymbol{C}_A(v_r)v_r - \boldsymbol{D}(v_r)v_r] \end{bmatrix} \\ \boldsymbol{y} = \boldsymbol{P}_2\boldsymbol{x} \end{cases} \quad (5.2)$$

式中：函数 $f(\mathbb{R}^6 \times \mathbb{R}^2 \to \mathbb{R}^6)$ 为船舶运动模型的非线性方程，$\boldsymbol{\tau}_d=[f_{ud},f_{vd},t_{rd}]^T$ 为环境干扰，v_c 为附体坐标系 {b} 中的水流速度，$\boldsymbol{T}(\psi)$ 定义见式（4.2）。

$$\boldsymbol{P}_2 = \begin{bmatrix} 1 & 0 & 0 & 0 & 0 & 0 \\ 0 & 1 & 0 & 0 & 0 & 0 \end{bmatrix}$$

5.2.2 模型线性化和离散化

利用 MPC 实现非线性系统的轨迹跟踪控制问题通常有两种解决方法：一是先对系统进行离散化，再对其进行线性化，最后利用 LMPC 求解最优控制序列；二是在对系统进行离散化的基础上利用 NMPC 求解最优控制序列。LMPC 实时性较好，但控制精度会稍有降低；NMPC 涉及非线性规划问题，求解最优值过程较为复杂，实时性较差。本节首先讨论如何利用 LMPC 来实现船舶的轨迹跟踪控制，NMPC 将在 5.3 节中讨论。

1. 线性化

将一个非线性系统近似为线性时变系统有很多方法，可分为近似线性化和精确线性化。近似线性化方法简单，适用性强，但精度不是特别高；精确线性化方法一般不具备普遍性，往往需要针对单个系统具体分析。模型预测控制中一般采用近似线性化方法。假设参考系统已经在期望路径上完全通过，在获取路径上每

个时刻的状态量和控制量的基础上,通过对参考系统和当前系统的偏差处理设计使模型预测控制器跟踪期望路径。式(5.3)表示参考系统方程,即在不考虑干扰情况下的参考轨迹($\tau_d=0$,$v_c=0$)。

$$\dot{x}_R = f(x_R, u_R) \tag{5.3}$$

在任意参考点(x_R, u_R)处对函数进行一阶泰勒展开,得到式(5.4):

$$\dot{x} = f(x_R, u_R) + \frac{\partial f}{\partial x}\bigg|_{\substack{x=x_R \\ u=u_R}}(x-x_R) + \frac{\partial f}{\partial u}\bigg|_{\substack{x=x_R \\ u=u_R}}(u-u_R) \tag{5.4}$$

式(5.4)减去式(5.3)得到

$$\dot{\tilde{x}} = A\tilde{x} + B\tilde{u} \tag{5.5}$$

式中:$\tilde{x}=x-x_R$,$\tilde{u}=u-u_R$,$A=\frac{\partial f}{\partial x}\bigg|_{\substack{x=x_R \\ u=u_R}}$,$B=\frac{\partial f}{\partial u}\bigg|_{\substack{x=x_R \\ u=u_R}}$。式(5.5)为系统新的状态空间模型。

2. 离散化

MPC通常需要在线求解带有约束条件的线性规划、二次规划或非线性规划等问题,而这些规划问题因为没有解析解,一般很难通过设计模拟或数字逻辑电路计算得到最优控制量,所以在绝大部分情况下需求助数字计算机进行数值求解。为便于数字计算机的处理,通常先将连续系统模型离散化,再基于离散化的模型进行数值计算。

采用一种近似离散化方法——欧拉法对模型式(5.5)进行离散化,于是有

$$A_k = I + T \cdot A, \quad B_k = T \cdot B \tag{5.6}$$

式中:A_k和B_k分别为离散化后的系统矩阵,T为离散时间步长,I为单位矩阵。结合式(5.2)、式(5.5)和式(5.6),可得

$$\begin{cases} \tilde{x}(k+1) = A_k \tilde{x}(k) + B_k \tilde{u}(k) \\ \tilde{y}(k) = P_2 \tilde{x}(k) \end{cases} \tag{5.7}$$

式中:$\tilde{y}(k)$为离散系统输出,即$\tilde{y}(k)=y(k)-y_R(k)$。式(5.7)表示非线性系统在任意一个参考点(x_R, u_R)处线性化后的系统方程。

5.2.3 约束条件设置

船舶螺旋桨驱动机构和舵机受机械性能的影响,其运动范围和速率有限,因此有必要考虑控制量极限、控制增量等约束。同时,为了航行安全,需对船舶运动轨迹进行边界限制,即对输出量进行约束。在时刻k及预测周期N_P内,控制量

极限、控制增量及输出量约束表示如下：

$$\Delta u_{\min} \leqslant \Delta u(k+i) \leqslant \Delta u_{\max}, \quad i=0,1,2,\cdots,N_C-1 \tag{5.8}$$

$$u_{\min} \leqslant u(k+i) \leqslant u_{\max}, \quad i=0,1,2,\cdots,N_C-1 \tag{5.9}$$

$$y_{\min} \leqslant y(k+i) \leqslant y_{\max}, \quad i=1,2,\cdots,N_P \tag{5.10}$$

式中：N_P 为预测步长，N_C 为控制步长，$\Delta u_{\min}$、$\Delta u_{\max}$ 为输入增量约束，$u_{\min}$、$u_{\max}$ 为输入约束，$y_{\min}$、$y_{\max}$ 为输出约束，且满足 $\Delta u(k+i) = u(k+i) - u(k+i-1)$。需要说明的是，通常 $N_P \geqslant N_C$，且 $u(k+i) = u(k+N_C-1), i=N_C,\cdots,N_P-1$。

为同时处理约束条件式（5.8）、式（5.9）和式（5.10），定义新的系统状态变量 $\xi(k)$ 为

$$\xi(k) = \begin{bmatrix} \tilde{x}(k) \\ \tilde{u}(k-1) \end{bmatrix}$$

结合式（5.7）和 $\xi(k)$，得到如下新的状态空间模型：

$$\begin{cases} \xi(k+1) = \tilde{A}_k \xi(k) + \tilde{B}_k \Delta u(k) \\ \tilde{y}(k) = \tilde{C}_k \xi(k) \end{cases} \tag{5.11}$$

式中：$\tilde{A}_k = \begin{bmatrix} A_k & B_k \\ 0_{m\times n} & I_m \end{bmatrix}$，$\tilde{B}_k = \begin{bmatrix} B_k \\ I_m \end{bmatrix}$，$\tilde{C}_k = \begin{bmatrix} P_2 & 0_{2\times m} \end{bmatrix}$。$m$ 为系统控制量维度，n 为系统状态量维度。对于欠驱动智能船舶运动模型，$m=2$、$n=6$。为简化运算，在预测时域 N_P 内，假定：

$$A_{k+i} = A_k, \quad B_{k+i} = B_k, \quad i=1,2,\cdots,N_P \tag{5.12}$$

由式（5.11）和式（5.12）可得到系统的预测输出表达式为

$$\tilde{Y}(k) = \boldsymbol{\Psi}_k \xi(k) + \boldsymbol{\Theta}_k \Delta U(k) \tag{5.13}$$

式中：$\tilde{Y}(k)$ 为在预测时域 N_P 内的预测输出，$\Delta U(k)$ 为控制时域 N_C 内的预测输入，$\boldsymbol{\Psi}_k$ 和 $\boldsymbol{\Theta}_k$ 为系统矩阵，它们具体定义如下：

$$\tilde{Y}(k) = \begin{bmatrix} \tilde{y}(k+1) \\ \tilde{y}(k+2) \\ \vdots \\ \tilde{y}(k+N_C) \\ \vdots \\ \tilde{y}(k+N_P) \end{bmatrix} \quad \boldsymbol{\Psi}_k = \begin{bmatrix} \tilde{C}_k \tilde{A}_k \\ \tilde{C}_k \tilde{A}_k^2 \\ \vdots \\ \tilde{C}_k \tilde{A}_k^{N_C} \\ \vdots \\ \tilde{C}_k \tilde{A}_k^{N_P} \end{bmatrix} \quad \Delta U(k) = \begin{bmatrix} \Delta u(k) \\ \Delta u(k+1) \\ \vdots \\ \Delta u(k+N_C-1) \end{bmatrix}$$

$$\boldsymbol{\Theta}_k = \begin{pmatrix} \tilde{\boldsymbol{C}}_k \tilde{\boldsymbol{B}}_k & \boldsymbol{0} & \boldsymbol{0} & \boldsymbol{0} \\ \tilde{\boldsymbol{C}}_k \tilde{\boldsymbol{A}}_k \tilde{\boldsymbol{B}}_k & \tilde{\boldsymbol{C}}_k \tilde{\boldsymbol{B}}_k & \boldsymbol{0} & \boldsymbol{0} \\ \vdots & \vdots & & \vdots \\ \tilde{\boldsymbol{C}}_k \tilde{\boldsymbol{A}}_k^{N_C-1} \tilde{\boldsymbol{B}}_k & \tilde{\boldsymbol{C}}_k \tilde{\boldsymbol{A}}_{t,k}^{N_C-2} \tilde{\boldsymbol{B}}_k & \cdots & \tilde{\boldsymbol{C}}_k \tilde{\boldsymbol{B}}_k \\ \tilde{\boldsymbol{C}}_k \tilde{\boldsymbol{A}}_k^{N_C} \tilde{\boldsymbol{B}}_k & \tilde{\boldsymbol{C}}_k \tilde{\boldsymbol{A}}_k^{N_C-1} \tilde{\boldsymbol{B}}_k & \cdots & \tilde{\boldsymbol{C}}_k \tilde{\boldsymbol{A}}_k \tilde{\boldsymbol{B}}_k \\ \vdots & \vdots & & \vdots \\ \tilde{\boldsymbol{C}}_k \tilde{\boldsymbol{A}}_k^{N_P-1} \tilde{\boldsymbol{B}}_k & \tilde{\boldsymbol{C}}_k \tilde{\boldsymbol{A}}_k^{N_P-2} \tilde{\boldsymbol{B}}_k & \cdots & \tilde{\boldsymbol{C}}_k \tilde{\boldsymbol{A}}_k^{N_P-N_C} \tilde{\boldsymbol{B}}_k \end{pmatrix}$$

在求解目标函数最优值时，上述约束条件在预测时域 N_P 和控制时域 N_C 内可表示为

$$\begin{cases} \Delta \boldsymbol{U}_{\min} \leqslant \Delta \boldsymbol{U}(k) \leqslant \Delta \boldsymbol{U}_{\max} \\ \boldsymbol{U}_{\min} \leqslant \boldsymbol{M} \Delta \boldsymbol{U}(k) + \boldsymbol{U}(k) \leqslant \boldsymbol{U}_{\max} \\ \boldsymbol{Y}_{\min} \leqslant \tilde{\boldsymbol{Y}}(k) + \boldsymbol{Y}_R(k) \leqslant \boldsymbol{Y}_{\max} \end{cases} \quad (5.14)$$

式中：$\boldsymbol{U}_{\min}$、$\boldsymbol{U}_{\max}$ 分别为控制时域内控制量最小值、最大值集合，$\Delta \boldsymbol{U}_{\min}$、$\Delta \boldsymbol{U}_{\max}$ 分别为控制时域内控制增量最小值、最大值集合，$\boldsymbol{Y}_{\min}$、$\boldsymbol{Y}_{\max}$ 为输出约束。上述变量具体表示如下：

$$\Delta \boldsymbol{U}_{\min} = \boldsymbol{1}_{N_C} \otimes \Delta \boldsymbol{u}_{\min} \quad \Delta \boldsymbol{U}_{\max} = \boldsymbol{1}_{N_C} \otimes \Delta \boldsymbol{u}_{\max} \quad \boldsymbol{U}_{\min} = \boldsymbol{1}_{N_C} \otimes \boldsymbol{u}_{\min}$$

$$\boldsymbol{U}_{\max} = \boldsymbol{1}_{N_C} \otimes \boldsymbol{u}_{\max}$$

$$\boldsymbol{U}(k) = \boldsymbol{1}_{N_C} \otimes \boldsymbol{u}(k-1) \quad \boldsymbol{Y}_{\min} = \boldsymbol{1}_{N_C} \otimes \boldsymbol{y}_{\min} \quad \boldsymbol{Y}_{\max} = \boldsymbol{1}_{N_C} \otimes \boldsymbol{y}_{\max}$$

$$\boldsymbol{M} = \begin{bmatrix} 1 & 0 & \cdots & \cdots & 0 \\ 1 & 1 & 0 & \cdots & 0 \\ 1 & 1 & 1 & & 0 \\ \vdots & \vdots & \vdots & \ddots & 0 \\ 1 & 1 & \cdots & 1 & 1 \end{bmatrix}_{N_C \times N_C} \otimes \boldsymbol{I}_{N_u} \quad \boldsymbol{Y}_R = \begin{bmatrix} \boldsymbol{y}_R(k+1) \\ \boldsymbol{y}_R(k+2) \\ \vdots \\ \boldsymbol{y}_R(k+N_P) \end{bmatrix}$$

式中：$\boldsymbol{1}_{N_C}$ 表示行数为 N_C 的列向量，$\boldsymbol{I}_{N_u}$ 表示维数为 N_u 的单位矩阵，N_u 为控制输入维数，$\otimes$ 为克罗内克积，$\boldsymbol{y}_R$ 为参考轨迹。

5.2.4 最优化问题

若要保证船舶能快速且平稳地跟踪期望轨迹，则需以系统状态量的偏差、控制量及控制量增量来构建目标函数。目标函数在设计时应同时考虑跟踪目标的速率和系统输入的能量消耗，因此目标函数定义如下：

$$J(k) = \sum_{i=1}^{N_P} \|\tilde{\boldsymbol{y}}(k+i)\|_Q^2 + \sum_{i=0}^{N_C-1} \|\Delta \boldsymbol{u}(k+i)\|_R^2 \quad (5.15)$$

式中：Q 和 R 为权重矩阵，可根据控制需求的不同而更改权重大小。为便于带有约束的二次型最优值问题，由式（5.11）和式（5.13），并去掉与 $\Delta U(k)$ 无关的项，得到如下标准二次型目标函数：

$$J(\Delta U(k)) = \frac{1}{2}\Delta U(k)^{\mathrm{T}} H_k \Delta U(k) + G_k^{\mathrm{T}} \Delta U(k) \tag{5.16}$$

式中：

$$H_k = 2(\Theta_k^{\mathrm{T}} Q_e \Theta_k + R_e) \quad G_k = 2\Theta_k^{\mathrm{T}} Q_e [\Psi_k \xi(k)]$$

$$Q_e = \begin{bmatrix} Q & & \\ & \ddots & \\ & & Q \end{bmatrix}_{N_P \times N_P} \quad R_e = \begin{bmatrix} R & & \\ & \ddots & \\ & & R \end{bmatrix}_{N_C \times N_C}$$

因此基于线性 MPC 的船舶轨迹跟踪可描述为如下最优值问题：

$$\arg\min_{\Delta U(k)} J(\Delta U(k))$$

满足：

$$\begin{cases} \tilde{Y}(k) = \psi_k \xi(k) + \Theta_k \Delta U(k) \\ \Delta U_{\min} \leqslant \Delta U(k) \leqslant \Delta U_{\max} \\ U_{\min} \leqslant M \Delta U(k) + U(k) \leqslant U_{\max} \\ Y_{\min} \leqslant \tilde{Y}(k) + Y_R(k) \leqslant Y_{\max} \end{cases} \tag{5.17}$$

5.2.5 仿真实验

考虑船舶水动力模型参数通常通过船舶拖曳实验获得，过程比较烦琐，为验证本书提出的船舶轨迹跟踪控制的效果，本书以文献[3]中的 CyberShip II 为船舶仿真模型，分析其跟踪圆形轨迹的误差及性能。CyberShip II 水动力模型参数见表 5.1。

表 5.1 CyberShip II 水动力模型参数

参数	数值	参数	数值
m	23.800	$Y_{|v|v}$	−36.282
I_z	1.760	N_v	0.105
x_G	0.046	$N_{|v|v}$	5.044
X_u	−2.000	$Y_{|v|v}$	−0.805
$Y_{\dot{v}}$	−10.000	Y_r	0.108

续表

参数	数值	参数	数值
$Y_{\dot r}$	−0.000	$Y_{|v|r}$	−0.845
$N_{\dot v}$	−0.000	$Y_{|r|r}$	−3.450
$N_{\dot r}$	−1.000	$N_{|r|v}$	0.130
X_u	−0.723	N_r	−1.900
$X_{|u|u}$	−1.327	$N_{|v|r}$	0.080
X_{uuu}	−5.866	$Y_{|r|r}$	−0.750
Y_v	−0.861	—	—

1. 参数设置

1）模型参数设置

（1）针对式（5.2）描述的状态空间方程，根据表 5.1 中模型船的动力学参数，系统矩阵可表示为

$$M_{RB}=\begin{bmatrix} 23.8 & 0 & 0 \\ 0 & 23.8 & 1.0 \\ 0 & 1.0 & 1.8 \end{bmatrix} \quad M_A=\begin{bmatrix} 2.0 & 0 & 0 \\ 0 & 10.0 & 0 \\ 0 & 0 & 1.0 \end{bmatrix}$$

$$C_{RE}(v)=\begin{bmatrix} 0 & 0 & -1.1r-23.8v \\ 0 & 0 & 23.8u \\ 1.1r+23.8v & -23.8u & 0 \end{bmatrix} \quad C_A(v_r)=\begin{bmatrix} 0 & 0 & -10v_r \\ 0 & 0 & 2u_r \\ 10v_r & -2u_r & 0 \end{bmatrix}$$

$$D(v_r)=\begin{bmatrix} 0.7+1.3|u_r|+5.9u_r^2 & 0 & 0 \\ 0 & 0.9+36.3|v_r|+0.8|r_r| & -0.1+0.8|v_r|+3.5|r_r| \\ 0 & -0.1-5.0|v_r|-0.1|r_r| & 1.9-0.1|v_r|+0.8|r_r| \end{bmatrix}$$

（2）CyberShip II 原为全驱动船舶，分别配备纵向推进器、横向推进器及舵机。本书考虑的对象为欠驱动船舶，模型中应忽略横向推进器。最大纵向推进力 f_u 为 2 N，最大偏航扭矩 t_r 为 1.5 N·m，分别对应在真实船舶最大纵向推力和最大偏航扭矩分别为 686 kN 和 36 015 kN·m。

（3）最大航速为 0.2 m/s，对应真实船舶航速为 1.7 m/s。

2）仿真参数

仿真环境中，船舶跟踪的圆形轨迹参考轨迹为

$$\begin{cases} x(t)=4\sin(0.02t) \\ y(t)=4(1-\cos(0.02t)) \end{cases}$$

参考轨迹离散化后形成一系列参考点 $y_R(x_R, y_R)$：

$$\begin{cases} x_R = 4\sin(0.02nT) \\ y_R = 4[1-\cos(0.02nT)], n=0,1,\cdots,N_R \end{cases}$$

式中：N_R 为参考点个数，取 $N_R = 187$；T 为单步仿真时长，取 $T = 2\,\text{s}$。

非线性函数（5.3）线性化是以 (y_R, u_R) 为参考的，在本仿真中设置为

$$\boldsymbol{x}_R = [x_R \quad y_R \quad \psi_R \quad u_R \quad v_R \quad r_R]^\text{T}, \quad \boldsymbol{u}_R = [0.075 \quad 0.015]^\text{T}$$

式中：$\psi_R = 0.02nT$，$[u_R \quad v_R \quad r_R]^\text{T} = T(\psi_R)^\text{T}[\dot{x}_R(nT) \quad \dot{y}_R(nT) \quad 0.02]^\text{T}$。

目标函数（5.15）中 $\boldsymbol{Q}$ 和 $\boldsymbol{R}$ 分别设置为

$$\boldsymbol{Q} = \begin{bmatrix} 100 & 0 \\ 0 & 100 \end{bmatrix}, \quad \boldsymbol{R} = \begin{bmatrix} 1 & 0 \\ 0 & 1 \end{bmatrix}$$

轨迹跟踪的初始条件设置为：①初始位置为 $y_0(0,0)$；②初始航向为 $\psi_0 = 0.04\,\text{rad}$；③初始速度为 $(u_0, v_0, r_0) = (0,0,0)$；④预测时域为 $N_P = 10$，控制时域为 $N_C = 8$。

3）环境干扰参数

模型（5.2）的干扰可分为两种，一种是由于环境干扰造成船舶受力（力矩）的改变，即 τ_d；另一种是由于水流存在导致船舶航速的改变，即 V_c。设定本仿真环境下的干扰力矢量 $\boldsymbol{\tau}_d$ 为

$$\boldsymbol{\tau}_d = \begin{bmatrix} f_{ud} \\ f_{vd} \\ f_{td} \end{bmatrix} = \alpha \begin{bmatrix} \text{rand}(\cdot) \\ \text{rand}(\cdot) \\ \text{rand}(\cdot) \end{bmatrix}$$

式中：$\alpha(\alpha \geq 0)$ 为权重参数，$\text{rand}(\cdot)$ 为 $[-1,1]$ 的均匀随机数。

考虑航行时惯性坐标系 $\{n\}$ 下的水流速度和方向通常保持不变，且通过航行数据记录仪（voyage data recorder，VDR）或水流速度仪都可以测量水流速度的大小和方向，在轨迹跟踪控制过程中可假定 V_c 已知。

4）约束参数设置

MPC 求解时可以在目标函数中直接考虑约束，船舶运动控制时的系统约束定义如下：

（1）输入量约束：$\beta \begin{bmatrix} -2 \\ -0.4 \end{bmatrix} \leq \boldsymbol{u} \leq \beta \begin{bmatrix} 2 \\ 0.4 \end{bmatrix} (\beta \geq 0)$；

（2）输入增量约束：$\gamma \begin{bmatrix} -2 \\ -0.4 \end{bmatrix} \leq \Delta\boldsymbol{u} \leq \gamma \begin{bmatrix} 2 \\ 0.4 \end{bmatrix} (\gamma \geq 0)$；

（3）输出量约束：$\eta \begin{bmatrix} -10 \\ -12 \end{bmatrix} \leqslant y \leqslant \eta \begin{bmatrix} 10 \\ 12 \end{bmatrix} (\eta \geqslant 0)$。

通过调整 β、γ 和 η 的大小可以研究系统约束对控制性能的影响。

2. 实验结果及分析

本书在 MATLAB 平台环境下进行仿真实验。仿真过程中真实轨迹点为 (x_S, y_S)，轨迹跟踪偏差 d_E 定义为 $d_E = \sqrt{(x_S - x_R)^2 + (y_S - y_R)^2}$。分别在有环境干扰与无环境干扰两种情况下对船舶轨迹跟踪控制器进行仿真,以验证控制器的性能。仿真流程如图 5.3 所示。在 MATLAB 仿真流程中的最优求解函数根据优化问题的不同而选择不同的最优化函数，LMPC 一般会选择 quadprog 函数，NMPC 会选择 fmincon 函数，quadprog 函数通常比 fmincon 函数求解效率更高。

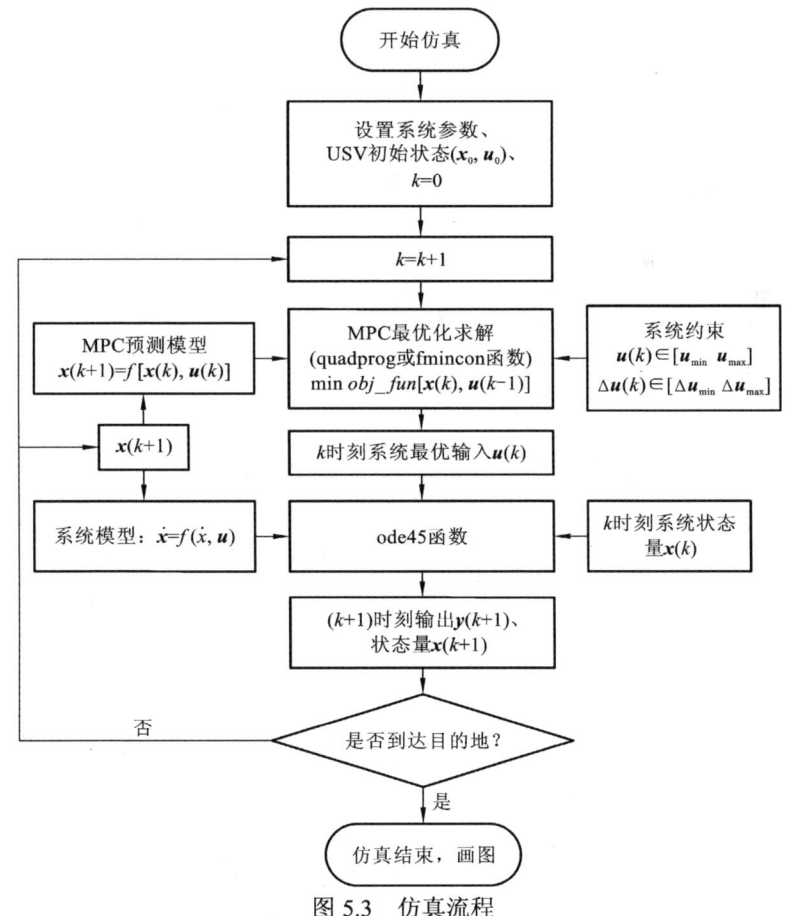

图 5.3　仿真流程

1）无环境干扰

在无环境干扰条件下，即 $\tau_d = 0$、$v_c = 0$，轨迹跟踪结果如图 5.4 所示，跟踪过程中的状态变化如图 5.5 所示。

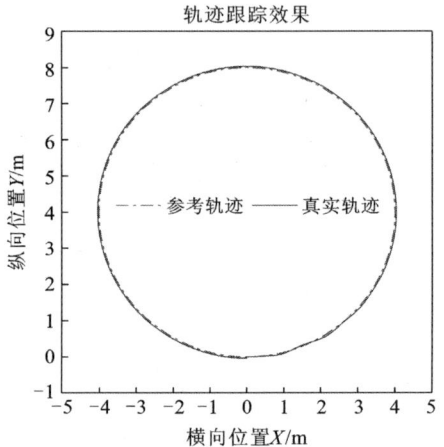

图 5.4　无环境干扰下轨迹跟踪结果（$V_c = 0$，$\alpha = 0$，$\beta = 1$，$\gamma = 1$，$\eta = 1$）

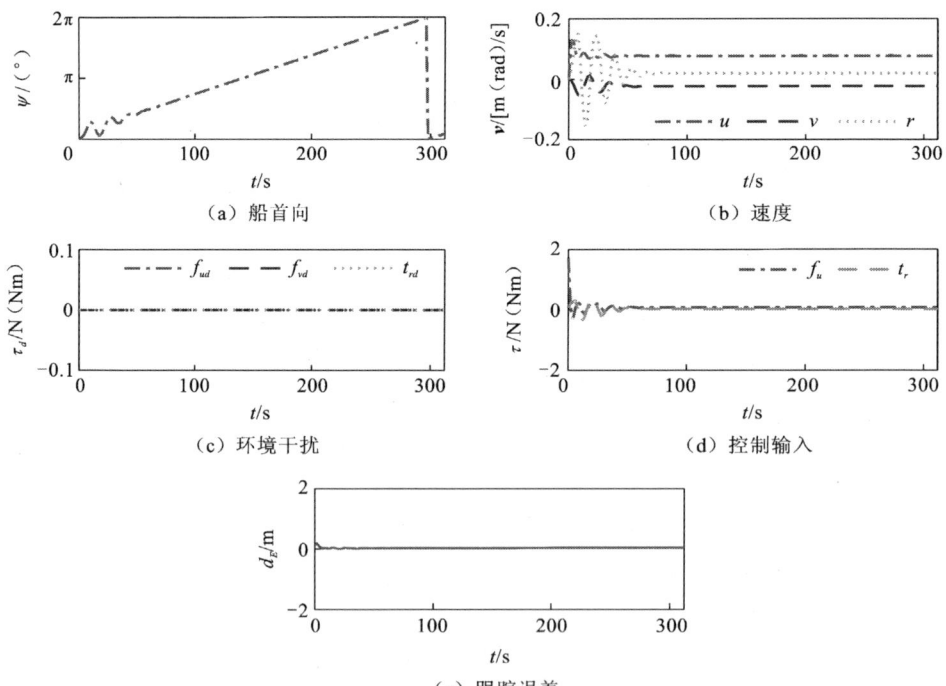

图 5.5　无环境干扰下轨迹跟踪状态变化（$V_c = 0$，$\alpha = 0$，$\beta = 1$，$\gamma = 1$，$\eta = 1$）

第 5 章 船舶智能航行轨迹跟踪控制

由仿真结果可见,在无风、浪、流干扰情况下,设计的 LMPC 能使船舶跟踪上目标轨迹,跟踪误差逐渐减小,最终趋近于 0,具有较好的轨迹跟踪效果。

2）有环境干扰

当有环境干扰时,轨迹跟踪控制器的跟踪性能通常会受到一定的影响,MPC 在应对干扰时具有较强的鲁棒性,有必要验证基于 LMPC 的船舶路径跟踪控制器抗干扰性能。

（1）当环境干扰参数 $V_c = 0$、$\alpha = 0.025$,LMPC 能较好地完成对轨迹的跟踪,轨迹跟踪结果和状态量变化分别如图 5.6 和图 5.7 所示。

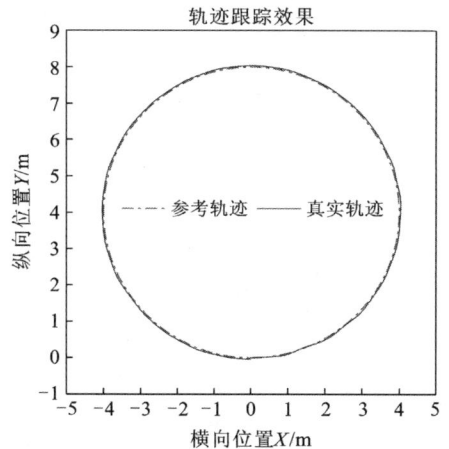

图 5.6　环境干扰下轨迹跟踪结果（$V_c = 0$,$\alpha = 0.025$,$\beta = 1$,$\gamma = 1$,$\eta = 1$）

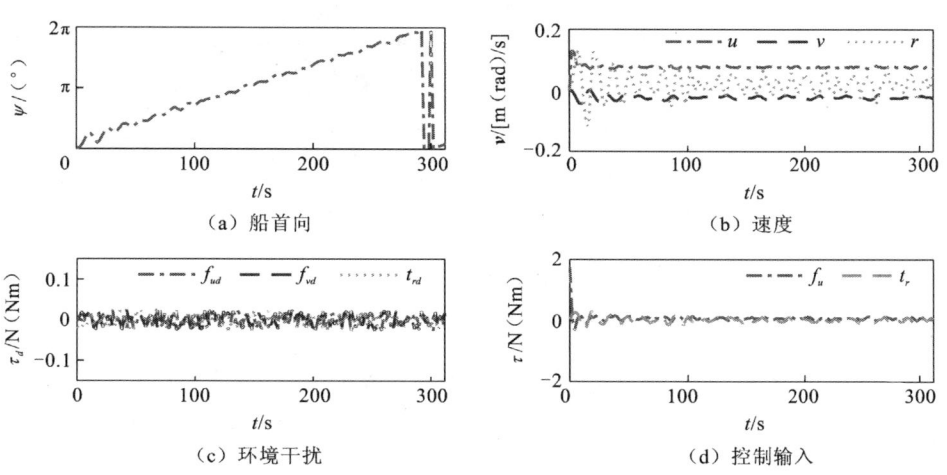

（a）船首向　　　　　　　　　　　（b）速度

（c）环境干扰　　　　　　　　　　（d）控制输入

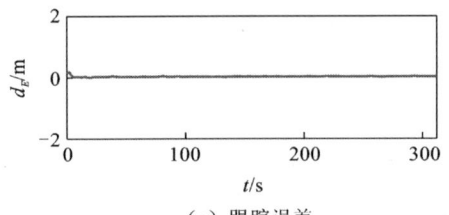

(e)跟踪误差

图 5.7 环境干扰下轨迹跟踪状态变化（$V_c = 0$，$\alpha = 0.025$，$\beta = 1$，$\gamma = 1$，$\eta = 1$）

（2）当环境干扰参数 $V_c = 0$、$\alpha = 0.05$ 时，LMPC 轨迹跟踪的效果变差，轨迹跟踪结果和状态量变化分别如图 5.8 和图 5.9 所示。不难看出，干扰的增大会导致控制输入波动更大，最终导致真实轨迹很难收敛到目标值。

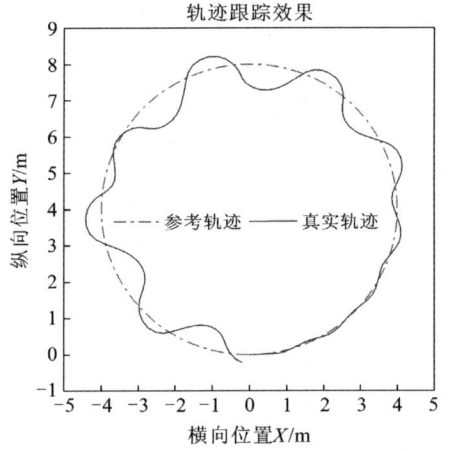

图 5.8 环境干扰下轨迹跟踪结果（$V_c = 0$，$\alpha = 0.05$，$\beta = 1$，$\gamma = 1$，$\eta = 1$）

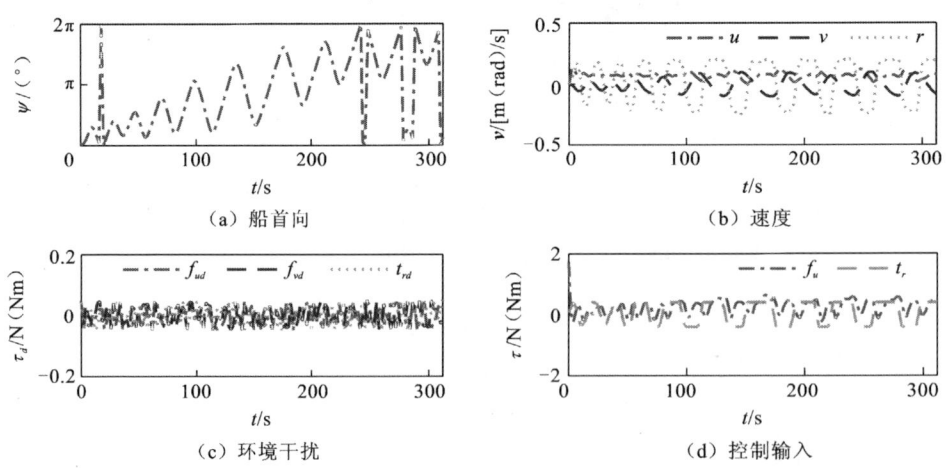

(a) 船首向　　　　　　　　　　　(b) 速度

(c) 环境干扰　　　　　　　　　　(d) 控制输入

第 5 章 船舶智能航行轨迹跟踪控制

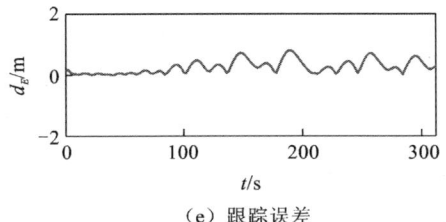

(e) 跟踪误差

图 5.9 环境干扰下轨迹跟踪状态变化（$V_c = 0$，$\alpha = 0.05$，$\beta = 1$，$\gamma = 1$，$\eta = 1$）

(3) 当环境干扰参数 $V_c = 0.05$、$\alpha = 0.025$ 时，船舶轨迹跟踪时除受到确定干扰力外，还受到水流影响，且水流速度在惯性坐标系 {n} 中的漂角 $\beta_c = 0.05\,\mathrm{rad}$。这里涉及的一个问题就是控制器能否获取环境水流速度信息。从理论上分析，如果水流速度 V_c 已知，就可以在控制中补偿由于水流速度带来的控制偏差，使轨迹跟踪控制更精确；反过来，如果 V_c 未知，就会造成控制很难收敛，偏差较大。图 5.10 中对比了这两种情况下的轨迹跟踪性能，即使 V_c 已知时，V_c 的存在也会造成控制产生偏差，但是当 V_c 未知时会对控制效果造成更大的影响。

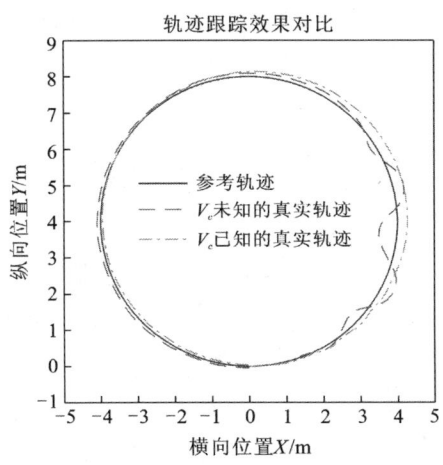

图 5.10 环境干扰情况下水流速度是否可知的轨迹跟踪效果比较

3) 约束的影响

系统约束既可能是由于机构硬件性能受限而产生的，也可能是由于人为需求而增加的。在船舶轨迹跟踪过程中，约束太严格会造成轨迹跟踪的效果变差。针对约束相关参数 β、γ 和 η，当更改约束大小时，相应的控制效果也会变化。当 β 由 1 变为 0.1 时，轨迹跟踪效果对比如图 5.11 所示。主要原因是当输入约束太小时，会造成船舶的操纵性变差，比如回旋半径增大，从而导致轨迹跟踪性能变差。

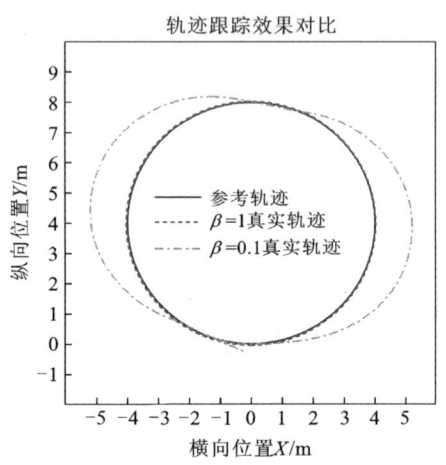

图 5.11 约束条件对轨迹跟踪控制效果比较

仿真结果表明：当环境干扰增大时，跟踪误差逐渐增大，当干扰增加到一定值时，误差无法收敛，最终导致无法跟踪目标轨迹；同时，控制量极限和控制增量约束越小，跟踪效果越差；随着控制量极限、控制增量约束增大，跟踪效果变好，但当约束增大到一定程度时，跟踪效果改变不明显。

5.3 基于非线性 MPC 的船舶轨迹跟踪控制

MPC 是一种基于对象模型的控制方法，其控制精度与模型的精度有直接关系。对于非线性系统，线性化非线性系统模型后再用 MPC 控制可以使控制过程简化，计算速度提升，但是也可能会造成控制精度降低，控制器鲁棒性变差等后果。这主要是因为线性化是对非线性模型的一种近似表达，而且通常系统状态在平衡点附近才能保证线性化是准确的，一旦系统状态偏离平衡点较大，就很难保证控制的精度[4]。随着计算机性能的提升，非线性最优化问题的求解速率也越来越快，且非线性模型本身的精确性比线性化的模型高，因此基于非线性模型的 MPC，即 NMPC，也是一种值得尝试的控制方法。基于 NMPC 通常是将模型离散化后通过求解非线性最优化问题得到最优解，并将最优解作用于系统。

5.3.1 模型离散化

针对船舶轨迹跟踪运动模型（5.2），采用龙格-库塔法对其进行离散化。龙格-库塔法是用于求解非线性常微分方程的一种较精确的方法,非线性模型的离散化可以理解为在已知非线性模型结构和初始条件前提下求解下一时刻系统状态的过程,因此龙格-库塔法有利于提高离散化的精度。针对非线性函数 $\dot{x}=f(t,x)$,当前时刻 k 的函数初始值为 $x(k)=x_k$,利用经典四阶龙格-库塔法求解下一时刻 $k+1$ 的函数值 $x(k+1)$ 为

$$x(k+1)=x(k)+\frac{T}{6}(K_1+2K_2+2K_3+K_4) \qquad (5.18)$$

式中:T 为时刻 k 与时刻 $k+1$ 的时间间隔,K_1、K_2、K_3 与 K_4 具体定义如下:

$$K_1=f\left(kT+\frac{T}{2},x_k\right), \qquad K_2=f\left(kT+\frac{T}{2},x_k+\frac{T}{2}K_1\right)$$

$$K_3=f\left(kT+\frac{T}{2},x_k+\frac{T}{2}K_2\right), \qquad K_4=f\left(kT+T,x_k+TK_3\right)$$

对于式(5.2),应用式(5.18)所示的离散化方法,得到离散化后的状态空间模型为

$$\begin{cases} \boldsymbol{x}(k+1)=f_d[\boldsymbol{x}(k),\boldsymbol{u}(k)] \\ \boldsymbol{y}(k+1)=\boldsymbol{P}_2\boldsymbol{x}(k) \end{cases} \qquad (5.19)$$

式中:f_d 为函数 f 经过四阶龙格-库塔转换后的离散化函数。

5.3.2 约束条件设置

与 LMPC 相同,NMPC 也需要设置约束条件,控制输入极限、控制增量及输出量约束表达如式(5.8)、式(5.9)、式(5.10)所示。为同时处理 $\Delta\boldsymbol{u}$ 和 $\boldsymbol{u}$ 约束,定义新的状态量为

$$\boldsymbol{\xi}(k)=\begin{bmatrix}\boldsymbol{x}(k)\\\boldsymbol{u}(k-1)\end{bmatrix}$$

由式(5.19)可得

$$\boldsymbol{\xi}(k+1)=\begin{Bmatrix}f_d[\boldsymbol{x}(k),\boldsymbol{u}(k-1)+\Delta\boldsymbol{u}(k)]\\\boldsymbol{u}(k)\end{Bmatrix} \qquad (5.20)$$

式(5.20)也可以写成

$$\boldsymbol{\xi}(k+1)=\begin{Bmatrix}f_d[\boldsymbol{P}_3\boldsymbol{\xi}(k),\boldsymbol{P}_4\boldsymbol{\xi}(k)+\Delta\boldsymbol{u}(k)]\\\boldsymbol{P}_4\boldsymbol{\xi}(k)+\Delta\boldsymbol{u}(k)\end{Bmatrix}=f'_d[\boldsymbol{\xi}(k),\Delta\boldsymbol{u}(k)] \qquad (5.21)$$

式中:$\boldsymbol{P}_3=[\boldsymbol{I}_n,\boldsymbol{0}_{n\times m}]$,$\boldsymbol{P}_4=[\boldsymbol{0}_{m\times n},\boldsymbol{I}_m]$,$m$ 为系统控制量维度,n 为系统状态量维度。

对于船舶运动模型，$m=2$，$n=6$。

根据约束条件式（5.8）、式（5.9）和式（5.10），在预测时域 N_P 和控制时域 N_C 内有

$$\begin{cases} \Delta U_{\min} \leqslant \Delta U(k) \leqslant \Delta U_{\max} \\ U_{\min} \leqslant M\Delta U(k) + U(k) \leqslant U_{\max} \\ Y_{\min} \leqslant Y(k) \leqslant Y_{\max} \end{cases} \quad (5.22)$$

式中：$\Delta U_{\min}$、$\Delta U_{\max}$、$\Delta U(k)$、$U(k)$、$U_{\min}$、$U_{\max}$、$Y_{\min}$、$Y_{\max}$、M 的定义与式（5.14）一致。$Y(k)$ 定义为 $[y(k+1), y(k+1), \cdots, y(k+N_P)]^T$。$y(k+i+1) = P_5 f'_d[\xi(k+i), \Delta u(k+i)], i=0,1,\cdots,N_P-1$，且 $P_5 = [I_m \ \mathbf{0}_{m\times n}]$。式（5.22）表明系统约束在预测时域内能以 $\Delta U(k)$ 为自变量进行描述。

5.3.3 最优化问题

目标函数在设计时应同时考虑跟踪目标的速率和系统输入的能量消耗，目标函数定义与式（5.15）相同。基于 NMPC 的船舶轨迹跟踪可描述为如下最优化问题：

$$\begin{cases} \arg\min_{\Delta U(k)} J[\Delta U(k)] \\ \xi(k+i+1) = f'_d[\xi(k+i), \Delta u(k+i)], \quad i=0,1,\cdots,N_P-1 \\ \Delta U_{\min} \leqslant \Delta U(k) \leqslant \Delta U_{\max} \\ U_{\min} \leqslant M\Delta U(k) + U(k) \leqslant U_{\max} \\ Y_{\min} \leqslant Y(k) \leqslant Y_{\max} \end{cases} \quad (5.23)$$

由于 f'_d 为非线性函数，所以最优化问题（5.23）为非线性最优求解问题，求解该问题效率较最优化问题（5.17）低。

5.3.4 仿真实验

为便于对比 LMPC 和 NMPC 的效果，仍采用文献[3]中的 CyberShip II 作为船舶仿真模型。

（1）参数设置。轨迹跟踪的初始条件设置为：①初始位置为 $y_0(0,0)$；②初始航向为 $\psi_0 = 0$；③初始速度为 $(u_0, v_0, r_0) = (0,0,0)$；④由于 NMPC 最优化问题（5.23）求解速率较慢，预测步数和控制步数分别设置为 $N_P = 4$ 和 $N_C = 3$。

（2）实验结果及分析。仿真流程如图 5.3 所示。当仿真参数设置为 $V_c = 0$、$\alpha = 0.05$、$\beta = 1$、$\gamma = 1$、$\eta = 1$ 时，轨迹跟踪结果和状态量变化分别如图 5.12 和图 5.13 所示。

第 5 章 船舶智能航行轨迹跟踪控制

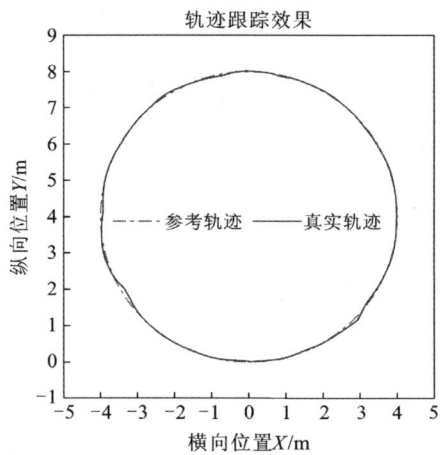

图 5.12 环境干扰下轨迹跟踪结果（$V_c=0$，$\alpha=0.05$，$\beta=1$，$\gamma=1$，$\eta=1$）

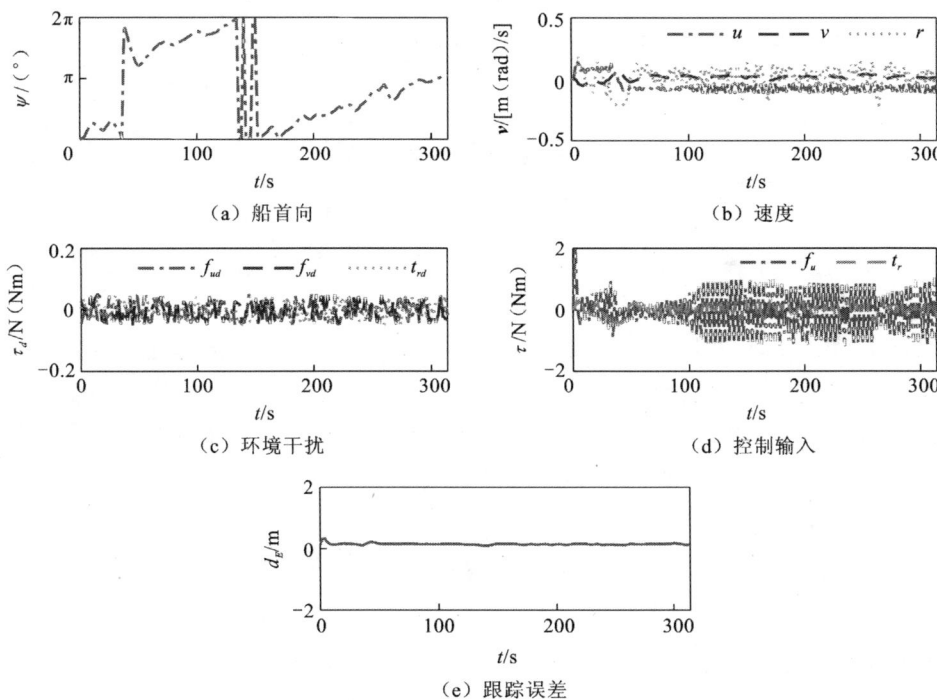

图 5.13 环境干扰下轨迹跟踪状态变化（$V_c=0$，$\alpha=0.05$，$\beta=1$，$\gamma=1$，$\eta=1$）

从轨迹跟踪结果可以看出，NMPC 在有环境干扰的情况下能够跟踪上目标轨迹，使跟踪误差保持在比较小的范围内。

在相同的环境干扰和初始条件下，NMPC 的控制效果与 LMPC 的控制效果对比如图 5.14 所示。从图中可以看出，NMPC 的鲁棒性优于 LMPC，这是由于 LMPC

在线性化过程中降低了模型的精度,导致在计算最优输入时出现偏差。

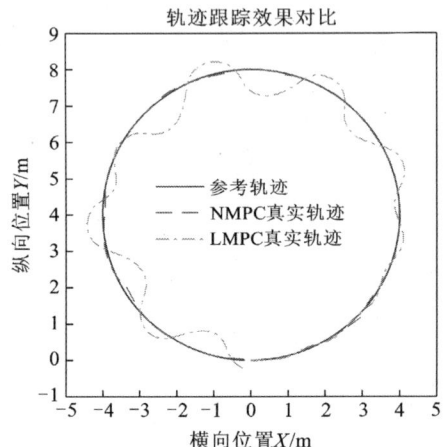

图 5.14 LMPC 和 NMPC 轨迹跟踪效果比较($V_c=0$,$\alpha=0$,$\beta=1$)

5.4 基于 MPC 与基于滑模控制的船舶轨迹跟踪对比

为进一步验证基于 MPC 的轨迹跟踪控制方法的有效性和优越性,本书选择船舶轨迹跟踪常用的滑模变结构控制(滑模控制)作为对比方法进行仿真实验。考虑到 NMPC 的轨迹跟踪控制效果通常优于 LMPC 的轨迹跟踪控制效果,这里选择基于 LMPC 的轨迹跟踪控制方法与基于滑模控制的轨迹跟踪控制方法进行对比。文献[4]利用滑模控制方法提出了一种船舶的轨迹跟踪控制律,且数值仿真实验表明该控制律具有较好的轨迹跟踪控制效果。

5.4.1 基于滑模控制的轨迹跟踪控制方法

滑模控制是一种非连续控制方法。在滑模控制方法中,定义了一系列关于跟踪误差函数的渐进镇定切换面 S,通过控制使系统轨迹能最终保持在滑模表面($S=0$)。对于船舶轨迹跟踪控制,文献[5]分别设计了纵向和横向的轨迹跟踪控制器。具体的控制律设计过程详见文献[5]。控制律设计结如下:

不考虑环境干扰下的纵向滑模控制律为

$$f_u = -m_{22}vr + d_{11}u - m_{11}(-\dot{u}_r + \lambda_1 u_E) - k_1 \operatorname{sat}(S_1/\Phi_1) \quad (5.24)$$

不考虑环境干扰情况下的横向滑模控制律为

$$t_r = \{(m_{22}u_r - m_{11}u)[(m_{22} - m_{11})uv + d_{33}r] - m_{33}(2\lambda_2 m_{22}\dot{v}_E + \lambda_2^2 m_{22}v_E) \\ + m_{33}(m_{11}\dot{u}r + d_{22}\dot{v} + m_{22}v_0) - k_2 \operatorname{sat}(S_2/\Phi_2)\}/(m_{22}u_r - m_{11}u) \quad (5.25)$$

式（5.24）和式（5.25）中，参数 m_{ii} 和 d_{ii} 分别为船舶惯性矩阵 M 和阻尼参数矩阵 D 在附体坐标系 x、y 和 z 坐标轴上的分量。Φ_1 和 Φ_2 分别为边界层厚度，sat 为饱和函数。$u_E = u - u_r$ 表示纵向速度实际值 u 与参考值 u_r 之差，$v_E = v - v_r$ 表示横向速度实际值 v 与参考值 v_r 之差。$v_0 = (v_r r - 2\dot{u}_r)r - \ddot{x}_r \sin(\psi) + \ddot{y}_r \cos(\psi)$，其中 x_r 和 y_r 表示惯性系下的参考输入，且有 $\dot{x}_r = a_1(x_d - x)$、$\dot{y}_r = a_2(y_d - y)$，x_d 和 y_d 为惯性系下的参考轨迹，x 和 y 为惯性系下的真实位置坐标。其他参数定义与本章相同。

5.4.2 仿真实验对比

为使实验结果更具说服力，采用与本章 MPC 轨迹跟踪控制相同船舶模型参数、仿真初始条件设置和控制周期。由于滑模控制不易设计复杂的约束条件，这里仅对控制输入量进行约束，即输入量约束：$\beta \begin{bmatrix} -2 \\ -0.4 \end{bmatrix} \leqslant u \leqslant \beta \begin{bmatrix} 2 \\ 0.4 \end{bmatrix} (\beta \geqslant 0)$。

经不断调参，滑模控制器参数设置为：$\lambda_1 = 0.85$，$\lambda_2 = 1.0$，$k_1 = 0.01$，$k_2 = 0.01$，$\Phi_1 = \Phi_2 = 0.1$，$a_1 = a_2 = 0.1$。

在无环境干扰下基于滑模控制与 LMPC 的轨迹跟踪控制效果对比结果如图 5.15。由图 5.15（a）可以较明显地看出，滑模控制器在轨迹跟踪过程中始终无法收敛至目标轨迹，而 LMPC 可以跟踪上目标轨迹。图 5.15（b）表明滑模控制器的跟踪误差（平均误差：0.72 m）远大于 LMPC 的跟踪误差（平均误差：0.04 m）。

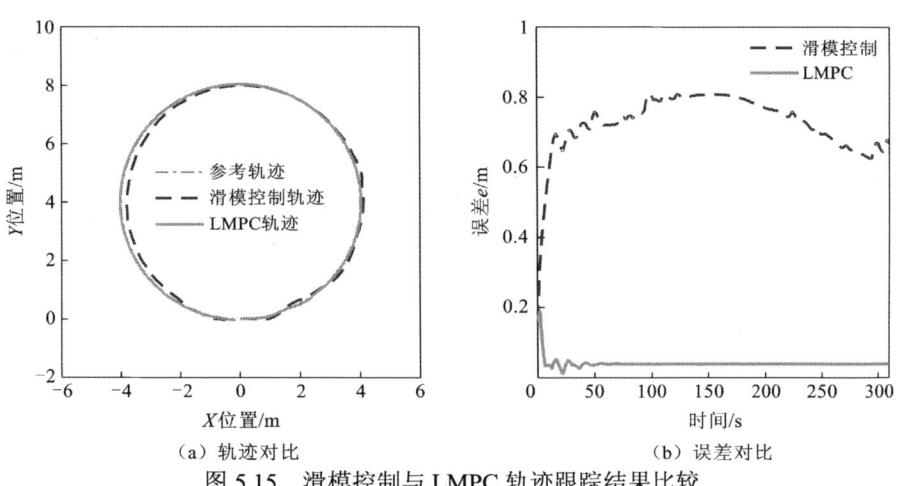

（a）轨迹对比　　　　　　　　　　（b）误差对比

图 5.15　滑模控制与 LMPC 轨迹跟踪结果比较

NMPC 控制效果一般优于 LMPC，因此，相比于滑模控制方法，可以说 MPC 具有更优良的轨迹跟踪性能。

参 考 文 献

[1] Model predictive control[OL]. Wikipedia [2017-01-17]. https://en. wikipedia. org/wiki/ Model_predictive_control.

[2] 柳晨光, 初秀民, 王乐, 等. 欠驱动水面船舶的轨迹跟踪模型预测控制器[J]. 上海交通大学学报, 2015(12): 1842-1848, 1854.

[3] SKJETNE R, SMOGELI Ø N, FOSSEN T I. A nonlinear ship manoeuvering model: identification and adaptive control with experiments for a model ship[J]. Modeling, Identification and Control, 2004, 25(1): 3-27.

[4] LIU C, ZHENG H, NEGENBORN R R, et al. Trajectory tracking control for underactuated surface vessels based on nonlinear model predictive control[C]//Proceedings of the 6th International Conference on Computational Logistics. Berlin: Springer, 2015: 166-180.

[5] 廖煜雷, 庄佳园, 李晔, 等. 欠驱动无人艇轨迹跟踪的滑模控制方法[J]. 应用科学学报, 2011, 29(4): 428-434.

第 6 章　船舶智能航行路径跟随控制

因为轨迹跟踪既要满足时间性要求，又要满足几何路径精确性要求，所以通常需要同时控制舵角和螺旋桨转速来实现。而对于路径跟随控制，只要满足路径跟踪的几何路径精确性要求即可，因此通常在保持螺旋桨转速或航速不变情况下通过控制舵角实现路径跟随控制[1]。本章将针对船舶路径跟随问题，提出一种基于舵角响应模型的路径跟随控制方法，具体是通过 LOS 导航算法将目标路径跟踪转换为目标航向跟踪，再基于舵角响应模型和 NMPC 控制方法实现船舶的目标航向跟踪控制；同时为提高基于 LOS 的路径跟随精度，提出一种自适应 LOS 方法；最后在 MATLAB 仿真环境下验证本章提出算法的有效性。

6.1　船舶路径跟随控制原理

路径跟随控制系统通常包括导航系统、感知系统和控制系统。导航系统主要任务是生成目标路径和目标船首向等；感知系统主要任务是感知船舶的位置、航速、船首向等；控制系统主要任务是根据目标船首向实现路径跟随控制。本书将导航系统和控制系统统一为决策系统，路径跟随控制系统架构如图 6.1 所示。

船舶路径跟随控制过程可描述为：①目标路径点通过路径生成模块生成目标路径，通常目标路径是由路径点相连的直线段组成；②LOS 导航根据目标路径、船舶位置、船首向计算船舶离目标路径的横向位移偏差和船首向偏差；③航速控制器通过控制船舶螺旋桨转速来保持船舶螺旋桨转速或航速（附体坐标系下的纵向速度）在一段时间内保持不变，通常利用 PID 控制器可以实现；④MPC 根据船舶横向位移差、船首向差、船速计算最优舵令；⑤将螺旋桨转速指令、舵角指令输入船舶动力系统中；⑥感知系统获取船舶实时位置、航速、船首向，并将这些信息实时输出至决策系统。

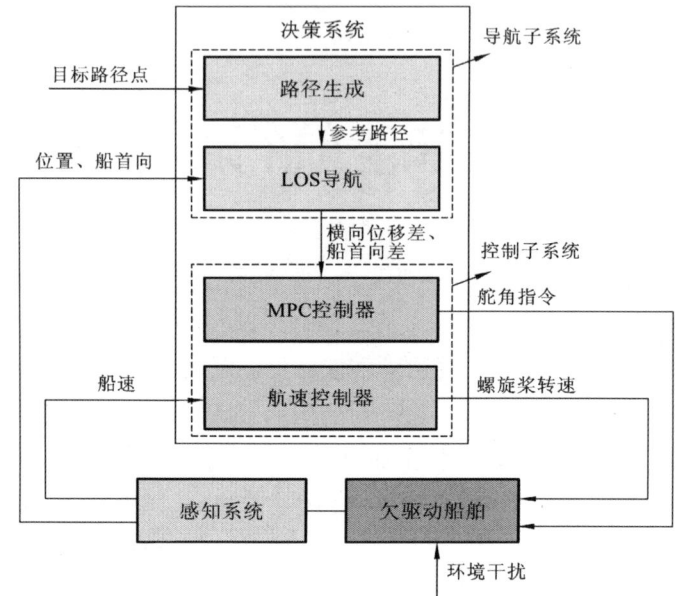

图 6.1 路径跟随控制系统架构

6.2 船舶自适应 LOS 导航

LOS 导航具有目标跟踪精确、计算简便等优势,在导弹拦截跟踪控制、水下航行器和船舶路径跟随控制领域应用较多,并且取得了较好的导航效果。路径跟随的路径通常由目标路径点通过直线或者曲线连接而成。理论上来说,LOS 导航既可以跟踪直线段路径也可以跟踪曲线段路径,但考虑跟踪曲线段路径时需要实时更新路径切向角,且船舶跟踪精度要求不是特别高,因此选择直线段路径作为船舶跟踪的目标路径。

6.2.1 LOS 基本原理

在路径跟随中,假定目标路径点 $P_n(x_n, y_n)$、$P_{n+1}(x_{n+1}, y_{n+1})$ 和 $P_{n+2}(x_{n+2}, y_{n+2})$ 已经给出,生成后的目标路径为 $P_n(x_n, y_n)P_{n+1}(x_{n+1}, y_{n+1})P_{n+2}(x_{n+2}, y_{n+2})$。LOS 导航基本原理如图 6.2 所示,路径跟随控制的目标是使船首向 ψ 与方向 $O_b P_{LOS}$ 保持一致。确定 LOS 点 $P_{LOS}(x_{LOS}, y_{LOS})$ 通常有 3 种方法:①将下一目标路径点 P_{n+1} 作为 LOS 点,即 $P_{LOS} = P_{n+1}$[2];②根据横向跟踪误差 e 和固定纵向距离 $\Delta = nL(n>1)$ 计算

P_{LOS}[3];③以 O_b 为圆心、$R_{LOS} = nL(n>1)$（L 为船长）为半径的圆弧与目标路径 P_nP_{n+1} 交点中距离下一路径目标点 P_{n+2} 更近的一个交点作为 P_{LOS}[4]。方法①当环境干扰存在时容易出现较大的横向跟踪误差；方法②当横向误差较大时，可能造成船舶轨迹难以收敛到目标路径。因此，方法③被较多地应用到路径跟随控制中[4]。

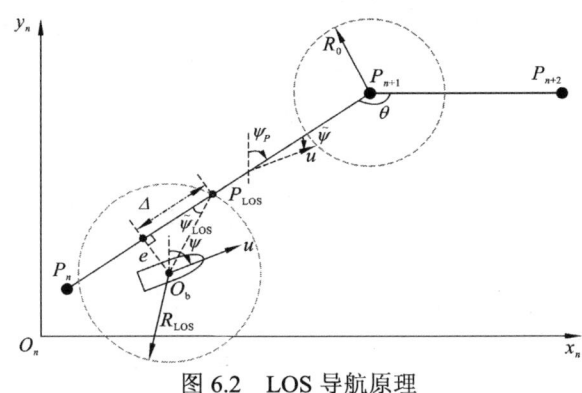

图 6.2　LOS 导航原理

应用方法③计算 P_{LOS} 的公式如下：

$$\begin{cases} (x_{LOS} - x_b)^2 + (y_{LOS} - y_b)^2 = R_{LOS}^2 \\ \dfrac{y_{LOS} - y_b}{x_{LOS} - x_b} = \dfrac{y_{n+1} - y_n}{x_{n+1} - x_n} \end{cases} \tag{6.1}$$

一般来说，通过式（6.1）求解得到的交点有两个或者一个，但当船舶偏移目标路径的横向距离 e 较大时，可能造成式（6.1）没有实数解，为避免这种情况发生，R_{LOS} 定义为

$$R_{LOS} = \begin{cases} 3L, & |e| \leqslant 3L \\ e + L, & |e| > 3L \end{cases} \tag{6.2}$$

定义 ψ_P 为船舶目标路径方向角，$\tilde{\psi} = \psi - \psi_P$ 为船舶相对首向角（ψ 为船首向）。关于横向跟踪误差 e 和相对首向角 $\tilde{\psi}$ 微分方程如下[5]：

$$\begin{cases} \dot{e} = u\sin\tilde{\psi} + v\cos\tilde{\psi} \\ \dot{\tilde{\psi}} = r \end{cases} \tag{6.3}$$

需要说明的是，e 有正负之分，规定船舶在目标路径方向右侧时为正，反之为负。当外界环境中水流干扰可以忽略时，在欠驱动船舶路径跟随过程中，$u \approx u_0$（$u_0 > 0$ 是定常速度），$v \approx 0$。因此式（6.3）简化为

$$\dot{e} = u_0 \sin\tilde{\psi} \tag{6.4}$$

当外界环境中水流干扰不能忽略时（$V_c > 0$），假定船舶相对水流的速度 $v_r = [u_r, v_r]^T$ 始终不变，即 $u_r \approx u_0$、$v_r \approx 0$，根据式（4.17），e 的微分方程变为

$$\dot{e} = (u_0 + u_c)\sin\tilde{\psi} + v_c\cos\tilde{\psi} \tag{6.5}$$

式中：u_c、v_c 分别为水流速度在附体坐标系 x 轴、y 轴的速度，具体定义为

$$\begin{bmatrix} u_c \\ v_c \end{bmatrix} = \begin{bmatrix} \sin\psi & \cos\psi \\ -\cos\psi & \sin\psi \end{bmatrix} \begin{bmatrix} V_c\sin\beta_c \\ V_c\cos\beta_c \end{bmatrix}$$

LOS 角 $\tilde{\psi}_{\text{LOS}}$ 是船舶目标路径方向 P_nP_{n+1} 与目标船首向方向 O_bP_{LOS} 的夹角，可由式（6.6）计算，即

$$\tilde{\psi}_{\text{LOS}} = -\arcsin\left(\frac{e}{R_{\text{LOS}}}\right) \tag{6.6}$$

式中：$\tilde{\psi}_{\text{LOS}} \in \left[-\dfrac{\pi}{2}, \dfrac{\pi}{2}\right]$。为使船舶首向角 ψ 跟踪至 O_bP_{LOS} 方向，则需要满足 $\tilde{\psi} \to \tilde{\psi}_{\text{LOS}}$。当 $\tilde{\psi} = \tilde{\psi}_{\text{LOS}}$ 时，有

$$\dot{e} = -\frac{e(u_0 + u_c)}{R_{\text{LOS}}} + \frac{ev_c\sqrt{R_{\text{LOS}}^2 - e^2}}{R_{\text{LOS}}} \tag{6.7}$$

在满足式（6.7）条件下，可利用李雅普诺夫第二法来证明横向跟踪误差 $e \to 0$。已知 $e = 0$ 为状态方程式（6.7）的一个平衡点，设置李雅普诺夫（Lyapunov）函数为 $V(e) = e^2$，结合式（6.5）有

$$\dot{V}(e) = 2e\dot{e} = -\frac{2e^2(u_c + u_0)}{R_{\text{LOS}}} + \frac{2ev_c\sqrt{R_{\text{LOS}}^2 - e^2}}{R_{\text{LOS}}} \tag{6.8}$$

由于一般水流速度 V_c 较小，可认为 $u_0 \geq |u_c|$，即 $u_0 + u_c > 0$ 始终成立，要使 $\dot{V}(e) \leq 0$ 成立，则需要满足：

$$0 \geq -\frac{(u_c + u_0)e^2}{R_{\text{LOS}}} + \frac{v_c e\sqrt{R_{\text{LOS}}^2 - e^2}}{R_{\text{LOS}}} = -\frac{e^2}{R_{\text{LOS}}}\left[(u_c + u_0) - \frac{v_c\sqrt{R_{\text{LOS}}^2 - e^2}}{e}\right]$$

因此只要：

$$|e| > \frac{R_{\text{LOS}}v_c}{\sqrt{(u_c + u_0)^2 + v_c^2}}$$

就有 $\dot{V}(e) \leq 0$，并且满足当且仅当 $e = 0$ 时 $\dot{V}(e) = 0$。因此，当水流速度 $V_c > 0$ 时，e 将收敛至一个有限区域内；当水流速度 $V_c = 0$ 时，e 将收敛到 0。

当船舶趋近目标点 P_{n+1} 时，目标路径需要由 P_nP_{n+1} 切换至 $P_{n+1}P_{n+2}$。通常当船舶进入以 P_{n+1} 为圆心 R_0 为半径的接纳圆（acceptance circle）内，即 $(x_b - y_{n+1})^2 +$

$(y_b - y_{n+1})^2 \leq R_0^2$ 时，开始进行目标路径切换。为了保证式（6.4）始终在目标路径上，需保证 $R_{LOS} \geq R_0$。通过查阅现有文献，接纳圆半径通常设为固定值 L 或者 $2L$。

6.2.2 自适应 LOS 导航算法

当船舶刚进入接纳圆时，LOS 角 $\tilde{\psi}_{LOS}$ 和相对首向角 $\tilde{\psi}$ 会发生突变，导致船舶不可避免地偏离目标路径。当相邻路径夹角 $\theta \in (0, \pi/2)$ 较小时，船舶需要更早地转向以有充分的时间调整航向，此时如果接纳圆 R_0 半径较小，船舶转向会滞后，从而导致路径跟随控制效果变差；相反地，当 θ 较大时，此时如果接纳圆半径较大，船舶会过早跟踪下一路径，导致对上一路径跟踪不完全。因此，接纳圆半径 R_0 与相邻路径 θ 之间存在最优对应关系，使得船舶路径跟随的精度更高。

介于固定接纳圆半径 R_0 存在的问题，一种可自动调整接纳圆半径 R_0 的算法被提出并描述如下。

R_0 需满足如下条件：

（1）R_0 应满足 $R_{min} \leq R_0 \leq R_{max}$。设置 R_{min} 是为了防止因 R_0 过小而导致无法正常切换到下一路径；设置 R_{max} 是为了防止因 R_0 太大而导致路径跟随不完全。

（2）开车时，如果遇到急弯，通常需要提前打方向盘，驾驶船舶亦是如此。基于这种常识，R_0 应该与相邻路径夹角成反比。定义 $R_0 = [l(\pi/\theta - 1) + M]L$，其中 $\pi/\theta - 1 > 0$，M 和 $l > 0$ 为待定参数。

基于上述条件，R_0 可表示为

$$R_0 = \begin{cases} l\left(\dfrac{\pi}{\theta} - 1\right)^2 L + R_{min}, & \forall \theta \geq \dfrac{\pi}{\sqrt{\dfrac{R_{max} - R_{min}}{lL}} + 1} \\ R_{max}, & \forall 0 \leq \theta < \dfrac{\pi}{\sqrt{\dfrac{R_{max} - R_{min}}{lL}} + 1} \end{cases} \quad (6.9)$$

式中：l 的值需根据特定船舶操纵特性来确定，确定 l 值的一般步骤如下。

（1）选择 $n+2$ 个目标路径点，生成路径后产生 n 个大小不同的路径夹角，记为 $\{\theta_1, \theta_2, \cdots, \theta_n\}$。选择路径时应尽量保证路径每个夹角 θ 与其他不同。

（2）使用固定的接纳圆半径测试路径跟随的效果，设置平均横向跟踪误差 e_a 为评估指数，其定义如下：

$$e_\mathrm{a} = \frac{1}{N_\mathrm{sim}} \sum_{i=1}^{N} |e(i)| \tag{6.10}$$

式中：N 为完成路径跟随整个过程的总控制步数，$e(i)$ 为第 i 步横向跟踪误差。容易得到，e_a 越小路径跟随效果越好。

（3）使用一系列的接纳圆半径 R_0，比如 $\{L, 2L, \cdots, nL\}$，依次对路径跟随效果进行测试，得到每个路径夹角 θ_i 对应的最优接纳圆半径序列 $\{R_{0i}\}$，记为 $\{\bar{R}_{01}, \bar{R}_{02}, \cdots, \bar{R}_{0n}\}$。理论上路径点越多（$n$ 越大），试验结果越好（l 估计越精确），但是同时也会增大试验的工作量，因此通常选择 $3 \leqslant n \leqslant 5$。

（4）应用最小二乘法对 l 的值进行估计，记估计值为 $\hat{l}$，其计算公式如下：

$$\hat{l} = (\boldsymbol{x}^\mathrm{T} \boldsymbol{x})^{-1} \boldsymbol{x}^\mathrm{T} \boldsymbol{y} \tag{6.11}$$

式中：

$$\boldsymbol{x} = \left[\left(\frac{\pi}{\theta_1} - 1\right)^2, \left(\frac{\pi}{\theta_2} - 1\right)^2, \cdots, \left(\frac{\pi}{\theta_n} - 1\right)^2 \right]^\mathrm{T} \quad \boldsymbol{y} = \left[\frac{\bar{R}_{01} - R_\mathrm{min}}{L}, \frac{\bar{R}_{02} - R_\mathrm{min}}{L}, \cdots, \frac{\bar{R}_{0n} - R_\mathrm{min}}{L} \right]^\mathrm{T}$$

6.3 船舶路径跟随控制

欠驱动船舶由于没有侧向推进器，船舶的侧向移动只能通过调整船舶船首向来实现，而且路径跟随过程对跟踪路径的时间性没有约束，通常在保证船舶航速大小不变的情况下通过调整船舶舵角实现对路径的精确跟踪。

6.3.1 响应型模型

针对舵角响应模型，在考虑干扰 d_0 和测量噪声（随机干扰）w 时，在模型（4.25）的基础上，采用如下模型作为路径跟随中的航向控制模型：

$$\dot{\boldsymbol{x}} = \begin{bmatrix} \dot{\psi} \\ \dot{r} \\ \ddot{r} \\ \dot{\delta} \end{bmatrix} = \begin{bmatrix} r \\ \dot{r} \\ g(\boldsymbol{x}, \delta_E) \\ \dfrac{1}{T_E}(K_E \delta_E - \delta) \end{bmatrix} + \boldsymbol{w} \tag{6.12}$$

式中：系统状态为 $\boldsymbol{x}=[\psi \quad r \quad \dot{r} \quad \delta]^{\mathrm{T}}$，系统输入为 $u=\delta_E$，系统输出为 $y=\psi$，函数 $g(x,\delta_E) = \dfrac{1}{T_1 T_2}\left[-r - ar^3 - (T_1+T_2)\dot{r} + \dfrac{K(T_E-T_3)}{T_E}\delta + \dfrac{KK_E T_3}{T_E}\delta_E + d_0\right]$。模型（6.12）中其他参数定义与模型（4.25）相同。

6.3.2 船舶路径跟随控制模型

在本书提出的船舶路径跟随控制方法中，自适应 LOS 导航算法根据船舶当前位置和目标路径实时计算目标船首向，利用 MPC 算法实现对目标船首向的跟踪，从而使路径横向跟踪误差 e 逐渐减小。因此，有必要将 e 作为一个系统状态变量。定义新的状态变量为 $\boldsymbol{x}_N = [e \quad \psi \quad r \quad \dot{r} \quad \delta]^{\mathrm{T}}$，结合式（6.7）和式（6.12）得到相应的系统模型为

$$\dot{\boldsymbol{x}}_N = f(\boldsymbol{x}_N, u, \boldsymbol{w}) = \begin{bmatrix} (u_0+u_c)\sin\tilde{\psi} + v_c\cos\tilde{\psi} \\ r \\ \dot{r} \\ g(\boldsymbol{x}_N, \delta_E) \\ \dfrac{1}{T_E}(K_E \delta_E - \delta) \end{bmatrix} + \begin{bmatrix} 0 \\ \boldsymbol{w} \end{bmatrix} \quad (6.13)$$

式中：干扰可表示为 $\boldsymbol{w} = [\eta\tau_1 \quad \eta\tau_2 \quad \eta\tau_3 \quad \eta\tau_4]^{\mathrm{T}}$，$\tau_1, \tau_2, \tau_3, \tau_4 \in [-1,1]$ 是标准均匀分布的随机数，η 为干扰强度系数。

6.4 基于自适应 LOS 和 MPC 的船舶路径跟随控制

本书利用 MPC 实现船舶路径跟随控制中的船首向跟踪。根据系统模型（6.13），可得 MPC 预测模型为

$$\dot{\boldsymbol{x}}_N = f(\boldsymbol{x}_N, u) = \begin{bmatrix} (u_0+u_c)\sin\tilde{\psi} + v_c\cos\tilde{\psi} \\ r \\ \dot{r} \\ g(\boldsymbol{x}_N, \delta_E) \\ \dfrac{1}{T_E}(K_E \delta_E - \delta) \end{bmatrix} \quad (6.14)$$

对模型（6.14）进行离散化，可得

$$\boldsymbol{x}_N(k+1) = f_P'[\boldsymbol{x}_N(k), u(k)] \quad (6.15)$$

通常可根据系统具体控制需求来选择不同的离散化方法，本书选择龙格-库塔方法实现离散化。

船舶路径跟随过程中系统参考状态为 $\boldsymbol{x}_{N_r}(k) = [0 \quad \tilde{\psi}_{\text{LOS}}(k) \quad 0 \quad 0 \quad 0]$，于是模型预测控制器目标函数设计如下：

$$J(k) = \sum_{i=1}^{N_P} \left\| \hat{\boldsymbol{x}}_N(k+i) - \boldsymbol{x}_{N_r}(k+i) \right\|_Q + \sum_{i=0}^{N_C-1} \| u(k+i-1) \|_R \quad (6.16)$$

式中：N_P 为预测步长，N_C 为控制步长，$\hat{\boldsymbol{x}}_N(k+i)$ 为第 $k+i$ 时刻的预测状态，$\boldsymbol{Q} \in \mathbb{R}^{5\times5}$ 和 $R \in \mathbb{R}$ 分别表示权重矩阵和权重系数。因此，模型预测控制器的最优化问题可描述为

$$\arg\min_{\boldsymbol{u}^*(k)} J(k) \quad (6.17)$$

满足：

$$\hat{\boldsymbol{x}}_N(k+i+1) = f_P'[\hat{\boldsymbol{x}}_N(k+i), u(k+i)], \quad i = 0, 1, \cdots, N_P - 1$$

$$u(k+i) = u(k+i-1), \quad i \geq N_C - 1$$

$$\delta_{\min} \leq \delta_E \leq \delta_{\max}$$

$$\Delta\delta_{\min} \leq \Delta\delta_E \leq \Delta\delta_{\max}$$

其中，$\delta_{\min}$ 和 $\delta_{\max}$ 为输入量约束，$\Delta\delta_{\min}$ 和 $\Delta\delta_{\max}$ 为输入增量约束。通过求解最优化问题（6.17）得到 k 时刻的最优输入序列为 $\boldsymbol{u}^*(k) = \{u^*(k), u^*(k+1), \cdots, u^*(k+N_c+1)\}$。

在完成问题（6.17）描述后，对船舶路径跟随算法步骤总结如下。

（1）在路径跟随前根据自适应 LOS 中对 l 的估计流程，得到 l 的估计值 $\hat{l}$；

（2）初始化系统参数，即设置目标路径点 $\{P_1, P_2, \cdots, P_{n+2}\}$，测量船舶初始状态 $\boldsymbol{x}(k)(k=0)$，以及计算每个路径点的最优接纳圆半径 $\{\bar{R}_{01}, \bar{R}_{02}, \cdots, \bar{R}_{0n}\}$；

（3）在线求解问题（6.17），得到 $k(k=0,1,2,\cdots)$ 时刻最优输入序列 $\boldsymbol{u}^*(k) = \{u^*(k), u^*(k+1), \cdots, u^*(k+N_c+1)\}$；

（4）将最优控制序列中的第一个控制量，即 $u^*(k)$，作用至船舶动力机构；

（5）在下一时刻 $k+1$，感知系统采集到船舶真实状态 $\boldsymbol{x}(k+1)$，并判断船舶是否到达终点，如果没有到达，则将 $\boldsymbol{x}(k+1)$ 反馈至系统并重复步骤（2）～（4）；如果到达，则终止循环。

6.5 基于自适应 LOS 的船舶路径跟随仿真实验

6.5.1 仿真参数设计

由于本章提出的船舶路径跟随控制方法使用的是舵角响应模型,该模型参数易于辨识,本书选择实验室现有模型船作为研究对象来开展船舶路径跟随控制仿真实验研究。

模型船基本参数见表 6.1。模型船运动模型参数通过 Z 型试验数据进行最小二乘法辨识法得到,模型(6.12)中参数辨识结果分别为:$K=0.5060\,\mathrm{s}^{-1}$、$T_1=1.2481\,\mathrm{s}$、$T_2=0.1245\,\mathrm{s}$、$T_3=-0.0757\,\mathrm{s}$、$d_0=0$、$\alpha=0.0081$、$K_E=1.0000$、$T_E=0.1000\,\mathrm{s}$。

表 6.1 模型船基本参数

参数	符号	规格	单位
长度	L	0.95	m
宽度	B	0.24	m
质量	m	5.40	kg
名义航速	U	0.80	m/s
推进方式	—	单桨单舵	—

仿真和控制参数设置为:控制时间间隔 $T_s=0.5\,\mathrm{s}$,预测步长 $N_P=10$,控制步长 $N_C=8$。输入约束为:$-30°\leqslant\delta_E(k)\leqslant 30°$,$-120°\cdot T_s\leqslant\Delta\delta_E(k)\leqslant 120°\cdot T_s$。当 $T_s=0.5\,\mathrm{s}$ 时,输入约束可表示为:$-60°\leqslant\Delta\delta_E(k)\leqslant 60°$,因此对于本模型船,约束条件只要满足 $-30°\leqslant\delta_E(k)\leqslant 30°$ 即可。权重矩阵设置如下:

$$\boldsymbol{Q}=\begin{bmatrix}1 & 0 & 0 & 0 & 0 \\ 0 & 1 & 0 & 0 & 0 \\ 0 & 0 & 0.01 & 0 & 0 \\ 0 & 0 & 0 & 0.01 & 0 \\ 0 & 0 & 0 & 0 & 0.001\end{bmatrix},\ R=0.1$$

本仿真以 MathWorks 公司开发的商用软件 MATLAB 作为仿真平台,使用 *ode* 45 函数(龙格-库塔法)实现模型离散化,使用 *fmincon* 函数实现非线性最优问题求解，基于脚本书件（m 文件）实现函数调用和数据存储等功能。

6.5.2 自适应 LOS 参数整定

LOS 接纳圆半径对路径跟随效果的影响有必要通过仿真试验来说明。首先定义路径 I 的路径点坐标依次为：$P_a(1,1)$、$P_b(11,10)$、$P_c(20,22)$、$P_d(40,15)$、$P_e(34,1)$（坐标单位为 m）。船舶起始点位置和船首向分别设为 $P_0(2,1)$ 和 $45°$。接纳圆半径上下限设置为 $R_{\max}=9L$ 和 $R_{\min}=0.5L$。

分别设置接纳圆半径为 $0.5L$、$1.0L$、$2.0L$、$3.0L$、$4.0L$、$5.0L$、$6.0L$、$7.0L$、$8.0L$ 和 $9.0L$，在路径点 P_b、P_c 和 P_d 处可以得到不同跟踪误差，如图 6.3 所示。可见，对于每一路径点都存在一个最优接纳圆半径，对应 P_b、P_c 和 P_d 最优接纳圆半径分别为 $\bar{R}_{0b}=0.5L$、$\bar{R}_{0c}=1.0L$ 和 $\bar{R}_{0d}=4.0L$。根据式（6.11），可计算得到自适应接纳圆参数 l 的估计值为 $\hat{l}=2.7$。

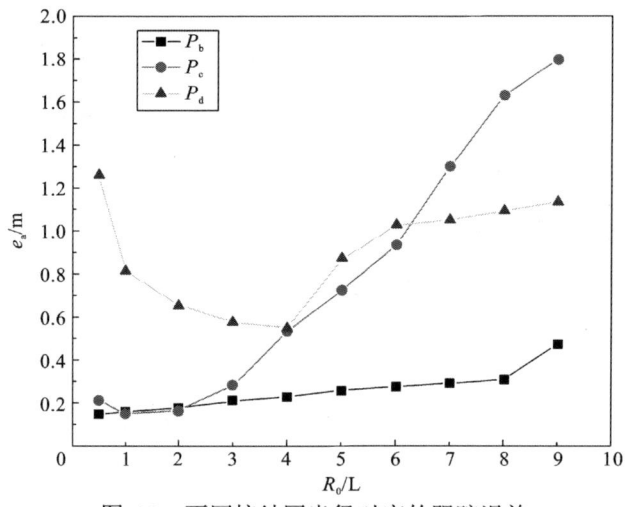

图 6.3　不同接纳圆半径对应的跟踪误差

为验证自适应 LOS 算法的有效性，有必要选择一条不同的路径，即路径 II，其路径点依次设置为：$P'_a(1,1)$、$P'_b(15,1)$、$P'_c(25,7)$、$P'_d(25,25)$、$P'_e(45,25)$（坐标单位为 m）。起始位置和船首向分别设置为 $P_0(1,2)$ 和 $90°$。将 $\hat{l}=2.7$ 代入式（6.9），可以计算得到路径 I 和路径 II 的最优接纳圆半径序列分别为 $\{0.5L,1.8L,3.7L\}$ 和 $\{0.6L,1.1L,3.2L\}$。

6.5.3 自适应 LOS 与传统 LOS 的路径跟随效果对比

为验证自适应 LOS 算法的路径跟随效果,在无干扰情况下将固定接纳圆半径与自适应接纳圆半径进行对比。当固定接纳圆 R_0 半径依次设置为 $0.5L$、$1.0L$、$2.0L$、$3.0L$、$4.0L$、$5.0L$、$6.0L$、$7.0L$、$8.0L$ 和 $9.0L$ 时,可以得到船舶对路径 I 和路径 II 的平均跟踪误差 e_{a1} 和 e_{a2},平均跟踪误差 e_a 定义为

$$e_a = \frac{1}{N} \sum_{i=1}^{N} |e_i|$$

式中:N 为跟踪路径点的总数,e_i 为第 i 步横向跟踪误差。

根据仿真结果,可得到路径 I 和路径 II 在不同接纳圆半径时对应的平均跟踪误差 e_{a1} 和 e_{a2},见表 6.2。

表 6.2 固定和自适应接纳圆半径跟踪误差比较

R_0/L	固定接纳圆									自适应接纳圆
	0.5	1.0	2.0	3.0	4.0	5.0	6.0	7.0	8.0	9.0	
e_{a1}/m	0.67	0.42	0.33	0.34	0.43	0.59	0.78	1.00	1.27	1.57	0.29
e_{a2}/m	0.53	0.36	0.35	0.41	0.47	0.67	0.89	1.11	1.38	1.68	0.28

容易看出,自适应接纳圆半径能够使船舶路径跟踪误差更小,且 $R_0=2.0L$ 是固定接纳圆半径中跟踪误差最小的,这也解释了大部分文献选择 $2L$ 作为接纳圆半径的原因。为更进一步说明自适应 LOS 的路径跟随效果,在无干扰情况下固定接纳圆半径 $2L$(传统 LOS)与自适应接纳圆半径(自适应 LOS)对路径 I 和路径 II 的跟踪效果分别如图 6.4 和图 6.5 所示,实时误差变化比较如图 6.6 所示。由

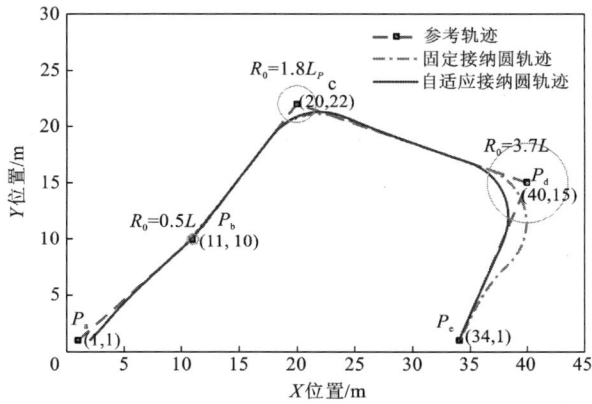

图 6.4 路径 I 固定与自适应接纳圆半径跟踪效果比较

图 6.4 和图 6.5 容易看出自适应 LOS 的运动轨迹更接近目标路径,轨迹的超调量也更小。需要说明的是,图 6.6 中自适应 LOS 轨迹的跟踪误差突然变大是因为接纳圆较大而导致跟踪误差的计算过早地切换到下一条路径,实际的跟踪误差并没有那么大。

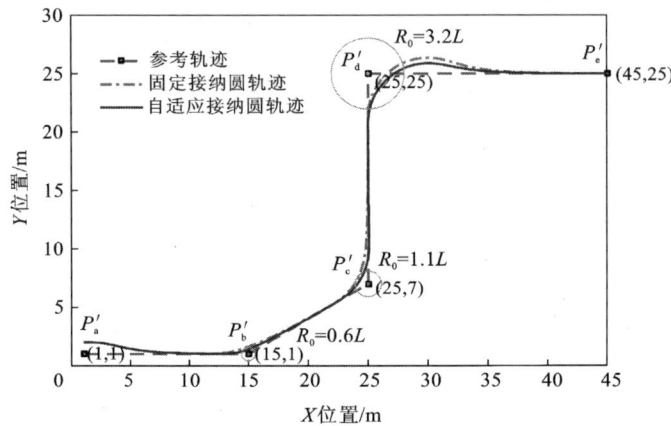

图 6.5 路径 II 固定与自适应接纳圆半径跟踪效果比较

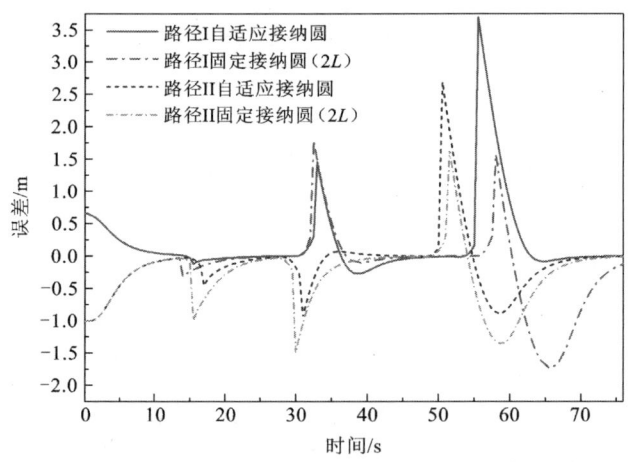

图 6.6 路径 I 和路径 II 固定与自适应接纳圆实时路径跟随误差比较

6.5.4 无干扰情况下基于自适应LOS和MPC的路径跟随控制

当 $V_C=0$、$\eta=0$ 时,针对路径 II,基于自适应 LOS 的路径跟随控制效果如图 6.7 所示,相应的系统输入和横向跟踪误差分别如图 6.8(a)和(b)所示。

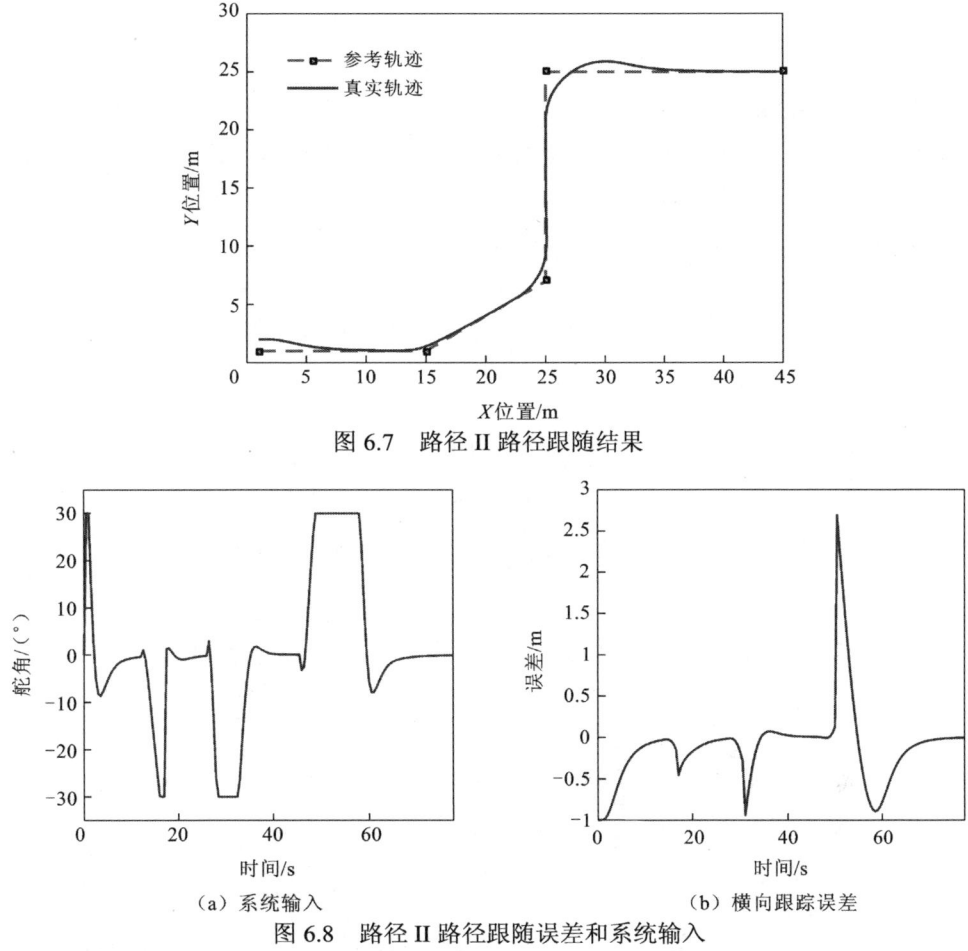

图 6.7　路径 II 路径跟随结果

（a）系统输入　　　　　　　　　（b）横向跟踪误差

图 6.8　路径 II 路径跟随误差和系统输入

由路径跟随结果可见，在跟踪直线段路径时，船舶路径跟踪横向误差 e 可逐渐收敛至 0，符合稳定性分析结果。

6.5.5　基于 MPC 与基于 Backstepping 的路径跟随对比

本书选择在非线性控制中应用广泛的 Backstepping 方法作为 MPC 方法的对比方法。首先提出基于自适应 LOS 和 Backstepping 的路径跟随控制方法；然后将该方法应用至路径 II 的路径跟随控制过程；最后对比基于 MPC 和基于 Backstepping 的路径跟随效果。

1. Backstepping 方法

不同于 MPC 的在线求解方法,Backstepping 方法可根据系统模型和控制需求直接推导得到相应的控制律。为与基于自适应 LOS 和 MPC 的路径跟随控制方法进行对比,提出了一种基于自适应 LOS 和 Backstepping 路径跟随控制方法。实际上 Backstepping 方法主要完成对目标船首向的跟踪。

Backstepping 对模型有一定的要求,需要满足相应的状态空间形式才能实现控制律的推导。本书利用模型(4.10)来设计 Backstepping 控制器。模型(4.12)可重新写为

$$\begin{cases} \dot{x}_1 = x_2 \\ \dot{x}_2 = f(x_2) + bu \\ y = x_1 \end{cases} \quad (6.18)$$

式中:x_1 为船首向,x_2 为首摇角速度,$f(x_2) = -\frac{1}{T}(\alpha x_2^3 + x_2)$ 为非线性项,$b = \frac{k}{T}$ 为系统参数,u 为系统输入(舵令),y 为系统输出(船首向)。

针对模型(6.18),设虚拟控制量分别为 z_1、z_2,构造虚拟控制模型为

$$\begin{cases} z_1 = x_1 - \psi_d \\ z_2 = x_2 - \phi(z_1) \end{cases} \quad (6.19)$$

式中:ψ_d 为目标船首向。为实现模型(6.19)的全局镇定,即 $z_1 \to 0$、$z_2 \to 0$,构造 Lyapunov 函数分别为

$$V_1 = \frac{1}{2}z_1^2, \quad V_2 = V_1 + \frac{1}{2}z_2^2$$

设计 $\phi(z_1) = \dot{\psi}_d - k_1 z_1 - n_1$、$u = \frac{1}{b}\left[\dot{\phi}(z_1) - z_1 - f(x_2) - k_2 z_2 - n_2 z_2\right]$,使得 $\dot{V}_1 \leq 0$ 和 $\dot{V}_2 \leq 0$。因此,最终的 Backstepping 控制律为

$$u = \frac{T}{K}\left(\ddot{\psi}_d - k_1(z_2 + \phi(z_1) - \dot{\psi}_d) - z_1 + \frac{1}{T}(\alpha x_2^3 + x_2) - k_2 z_2 - n_2 z_2\right) \quad (6.20)$$

2. 对比实验

在不考虑干扰的影响下,基于 Backstepping 的路径跟随控制采用与 6.5.4 小节完全相同的仿真参数、初始条件设置,得到相应的路径跟随控制效果。对于 Backstepping 控制律(6.20),参数设置为:$k_1 = 500$,$n_1 = 1$,$k_2 = 1$,$n_2 = 0.5$。基于 Backstepping 的路径跟随控制效果与基于 MPC 的路径跟随控制效果对比如图 6.9 所示,输入和横向误差对比结果如图 6.10 所示。

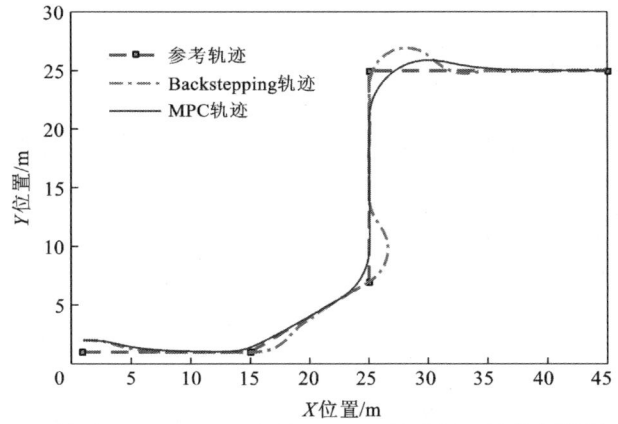

图 6.9 基于 Backstepping 和基于 MPC 的路径跟随控制效果对比

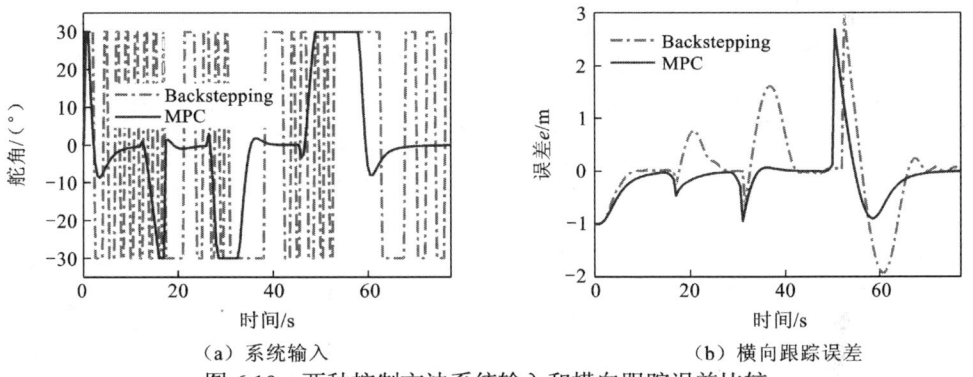

图 6.10 两种控制方法系统输入和横向跟踪误差比较

3. 结果分析

由图 6.9 可知,基于 Backstepping 的路径跟随控制方法在路径跟随控制过程中超调量大于基于 MPC 的路径跟随控制方法,从图 6.10(b)横向跟踪误差对比中也可以发现这点,并且基于 Backstepping 的路径跟随控制的误差最终很难收敛到 0。这其中的原因可能为:①Backstepping 没有预测策略,仅是针对当前时刻求解目标船首向,容易导致超调;②Backstepping 对于约束的处理比较随意,采用"斩波"的方式实现约束处理,即当计算到的系统输入超出约束范围时,强制调整至约束范围内的值,而 MPC 在最优化问题求解时主动考虑了这种约束,图 6.10(a)具体展示了 Backstepping 与 MPC 的系统输入对比情况。

6.5.6 干扰情况下基于自适应LOS和MPC的路径跟随控制

在真实航行条件下船舶不可避免地会受到风、浪、水流等干扰的影响,而这些环境干扰在一定程度上增加了船舶路径跟随的困难,因此有必要验证路径跟随控制器能否在一定环境干扰下仍能保证较好的控制效果。在真实环境下,风、浪、水流对船体的作用力或力矩难以直接测量,且很难有统一的模型来描述这些力或力矩的时变特征,因此这里采用较为简单的均匀分布噪声模型来模拟干扰对路径跟随的影响。

1. 水流干扰对路径跟随的影响

设置干扰参数 $\eta=0$,水流速度参数为 $V_C=0.1\mathrm{m/s}$、$\beta_C=0.5\pi\,\mathrm{rad}$。应用自适应 LOS 导航算法和 MPC 控制方法可实现船舶的路径跟随控制,其与无水流速度情况下的跟踪效果对比如图 6.11 所示,路径跟随过程中有水流与无水流时系统输入、跟踪误差和船首向对比如图 6.12 所示。由图 6.12 可见,船舶的横向跟踪 e 始终存在误差,即使是在直线段也难以收敛到 0,当水流存在时,即使横向跟踪误差高于无水流时横向跟踪误差时,也同样符合稳定性分析结果。同时,水流存在时系统输入波动大于无水流时系统输入波动。

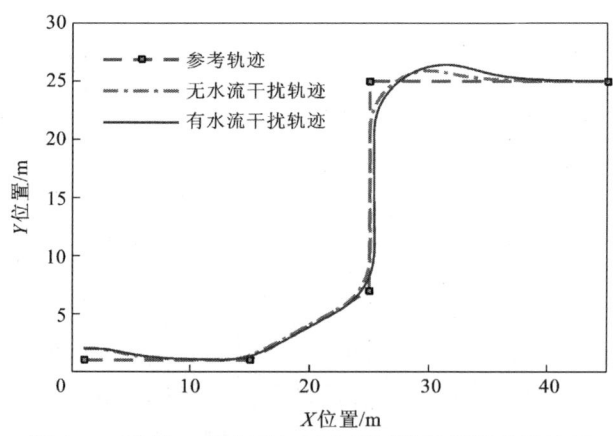

图 6.11 路径 II 有水流与无水流时路径跟随效果比较

2. 其他干扰对路径跟随的影响

设置干扰参数 $\eta=3$,水流速度参数为 $V_c=0\,\mathrm{m/s}$。应用自适应 LOS 导航算法和 MPC 控制方法在有干扰情况下实现对船舶的路径跟随控制,与无干扰情况下

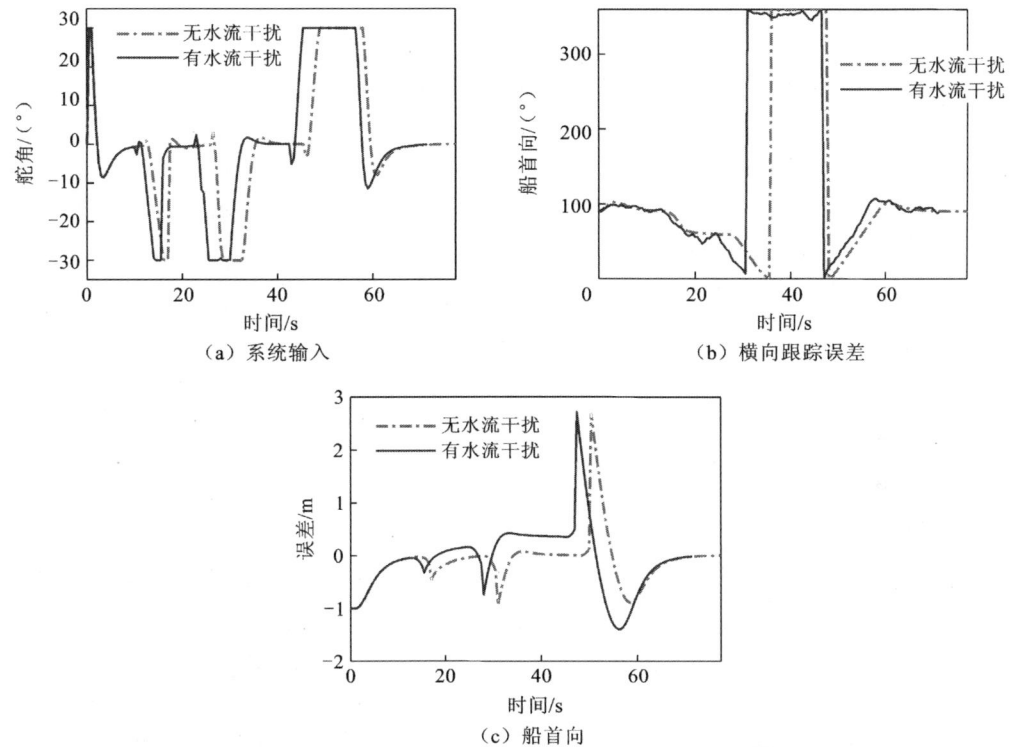

图 6.12 路径 II 有水流与无水流时系统输入、跟踪误差和船首向比较

的路径跟随效果对比如图 6.13 所示,与无干扰情况下的系统输入、横向跟踪误差、船首向对比分别如图 6.14(a)、(b) 和 (c) 所示。由图 6.13 和图 6.14 可以看出,在干扰存在情况下,路径跟随控制器仍然能够跟踪上目标路径,但是为了尽可能消除干扰的影响,控制器输入波动则需要更大。当没有干扰存在时,船舶能够在路径的直线段完全跟踪上目标船首向和目标路径,但当有干扰时,船首向跟踪和目标跟踪始终在一个范围内波动。从另一个角度也说明所提出的控制方法具有一定的抗干扰能力,在一定干扰存在下能够保证船舶路径跟随的控制精度在一定的范围内。

3. 复合干扰对路径跟随控制的影响

在真实环境中,水流和其他干扰通常是同时存在的,因此有必要在复合干扰(这两种干扰同时存在)的情况下对路径跟随效果进行对比验证。设置干扰参数 $\eta = 3$,水流速度参数为 $V_C = 0.1 \text{ m/s}$、$\beta_C = 0.5\pi \text{ rad}$。复合干扰控制效果与无干扰

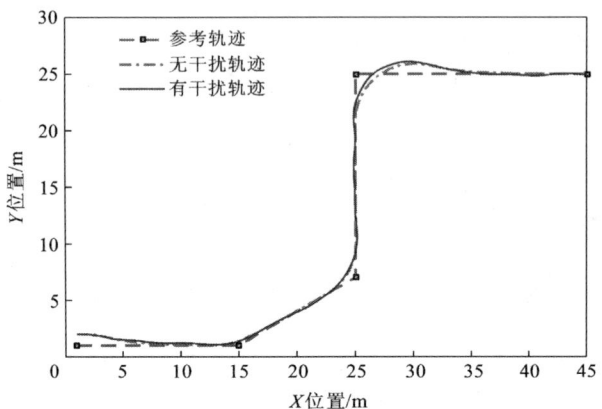

图 6.13 路径 II 有干扰和无干扰下路径跟随效果比较

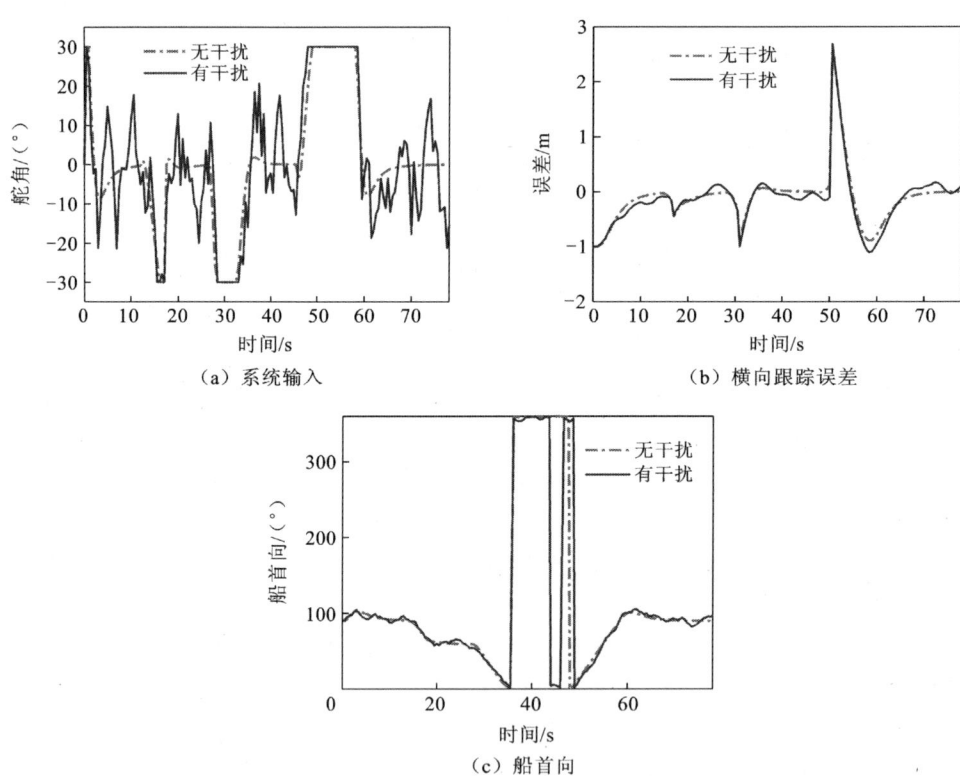

图 6.14 路径 II 有干扰和无干扰下路径跟随参数比较

情况下的效果对比如图 6.15 所示,与无干扰情况下的系统输入、横向跟踪误差、船首向对比如图 6.16(a)、(b) 和 (c) 所示。从路径跟随轨迹和参数对比结果不难看出,当复合干扰存在时,系统跟踪误差均大于相同强度单一干扰的跟踪误差,系统输入、船首向波动也较大。

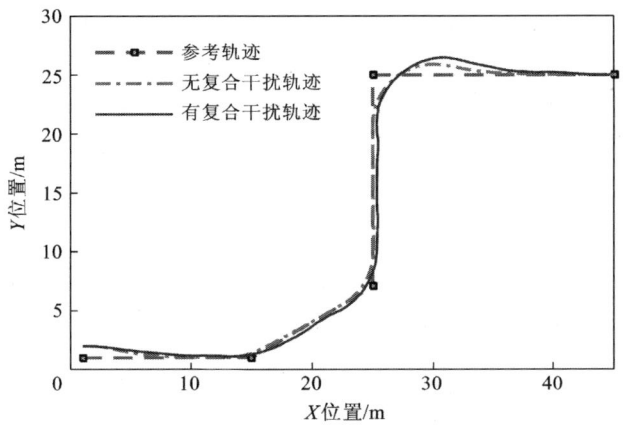

图 6.15 路径 II 有复合干扰与无复合干扰时路径跟随效果比较

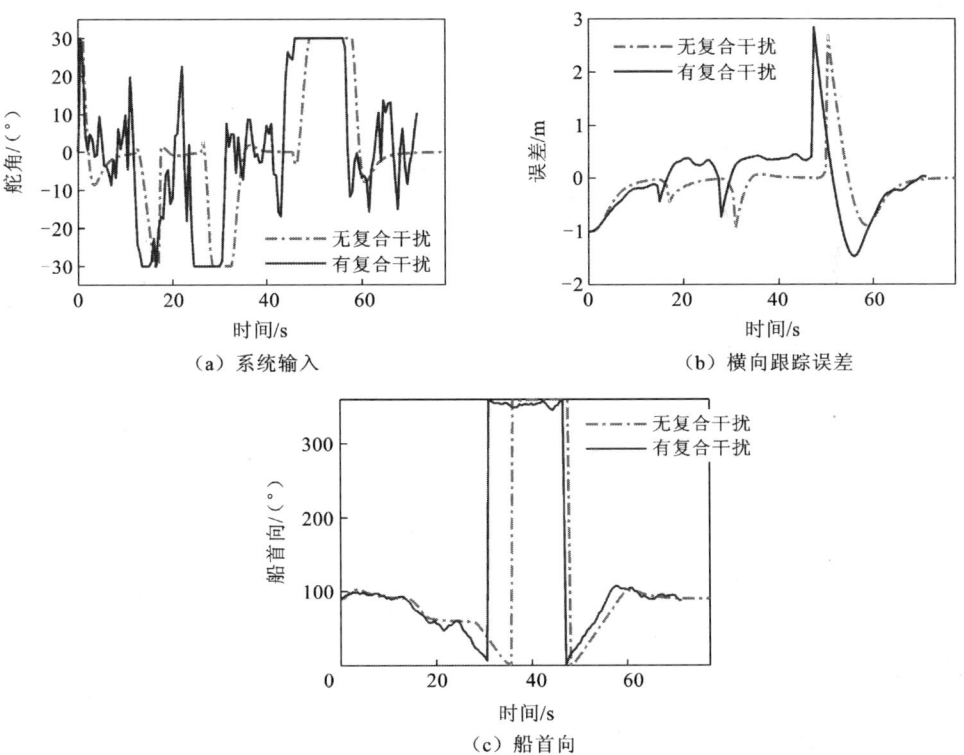

图 6.16 路径 II 有复合干扰与无复合干扰时路径跟随状态比较

参 考 文 献

[1] 柳晨光，初秀民，毛庆洲，等. 无人船自适应路径跟踪控制系统[J]. 机械工程学报，2020，56(8): 216-227.

[2] LIU C, SUN J, ZOU Z. Integrated line of sight and model predictive control for path following and roll motion control using rudder[J]. Journal of Ship Research, 2015, 59(2): 99-112.

[3] OH S R, SUN J. Path following of underactuated marine surface vessels using line-of-sight based model predictive control[J]. Ocean Engineering, 2010, 37(2): 289-295.

[4] MOREIRA L, FOSSEN T I, SOARES C G. Path following control system for a tanker ship model[J]. Ocean Engineering, 2007, 34(14): 2074-2085.

[5] SKJETNE R, FOSSEN T. Nonlinear maneuvering and control of ships[C]//Proceedings of the 2001 MTS/IEEE Conference and Exhibition on OCEANS. Honolulu: IEEE, 2001: 1808-1815.

第 7 章　考虑不确定性的船舶智能航行路径跟随控制

船舶运动模型参数一旦确定以后，通常认为该运动模型参数会保持不变，并以此来设计路径跟随控制器。但是船舶装载量的改变、浅水区水深的改变、舵或螺旋桨执行机构的老化、船体表面粗糙度的改变甚至船速变化等因素都可能会导致船舶重心、控制延时和运动阻力等发生相应改变，从而引起船舶运动性能和运动模型参数的改变，最终导致原有路径跟随控制器控制性能变差，间接造成船舶能耗增加、航行风险增大等后果。本章将基于最小二乘支持向量机（least squares support vector machines，LS-SVM）辨识方法，并结合第 6 章提出的欠驱动船舶路径跟随模型预测控制方法，提出一种能够应对外界环境、自身状态改变的欠驱动船舶路径跟踪的自适应控制方法。该方法能够主动检测船舶参数变化，利用 LS-SVM 辨识方法在线更新运动模型参数，并将更新后的运动模型作为模型预测控制的预测模型，最终实现欠驱动船舶路径跟随的自适应控制。

7.1　基于传统 LS-SVM 的运动模型参数辨识方法

为实现基于 LS-SVM 的模型参数辨识，首先设计模型变化指数判断船舶运动模型是否发生改变，通过调整 LS-SVM 权重加快模型参数收敛速度；然后考虑模型参数随时可能发生变化，选择基于滑动数据窗口策略在线更新辨识数据，以加快模型更新速度；最后，设计一种输入持续激励方法来避免输入长时间不变造成的辨识激励不够问题。

LS-SVM 既可以用于设计分类器也可以用于系统辨识。函数估计是实现系统辨识的基础，本节首先介绍 LS-SVM 在函数估计中的应用，再提出基于 LS-SVM 的船舶路径跟随模型的参数辨识方法。

7.1.1 基于传统 LS-SVM 的函数估计方法

给定 N 个点的训练数据集 $\{x_k, y_k\}_{k=1}^{N}$,其中 $x_k \in \mathbf{R}^n$ 是第 k 个输入数据,$y_k \in \mathbf{R}$ 是第 k 个输出数据。标准 SVM 回归模型为

$$y(x) = w^{\mathrm{T}}\phi(x) + b \tag{7.1}$$

式中:w 是权重矩阵,$\phi(x)$ 是输入空间到高维空间的映射非线性函数,b 是偏置。不同于标准 SVM,LS-SVM 定义如下优化问题求解最优函数估计:

$$\min_{w,b,e}\left\{J_1(w,e) = \frac{1}{2}w^{\mathrm{T}}w + \frac{1}{2}\gamma\sum_{k=1}^{N}e_k^2\right\} \tag{7.2}$$

满足:

$$y_k = w^{\mathrm{T}}\phi(x_k) + b + e_k, \quad k=1,\cdots,N \tag{7.3}$$

式中:$e_k \in \mathbf{R}$ 为第 k 组数据的误差变量,定义见式(7.3),$\gamma > 0$ 为 e_k 的权重系数。为求解式(7.2)所示的最优化问题,定义如下拉格朗日函数:

$$L(w,b,e,\alpha) = J_1(w,e) - \sum_{k=1}^{N}\alpha_k[w^{\mathrm{T}}\phi(x_k) + b + e_k - y_k] \tag{7.4}$$

式中:$\alpha_k \in \mathbf{R}$ 为拉格朗日乘子。优化问题(7.4)最优解应满足如下条件:

$$\begin{cases} \dfrac{\partial L}{\partial w} = 0 \rightarrow w = \sum_{k=1}^{N}\alpha_k\phi(x_k) \\ \dfrac{\partial L}{\partial b} = 0 \rightarrow \sum_{k=1}^{N}\alpha_k = 0 \\ \dfrac{\partial L}{\partial e_k} = 0 \rightarrow \alpha_k = \gamma e_k, \quad k=1,\cdots,N \\ \dfrac{\partial L}{\partial \alpha_k} = 0 \rightarrow w^{\mathrm{T}}\phi(x_k) + b + e_k - y_k = 0, \quad k=1,\cdots,N \end{cases} \tag{7.5}$$

式中:$\alpha_k = \gamma e_k$ ($\gamma > 0$) 表明拉格朗日乘子 α_k 与误差 e_k 成正比,当 $e_k \neq 0$ 时 $\alpha_k \neq 0$,而标准 SVM 中拉格朗日乘子多数为 0[1]。因此 LS-SVM 在简化标准 SVM 算法的同时也丧失了标准 SVM 固有解的稀疏性和鲁棒性问题[2]。为解决稀疏和鲁棒问题,提出一种加权 LS-SVM(weighted LS-SVM)方法,该方法将式(7.2)变为

$$\min_{w,b,e}\left\{J_2(w,e) = \frac{1}{2}w^{\mathrm{T}}w + \frac{1}{2}\gamma\sum_{k=1}^{N}v_k e_k^2\right\} \tag{7.6}$$

式中:v_k 为权重因子。于是拉格朗日函数变为

$$L(\boldsymbol{w},b,e,\boldsymbol{\alpha}) = J_2(\boldsymbol{w},e) - \sum_{k=1}^{N}\alpha_k\left[\boldsymbol{w}^{\mathrm{T}}\phi(\boldsymbol{x}_k)+b+e_k-y_k\right] \quad (7.7)$$

因此，式（7.6）最优解应满足：

$$\begin{cases} \dfrac{\partial L}{\partial \boldsymbol{w}} = 0 \rightarrow \boldsymbol{w} = \sum_{k=1}^{N}\alpha_k\phi(\boldsymbol{x}_k) \\ \dfrac{\partial L}{\partial b} = 0 \rightarrow \sum_{k=1}^{N}\alpha_k = 0 \\ \dfrac{\partial L}{\partial e_k} = 0 \rightarrow \alpha_k = \gamma v_k e_k,\quad k=1,\cdots,N \\ \dfrac{\partial L}{\partial a_k} = 0 \rightarrow \boldsymbol{w}^{\mathrm{T}}\phi(\boldsymbol{x}_k)+b+e_k-y_k=0,\quad k=1,\cdots,N \end{cases} \quad (7.8)$$

在消除式（7.8）中 $\boldsymbol{w}$ 和 e 后，其可描述为

$$\begin{bmatrix} 0 & \boldsymbol{1}^{\mathrm{T}} \\ \boldsymbol{1} & \boldsymbol{\Omega}+\boldsymbol{V}_\gamma \end{bmatrix}\begin{bmatrix} b \\ \boldsymbol{\alpha} \end{bmatrix} = \begin{bmatrix} 0 \\ \boldsymbol{Y} \end{bmatrix} \quad (7.9)$$

式中：$\boldsymbol{1}=[1,1,\cdots,1]^{\mathrm{T}}$，$\boldsymbol{\alpha}=[\alpha_1,\alpha_2,\cdots,\alpha_N]^{\mathrm{T}}$，$\boldsymbol{Y}=[y_1,y_2,\cdots,y_N]^{\mathrm{T}}$。$\boldsymbol{V}_\gamma$ 定义为

$$\boldsymbol{V}_\gamma = \mathrm{diag}\left\{\dfrac{1}{\gamma v_1},\cdots,\dfrac{1}{\gamma v_N}\right\} \quad (7.10)$$

于是，Mercer 条件可表示为

$$\Omega_{kl} = K(\boldsymbol{x}_k,\boldsymbol{x}_l) = \phi(\boldsymbol{x}_k)^{\mathrm{T}}\phi(\boldsymbol{x}_l),\quad k=1,\cdots,N,\quad l=1,\cdots,N \quad (7.11)$$

Ω_{kl} 是矩阵 $\boldsymbol{\Omega}$ 第 k 行第 l 列的元素，$K(\boldsymbol{x}_k,\boldsymbol{x}_l)$ 是核函数。$K(\boldsymbol{x}_k,\boldsymbol{x}_l)$ 通常为线性核、多项式核、径向基（radial basis function，RBF）核或者多层感知（multi-layer perception，MLP）核[3]。由于线性核函数具有的优良的实时性和参数调节性能，为实现模型参数的在线辨识，线性核，即 $K(\boldsymbol{x}_k,\boldsymbol{x}_l)=\boldsymbol{x}_k\boldsymbol{x}_l$，被选为本书的核函数。

式（7.10）中 $v_k(k=1,\cdots,N)$ 有多种定义方式，在文献[4]中，v_k 定义如下：

$$v_k = \begin{cases} 1, & |e_k/\hat{s}| \leqslant c_1 \\ \dfrac{c_2-|e_k/\hat{s}|}{c_2-c_1}, & c_1 \leqslant |e_k/\hat{s}| \leqslant c_2 \\ 10^{-4}, & \text{其他} \end{cases} \quad (7.12)$$

式中：c_1 和 c_2 为常数，通常选择 $c_1=2.5$，$c_2=3.0$；$\hat{s}$ 为 LS-SVM 误差 e_k 的标准差估计，通常取为

$$\hat{s} = \dfrac{\mathrm{IQR}}{2\times 0.6745}$$

式中：IQR（interquartile range）为四分位距，表示第三四分位数与第一四分位数的差值。

结合式（7.1）和式（7.5），LS-SVM 的函数估计表达式为

$$y(x) = \sum_{k=1}^{N}(\alpha_k x_k^{\mathrm{T}})x + b \tag{7.13}$$

式中：α 和 b 为方程（7.9）的解。

7.1.2 基于传统 LS-SVM 的船舶路径跟随参数辨识方法

从函数估计表达式（7.13）可以看出，如果 $|b| \to 0$ 很小，则函数估计模型可表示为

$$y(x) = \theta^{\mathrm{T}} x \tag{7.14}$$

式中：$\theta \in \mathbb{R}^n$ 是系数矩阵，且 $\theta = \sum_{k=1}^{N} \alpha_k x_k$。如果船舶路径跟随模型能转换为式（7.14）所示的线性形式，则可以求解得到模型参数。

这里提出一种基于 LS-SVM 的船舶路径跟随参数辨识方法，该方法采用式（4.19）作为船舶运动模型，LOS 作为路径跟随导航算法，MPC 作为路径跟随控制方法。由于辨识训练集是离散的，为实现模型参数辨识，有必要先将连续模型进行离散化。不同于第 5 章和第 6 章采用的隐式离散化方法，这里需要采用一种能够显式表达的离散化方法。

前向差分法是一种常用的微分方程数值解法。$f(x)$ 的 n 阶前向差分表达式为

$$\Delta_h^n[f](x) = \sum_{i=0}^{n}(-1)^i \binom{n}{i} f[x+(n-i)h] \tag{7.15}$$

式中：$h > 0$ 为差分的自变量步长；$\binom{n}{i} = \dfrac{n(n-1)\cdots(n-i+1)}{i!(n-i)!}$ 为二项式系数且 $\binom{n}{0} = 0$，$\binom{n}{n} = 0$。如果 h 足够小，可以假定 $f^{(n)}(x) \approx \dfrac{\Delta_h^n[f](x)}{h^n}$ [5]。

于是，模型（4.21）显式离散化后可得

$$\Delta_h^3[\psi](t) = \frac{1}{T_1 T_2}\left\{\begin{array}{l}-(T_1+T_2)h\Delta_h^2[\psi](t) - h^2 \Delta_h^1[\psi](t) \\ -\beta\left[\Delta_h^1[\psi](t)\right]^3 + Kh^3\delta(t) + h^3 d_0 + KT_3\Delta_h^1[\delta](t)\end{array}\right\} \tag{7.16}$$

$$[\delta_E(t) - \delta(t)]h = T_E \Delta_h^1[\delta](t) \tag{7.17}$$

为使式（7.16）与模型（7.14）形式一致，定义：

第7章 考虑不确定性的船舶智能航行路径跟随控制

$$y_1 = \Delta_h^3[\psi](t), \quad \boldsymbol{\theta}_1 = \frac{1}{T_1 T_2} \begin{bmatrix} T_1 + T_2 \\ K \\ d_0 \\ 1 \\ \beta \\ KT_3 \end{bmatrix}, \quad \boldsymbol{x}_1 = \begin{bmatrix} -h\Delta_h^2[\psi](t) \\ h^3 \delta(t) \\ h^3 \\ -h^2 \Delta_h^1[\psi](t) \\ -\left[\Delta_h^1[\psi](t)\right]^3 \\ h^2 \Delta_h^1[\delta](t) \end{bmatrix}$$

同样地，为使式（7.17）与模型（7.14）形式一致，定义：

$$y_2 = [\delta_E(t) - \delta(t)]h, \quad \theta_2 = T_E, \quad x_2 = \Delta_h^1[\delta](t)$$

当$|b| \to 0$时，联立式（7.13）和式（7.14），可以得到$\boldsymbol{\theta}$的估计值$\hat{\boldsymbol{\theta}}$：

$$\hat{\boldsymbol{\theta}} = \sum_{k=1}^{N} (\boldsymbol{a}_k \boldsymbol{x}_k) \tag{7.18}$$

为保证$|b| \to 0$条件成立，优化问题（7.6）应更改为

$$\min_{w,b,e} \left\{ J_3(\boldsymbol{w},e) = \frac{1}{2} \boldsymbol{w}^T \boldsymbol{w} + \frac{1}{2} \gamma \sum_{k=1}^{N} v_k e_k^2 + \frac{1}{2} \gamma b^2 \right\} \tag{7.19}$$

因此，优化问题（7.19）的最优解应满足如下条件：

$$\begin{cases} \dfrac{\partial L}{\partial \boldsymbol{w}} = 0 \to \boldsymbol{w} = \sum_{k=1}^{N} \alpha_k \phi(x_k) \\ \dfrac{\partial L}{\partial b} = 0 \to \sum_{k=1}^{N} \alpha_k = \gamma b \\ \dfrac{\partial L}{\partial e_k} = 0 \to \alpha_k = \gamma v_k e_k, \; k = 1, \cdots, N \\ \dfrac{\partial L}{\partial a_k} = 0 \to \boldsymbol{w}^T \phi(x_k) + b + e_k - y_k = 0, \; k = 1, \cdots, N \end{cases} \tag{7.20}$$

则相应的矩阵方程由（7.9）变为

$$\begin{bmatrix} -\gamma & \mathbf{1}^T \\ \mathbf{1} & \boldsymbol{\Omega} + V_\gamma \end{bmatrix} \begin{bmatrix} b \\ \boldsymbol{\alpha} \end{bmatrix} = \begin{bmatrix} 0 \\ Y \end{bmatrix} \tag{7.21}$$

如果$\begin{bmatrix} -\gamma & \mathbf{1}^T \\ \mathbf{1} & \boldsymbol{\Omega} + V_\gamma \end{bmatrix}$是奇异矩阵或者非常接近于奇异矩阵，为了避免$[b, \boldsymbol{\alpha}]^T$无法求解，需要将矩阵$\begin{bmatrix} -\gamma & \mathbf{1}^T \\ \mathbf{1} & \boldsymbol{\Omega} + V_\gamma \end{bmatrix}$变为$\begin{bmatrix} -\gamma + 10^{-8} & \mathbf{1}^T \\ \mathbf{1} & \boldsymbol{\Omega} + V_\gamma + 10^{-8} I_N \end{bmatrix}$，其中$I_N$为维度为$N$的单位矩阵[6]。

因此，针对式（7.16）和式（7.17），由方程（7.21）可求解得到 α_1 和 α_2，再根据式（7.18）可计算得到 $\hat{\theta}_1$ 和 $\hat{\theta}_2$。当 $\hat{\theta}_1$ 已知时，则有

$$\frac{T_1+T_2}{T_1T_2}=\hat{\theta}_1(1), \quad \frac{K}{T_1T_2}=\hat{\theta}_1(2), \quad \frac{d_0}{T_1T_2}=\hat{\theta}_1(3), \quad \frac{1}{T_1T_2}=\hat{\theta}_1(4), \quad \frac{\beta}{T_1T_2}=\hat{\theta}_1(5), \quad \frac{KT_3}{T_1T_2}=\hat{\theta}_1(6)$$

求解上述方程组可分别得到 $K, T_1, T_2, T_3, \beta, d_0$ 具体数值。当 $\hat{\theta}_2$ 已知时，则 $T_E = \hat{\theta}_2$。

7.2 基于 λ-LS-SVM 的船舶运动模型在线参数辨识方法

7.2.1 基于滑动数据窗口的在线辨识方法

船舶航行时会不断产生新的数据添加至辨识训练集中，如果旧的数据一直保留，那么辨识训练集会越来越大，对新数据也会越来越不敏感，因此有必要考虑在添加新数据的同时删除旧数据。因为路径跟随控制周期 T_s 通常比辨识数据产生周期（数据采集周期）h 长很多，所以没必要每一次获取新的数据时都更新一次模型。又由于辨识训练集需要的辨识数据较多，完整更新一次数据集花费的时间通常大于控制周期。基于这些原因，滑动数据窗口是一个比较合适的方式来更新辨识训练集，其机理如图 7.1 所示。

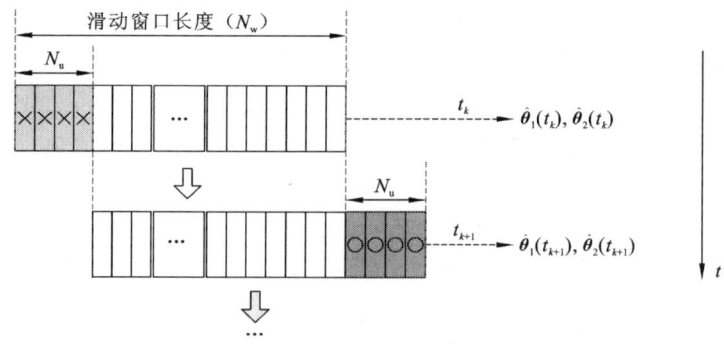

×表示旧数据；○表示新数据

图 7.1 滑动数据窗口机理

滑动数据窗口数据更新步骤可总结为以下 4 方面。

（1）设置滑动数据窗口大小为 N_w，在时刻 t_k，通过 LS-SVM 辨识方法估计船舶运动模型参数 $\theta_1(t_k)$ 和 $\theta_2(t_k)$；

（2）随着新的数据不断产生，滑动数据窗口数据也在不断增大；

（3）当滑动数据窗口数据数量等于 $N_w + N_u$ 时，即为时刻 t_{k+1}，将滑动数据窗口中前 N_u 个数据从训练集中删除，基于新的训练数据辨识得到新的模型参数 $\hat{\theta}_1(t_{k+1})$ 和 $\hat{\theta}_2(t_{k+1})$；

（4）循环步骤（1）～（3），直到没有新的数据产生。

7.2.2 模型变化指数设计

参数辨识的精度一定程度上取决于训练数据的质量，因为测量传感器存在误差和不稳定的特性，可能会导致在训练集中存在异常数据，所以有必要提高参数辨识方法的鲁棒性。对于加权 LS-SVM 方法，每个辨识数据均可通过式（7.12）计算得到相应权重，当误差 $|e_k|$ 较大时，权重 v_k 设置很小。然而，这种权重设置方式在某些情况下可能存在一些问题。例如，当系统模型在时刻 t_1 发生更改时，会导致在下一时刻 t_2 时，训练数据集中同时存在旧模型产生的数据（旧数据）和新模型产生的数据（新数据），在这种情况下如果根据式（7.12）权重分配方法，会导致新数据因误差较大而被忽略。相反，为了达到更好的控制效果，新数据应该有更高的权重。

如果能够检测系统模型是否发生改变，就可以比较合理地分配权重，使得新模型参数能够更及时地被辨识出来。文献[7]中对辨识误差的分析和描述，提出一种检测模型是否发生变化的指数，即模型变化指数，定义如下：

$$\lambda_k = \frac{1}{N_u} \left| \sum_{i=N_w-N_u+1}^{N_w} e_i^{k-1} \right| \tag{7.22}$$

式中：e_i^{k-1} 为使用 t_{k-1} 时刻的辨识结果计算得到的 t_k 时刻训练数据集中第 i 个数据的辨识误差[定义如式（7.3）所示]。因此，在 t_k 时刻，指数 $\lambda_k > 0$ 描述了在训练数据集中新添加的数据子集是否与上次辨识结果吻合，即模型是否发生改变。如果模型已经发生改变，则 λ_k 较大；反之，较小。

如果检测到模型发生改变，则可以将训练数据集分成两部分，在现有权重分配的基础上提高第二部分（新数据）的权重，同时降低第一部分（旧数据）的权重，这样新模型产生的数据将会对辨识结果有更多的贡献。于是将新的权重 $\bar{v}_k$ 定义为

$$\overline{v}_k = \begin{cases} c_3 v_k, & k < N_w/2 \\ c_4 v_{k'}, & \text{其他} \end{cases} \quad (7.23)$$

式中：v_k 定义见式（7.12），$0 < c_3 < 1$ 和 $c_4 > 1$ 为常数。相应地，式（7.21）中 V_γ 变为

$$V_\gamma = \text{diag}\left\{\frac{1}{\gamma \overline{v}_1}, \cdots, \frac{1}{\gamma \overline{v}_N}\right\}$$

7.2.3 输入持续激励方法

输入激励对于参数辨识性能有较大的影响。在船舶路径跟随过程中，如果外界环境干扰较小，船舶目标路径也是一条直线段，那么船舶真实航迹会逐渐趋近为一条直线，此时船舶输入舵角也会基本保持不变。在这种情况下，由于缺乏输入激励的作用，很难通过辨识数据集获得真实的模型参数。由于在各个频率上功率相同，白噪声信号常作为系统辨识的输入激励信号[8]。本书应用高斯白噪声信号作为输入激励信号。考虑添加的输入激励信号会在一定程度上影响船舶路径跟踪的效果，输入激励信号的强度应控制在较小的范围。假设原有输入信号为 u_{ori}，添加的输入激励信号为 u_{add}，于是真实的输入信号 u_{per} 为

$$u_{\text{per}}(i) = u_{\text{ori}}(i) + u_{\text{add}}(i), \quad i = 1, 2, \cdots \quad (7.24)$$

式中：$u_{\text{add}}(i) \sim N(0, \delta^2)$（$\delta$ 是标准差）。

7.2.4 基于 λ-LS-SVM 的船舶运动模型在线辨识算法

基于某些未知原因，参数辨识结果在某些情况下可能会无法收敛或者与真实结果偏差较大。例如对于欠驱动船舶二阶非线性舵角响应模型，当 $K < 0$ 或 $T_1 < 0$ 时，表明船舶不具备航向保持或控制特性，如果辨识结果出现 $K < 0$，就认为辨识结果出错，继续保持上一辨识结果。基于 7.2.1～7.2.3 小节提出的辨识方法，提出基于 λ-LS-SVM 的欠驱动船舶路径跟随参数辨识方法，具体步骤如下。

（1）初始化模型参数 $\Theta_0 = \{\hat{\theta}_1(0), \hat{\theta}_2(0)\}$，并且设置 $k = 1$；

（2）在时刻 t_k，基于滑动数据窗口策略得到模型（7.16）和模型（7.17）的训练数据集 Γ_k^1 和 Γ_k^2，利用式（7.12）分别计算 Γ_k^1 和 Γ_k^2 中的第 n 个数据的权重

$v_n^1(k)$ 和 $v_n^2(k)$ ($n=1,2,\cdots,N_w$)，根据 $v_n^1(k)$ 和 $v_n^2(k)$，以及通过式（7.18）、式（7.21）可计算得到 $\hat{\boldsymbol{\theta}}_1(k)$ 和 $\hat{\boldsymbol{\theta}}_2(k)$；

（3）在 Γ_k 训练数据集中，利用式（7.22）计算 λ_k^1 和 λ_k^2：①如果 $\lambda_k^1 < \lambda_c^1$ 且 $\lambda_k^2 < \lambda_c^2$（$\lambda_c^1$ 和 λ_c^2 分别为模型参数 $\hat{\boldsymbol{\theta}}_1$ 和 $\hat{\boldsymbol{\theta}}_2$ 对应的阈值），则表明系统模型没有发生改变，将计算得到的 $\hat{\boldsymbol{\theta}}_1(k)$ 和 $\hat{\boldsymbol{\theta}}_2(k)$ 作为 k 时刻系统模型参数；②如果 $\lambda_k^1 \geq \lambda_c^1$，则通过式（7.23）计算得到新的权重 $\bar{v}_n^1(k)$，根据 $\bar{v}_n^1(k)$ 通过式（7.18）和式（7.21）计算得到新的辨识参数 $\hat{\boldsymbol{\theta}}_1'(k)$；③如果 $\lambda_k^2 \geq \lambda_c^2$，则通过式（7.23）计算得到新的权重 $\bar{v}_n^2(k)$，根据 $\bar{v}_n^2(k)$ 通过式（7.18）和式（7.21）计算得到新的辨识参数 $\hat{\boldsymbol{\theta}}_2'(k)$，并设置 $\hat{\boldsymbol{\theta}}_2(k) = \hat{\boldsymbol{\theta}}_2'(k)$；

（4）如果 $\hat{\boldsymbol{\theta}}_1'(k)$ 中的 $K<0$ 或 $T_1<0$，则时刻 t_k 的辨识结果为 $\hat{\boldsymbol{\theta}}_1(k) = \hat{\boldsymbol{\theta}}_1(k-1)$；否则，时刻 t_k 的辨识结果为 $\hat{\boldsymbol{\theta}}_1(k) = \hat{\boldsymbol{\theta}}_1'(k)$；

（5）将 $\Theta_k = \{\hat{\boldsymbol{\theta}}_1(k), \hat{\boldsymbol{\theta}}_2(k)\}$ 作为时刻 t_k 的最终模型辨识结果，并将计算得到的模型参数更新至路径跟随控制器；

（6）设置 $k=k+1$，并重复步骤（1）～（5），直到路径跟随过程完成。

7.3　基于 λ-LS-SVM 和 MPC 的船舶自适应路径跟随控制

基于参数辨识的路径跟随自适应控制原理如图 7.2 所示。基于模型的路径跟随控制器（如模型预测控制器、最优控制器等）根据目标路径、最新模型和当前系统状态计算最优输入；将最优输入作用到系统后得到相应输出，再根据已知输入数据、测量到的输出数据，并利用参数辨识方法计算得到更新后的模型参数，即完成了模型更新。

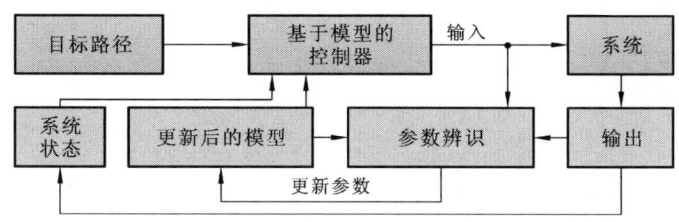

图 7.2　基于参数辨识的路径跟随自适应控制原理

在上述路径跟随自适应控制原理的基础上,本书基于 LS-SVM、LOS 导航和 MPC 等方法,提出一种新的基于 LS-SVM 的路径跟随自适应控制方法,其基本原理如图 7.3 所示。具体原理为:采用 LOS 导航算法计算目标船首向,MPC 计算最优舵角输入使真实船首向趋近目标船首向;计算模型变化指数来判断模型是否发生改变;应用 LS-SVM 参数辨识方法更新二阶非线性 Nomoto 模型和舵机模型参数。

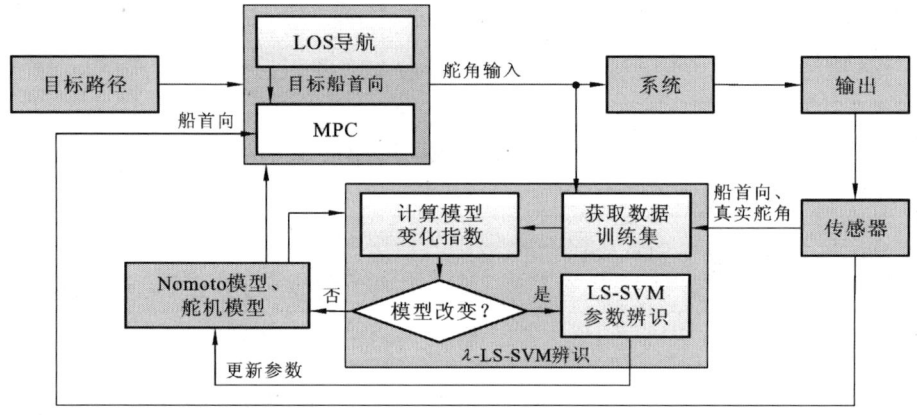

图 7.3　基于 λ-LS-SVM 的船舶路径跟随自适应控制原理

考虑到在船舶路径跟随控制中需要同时考虑运动模型参数和干扰等因素,因此这里采用模型(4.26)作为系统模型,即

$$\dot{x} = \begin{bmatrix} \dot{\psi} \\ \dot{r} \\ \ddot{r} \\ \dot{\delta} \end{bmatrix} = \begin{bmatrix} r \\ \dot{r} \\ \dfrac{1}{T_1' T_2'}[-r - \alpha' r^3 - (T_1' + T_2')\dot{r} + \dfrac{K'(T_E' - T_3')}{T_E'}\delta + \dfrac{K' K_E T_E'}{T_E'}\delta_E + d_0'] \\ \dfrac{1}{T_E'}(K_E \delta_E - \delta) \end{bmatrix} + w$$

式中各参数定义与式(4.26)一致。相应地,MPC 预测模型为

$$\dot{x} = \begin{bmatrix} \dot{\psi} \\ \dot{r} \\ \ddot{r} \\ \dot{\delta} \end{bmatrix} = \begin{bmatrix} r \\ \dot{r} \\ \dfrac{1}{T_1' T_2'}[-r - \alpha' r^3 - (T_1' + T_2')\dot{r} + \dfrac{K'(T_E' - T_3')}{T_E'}\delta + \dfrac{K' K_E T_E'}{T_E'}\delta_E + d_0'] \\ \dfrac{1}{T_E'}(K_E \delta_E - \delta) \end{bmatrix} \quad (7.25)$$

MPC 目标函数设计、约束设置与 6.4 节一致。

7.4 仿真实验

本书提出的自适应路径跟随控制方法适用于多种可能导致系统模型发生变化的场合，本节以舵机老化、水流速度变化、船舶操纵性改变为例分别说明该方法的有效性。仿真对象为实验室模型船，其性能参数见 6.5.1 小节描述。系统仿真参数设置见表 7.1，可以看出系统数据的采样频率明显大于系统控制频率，这样可以保证在执行控制操作间隔时都有足量的新数据用于系统辨识。模型船运动模型参数 $\{K,T_1,T_2,T_3,d_0,\beta,T_E\}$ 为 $\{0.5900, 0.9526, 0.0247, 0.2215, -1.2370, 0.0001, 0.1000\}$。

表 7.1 仿真参数设置

参数	数值	参数	数值
h/s	0.01	λ_c^1	10^{-5}
T_s/s	0.5	λ_c^2	10^{-2}
N_w	1 200	N_P	10
N_u	50	N_c	8
r	10^{15}	输入约束	$-30° \leq \delta_E \leq 30°$
c_3	0.01	Q	ding[1 1 0.01 0.01 0.001]
c_4	0.99	R	0.01

7.4.1 场景 1：机构老化引起的参数改变

船舶舵机驱动系统由液压传动操舵装置和舵机伺服执行器组成[8]。由于液压传动需要耗费一定的时间，会造成舵机指令和真实舵角的不同步，如舵机伺服模型（4.15）所示。由于机构老化等原因，会延长舵机系统的时滞，相应的模型延时参数 T_E 会变大。在船舶路径跟随仿真场景中，将目标路径点依次设置为 $\{(1,1), (1,5), (15,10), (29,10)\}$，延时参数 T_E 在 $t=12$ s 时从 $T_{E0}=0.1$ s 突变为 $T_{E1}=1.0$ s。

基于上述仿真条件设置，λ-LS-SVM 和传统加权 LS-SVM 对于路径跟随的效果对比如图 7.4 所示。容易看出，λ-LS-SVM 在 T_E 发生突变后路径跟随比加权 LS-SVM 具有更高的精度。图 7.5 展示了两种方法对于 T_E 的辨识结果，λ-LS-SVM 参数辨识过程中参数波动较小，而加权 LS-SVM 参数辨识过程中出现了与真实值相差很大的值，这会间接对路径跟随控制效果造成不良影响。图 7.6 进一步说明了 λ-LS-SVM 如何判定参数辨识中的过渡过程，当某一时刻满足 $\lambda_k^2 > \lambda_c^2 = 10^{-2}$ 时，则认定这一时刻处于参数辨识过渡过程,从图中不难看出,真实过渡过程中的大部分 λ_k^2 值明显高于非过渡过程的 λ_k^2 值。

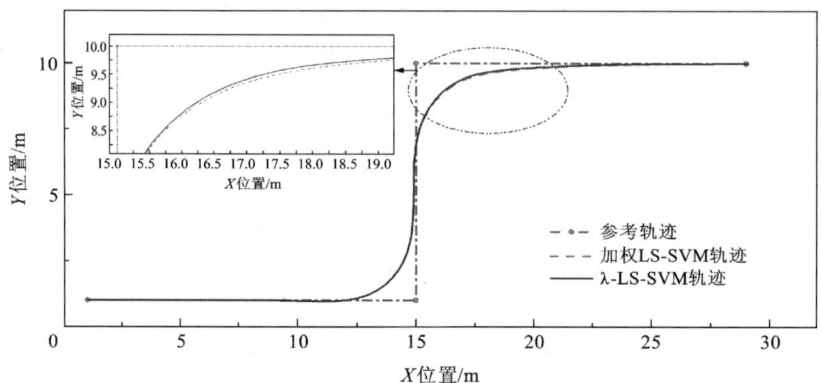

图 7.4　应对机构老化引起的参数改变的路径跟随效果比较

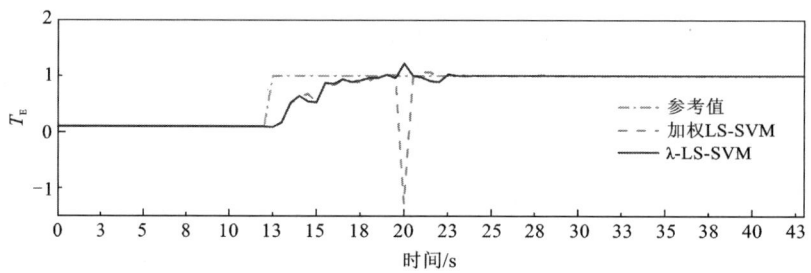

图 7.5　应对机构老化引起的参数改变的 T_E 辨识效果

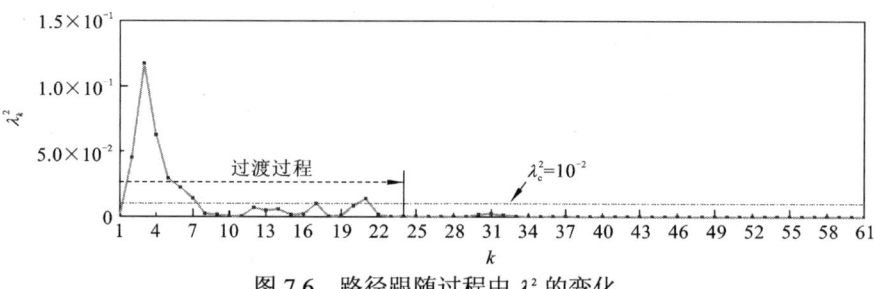

图 7.6　路径跟随过程中 λ_k^2 的变化

7.4.2　场景 2:水流等引起的参数改变

航行环境中的水流会影响船舶运动性能,也就是模型(4.26)中 d_0 会因为水流的改变而改变[9]。另外,当船舶左右两侧对称性或者舵机对中性变化也会造成 d_0 发生改变。在本仿真场景中将目标路径点依次设置为{(1,1),(1,5),(15,10),

第 7 章 考虑不确定性的船舶智能航行路径跟随控制

(29,10)}，d_0 在 $t=12\text{ s}$ 从 $d_{00}=-1.237\,0^\circ/\text{s}$ $d_{01}=-4.000\,0^\circ/\text{s}$。

基于上述仿真条件设置，λ-LS-SVM 加权 LS-SVM 对于路径跟随的效果对比如图 7.7 所示。容易看出，λ-LS-SVM 在 d_0 发生突变后路径跟随比加权 LS-SVM 具有更高的精度。图 7.8 展示了两种方法对于 d_0 的辨识结果，与仿真场景 1 类似，λ-LS-SVM 参数辨识过程中参数波动较小，而加权 LS-SVM 参数辨识过程中出现了与真实值相差很大的值，这间接会对路径跟随控制效果造成不良影响。图 7.9 进一步说明了 λ-LS-SVM 如何判定参数辨识中的过渡过程，当某一时刻满足 $\lambda_k^1 > \lambda_c^1 = 10^{-5}$ 时，则认定这一时刻处于参数辨识过渡过程，由图 7.9 可见真实过渡过程中的大部分 λ_k^1 值高于非过渡过程的 λ_k^1 值。

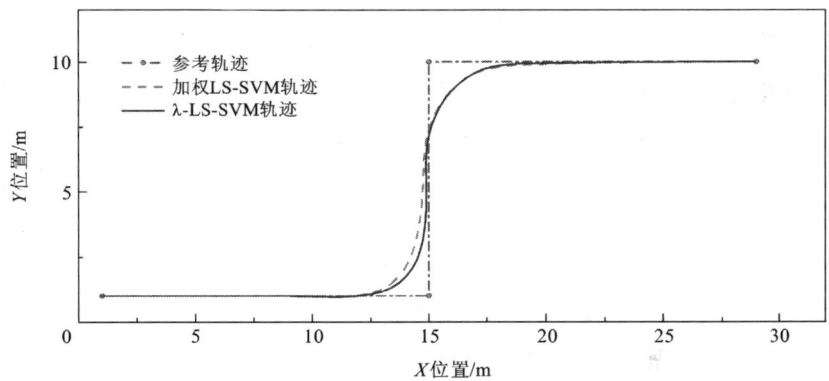

图 7.7 应对水流等引起的参数改变的路径跟随效果比较

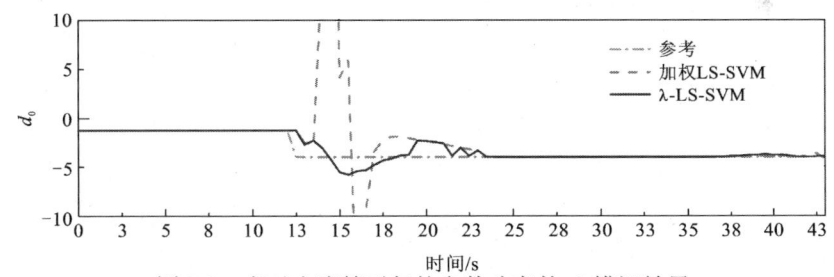

图 7.8 应对水流等引起的参数改变的 d_0 辨识效果

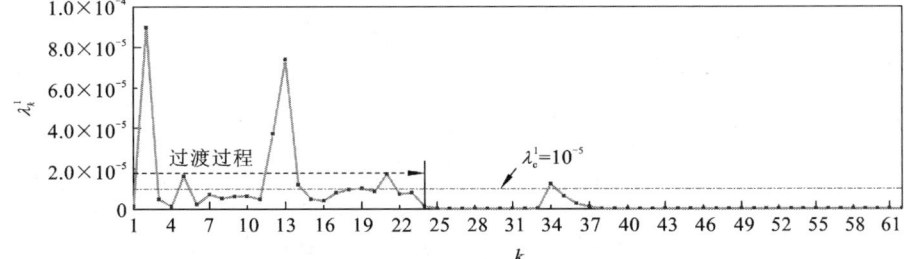

图 7.9 路径跟随过程中 λ_k^1 的变化

7.4.3 场景 3：船舶操纵性的改变

由于船舶操纵性会因船舶装载量的改变、浅水区水深的改变、舵或螺旋桨执行机构的老化及船体表面粗糙度的改变等发生改变，在本场景中假设船舶模型参数 $\{K,T_1,T_2,T_3,d_0,\beta,T_E\}$ 在 $t=18$ s 时由 $\{0.5900,0.9526,0.0247,0.2215,-1.2370,0.0001,0.1000\}$ 突变为 $\{6.0000,3.0000,1.0000,-0.6000,-4.0000,0.0020,0.5000\}$。将目标路径点依次设置为 $\{(1,1),(12,1),(17,13),(28,13),(33,25)\}$。同时，在路径跟随过程中考虑测量误差和干扰对控制的影响，设置测量误差满足均值 $u=0$、标准差 $\delta=0.2$ 的高斯分布，并在路径跟随过程中考虑船首向测量异常值的存在。

非自适应控制（控制过程中模型参数保持不变）、加权 LS-SVM 和 λ-LS-SVM 的路径跟随效果如图 7.10 所示。从图中容易看出，当模型参数发生改变后，自适应控制跟踪精度高于自适应控制跟踪精度，且 λ-LS-SVM 的跟踪精度更高于加权 LS-SVM 的跟踪精度。图 7.11 具体展示在路径跟随过程中参数在线辨识的效果，λ-LS-SVM 在参数辨识过程中一般可以较快地收敛到真实值，且参数值波动较小。在船首向测量过程中，人为设置了测量异常值，具体如图 7.12 所示。虽然有船首向测量异常值存在，但路径跟随效果和模型参数辨识结果受影响不大。

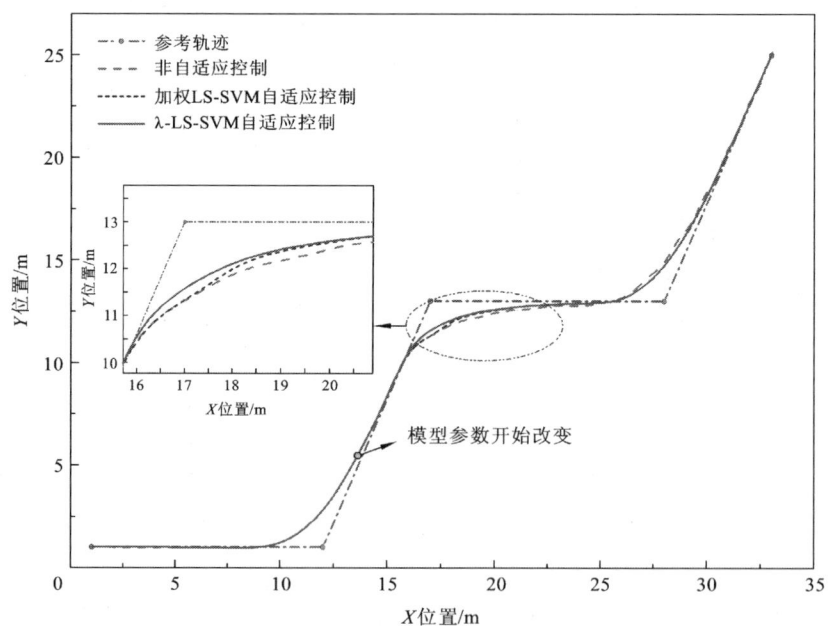

图 7.10 不同控制方法的路径跟随结果比较

第 7 章　考虑不确定性的船舶智能航行路径跟随控制

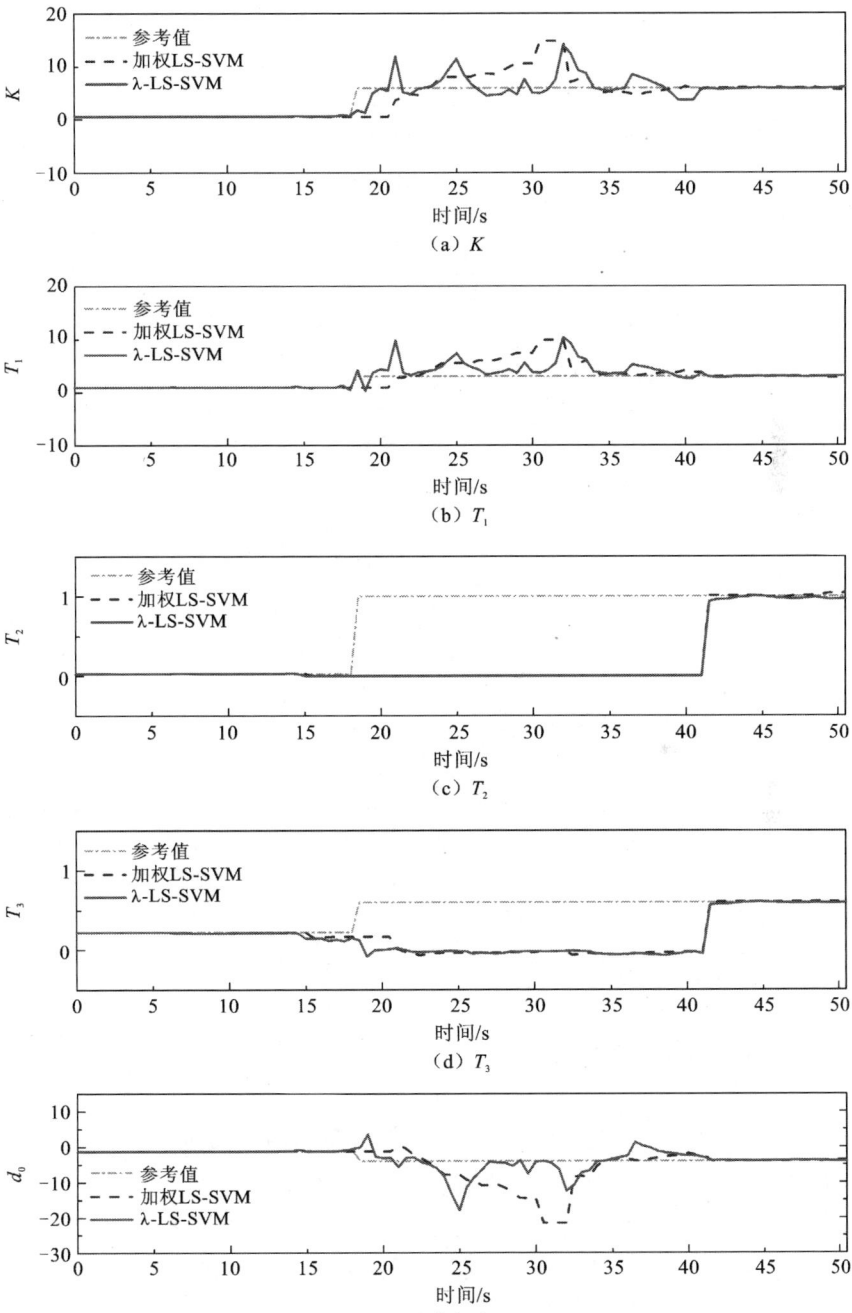

(a) K

(b) T_1

(c) T_2

(d) T_3

(e) d_0

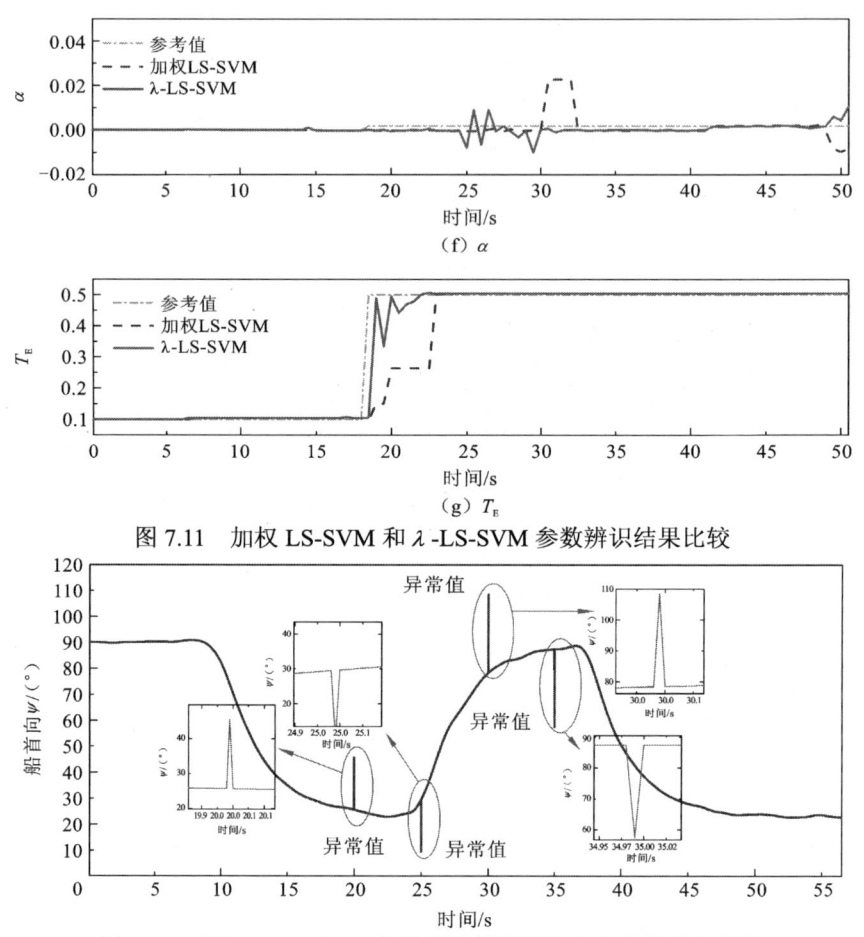

图 7.11 加权 LS-SVM 和 λ-LS-SVM 参数辨识结果比较

图 7.12 基于 λ-LS-SVM 自适应路径跟随控制中的船首向变化

（小图中的横坐标为大图横坐标的细节放大，因此数值存在重叠）

7.4.4 仿真结果及分析

由上述仿真结果可见，在船舶运动过程中当模型参数发生改变时，加权 LS-SVM 和本书提出的 λ-LS-SVM 均能通过辨识将模型参数最终收敛到接近真实值，但是加权 LS-SVM 收敛速度较 λ-LS-SVM 慢，导致船舶在路径跟随过程中因模型误差的存在而产生较大的跟踪误差，而 λ-LS-SVM 能够更早地识别模型发生改变，并通过将新辨识数据子集设置为更高的权值使得参数收敛更快，从而使路径跟随精度更高。当系统存在异常数据时，由于仍保留原加权 LS-SVM 的权值分配特性，λ-LS-SVM 可以排除异常值对辨识结果带来的影响。

参 考 文 献

[1] SUYKENS J A K, VANDEWALLE J. Least squares support vector machine classifiers[J]. Neural Processing Letters, 1999, 9(3): 293-300.

[2] SUYKENS J A K, DE BRABANTER J, LUKAS L, et al. Weighted least squares support vector machines: robustness and sparse approximation[J]. Neurocomputing, 2002, 48(1): 85-105.

[3] VAN GESTEL T, SUYKENS J A K, BAESENS B, et al. Benchmarking least squares support vector machine classifiers[J]. Machine Learning, 2004, 54(1): 5-32.

[4] SUYKENS J A K, DE BRABANTER J, LUKAS L, et al. Weighted least squares support vector machines: robustness and sparse approximation[J]. Neurocomputing, 2002, 48(1): 85-105.

[5] GILL P E, MURRAY W, SAUNDERS M A, et al. Computing forward-difference intervals for numerical optimization[J]. SIAM Journal on Scientific and Statistical Computing, 1983, 4(2): 310-321.

[6] ZHAO Y, SUN J. Recursive reduced least squares support vector regression[J]. Pattern Recognition, 2009, 42(5): 837-842.

[7] NARENDRA K S, BALAKRISHNAN J. Improving transient response of adaptive control systems using multiple models and switching[J]. IEEE Transactions on Automatic Control, 1994, 39(9): 1861-1866.

[8] WANG D, HALDAR A. Element-level system identification with unknown input[J]. Journal of Engineering Mechanics, 1994, 120(1): 159-176.

[9] ZHENG H, NEGENBORN R R, LODEWIJKS G. Predictive path following with arrival time awareness for waterborne AGVs[J]. Transportation Research Part C: Emerging Technologies, 2015, 70: 214-237.

第 8 章 基于扩张状态观测器的船舶智能航行路径跟随控制

第 6 章和第 7 章解决了船舶路径跟随控制中如何更精确控制船舶航迹并使船舶航迹与目标路径更接近的问题。本章将针对在船舶航行过程中因状态或干扰不可测导致控制效果不佳的问题，利用 ESO 实现在船舶路径跟随控制中同时对不可测状态和外界干扰的估计，并结合第 6 章和第 7 章提出的路径跟随方法，提出一种基于 ESO 观测器的船舶路径跟随控制方法。

8.1 通用 ESO

8.1.1 ESO 的提出

韩京清在微分器的基础上于 1995 年提出针对一类不确定系统的扩张状态观测器[1]。该不确定系统可描述如下：

$$x^{(n)} = f[x,\dot{x},\cdots,x^{(n-1)},t] + d(t) \tag{8.1}$$

式中：$f[x,\dot{x},\cdots,x^{(n-1)},t]$ 为未知函数，$d(t)$ 为未知干扰。如果状态 x 可被测量，则可以考虑通过微分器来估计状态扩张变量 $\dot{x},\cdots,x^{(n-1)},x^{(n)}$ 的值。针对系统（8.1）构造以下非线性系统：

$$\begin{cases} \dot{\hat{x}}_1 = x_2 - g_1(\hat{x}_1 - x_1) \\ \quad\vdots \\ \dot{\hat{x}}_n = \hat{x}_{n+1} - g_n(\hat{x}_1 - x_1) \\ \dot{\hat{x}}_{n+1} = -g_{n+1}(\hat{x}_1 - x_1) \end{cases} \tag{8.2}$$

式中：$\hat{x}_1,\cdots,\hat{x}_n,\hat{x}_{n+1}$ 为扩张状态变量 $\dot{x},\cdots,x^{(n-1)},x^{(n)}$ 的估计值。选取合适的非线性函数 $g_1,\cdots,g_n,g_{n+1}$，可以实现 $\hat{x}_1,\cdots,\hat{x}_n,\hat{x}_{n+1}$ 对扩张状态变量 $\dot{x},\cdots,x^{(n-1)},x^{(n)}$ 的跟踪，即 $\hat{x}_1 \to \dot{x},\cdots,\hat{x}_n \to x^{(n-1)},\hat{x}_{n+1} \to x^{(n)}$。在某一定程度上可认为式（8.2）为扩张状态观测器的原始形态，但由于其未给出非线性函数 $g_1,\cdots,g_n,g_{n+1}$ 的明确形式，后来韩京

清以二阶被控对象为例正式提出了扩张状态观测器。

假定二阶被控对象为

$$\begin{cases} \dot{x}_1 = x_2 \\ \dot{x}_2 = f_d[x_1, x_2, d(t), t] + bu \\ y = x_1 \end{cases} \quad (8.3)$$

式中：x_1, x_2 为系统状态，y 为系统可测输出，$f_d[x_1, x_2, d(t), t]$ 为带干扰的未知函数，$d(t)$ 为外界干扰，u 为系统输入，b 为系统参数。定义新的扩张状态变量为 $x_3 = f_d[x_1, x_2, d(t), t]$，于是式（8.3）变为

$$\begin{cases} \dot{x}_1 = x_2 \\ \dot{x}_2 = x_3 + bu \\ \dot{x}_3 = w_0(t) \\ y = x_1 \end{cases} \quad (8.4)$$

式中：$w_0(t)$ 未知。基于系统（8.5）提出如下扩张状态观测器：

$$\begin{cases} e = \hat{x}_1 - y \\ \dot{\hat{x}}_1 = \hat{x}_2 - \beta_{01}e \\ \dot{\hat{x}}_2 = \hat{x}_3 - \beta_{02}e + bu \\ \dot{\hat{x}}_3 = -\beta_{03}e \end{cases} \quad (8.5)$$

选取适当的观测器参数 $\beta_{01}, \beta_{02}, \beta_{03}$ 可以使系统状态估计量 $\hat{x}_1, \hat{x}_2, \hat{x}_3$ 跟踪上系统状态量 x_1, x_2, x_3。为提高观测器的估计精度，提出了针对误差 e 的非线性组合。

定义非线性函数 $\mathrm{fal}(x, \alpha, \delta)$ 为

$$\mathrm{fal}(x, \alpha, \delta) = \begin{cases} \dfrac{x}{\delta^{1-\alpha}}, & |x| \leq \delta \\ |e|^{\alpha} \mathrm{sgn}(e), & |x| > \delta \end{cases} \quad (8.6)$$

式中：$\mathrm{sgn}(x)$ 为符号函数，其定义为

$$\mathrm{sgn}(x) = \begin{cases} -1, & x < 0 \\ 0, & x = 0 \\ 1, & x > 0 \end{cases}$$

于是，扩张状态观测器系统（8.5）改为

$$\begin{cases} e = \hat{x}_1 - y \\ \dot{\hat{x}}_1 = \hat{x}_2 - \beta_{01}e \\ \dot{\hat{x}}_2 = \hat{x}_3 - \beta_{02}\mathrm{fal}(e, 0.5, h) + bu \\ \dot{\hat{x}}_3 = -\beta_{03}\mathrm{fal}(e, 0.25, h) \end{cases} \quad (8.7)$$

式中：h 为系统参数。然而观测器系统（8.7）也存在一些问题：①对 $\beta_{01},\beta_{02},\beta_{03},h$ 很难调节出很理想的取值；②非线性函数计算会耗费较长的时间。因此，在实际应用场合里观测器系统（8.7）应用并不普遍。针对这一问题，Gao 等提出了一种线性扩张状态观测器（linear extended state observer, LESO），很大程度上简化了观测器的参数调节和计算过程[2]。

在 LESO 设计中，假设观测器带宽为 w_o，配置观测器增益向量 $\boldsymbol{L}=[\beta_{01}\ \beta_{02}\ \beta_{03}]^T$ 为 $[3w_o\ 3w_o^2\ w_o^3]^T$，这样观测器的 3 个极点均为 $-w_o$，使观测器同时具有较好的跟踪性能和抗干扰性能。

8.1.2 通用 ESO 观测器的提出

设有未知干扰作用和系统输入的非线性不确定系统为

$$x^{(n)} = f_d[x,\dot{x},\cdots,x^{(n-1)},d(t),t] + bu \tag{8.8}$$

式中：$f_d[x,\dot{x},\cdots,x^{(n-1)},w(t),t]$ 为未知函数，$d(t)$ 为未知干扰，$x(t)$ 为可测变量，u 为系统输入，b 为系统参数。ESO 观测器通过构造积分链式非线性系统结构并利用微分器原理来估计扩张的状态变量 $x(t)$，$\dot{x}(t)$，$\cdots$，$x^{(n-1)}(t)$，$x^{(n)}(t)$。

非线性系统（8.8）对应的 n 阶单输入单输出（single-input-single-output, SISO）积分链式非线性系统状态空间模型为

$$\begin{cases} \dot{x}_1 = x_2 \\ \dot{x}_2 = x_3 \\ \quad\vdots \\ \dot{x}_n = f_d(x_1,\cdots,x_n,d(t),t) + bu \\ y = x_1 \end{cases} \tag{8.9}$$

其中：y 为系统输出。为实现对扩张系统变量的观测，定义新的变量 $x_{n+1} = f_d(x_1,\cdots,x_n,d(t),t)$，$x_{n+1}$ 被称为集总干扰（lumped disturbance），包括外界干扰和系统非线性部分。于是，模型（8.9）扩展为

$$\begin{cases} \dot{x}_1 = x_2 \\ \dot{x}_2 = x_3 \\ \quad\vdots \\ \dot{x}_n = f_d[x_1,\cdots,x_n,d(t),t] + bu \\ \dot{x}_{n+1} = h(t) \\ y = x_1 \end{cases} \tag{8.10}$$

式中：$h(t) = \dot{f}_d[x_1,\cdots,x_n,d(t),t]$。为实现对 $x_1,\cdots,x_n,x_{n+1}$ 的估计，基于模型（8.10）提出了一种线性扩张状态观测器系统[3]，即

$$\begin{cases} \dot{\hat{x}}_1 = \hat{x}_2 - \beta_1(\hat{x}_1 - y) \\ \dot{\hat{x}}_2 = \hat{x}_3 - \beta_2(\hat{x}_1 - y) \\ \quad\vdots \\ \dot{\hat{x}}_n = \hat{x}_{n+1} - \beta_n(\hat{x}_1 - y) + bu \\ \dot{\hat{x}}_{n+1} = -\beta_{n+1}(\hat{x}_1 - y) \end{cases} \quad (8.11)$$

式中：$\hat{x}_1, \hat{x}_2, \cdots, \hat{x}_{n+1}$ 分别表示 $x_1, x_2, \cdots, x_{n+1}$ 的估计值。容易看出，线性扩展观测器能够同时观测系统状态 $(x_1, x_2, \cdots, x_n)$ 和干扰状态 x_{n+1}。然而某些系统不能表示为式（8.9）那种积分链的形式，比如系统：

$$\begin{cases} \dot{x}_1 = x_1 - 2x_2 + f_d[x_1, x_2, d(t), t] \\ \dot{x}_2 = x_1 + x_2 + u \end{cases} \quad (8.12)$$

对于系统（8.12），不能应用扩张状态观测器系统（8.11）来估计系统状态和干扰。文献[4]提出了一种通用扩张状态观测器（generalized ESO，GESO）来解决这一问题。

假定某 SISO 系统的状态空间模型为

$$\begin{cases} \dot{x} = Ax + Bu + Df_d[x, d(t), t] \\ y = Cx \end{cases} \quad (8.13)$$

式中：$\mathbf{x} = [x_1, \cdots, x_n]^T$ 是系统状态变量，$u \in \mathbf{R}$ 是系统输入，$y \in \mathbf{R}$ 是系统输出，$f_d[\mathbf{x}, d(t), t]$ 为集总干扰，$\mathbf{A} \in \mathbf{R}^{n \times n}$，$\mathbf{B} \in \mathbf{R}^{n \times 1}$，$\mathbf{C} \in \mathbf{R}^{n \times 1}$ 和 $\mathbf{D} \in \mathbf{R}^{n \times 1}$ 分别为状态矩阵、输入矩阵、输出矩阵和干扰矩阵。

类似地，定义 $x_{n+1} = f_d[\mathbf{x}, d(t), t]$ 和 $\bar{\mathbf{x}} = [\mathbf{x}^T, x_{n+1}]^T$，于是模型（8.13）变为

$$\begin{cases} \dot{\bar{\mathbf{x}}} = \bar{\mathbf{A}}\bar{\mathbf{x}} + \bar{\mathbf{B}}u + \mathbf{E}h(t) \\ y = \bar{\mathbf{C}}\bar{\mathbf{x}} \end{cases} \quad (8.14)$$

系统矩阵 $\bar{\mathbf{A}}, \bar{\mathbf{B}}, \bar{\mathbf{C}}$ 和 $\mathbf{E}$ 分别为

$$\bar{\mathbf{A}} = \begin{bmatrix} \mathbf{A}_{n \times n} & \mathbf{D}_{n \times 1} \\ \mathbf{0}_{n \times n} & \mathbf{0}_{1 \times 1} \end{bmatrix}, \quad \bar{\mathbf{B}} = \begin{bmatrix} \mathbf{B}_{n \times 1} \\ \mathbf{0}_{1 \times 1} \end{bmatrix}, \quad \bar{\mathbf{C}} = [\mathbf{C}_{1 \times n} \quad 0_{1 \times 1}], \quad \mathbf{E} = \begin{bmatrix} \mathbf{0}_{n \times 1} \\ 1_{1 \times 1} \end{bmatrix}$$

针对模型（8.14），通用扩张状态观测器设计为

$$\begin{cases} \dot{\hat{\bar{\mathbf{x}}}} = \bar{\mathbf{A}}\hat{\bar{\mathbf{x}}} + \bar{\mathbf{B}}u + \mathbf{L}(y - \hat{y}) \\ y = \bar{\mathbf{C}}\hat{\bar{\mathbf{x}}} \end{cases} \quad (8.15)$$

式中：$\hat{\bar{x}} = [\hat{x}^T, \hat{x}_{n+1}]^T$ 是 $\bar{x}$ 的估计值，$L \in \mathbf{R}^{m \times 1}$ 是需要设计的观测器增益矩阵。定义观测器误差 $e = \bar{x} - \hat{\bar{x}}$，联立式（8.14）和式（8.15），得到

$$\dot{e} = A_e e + Eh(t) \tag{8.16}$$

式中：$A_e = \bar{A} - L\bar{C}$。

通用扩张状态观测器的有界稳定性如引理 8-1 所述。

引理 8-1[4]：如果通过选择合适的 L 使 A_e 是 Hurwitz 矩阵，那么对于任何一个有界的 $h(t)$ 观测器误差 e 都是有界的，并且有 $\|e\|_2 = 2\|Ph(t)\|_2$，其中 P 是 Lyapunov 方程 $A_e^T P + PA_e = -I$ 的解。

为保证观测器误差最终会收敛，即当 $t \to \infty$ 时 $e \to 0$，有如下引理。

引理 8-2[4]：对于系统（8.6），假设系统满足以下条件：① $f_d[x,d(t),t] = f[d(t),t]$ 有界且最终稳定，即 $\lim_{t \to \infty} \dot{f}[d(t),t] = 0$ 且 $\lim_{t \to \infty} f[d(t),t] = c$（$c$ 为常数）；② A_e 和 $A_m = A + BK_x$ 均为 Hurwitz 矩阵，且 $CA_m^{-1}B$ 可逆；③系统使用复合控制律 $u = K_x \hat{x} + K_d \hat{x}_{n+1}$，那么当 $t \to \infty$ 时 $e \to 0$ 且 $y \to 0$。

通用扩张状态观测器的提出在一定程度上拓展了原有扩张状态观测器的应用范围，并通过复合控制（状态控制和干扰控制）实现了控制变量和观测变量的收敛。但考虑到干扰通常是伴随着控制过程持续存在的，即引理 8-2 中假设条件①通常不能满足，为解决干扰持续存在时 ESO 的收敛性问题，有必要开展进一步的研究。

8.2 补 偿 ESO

系统（8.13）集总干扰 $f_d[x,d(t),t]$ 中可能包含不可测或可测干扰、未知建模误差以及已知非线性项等。对于可测干扰和已知非线性项，可以通过补偿或者反馈的方式来抵消；对于不可测干扰和建模误差等，可以通过扩张状态观测原理进行估计。

8.2.1 连续补偿扩张状态观测器

假定系统（8.6）集总干扰为

$$f_d[x,d(t),t] = w(x) + d(t) \tag{8.17}$$

式中：$w(x)$ 为已知非线性项，$d(t)$ 为外界干扰。$d(t)$ 由 q 阶多项式构成，可描述为

$$d(t) = \sum_{i=0}^{q} d_i t^i \tag{8.18}$$

由式（8.18）容易得到 $d^{(q+1)}(t) = 0$。由引理 8-1 可知，只要 $h(t) = \dot{f}_d[\boldsymbol{x}, d(t), t]$ 有界并且 $\boldsymbol{A}_e$ 为 Hurwitz 矩阵，那么观测器误差 $\boldsymbol{e}$ 有界。

为保证当 $t \to \infty$ 时 $\boldsymbol{e} \to 0$，将集总干扰分为 $w(\boldsymbol{x})$ 和 $d(t)$ 两部分来处理，$w(\boldsymbol{x})$ 通过状态估计值 $\hat{\boldsymbol{x}}$ 来补偿，$d(t)$ 通过多级扩张状态变量来估计。因此，本书提出基于状态补偿的通用扩张状态观测器，简称补偿 ESO（compensation extended state observer, CESO），其结构如图 8.1 所示。与一般的状态观测器原理不同，控制器除利用状态观测器提供的状态和干扰估计值用于控制之外，其控制效果还影响状态观测器本身的收敛性。

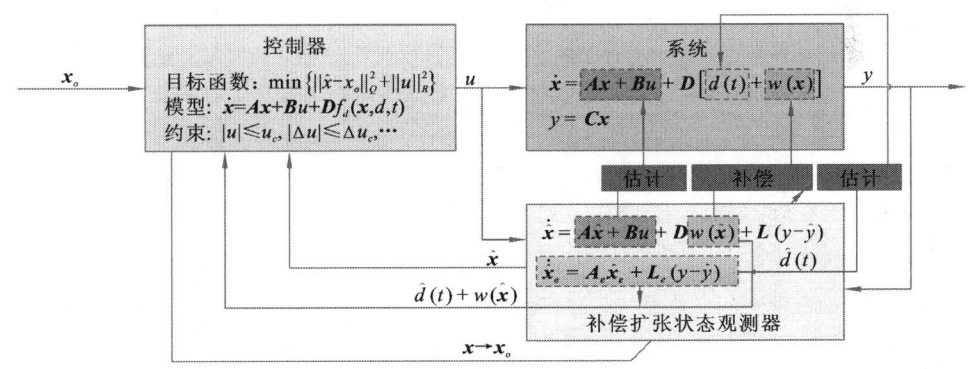

图 8.1 补偿扩张状态观测器原理

补偿 ESO 模型如下：

$$\begin{cases} \dot{\hat{\boldsymbol{x}}}_f = \boldsymbol{A}_f \hat{\boldsymbol{x}}_f + \boldsymbol{B}_f u + \boldsymbol{D}_f \overline{w}(\hat{\boldsymbol{x}}_f) + \boldsymbol{L}_f (y - \hat{y}) \\ \hat{y} = \boldsymbol{C}_f \hat{\boldsymbol{x}}_f \end{cases} \tag{8.19}$$

式中：新的系统状态 $\boldsymbol{x}_f = [\boldsymbol{x}^{\mathrm{T}}, \boldsymbol{x}_e^{\mathrm{T}}]^{\mathrm{T}} = [\boldsymbol{x}^{\mathrm{T}}, x_{n+1}, \cdots, x_{n+q+1}]^{\mathrm{T}}$，$\overline{w}(\hat{\boldsymbol{x}}_f) = w(\hat{\boldsymbol{x}})$，且 $x_{n+1} = d(t)$，$x_{n+2} = \dot{d}(t)$，$\cdots$，$x_{n+q+1} = d^{(q)}(t)$，系统矩阵 $\boldsymbol{A}_f$、$\boldsymbol{B}_f$、$\boldsymbol{C}_f$ 和 $\boldsymbol{D}_f$ 分别为

$$\boldsymbol{A}_f = \begin{bmatrix} \boldsymbol{A}_{n \times n} & \boldsymbol{D}_{n \times 1} & \boldsymbol{0}_{n \times q} \\ \boldsymbol{0}_{q \times n} & \boldsymbol{0}_{q \times 1} & \boldsymbol{I}_{q \times q} \\ \boldsymbol{0}_{1 \times n} & \boldsymbol{0}_{1 \times 1} & \boldsymbol{0}_{1 \times q} \end{bmatrix} \quad \boldsymbol{B}_f = \begin{bmatrix} \boldsymbol{B} \\ \boldsymbol{0}_{(q+1) \times 1} \end{bmatrix} \quad \boldsymbol{C}_f = \begin{bmatrix} \boldsymbol{C}_{1 \times n} & \boldsymbol{0}_{1 \times (q+1)} \end{bmatrix} \quad \boldsymbol{D}_f = \begin{bmatrix} \boldsymbol{D}_{n \times 1} \\ \boldsymbol{0}_{(q+1) \times 1} \end{bmatrix}$$

观测器增益 $\boldsymbol{L}_f = [\boldsymbol{L}^{\mathrm{T}}, \boldsymbol{L}_e^{\mathrm{T}}]^{\mathrm{T}} = [\beta_1, \beta_2, \cdots, \beta_{n+q+1}]^{\mathrm{T}}$。

于是，系统（8.13）可转换为

$$\begin{cases} \dot{x}_f = A_f x + B_f u + D f_d[x, d(t), t] \\ y = Cx \end{cases} \quad (8.20)$$

由式（8.19）和式（8.20）可以得到观测器误差 $e_f = x_f - \hat{x}_f$，即

$$\dot{e}_f = (A_f - L_f C_f)e_f + D_f[\overline{w}(x_f) - \overline{w}(\hat{x}_f)] \quad (8.21)$$

假设 $\|\overline{w}(x_f)\|_2$ 和 $\|\overline{w}(\hat{x}_f)\|_2$ 有界，于是 $\|\overline{w}(x_f) - \overline{w}(\hat{x}_f)\|_2 \leq \|\overline{w}(x_f)\|_2 + \|\tilde{w}(\hat{x}_f)\|_2$ 也有界。由引理 8-1 可得，如果 $A_f - L_f C_f$ 为 Hurwitz 矩阵，则 $e_f \leq e_0$（e_0 为正常数）。

引理 8-3：当 $\hat{x}_f$ 接近 x_f 时，可由 $w(x_f)$ 在 $x_f = \hat{x}_f$ 的梯度线性近似表示 $\overline{w}(x_f)$，即

$$\overline{w}(x_f) \approx \overline{w}(\hat{x}_f) + (\nabla \overline{w})_{\hat{x}_f} e_f \quad (8.22)$$

其中，$(\nabla \overline{w})_{\hat{x}_f} \in \mathbf{R}^{1 \times (n+q+1)}$ 为 $w(x_f)$ 在 $x_f = \hat{x}_f$ 的梯度且

$$(\nabla \overline{w})_{\hat{x}_f} = \left(\frac{\partial \overline{w}}{\partial x_1}, \cdots, \frac{\partial \overline{w}}{\partial x_{n+q+1}} \right) \bigg|_{x_f = \hat{x}_f}$$

联立式（8.21）和式（8.22），可以得到：

$$\dot{e}_f \approx (A_f - L_f C_f + D_f (\nabla \overline{w})_{\hat{x}_f}) e_f \quad (8.23)$$

为实现当 $t \to \infty$ 时 $e_f \to 0$，解决途径之一是设计一个定常的 Hurwitz 矩阵 $[A_f - L_f C_f + D_f (\nabla \overline{w})_{\hat{x}_f}]$。由于模型预测控制算法可以通过优化目标函数使 $\hat{x}$ 收敛到系统平衡点，可以考虑将补偿状态观测器与模型预测控制相结合来实现控制目标。

8.2.2 离散补偿扩张状态观测器

对于模型预测控制算法，通常需要通过数字计算机实时计算最优化问题[3]。因此，有必要对连续系统模型进行离散化以满足数字计算机要求。龙格-库塔法是一种迭代的用于求解非线性常微分方程的数值算法，在每一个控制周期都需要重新求解非线性离散方程。为提高计算效率和控制频率，作为一种常用的离散化方法，零阶保持器（zero-order holder, ZOH）能够显性地将模型（8.13）离散化为

$$\begin{cases} x(k+1) = A_c x(k) + B_c u(k) + D_c f_d[x(k), d(k), T_s] \\ y(k) = C_c x(k) \end{cases} \quad (8.24)$$

式中：T_s 为采样周期，k 为时刻 kT_s 的离散表示，A_c、B_c、C_c 和 D_c 为离散系统矩阵。

类似地,可以将补偿 ESO 模型(8.19)离散化为

$$\begin{cases} \hat{\boldsymbol{x}}_f(k+1) = \boldsymbol{A}_{fc}\hat{\boldsymbol{x}}_f(k) + \boldsymbol{B}_{fc}u(k) + \boldsymbol{D}_{fc}\overline{w}\hat{\boldsymbol{x}}_f(k) + \boldsymbol{L}_{fc}[y(k) - \hat{y}(k)] \\ \hat{y}(k) = \boldsymbol{C}_{fc}\hat{\boldsymbol{x}}_f(k) \end{cases} \quad (8.25)$$

式中:$\boldsymbol{L}_{fc} = [\beta_{c1}, \beta_{c2}, \cdots, \beta_{c(n+q+1)}]^T$, $\boldsymbol{A}_{fc}$、$\boldsymbol{B}_{fc}$、$\boldsymbol{C}_{fc}$ 和 $\boldsymbol{D}_{fc}$ 为离散系统矩阵。

相应地,系统(8.20)可离散化为如下形式:

$$\begin{cases} \boldsymbol{x}(k+1) = \boldsymbol{A}_{fc}\boldsymbol{x}_f(k) + \boldsymbol{B}_{fc}u(k) + \boldsymbol{D}_{fc}\overline{w}\boldsymbol{x}_f(k) \\ y(k) = \boldsymbol{C}_{fc}\boldsymbol{x}_f(k) \end{cases} \quad (8.26)$$

8.3 基于离散补偿 ESO 的 MPC 控制方法

8.3.1 方法的提出

模型预测控制以式(8.26)为预测模型,以式(8.25)为状态估计器,在满足系统约束条件下,通过计算系统最优输入使系统估计状态 $\hat{x}$ 尽可能快地趋近于目标系统平衡与目标状态 x_o。在时刻 k,模型预测控制目标函数 $J(k)$ 定义为

$$J(k) = \sum_{i=1}^{N_P} \left\{ \left\| \tilde{x}(k+i) - x_o \right\|_Q^2 + \left\| \tilde{u}(k+i-1) \right\|_R^2 \right\} \quad (8.27)$$

式中:$Q > 0$ 和 $R > 0$ 分别为权重矩阵和参数,N_P 为预测步长,$\tilde{x}(k+i)$ 和 $\tilde{u}(k+i-1)$ 分别为时刻 $k+i$ 的预测状态和时刻 $k+i-1$ 的系统输入。

针对目标函数(8.27),模型预测控制在线求解的最优问题可描述为

$$\arg\min_{\tilde{u}(k)} J(k) \quad (8.28)$$

满足:

$$\tilde{x}(k+i) = \boldsymbol{A}_c \tilde{x}(k+i-1) + \boldsymbol{B}_c \tilde{u}(k+i-1) + \boldsymbol{D}_c f_d[\hat{x}(k), \hat{d}(k), T_S]$$

$$f_d[\hat{x}(k), \hat{d}(k), T_s] = w\hat{x}(k) + \hat{d}(k)$$

$$\hat{d}(k) = \hat{x}_{n+1}(k), \quad \tilde{x}(k) = \hat{x}(k), \quad \tilde{u}(k-1) = u(k-1)$$

$$\hat{\boldsymbol{x}}_f(k) = [\hat{\boldsymbol{x}}(k)^T, \hat{x}_{n+1}(k), \cdots, \hat{x}_{n+q+1}(k)]^T$$

$$x_{\min} \leqslant \tilde{x}(k+i) \leqslant x_{\max}$$

$$u_{\min} \leqslant \tilde{u}(k+i-1) \leqslant u_{\max}$$

$$\Delta u_{\min} \leqslant \Delta \tilde{u}(k+i-1) \leqslant \Delta u_{\max}$$

$$\Delta \tilde{u}(k+i-1) = \tilde{u}(k+i-1) - \tilde{u}(k+i-2)$$

$$i = 1, 2, \cdots, N_P$$

式中：$\tilde{\boldsymbol{u}}^*(k) = [\tilde{u}^*(k), \cdots, \tilde{u}^*(k+N_p-1)]^T$ 为系统最优输入序列，$\tilde{\boldsymbol{u}}(k) = [\tilde{u}(k), \cdots, \tilde{u}(k+N_p-1)]^T$ 为目标函数 $J(k)$ 的自变量，$\hat{x}_f(k)$ 通过观测器（8.18）来估计得到，$u(k-1)$ 为 $k-1$ 时刻的真实输入量。$x_{\min}$ 和 $x_{\max}$ 为状态约束，$u_{\min}$、$u_{\max}$、$\Delta u_{\min}$ 和 $\Delta u_{\max}$ 为输入约束。

基于补偿 ESO 的 MPC 控制算法流程如图 8.2 所示。

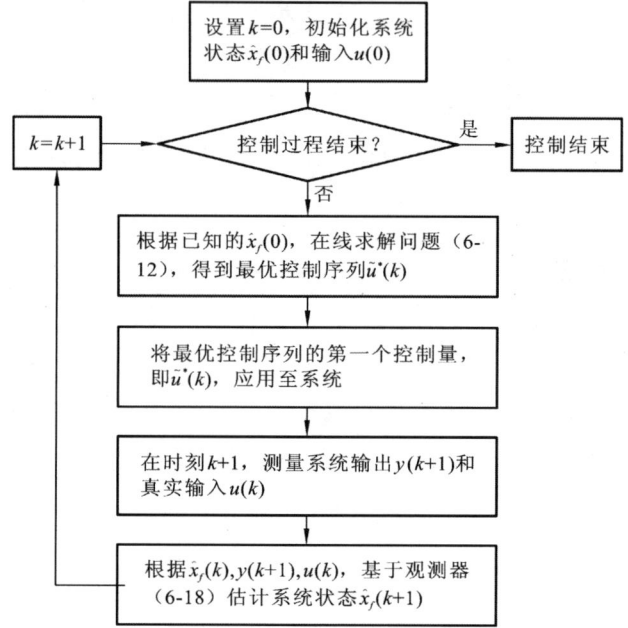

图 8.2 基于补偿 ESO 观测器的 MPC 控制算法流程

8.3.2 稳定性分析

假设 8-1：①式（8.18）中外界干扰阶数 q 已知；② $\left\|\overline{w}(\boldsymbol{x}_f)(k)\right\|_2$ 和 $\left\|\overline{w}(\hat{\boldsymbol{x}}_f)(k)\right\|_2$ 均有界。

假设 8-2：A_{fc}^e 的第 i 个特征值 $\lambda_i (i=1,\cdots,n+q+1)$ 满足 $|\lambda_i|<1$，其中 $A_{fc}^e = A_{fc} - L_{fc}C_{fc}$。

定理 8-1：如果假设 8-1 和 8-2 都成立，则观测器（8.25）误差 $e_f(k) = \boldsymbol{x}_f(k) - \hat{\boldsymbol{x}}_f(k)$ 有界。

证明：

由式（8.25）和式（8.26）可得

$$e_f(k+1) = A_{fc}^e e_f(k) + \Delta \overline{w}(k) \tag{8.29}$$

式中：$\Delta \overline{w}(k) = D_{fc}[\overline{w}(x_f(k) - \overline{w}\hat{x}_f(k))]$。定义 Lyapunov 函数为 $Ve_f(k) = e_f(k)^T P e_f(k)$，其中 P 是 Lyapunov 方程 $[A_{fc}^e]^T P A_{fc}^e - P = -Q$ 的唯一解，并且 $P > 0$ 和 $Q > 0$ 都是对称矩阵。于是有

$$\begin{aligned} \Delta Ve_f(k) &= Ve_f(k) - Ve_f(k-1) \\ &= -\big[e_f(k-1)\big]^T Q e_f(k-1) + 2[\Delta \overline{w}(k-1)]^T P A_{fc}^e e_f(k-1) \\ &\quad + [\Delta \overline{w}(k-1)]^T P \Delta \overline{w}(k-1) \\ &= -\|M(k-1) - N(k-1)\|_2^2 + \|N(k-1)\|_2^2 + \|W(k-1)\|_2^2 \end{aligned} \tag{8.30}$$

式中：

$$M(k-1) = [e_f(k-1)]^T Q^{\frac{1}{2}},$$

$$N(k-1) = [\Delta \overline{w}(k-1)]^T P A_{fc}^e Q^{-\frac{1}{2}},$$

$$W(k-1) = [\Delta \overline{w}(k-1)]^T P^{\frac{1}{2}}。$$

由假设 8-1 和假设 8-2 可知 $\|\overline{w}(x_f)(k)\|_2$ 和 $\|\overline{w}(\hat{x}_f)(k)\|_2$ 均有界，容易得到 $\|\Delta \overline{w}(k-1)\|_2 \leqslant \|D_{fc}\|_2 \big[\|\overline{w}(x_f)(k)\|_2 + \|\overline{w}(\hat{x}_f)(k)\|_2\big]$ 也有界。

由式（8.30）可知，为使 $\Delta Ve_f(k) < 0$，应满足：

$$\|M(k-1) - N(k-1)\|_2^2 > \|N(k-1)\|_2^2 + \|W(k-1)\|_2^2 \tag{8.31}$$

考虑到 $\|M(k-1) - N(k-1)\|_2 \geqslant \|M(k-1)\|_2 - \|N(k-1)\|_2$，如果

$$\|M(k-1)\|_2 > \|N(k-1)\|_2 + (\|M(k-1)\|_2^2 + \|N(k-1)\|_2^2)^{\frac{1}{2}},$$

于是，式（8.31）将会满足。

特别地，当 $Q = I$ 时，如果：

$$\|e_f(k-1)\|_2 > \|[\Delta \overline{w}(k-1)]^T P A_{fc}^e\|_2 + \left\{\|[\Delta \overline{w}(k-1)]^T P A_{fc}^e\|_2^2 + \|[\Delta \overline{w}(k-1)]^T P^{\frac{1}{2}}\|_2^2\right\}^{\frac{1}{2}} \tag{8.32}$$

则 $\Delta Ve_f(k) < 0$。因此，只要 $\|e_f(k-1)\|_2$ 满足式（8.25），$\|e_f(k-1)\|_2$ 将会一直减小。因此 $e_f(k-1)$ 是有界的。

证毕。

引理 8-4：当 $x_f(k)$ 与 $\hat{x}_f(k)$ 的值比较接近时，$\overline{w}(x_f(k))$ 可以近似由 $x_f(k)$ 的梯度表示，即：$\overline{w} x_f(k) \approx \overline{w} \hat{x}_f(k) + (\nabla \overline{w})_{\hat{x}_f(k)} e_f(k)$，其中

$$(\nabla \overline{w})_{\hat{x}_f(k)}(k) = \left(\frac{\partial \overline{w}}{\partial x_1}, \cdots, \frac{\theta \overline{w}}{\partial x_{n+q+1}} \right) \Bigg|_{x_f = \hat{x}_f(k)}$$

为 $\overline{w} x_f(k)$ 在 $\hat{x}_f(k)$ 的梯度。

假设 8-3：① A_{fc}^g 的第 i 个特征值 $\lambda_i^g (i=1,\cdots,n+q+1)$ 满足 $|\lambda_i^g|<1$，其中 $A_{fc}^g = A_{fc}^e + D_{fc}(\nabla \overline{w})_{x_{fo}} [x_{fo} = [x_o^T, \mathbf{0}_{1\times(q+1)}]^T$；②应用 8.3.1 小节提出的控制方法能使状态估计量 $\hat{x}(k)$ 满足 $\lim_{x\to\infty} \hat{x}(k) \to x_o$。

定理 8-2：如果假设 8-1 和假设 8-3 成立，则观测器误差 $\lim_{k\to\infty} e_f(k) \to \mathbf{0}$。

证明：

根据式（8.22）和引理 8-4，$e_f(\hat{k})$ 可表示为

$$e_f(k) = [A_{fc}^e + D_{fc}(\nabla \overline{w})_{\hat{x}_f(k-1)}] e_f(k-1) \tag{8.33}$$

由 $\overline{w} x_f(k)$ 的定义可知，$\overline{w} x_f(k) = w x(k) + (\nabla \overline{w})_{\hat{x}_f(k-1)} = [(\nabla w)_{x_f(k-1)}^T, \mathbf{0}_{1\times(p+1)}]^T$，于是有

$$\lim_{k\to\infty} (\nabla \overline{w})_{\hat{x}_f(k-1)} = \begin{bmatrix} \lim_{k\to\infty} (\nabla w)_{\hat{x}(k-1)} \\ \mathbf{0}_{(p+1)\times 1} \end{bmatrix} \to \begin{bmatrix} (\nabla w)_{x_o} \\ \mathbf{0}_{(p+1)\times 1} \end{bmatrix} = \begin{bmatrix} (\nabla w)_{x_o} \\ (\nabla w)_{\mathbf{0}_{(p+1)\times 1}} \end{bmatrix} = (\nabla w)_{x_{fo}} \tag{8.34}$$

将式（8.34）代入式（8.33），当 $k\to\infty$ 时，有

$$e_f(k) = A_{fc}^g e_f(k-1) \tag{8.35}$$

对于式（8.35），如果 A_{fc}^g 所有的特征值 $|\lambda_i^g|<1$，则当 $k\to\infty$ 时 $e_f(k) \to \mathbf{0}$。证毕。

根据定理 8-1 和定理 8-2，可以得到如下结论：

如果假设 8-1、假设 8-2 和假设 8-3 成立，则基于离散补偿扩张状态观测器的模型预测控制算法能保证 $e_f(k)$ 有界并且 $\lim_{k\to\infty} e_f(k) \to \mathbf{0}$。

8.3.3 实例验证

为证明所提出的基于离散补偿扩张状态观测器的 MPC 方法的有效性，从数值计算实例和船舶路径跟随控制实例分别加以说明。具体来说，数值计算实例来源于文献[4]，通过比较本章所提方法与文献[4]方法的控制效果，得出哪种方法更具有优势；船舶路径跟随控制是结合本书拟解决的问题，将所提出的控制方法与最常用的 PID 控制方法进行对比，能够进一步说明所提方法的有效性。

1. 数值计算实例

1）数值计算模型

文献[4]中二阶非线性系统模型如下：

$$\begin{cases} \dot{x}_1 = x_2 + e^{x_1} + d \\ \dot{x}_2 = -2x_1 - x_2 + u \\ y = x_1 \end{cases} \quad (8.36)$$

为使模型（8.36）与系统模型（8.13）保持一致，系统矩阵应设置为

$$\boldsymbol{A} = \begin{bmatrix} 0 & 1 \\ -2 & -1 \end{bmatrix} \quad \boldsymbol{B} = \begin{bmatrix} 0 \\ 1 \end{bmatrix} \quad \boldsymbol{C} = \begin{bmatrix} 1 & 0 \end{bmatrix} \quad \boldsymbol{D} = \begin{bmatrix} 1 \\ 0 \end{bmatrix}$$

集总干扰为 $f_d[\boldsymbol{x},d(t),t] = e^{x_1} + d$。

2）仿真参数设置

系统模型（8.36）的初始状态为 $\boldsymbol{x}(0) = [1,0]^T$，初始状态外部干扰为 $d=0$，外部干扰 $d=3$ 在 $t=6\,\text{s}$ 时作用至系统。系统的控制目标是在抵消外部干扰的同时使系统输出 y 快速地稳定到 0。根据定理 8-2，观测器增益选择为 $\boldsymbol{L}_{fc} = [0.30, -0.17, 0.41]^T$，此时矩阵 $\boldsymbol{A}_{fc}^e$ 和 $\boldsymbol{A}_{fc}^g$ 的特征值分别为 $[0.94, 0.94, 0.77]^T$ 和 $[0.90, 0.90, 0.90]^T$，这样可保证观测器误差既有界又逐渐趋于 0。对于 MPC，目标状态设置为 $\boldsymbol{x}_o = [x_{1o}, x_{2o}]^T = [0,0]^T$，MPC 参数设置为：$N_P = 20$、$\boldsymbol{Q} = \text{diag}[100, 0.01]$、$R = 0.1$。采样和控制周期设置为 $T_s = 0.05\,\text{s}$，输入约束设置为 $-30 \leq u \leq 30$。

3）仿真结果分析

运行上述仿真从 0 s 到 12 s，系统状态 x_1、x_2，扩张状态 x_3 和集总干扰 $f_d[\boldsymbol{x},d(t),t]$ 的真实值、估计值和观测器误差分别如图 8.3（a）～（d）所示，输入 u 如图 8.4 所示，为了与文献[4]提出的通用 ESO 对误差的定义保持一致，观测器误差 e 定义变为 $-e$，补偿 ESO 观测器和通用 ESO 观测器观测效果对比如图 8.5 所示。

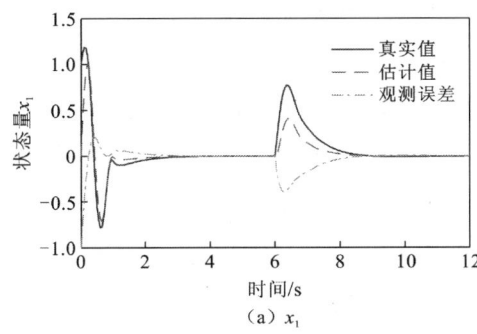

（a）x_1

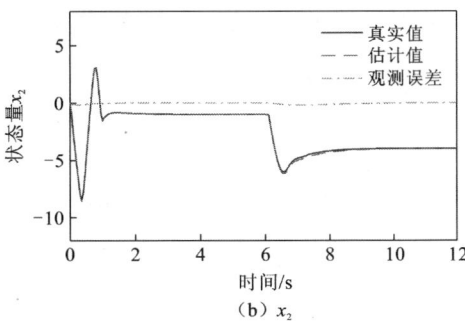

（b）x_2

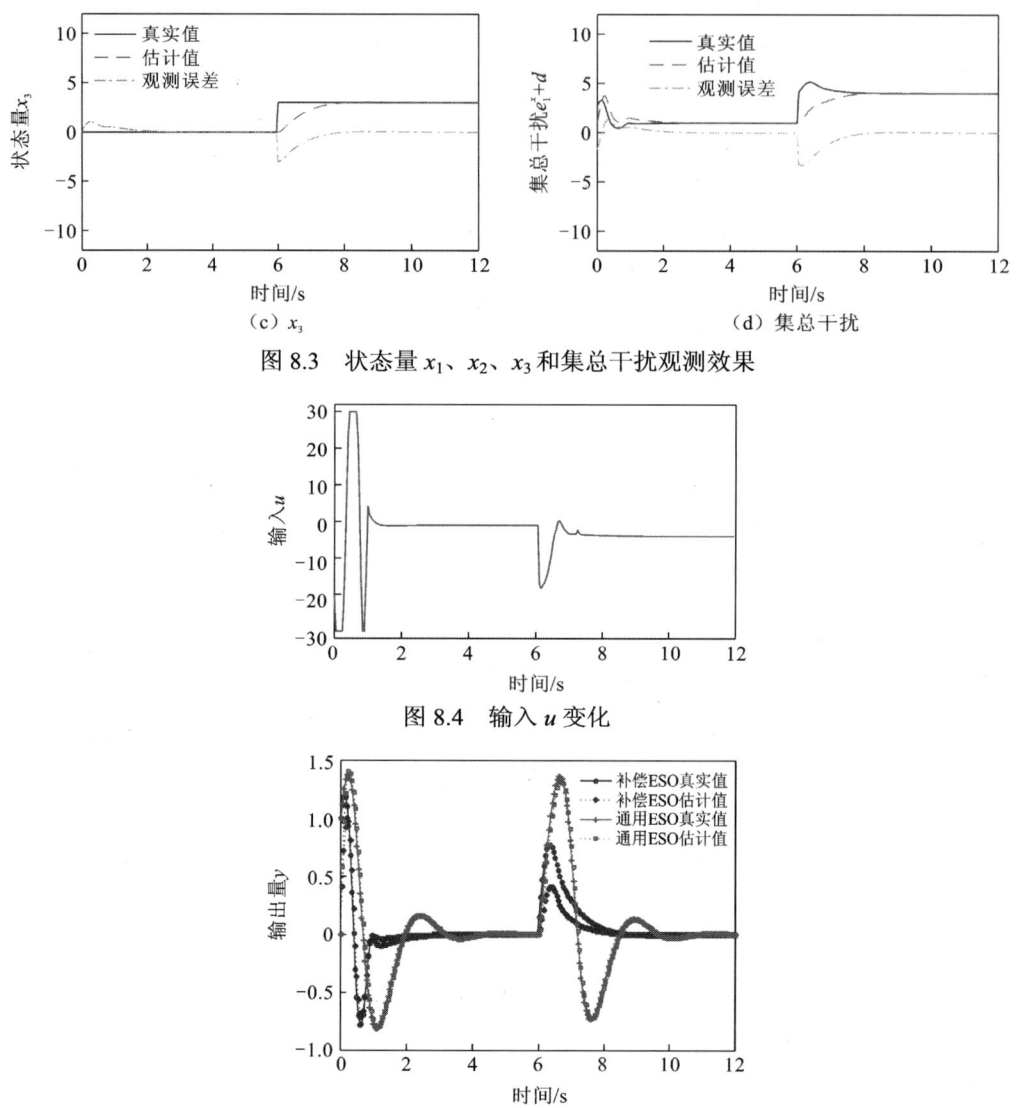

(c) x_3

(d) 集总干扰

图 8.3 状态量 x_1、x_2、x_3 和集总干扰观测效果

图 8.4 输入 u 变化

图 8.5 补偿 ESO 观测器和通用 ESO 观测器观测效果比较

从图 8.3 和图 8.4 中容易得到,在 $t=9$ s 后观测器误差 e 收敛到 0,并且系统输出 y,即 x_1,能够稳定地保持为 0,此时系统输入保持为 $u=-4.0$ 左右,以抵消外界干扰的影响。从与文献[4]中的结果进行对比(见图 8.5)结果很明显可以看出本章提出的补偿 ESO 能够更快地使系统状态量收敛到目标状态,且观测误差比较小。由于式(8.29)中干扰与输入并不匹配,可以说明本章提出的方法能够处

理干扰不匹配的系统。

从仿真结果的对比中可以发现,矩阵 A_{fc}^e 和 A_{fc}^g 的不同特征根会对收敛和控制结果产生影响。为更方便地说明这个问题,假定 A_{fc}^g 的特征根为 $[\lambda_a,\cdots,\lambda_a]_{1\times(n+q+1)}(0<\lambda_a<1)$。当 λ_a 为 0.70、0.80、0.90 或 0.95 时,状态量 x_1 的真实值、观测器误差如图 8.6 所示。通常来说,当 λ_a 取更大的值时,观测器误差的方差越小,但同时收敛速度也越慢。比如,当 $\lambda_a=0.95$ 时,在 $t=8\,\mathrm{s}$ 时观测器误差仍未收敛到 0。相比而言,当 $\lambda_a=0.70$ 时,虽然估计值收敛速度较快,但同时观测器误差的方差很大,而且错误的估计值可能会让系统输入产生偏差,从而使控制效果变差。综合考虑上述情况,选择 $\lambda_a=0.90$ 作为本仿真的参数值。

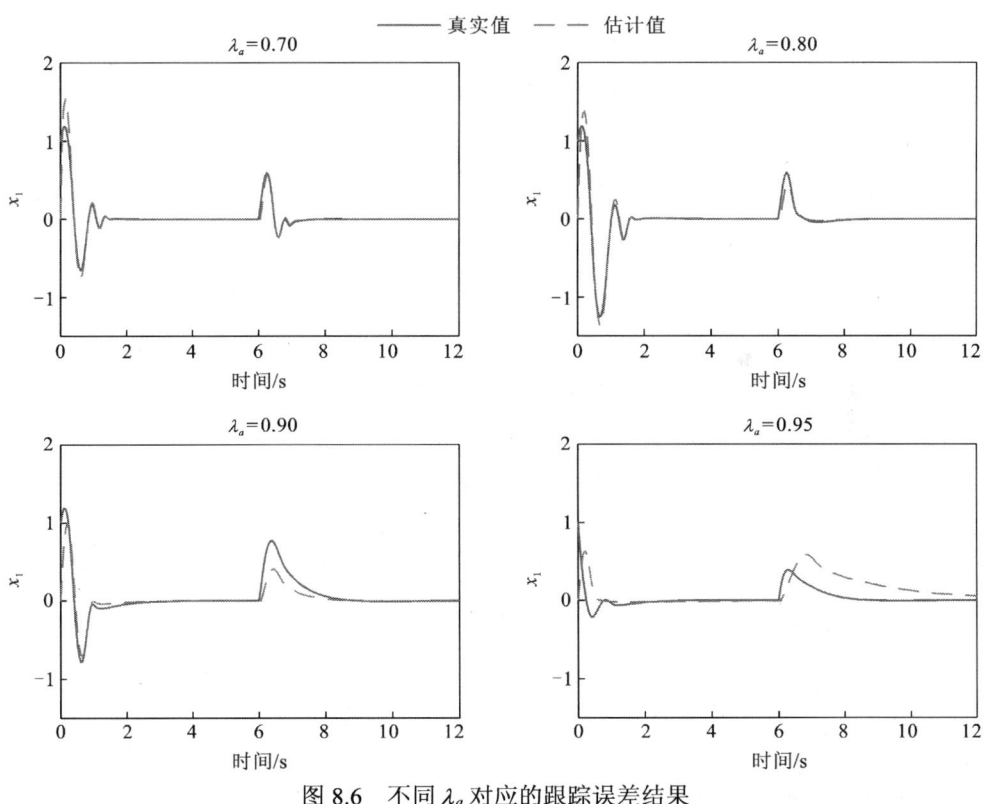

图 8.6 不同 λ_a 对应的跟踪误差结果

2. 船首向跟踪控制实例

1) 船舶船首向跟踪控制模型

在船舶跟随控制中,主要通过控制船舶船首向来实现对路径的跟踪控制。通过控制欠驱动船舶船首向来验证本章提出的方法相对于其他方法的有效性,这里以经典 PID 控制作为对比方法。船舶船首向控制模型如式(4.21),定义系统状态量为 $\boldsymbol{x}=[x_1,x_2,x_3,x_4]^\mathrm{T}=[\psi,r,\dot{r},\delta]^\mathrm{T}$,系统输出为 $y=x_1$,系统输入为 $u=\delta_E$。模型式(4.21)可转换为如下系统状态方程:

$$\begin{cases} \dot{x}_1 = x_2 \\ \dot{x}_2 = x_3 \\ \dot{x}_3 = g(x,u)+d(t) \\ \dot{x}_4 = \dfrac{1}{T_E}(u-x_4) \\ y = x_1 \end{cases} \quad (8.37)$$

式中:$g(x,u)=\dfrac{1}{T_1 T_2}\left[-x_2-\alpha x_2^3-(T_1+T_2)x_3+\dfrac{K(T_E-T_3)}{T_E}x_4+\dfrac{KK_E T_3}{T_E}u\right]$。

为与模型(8.13)一致,相应的系统矩阵 $\boldsymbol{A},\boldsymbol{B},\boldsymbol{C},\boldsymbol{D}$ 分别为

$$\boldsymbol{A}=\begin{bmatrix} 0 & 1 & 0 & 0 \\ 0 & 0 & 1 & 0 \\ 0 & -\dfrac{1}{T_1 T_2} & -\dfrac{T_1+T_2}{T_1 T_2} & \dfrac{K(T_E-T_3)}{T_1 T_2 T_E} \\ 0 & 0 & 0 & -\dfrac{1}{T_E} \end{bmatrix},\quad \boldsymbol{B}=\begin{bmatrix} 0 \\ 0 \\ \dfrac{KT_3}{T_1 T_2 T_E} \\ \dfrac{1}{T_E} \end{bmatrix},$$

$$\boldsymbol{C}=[1\ \ 0\ \ 0\ \ 0],\quad \boldsymbol{D}=[0\ \ 0\ \ 1\ \ 0]^\mathrm{T},$$

集总干扰 $f_d[x,d(t),t]=d(t)-\dfrac{\alpha x_2^3}{T_1 T_2}$。

在将系统(8.37)离散化后,根据式(8.24)和式(8.25)来设计离散补偿扩张状态观测器,再结合 MPC 设计相应的船首向跟踪控制方法。

2)仿真参数设置

模型(8.38)中的参数设置为:$K=0.5900$,$T_1=0.9526$,$T_2=0.0247$,$T_3=0.2215$,$\alpha=0.0010$,$K_E=1.0000$,$T_E=0.1000$,$d_0=d(t)=-1.237-0.1t-0.2t^2$。为保证观测器的收敛性,观测器增益选择为 $\boldsymbol{L}_{fc}=[1.7,95.0,3.3\times10^3,822.0,2.3\times10^5,3.0\times10^6,2.8\times10^7]^\mathrm{T}$,于是矩阵 $\boldsymbol{A}_{fc}^e$ 和 $\boldsymbol{A}_{fc}^g$ 的特征值均为 $[0.75,0.73,0.73,0.69,0.69,0.65,0.65]^\mathrm{T}$。

MPC 相关参数设置为:$N_P=20$,$\boldsymbol{Q}=\mathrm{diag}[10^5,10^2,10^2,10^2]$,$R=1$,离散化和控制周期均设置为 $T_s=0.1\mathrm{s}$。船舶初始状态为 $[0°,0,0,0]^\mathrm{T}$,目标船首向为

第 8 章 基于扩张状态观测器的船舶智能航行路径跟随控制

$\psi_o = 20°$，相应的目标状态量为 $[20°, 0, 0, 0]^T$。系统状态和输入约束设置为

$$-30° \leqslant \tilde{x}_4(k+i) \leqslant 30°, \; -30° \leqslant \tilde{u}(k+i-1) \leqslant 30°$$
$$-20° \cdot T_s \leqslant \Delta \tilde{u}(k+i-1) \leqslant 20° \cdot T_s (-20°/s \leqslant \dot{u}(t) \leqslant 20°/s)$$

3）仿真结果分析

从初始状态到跟踪到目标状态各状态量的真实值、估计值和观测误差及输入如图 8.7 所示。由图 8.7 所示的结果可见，在时刻 $t = 6$ s 后，船舶真实船首向已经稳定地跟踪上了目标航向，并且船首向转速、加速度和真实舵角的观测器误差均收敛到 0，即使外界干扰 $d(t)$ 不断增大，观测器也能够稳定地估计到干扰值，并且通过调整系统输入来抵消干扰对控制效果的影响。

为使图 8.7 所示的结果更具说服力，本书选择经典的 PID 控制方法作为对比。船首向跟踪 PID 控制的比例、积分和微分参数经调试后分别设为：$K_P = 4$，$K_I = 1$，$K_D = 2$。基于补偿 ESO 的 MPC 控制方法与 PID 控制方法分别用于船舶船首向的跟踪控制，得到的船首向输出和舵角输入对比分别如图 8.8（a）和（b）所示。

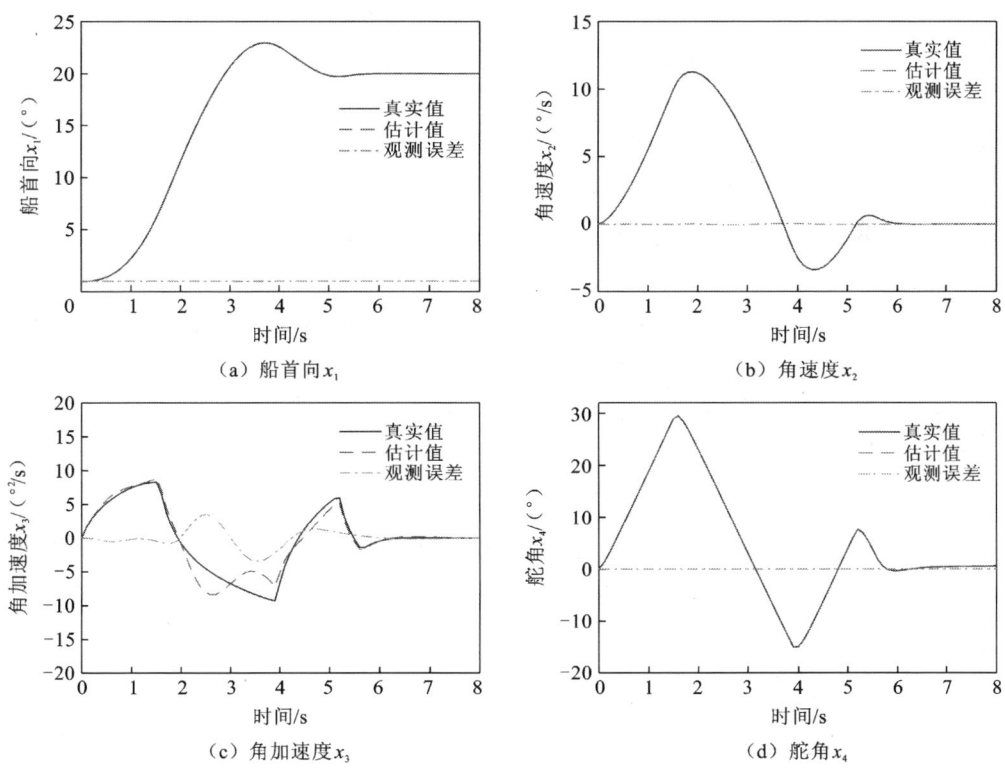

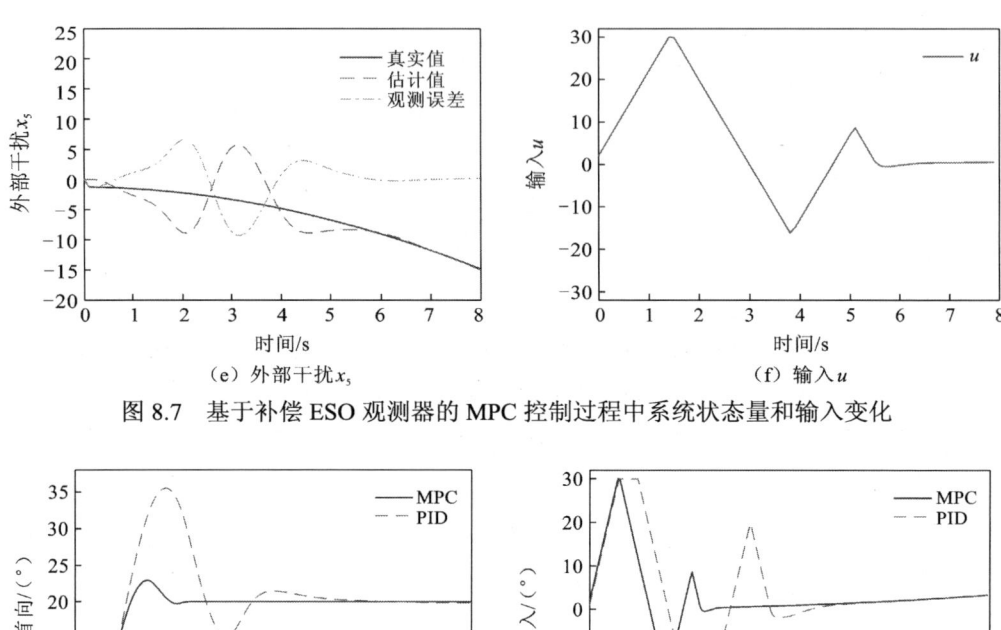

图8.7 基于补偿ESO观测器的MPC控制过程中系统状态量和输入变化

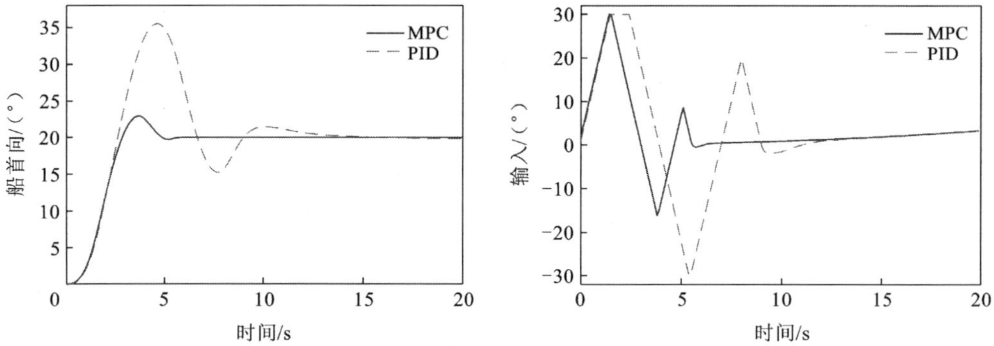

图8.8 PID与基于补偿ESO观测器的MPC控制的效果对比

从图8.8中不难看出,基于补偿ESO的MPC控制方法收敛速度更快,相应的输入波动也更小。为了更定量地说明跟踪效果,定义t_d时间内的离散误差和为$e_{SAE}(t_d)$,具体为

$$e_{SAE}(t_d) = \sum_{k=1}^{t_d/T_s+1} |e(k)| T_s \tag{8.38}$$

式中:$e(k)$为k时刻的跟踪误差,T_s为离散采样时间。于是,MPC和PID的离散跟踪误差和$e_{SAE}(20\text{ s})$分别为41.162和87.620。可见,提出的控制方法比传统PID在控制性能上具有更明显的优势。

8.4 基于 LEM 控制方法的船舶路径跟随控制

本节结合本书第 6 章提出的自适应 LOS 设计方法及本章提出的补偿 ESO 的 MPC 控制方法,提出了一种新的船舶路径跟随控制方法,称为视距-扩张状态观测器-模型预测控制(LOS-ESO-MPC,LEM)路径跟随控制方法。假定路径跟随过程中船舶的实时位置和船首向已知(通过 GPS 和罗经可以获得),而船舶运动的角速度、角加速度和真实舵角均未知,LEM 路径跟随控制方法可以估计出未知状态和未知干扰,实现船舶的路径跟随控制。

8.4.1 基本原理

LEM 路径跟随控制原理如图 8.9 所示,图中详细地展示了自适应 LOS 导航算法、MPC 控制器、补偿 ESO 和船舶之间的关系。

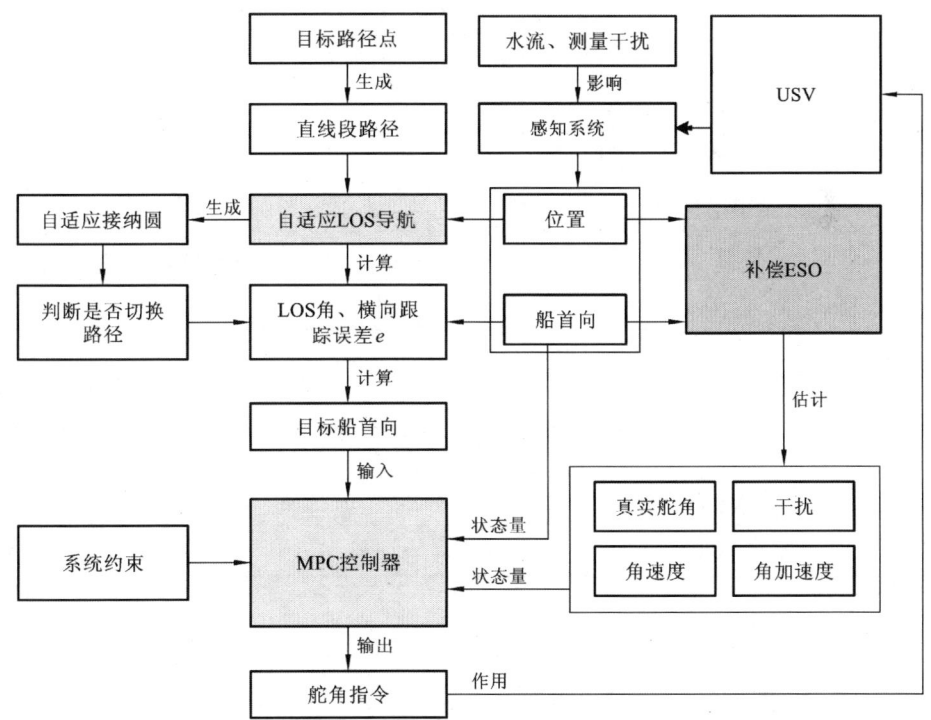

图 8.9 LEM 路径跟随控制器原理

8.4.2 仿真实验验证

1. 仿真参数设置

为验证 LEM 路径跟随控制方法的有效性,在 MATLAB 仿真环境下设置见表 8.1 的仿真条件。其中,采用 Yalmip 工具箱实现 MPC 中的最优化问题求解。

表 8.1 主要仿真参数

类别	参数	数值
船舶	名义(额定)航速/(m/s)	0.8
	水流速度 V_c/(m/s)	0
	Nomoto 模型参数	$[K, T_1, T_2, T_3, \alpha, K_g, T_g]$ $= [0.59, 0.9526, 0.0247, 0.2215, 0.001, 1.0000, 0.1000]$
	外界干扰 d_0	$d_0 = d(t) = -1.237 - 0.001t - 0.002t^2$
	初始状态	船首向:90°;航速:0.8 m/s;输入:0;位置:(1,2)
自适应 LOS 导航	目标路径点/m	{(1,1),(15,1),(25,7),(28,25),(45,25)}
	自适应接纳圆参数 l	2.7
补偿 ESO	采样时间 T_s/s	0.1
	扩张状态维数	3
	观测器增益 L_{fc}	$[0.4, 12.0, -399.0, -1, 3, 244.0, 299.0, 155.0]^T$
	A_{fc}^e 和 A_{fc}^g 的特征值	$[0.74, 0.72, 0.72, 0.69, 0.69, 0.67, 0.67]^T$
MPC 参数	N_p, N_c	30
	控制周期 T	0.1 s
	约束	$-30° \leq \delta_g \leq -30°, -30° \leq \delta \leq 30°$
	权重矩阵 Q	diag[1.000 0.001 0.001 0.001]
	权重参数 R	0.01

2. 仿真结果及分析

基于 LEM 控制的船舶路径跟随控制的仿真结果如图 8.10 所示。结果表明,船舶能够稳定地跟踪上目标轨迹。路径跟随过程中状态量的真实值与估计值对比如图 8.11 所示。由图 8.11 的结果可见,LEM 控制方法能够较准确地估计状态量,这些估计量直接用于 MPC 的船首向跟踪控制，因此状态量估计精度的高低直接影响路径跟随控制的效果。图 8.12 展示了在路径跟随过程中系统输入量的变化，可以看出当船舶轨迹跟踪上目标轨迹后，系统输入趋于稳定。

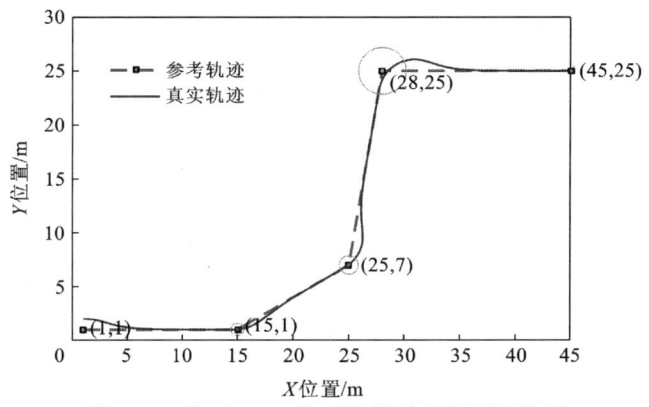

图 8.10 基于 LEM 控制的船舶路径跟随控制

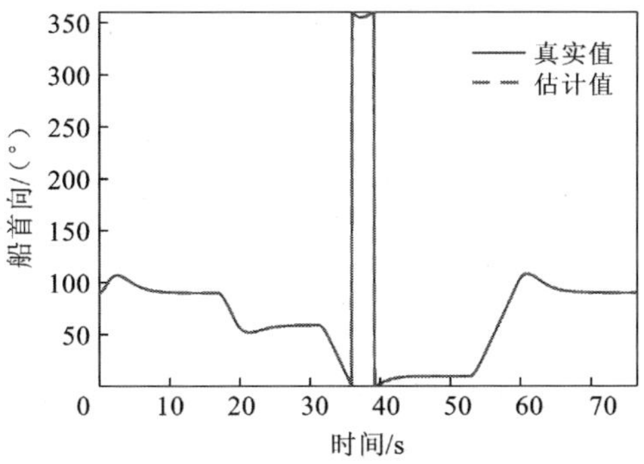

(a) 船首向 x_1

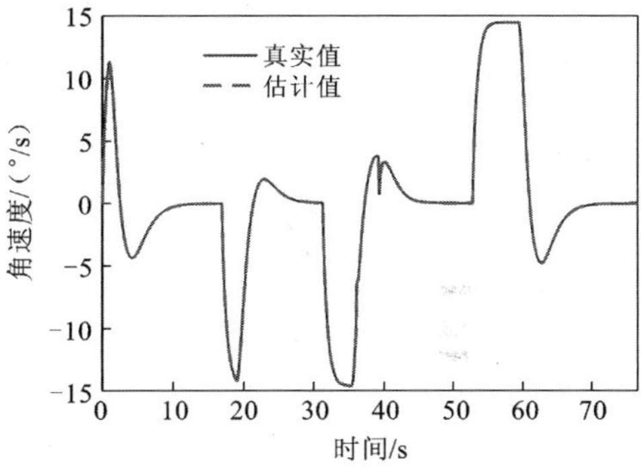

(b) 角速度 x_2

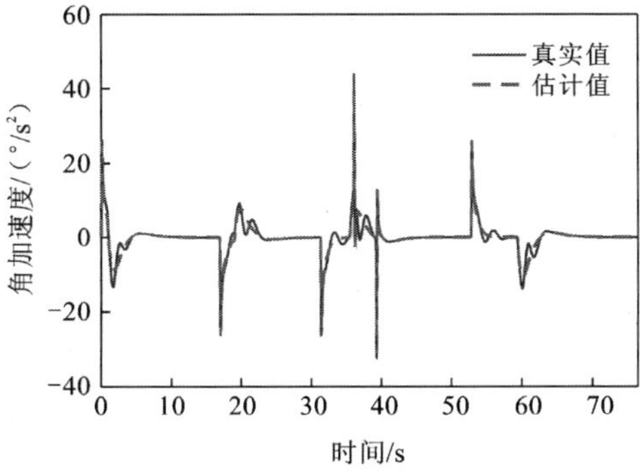

(c) 角加速度 x_3

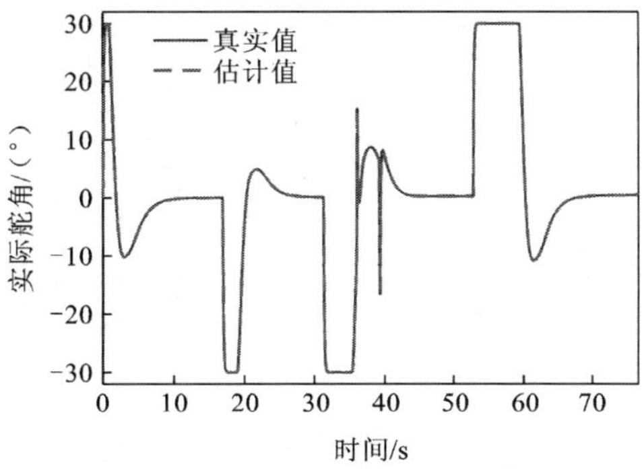

(d) 实际舵角

图 8.11 路径跟随过程中状态量的真实值与估计值比较

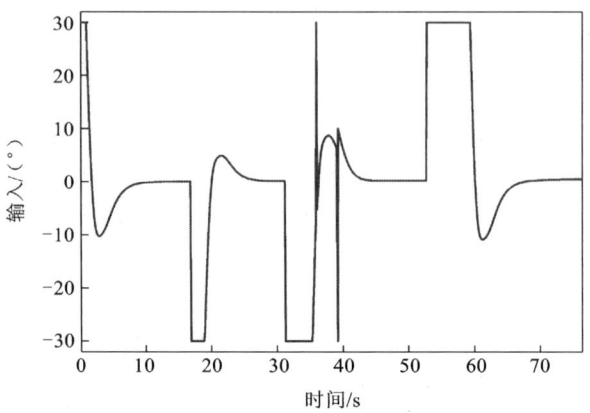

图 8.12 路径跟随过程中系统输入量的变化

LEM 路径跟随控制方法最突出的优点是在某些状态变量和干扰不可测的情况下还能够实现较精确的控制,这一定程度上增大了在实际环境中应用该方法的可能性。同时,由于补偿 ESO 将非线性项作为集总干扰的一部分,其得到的系统模型由非线性模型变为线性模型,使得 MPC 能够以线性模型作为预测模型来进行最优化问题求解,加快了问题求解的效率。

LEM 路径跟随控制方法通过 ESO 估计系统未知状态和干扰,为 MPC 控制提供状态更新。而对于 PID 控制,由于不需要系统模型支持,仅需要获取系统输出量作为反馈值,在实际工程中应用广泛。为验证本书提出的 LEM 路径跟随控制方法的有效性,在相同条件下对比 LEM 和 PID 的路径跟随控制效果。与 LEM 相同,基于 PID 的路径跟随控制也是以自适应 LOS 作为导航算法,PID 参数分别设置为 $K_P=10$,$K_I=0$,$K_D=30$,其他相关参数设置与表 8.1 相同。基于 LEM 和基于 PID 的路径跟随控制结果对比如图 8.13 所示。路径跟随过程中的误差和真实舵角对比分别如图 8.14(a)和(b)所示。

从图 8.13 中不易看出哪一种控制方法路径跟随的效果更好,但从图 8.14(a)中可以看出 MPC 控制方法的收敛速度更快。相应地,可以求得 MPC 的跟踪误差绝对值的平均值为 0.246 m,PID 的跟踪误差绝对值的平均值为 0.269 m,这说明 MPC 的跟踪误差小于 PID 的跟踪误差。由图 8.14(b)可见,在路径拐点处 PID 舵角波动通常较大,计算可以得到 MPC 和 PID 的真实舵角绝对值的平均值分别为 7.6°和 8.4°,舵角越大通常也意味着耗能也越大。因此,可以认为,相对于基于 PID 的路径跟随控制,基于 MPC 的路径跟随控制以较小的舵角实现了更精确的运动控制。

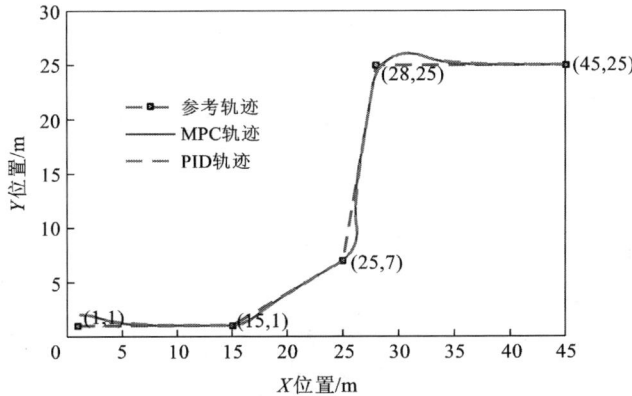

图 8.13 基于 LEM 和 PID 的路径跟随控制结果比较

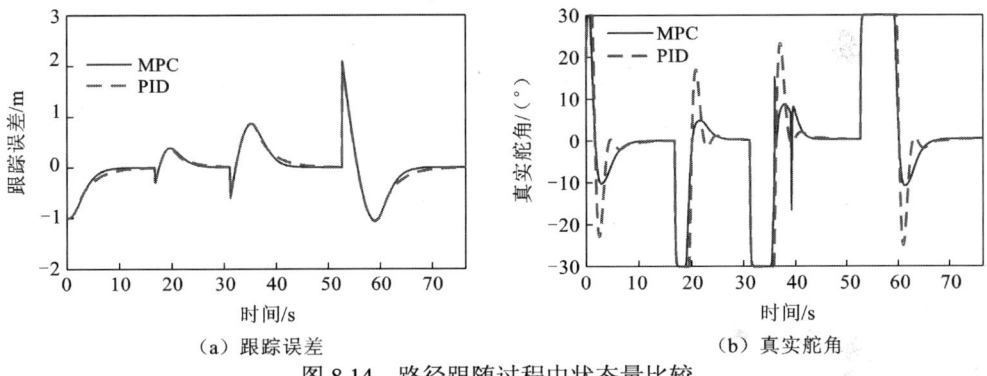

（a）跟踪误差　　　　　　　　　　（b）真实舵角

图 8.14 路径跟随过程中状态量比较

参 考 文 献

[1] 韩京清. 一类不确定对象的扩张状态观测器[J]. 控制与决策, 1995, 10(1): 85-88.

[2] GAO Z. Scaling and bandwidth-parameterization based controller tuning[C]//Proceedings of the 2003 American Control Conference. Colorado: IEEE, 2003: 4989-4996.

[3] MORARI M, LEE J H. Model predictive control: past, present and future[J]. Computers & Chemical Engineering, 1999, 23(4): 667-682.

[4] LI S, YANG J, CHEN W H, et al. Generalized extended state observer based control for systems with mismatched uncertainties[J]. IEEE Transactions on Industrial Electronics, 2012, 59(12): 4792-4802.

第 9 章 船舶编队航行协同控制

单一船舶控制问题已被广泛研究,相应的船舶运动建模与控制方法也日趋成熟[1-7]。近年来,随着智能船、无人船的兴起,船舶编队航行已成为未来船舶发展的必然趋势[8-9]。船舶编队能有效提升航运效能和效率,增强船舶作业的机动性,并降低船舶航行风险,在船舶集群作战、海事搜救、极地航行等领域具有广泛应用前景。相比于船舶编队航行,以移动机器人、飞行器、水下航行器、车辆等为对象的编队控制研究较早,这为船舶编队航行研究提供了理论与技术支持[10-15]。本章将首先介绍船舶编队航行控制的研究进展;然后提出船舶编队纵向航速协同控制方法,并针对船舶编队过闸航行场景提出过闸船舶编队协同控制算法;最后对当前船舶编队研究不足进行分析,并展望未来船舶编队的研究方向。

9.1 船舶编队航行控制研究进展

与其他编队控制相比,船舶编队控制特殊性主要体现在以下几方面:①船舶编队航行环境复杂多变,会同时受到风浪流等因素干扰及水域受限影响[16];②船舶操纵具有惯性大、欠驱动、控制迟滞等特点,导致船舶编队队形控制和路径控制难度加大;③航行环境引起的通信受限或失效情况下的船舶编队可靠控制问题显著[17];④船舶编队控制系统是一个内部结构不确定、外部航行条件未知的复杂系统,当船舶编队个体数量多、队形变化频繁时,很难做出最优控制决策。船舶编队系统涉及系统框架、环境感知、态势认知、编队控制等多个方面。其中,编队控制主要解决多船任务分配、航行状态辨识、协同控制等问题,是实现船舶编队航行的基础。近年来,船舶编队控制受到了广泛关注[18-20]。

9.1.1 船舶编队控制结构

船舶编队控制主要涉及编队航行任务分解、编队结构设计、编队路径规划、编队运动建模和编队运动控制等,其相互关系如图 9.1 所示。其中,船舶编队航行任务分解主要是将编队航行任务分解为编队航行目标轨迹点或目标路径点;船舶编队结构设计主要是提供编队控制方法及生成与变换编队队形；船舶编队路径规划主要是实现编队整体和局部路径规划（避碰）；船舶编队运动建模主要是为编队控制提供控制状态观测与预测；船舶编队运动控制主要是以目标队形使船舶编队按照预设路径或轨迹航行。

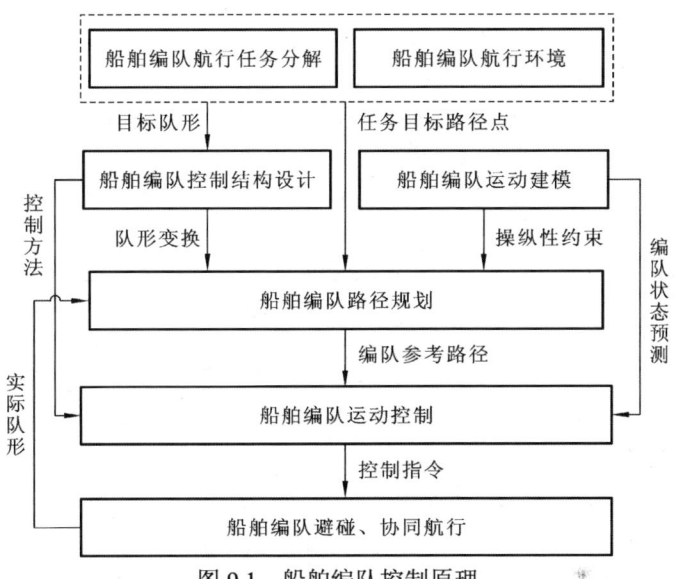

图 9.1 船舶编队控制原理

编队控制结构，有些文中也称为编队控制方法，主要是指编队构建和运行的形式。目前典型的船舶编队结构包括领导-跟随（leader-follower）结构、虚拟结构（virtual structure）、基于行为（behavior-based）结构、图论（graph）结构、人工势场（artificial potential field）结构、组合结构等。

1. 领导-跟随结构

领导-跟随结构是以编队中某一艘船作为领航者，其余船舶则作为跟随者，通过规划领航船舶的航行轨迹，跟随者船舶通过特定控制规律以期望的角度及距离对领航船舶进行轨迹跟踪。典型的基于视距（line-of-sight，LOS）导航的领导跟随结构如图 9.2 所示[21]。跟随船与领航船的目标跟踪距离 $d_{i,j}$ 和目标跟踪角度 $\Phi_{i,j}$ 定义为

$$\begin{cases} d_{i,j} = \sqrt{x_j^2 + y_j^2} \\ \Phi_{i,j} = \arctan\left(\dfrac{y_j}{x_j}\right) \end{cases} \quad (9.1)$$

式中：(x_j, y_j) 为领航船固定坐标系 $\{b\} = \{x_b, y_b\}$ 下的坐标。跟随船 j 和跟随船 $j+1$ 分别通过跟踪目标状态 $(d_{i,j}, \phi_{i,j})$ 和 $(d_{i,j+1}, \phi_{i,j+1})$ 实现编队航行控制，且通过更改目标状态也可实现队形变换。

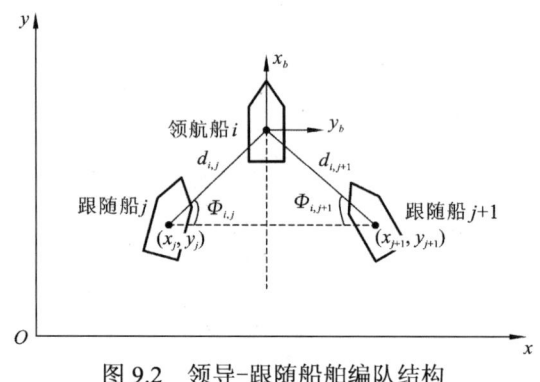

图 9.2　领导-跟随船舶编队结构

Encarnacao 等将水面无人艇作为领航者、水下航行器作为跟随者，实现了两艘船舶的轨迹与路径跟踪协同控制[22]。考虑到领导-跟随结构一旦领导者出现故障或状态未知，可能会导致整个队形溃乱的问题，Pereira 等提出了合作领航法，即跟随者同时受到领航者与其他跟随者的影响，减少了对领航者的单一依赖[23]。李芸等将船舶编队控制过程分为领导-跟随与跟随-跟随两个阶段，以弥补单一领导-跟随结构集中控制的缺陷[24]。编队中选取虚拟领航者也可以克服传统领导-跟随结构的信息单向流通、缺乏反馈的问题[25-28]。为了增强船舶编队控制的稳定性与可靠性，减少对领航者的依赖，有学者提出了一种前者-跟随者（predecessor-follower）结构，该结构为实现编队控制的分布式计算提供了基础[29]。领导-跟随结构简单、易实现，但领航者与跟随者之间相互独立，难以获得跟随者的跟踪反馈。

2. 虚拟结构

虚拟结构是将整个编队视为一个刚体，编队中每个个体均为刚体中相对固定的点，当编队以刚体形式运动时，个体以自身在刚体中的相对位置为目标进行跟踪[30]。当船舶编队队形确立后，船舶 N 均有其对应的参考点 N'，如图 9.3 所示。定义时刻 t 编队虚拟结构中船舶 i 运动状态为 $\mathbf{x}_i = (\mathbf{p}_i, \mathbf{v}_i, \Psi_i)$。其中，惯性坐标系下的船舶坐标 $\mathbf{p}_i = (x_i, y_i)$，船舶速度 $\mathbf{v}_i = (u_i, v_i, r_i)$，$v_{x,i}$、$v_{y,i}$ 和 r_i 分别为船舶 i 的前进速度、横移速度和首摇角速度。Ψ_i 为船首向。再定义 $t+1$ 时刻虚拟结构船舶 i 的目标运动状态为 $\mathbf{x}'_i(t+1) = (\mathbf{p}'_i, \mathbf{v}'_i, \psi'_i)$。建立船舶 i 动力学方程为

$$\dot{\mathbf{x}}_i = f(\mathbf{x}_i, \mathbf{u}_i) \tag{9.2}$$

第 9 章 船舶编队航行协同控制

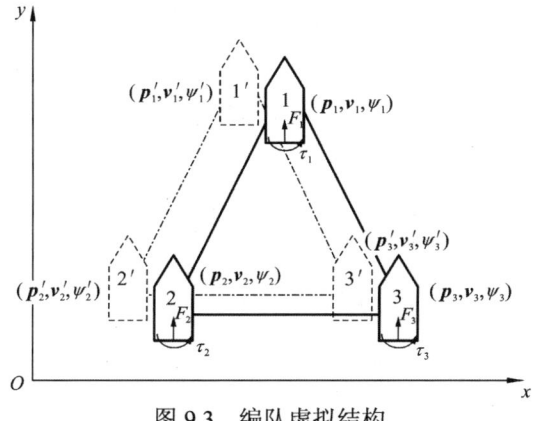

图 9.3 编队虚拟结构

式中：$u_i = (F_i, \tau_i)$ 为船舶控制输入，F_i 为船舶推力，τ_i 为船舶转矩。通过设计编队控制器可实现编队状态由 $\{x_1, x_2, \cdots\}$ 控制至 $\{x_1', x_2', \cdots\}$。

虚拟结构无须对某一特定领航者进行跟踪，并且可将编队引起的误差作为反馈引入控制器，从而实现较高精度的编队控制。虚拟结构最早用于实现移动机器人编队队形高精度控制[31]。随后，Ghommem 等运用虚拟结构，结合反步法设计了一种具有良好稳定性与全局收敛性的船舶编队控制器[32]。秦梓荷等利用虚拟结构，并引入一致性控制思想，解决了因输入量饱和导致的船舶编队队形失效问题[33]。虚拟结构将编队视为刚体结构，一般采用集中控制方式，对信息交互要求较高。针对这个问题，Ren 等将虚拟结构与分散协调体系结构结合，引入了分散编队控制策略，实验证明该策略适用于通信受限的情况[34]。Mehrjerdi 等结合虚拟结构与图论结构，解决了编队个体定位存在误差以及通信延时的问题[35]。虚拟结构在编队适应性与灵活性有所欠缺，一般只能用于二维空间，这一定程度上限制了该方法的应用。

3. 基于行为结构

基于行为结构通过设计编队个体的基本行为（追踪、避碰、队形保持等）和局部规则实现编队任务[36]。船舶行为可通过状态集合表示，即 $B = \{K, A, O, G\}$，其中 K 为队形保持，A 为避碰，O 为追越，G 为朝目标航行。如何对行为进行物理描述，以及如何处理多任务输出之间的干扰是基于行为结构的难点。Balch 率先将基于行为结构运用于编队控制，并利用循环策略设计了保持队形的行为控制器[37]。Pang 等提出的基于零空间的行为结构解决了可能出现的编队任务冲突情况[38]。针对基于行为结构中可能出现的任务冲突情况，有学者提出了基于零空间的行为控制方法,通过设置任务优先级,将单独行为通过规则进行整合实现整体任务,避免了各层次间任务的冲突问题[39-41]。

目前行为冲突的解决方法主要包括行为抑制法、加权平均法、模糊逻辑法和零空间法。其中,零空间法可以在完成高优先级任务的同时也能部分或全部完成低优先级任务,被广泛采用。定义船舶编队执行第 i 个行为时函数模型为 $\boldsymbol{\sigma}_i = f_i(\boldsymbol{p}_1, \boldsymbol{p}_2, \cdots, \boldsymbol{p}_n)$,其中 $\boldsymbol{p}_j = (x_j, y_j)$ ($j=1,\cdots,n$) 为描述编队内第 j 艘船舶的位置向量。于是,$\dot{\boldsymbol{\sigma}}_i = \sum_{j=1}^{n} \frac{\partial f_i}{\partial \boldsymbol{p}_j} \boldsymbol{v}_{i,j} = \boldsymbol{J}_i(\boldsymbol{P}) \boldsymbol{V}_i$ 可表示船舶编队速度与行为的关系。其中,$\boldsymbol{v}_{i,j}$ 为编队第 i 个行为的第 j 艘船舶速度向量,$\boldsymbol{V}_i$ 为船舶编队速度矩阵,$\boldsymbol{J}_i(\boldsymbol{p})$ 为雅克比矩阵,$\boldsymbol{P} = [\boldsymbol{p}_1^\mathrm{T}, \boldsymbol{p}_2^\mathrm{T}, \cdots, \boldsymbol{p}_n^\mathrm{T}]^\mathrm{T}$。基于行为结构的编队控制通常按照行为规则执行,一般难以从数学角度进行定量分析,导致编队行为难以预测、编队控制稳定性不高等问题。

4. 图论结构

图论结构是利用图论知识将编队结构建模为图,每个编队个体为图中的一个节点,节点之间的边表示个体之间的拓扑结构。根据节点之间的关系可分为有向图和无向图,有向图为单向关联,无向图为双向关联,如图9.4所示。

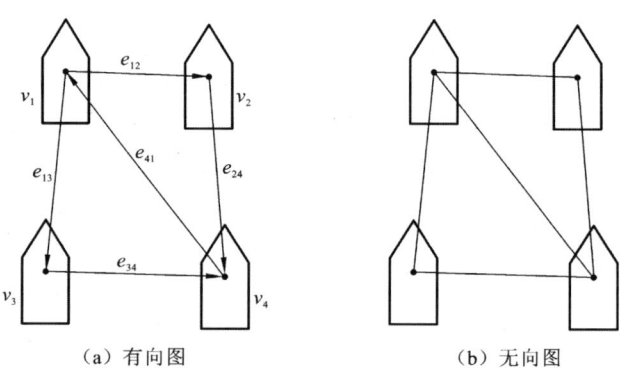

(a) 有向图　　　　　　　　(b) 无向图

图9.4　有向图与无向图船舶编队结构

船舶编队系统通常采用有向图进行系统建模,定义编队系统有向图 $G = \{V, E\}$,其中 $V = \{v_1, v_2, \cdots, v_n\}$ 为编队内所有船舶集合,$E = [e_{ij}]$ 为编队内船舶之间的信息交换关系,即 e_{ij} 为信息可以从船舶 v_i 发送至船舶 v_j。船舶编队有向图连接关系使用邻接矩阵 $A = [a_{ij}]$ 表示,其中,a_{ij} 表示以船舶 v_i 为起点、船舶 v_j 为终点的有向边数量。

领导-跟随结构可认为是典型的有向图关系,跟随者以特定角度与距离跟随领航者,而领航者无须关注跟随者。李冠男针对通信受限下的水下机器人大规模编队控制问题,应用有向图理论对编队进行分解,根据具体通信情况为每个编队选择合适的控制方法[42]。Seok 等以有向图为基础,建立了利用非线性变换误差的局部跟踪设计策略,采用自适应函数逼近技术和辅助变量对不确定非线性进行补偿[43]。秦奇以刚性图理论为基础,提出了一种基于相对位置的自适应船舶编队控制方法,使船舶编队控制的实现不再依赖船舶大地坐标[44]。Huang 等利用相邻船舶的局部信息,并基于无向图建立了一种分散控制策略[45]。图论结构可以描述复杂的编队结构,但在实际应用时复杂性较高。

5. 人工势场结构

近年来,人工势场编队结构在智能体编队控制中也得到了应用[46]。其基本原理是建立不同的势场来控制编队对象的运动。引入虚拟领航者的人工势场结构如图9.5所示[47]。图中虚线表示势场力作用。虚拟领航船通过势场力 f_{v-l} 使编队内船舶维持在其附近,编队内船舶之间通过相互势场力 f_{v-v} 保持安全距离。人工势场结构算法简明,灵活性高,但易使编队陷入局部最小点。

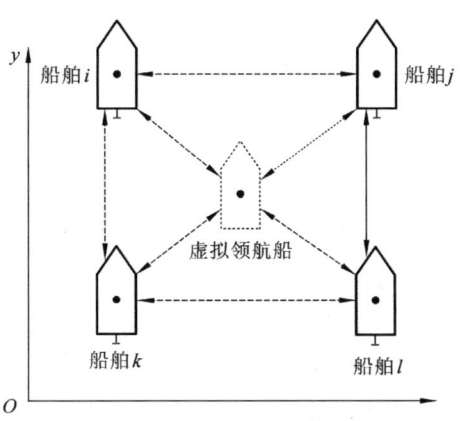

图 9.5 人工势场船舶编队结构[47]

6. 组合结构

近年来,不同编队结构结合成为一种趋势。例如,王楠等将无向图理论与基于行为结构相结合,通过定义编队误差函数与跟踪误差函数给出一种能够有效控制编队队形和姿态的控制方法,避免了行为法不能定量描述的问题[48]。Liu 等将领导跟随和基于行为编队结构结合,提出了满足航速保持、停船、距离保持、紧急停船等多种编队行为的过闸船舶编队协同控制[49]。

通过分析上述船舶编队结构的原理可知,不同编队结构的适用场景和特点都有差异。因此,应针对不同的编队航行场景和需求选择合适的船舶编队结构。例如,针对开阔水域的船舶编队航行,应用较易实现的领导-跟随、虚拟结构等就能满足需求;针对内河狭窄弯曲航道、船闸水域,其队形变换要求高、编队间距紧密,应选择编队队形变换灵活、鲁棒性强的编队结构,如基于行为与图论结合的编队结构。

另外,船舶编队在避障、受限航道航行时,有时需要改变队形,以保证编队航行的效率和安全。例如,避让障碍物时,船舶编队可以通过分散队形使障碍物从编队中间通过;通过桥孔时,船舶编队会切换成单条列队形式航行以避免发生碰撞事故;逆流航行时,船舶编队可能会呈"人"形字分布,以减少水流对后船前进的阻力。船舶编队队形控制与编队结构紧密关联,不同编队结构对队形的表达方式不同。例如,对于领导-跟随结构,可以通过改变领航船航迹实现船舶编队队形的控制;对于虚拟结构,可以调整船舶编队刚性结构来改变编队队形;对于图论结构,可以通过改变编队内部拓扑结构来改变编队队形。

9.1.2 船舶编队运动模型

船舶编队航行运动模型用于描述编队内船舶螺旋桨转速、舵角与船舶运动状态(位置、航速、船首向等)之间的输入输出关系[50]。定义由 N 艘船舶组成的船舶编队表示为 $\mathcal{F}=[1,\cdots,N]$,导航惯性坐标系 $\{n\}=(x_n,y_n,z_n)$,其中 x_n 为正北方向,y_n 为正东方向。针对编队内的任一船舶 i,定义相应的附体坐标系为 $\{b_i\}=(x_{bi},y_{bi},z_{bi})$,其中 x_{bi} 为船舶 i 前进方向,y_{bi} 为船舶 i 横漂方向。设定船舶 i 位置向量为 $\boldsymbol{\eta}_i=[x_i,y_i,\psi_i]^{\mathrm{T}}$,速度向量为 $\boldsymbol{v}_i=[u_i,v_i,r_i]^{\mathrm{T}}$,其中 x_i、y_i 为船舶 i 在惯性坐标系 $\{n\}$ 的位置,ψ_i 为船舶 i 船首向,u_i、v_i、r_i 分别为船舶 i 在附体坐标系的前进速度、横漂速度和首摇角速度。编队运动模型参数定义如图9.6所示。

船舶 i 状态转换矩阵为

$$\begin{cases}\dot{x}_i=u_i\cos\psi_i-v_i\sin\psi_i\\\dot{y}_i=u_i\sin\psi_i+v_i\cos\psi_i\\\dot{\psi}_i=r_i\end{cases} \quad (9.3)$$

船舶运动包括前进、横漂、首摇、起伏、横摇和纵摇6个自由度。对于编队航行控制,通常只需关注前进、横漂和首摇这3个自由度。因此,船舶编队中船舶 i 动力学模型可表示为

第 9 章 船舶编队航行协同控制

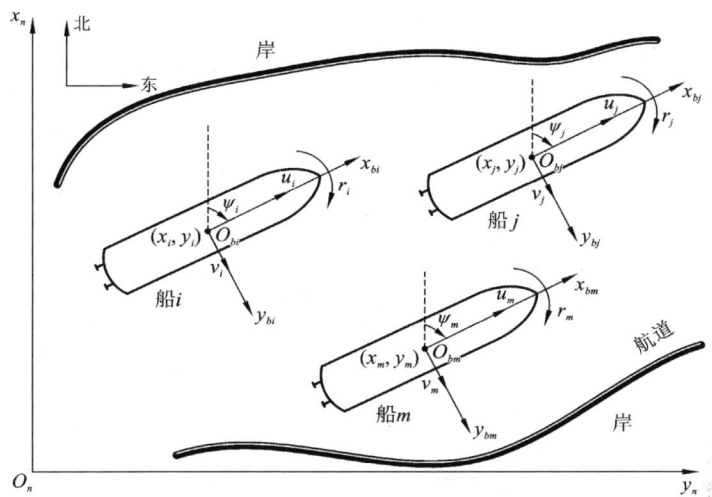

图 9.6 船舶编队运动模型

$$M_i\dot{v}_i = -C_i(v_i)v_i - D_i(v_i)v_i + \tau_i + \tau_{di} \tag{9.4}$$

式中：M_i 为船舶 i 的惯性矩阵；$C_i(v_i)$ 为船舶 i 的科里奥利力和离心力矩阵；$D_i(v_i)$ 为船舶 i 的阻尼矩阵；$\tau_i = [\tau_{ui}, \tau_{vi}, \tau_{ri}]^T$ 为船舶 i 的控制输入，即纵向推力、横向推力和扭矩；$\tau_{di} = [\tau_{dui}, \tau_{dvi}, \tau_{dri}]^T$ 为船舶 i 受外界环境的干扰力。矩阵 M_i、$C(v_i)$ 和 $D(v_i)$ 具体表示如下：

$$M_i = \begin{bmatrix} m_{11i} & 0 & 0 \\ 0 & m_{22i} & m_{23i} \\ 0 & m_{32i} & m_{33i} \end{bmatrix} \quad C(v_i) = \begin{bmatrix} 0 & 0 & c_{13i}(v_i) \\ 0 & 0 & m_{11i}u_i \\ -c_{13i}(v_i) & -m_{11i}u_i & 0 \end{bmatrix}$$

$$D(v_i) = \begin{bmatrix} d_{11i}(v_i) & 0 & 0 \\ 0 & d_{22i}(v_i) & d_{23i}(v_i) \\ 0 & d_{32i}(v_i) & d_{33i}(v_i) \end{bmatrix}$$

式中：$m_{11i} = m_i - X_{\dot{u}i}$，$m_{22i} = m_i - Y_{\dot{v}i}$，$m_{23i} = m_{32i} = m_i x_{gi} - Y_{\dot{r}i}$，$m_{33i} = I_{zi} - N_{\dot{r}i}$，
$c_{13i}(v_i) = -m_{22i}v_i - m_{23i}r_i$，$d_{11i}(v_i) = -(X_{u_i} + X_{|u_i|u_i}|u_i| + X_{u_iu_iu_i}u_i^2)$，
$d_{22i}(v_i) = -(Y_{v_i} + Y_{|v_i|v_i}|v_i| + Y_{|r_i|v_i}|r_i|)$，$d_{23i}(v_i) = -(Y_{r_i} + Y_{|v_i|r_i}|v_i| + Y_{|r_i|r_i}|r_i|)$，
$d_{32i}(v_i) = -(N_{v_i} + N_{|v_i|v_i}|v_i| + N_{|r_i|v_i}|r_i|)$，$d_{33i}(v_i) = -(N_{r_i} + N_{|v_i|r_i}|v_i| + N_{|r_i|r_i}|r_i|)$。

可定义船舶编队内船舶 i 的状态向量为 $x_i = (\eta_i^T, v_i^T)^T$，船舶编队状态 $X = [x_1, x_2, \cdots, x_N]^T$。基于编队状态 X 可推算编队内船舶之间的相对位置、方位角、相对速度等其他状态。

9.1.3 船舶编队控制器

船舶编队运动控制器可实现编队队形建立、队形保持、队形变换及编队路径规划与跟踪控制。船舶编队在避障、受限航道航行时,有时需要改变队形,以保证编队航行的效率和安全。例如,避让障碍物时,船舶编队可以通过分散队形使障碍物从编队中间通过;通过桥孔时,船舶编队会切换成单条列队形式航行以避免发生碰撞事故;逆流航行时,船舶编队可能会呈"人"形字分布,以减少水流对后船前进的阻力。船舶编队队形控制与编队结构紧密关联,不同编队结构对队形的表达方式不同。例如,对于领导-跟随结构,可以通过改变领航船航迹实现船舶编队队形的控制;对于虚拟结构,可以调整船舶编队刚性结构来改变编队队形;对于图论结构,可以通过改变编队内部拓扑结构来改变编队队形。

1. 集中式编队运动控制器

船舶编队控制器可以使编队船舶相互之间保持预定几何形态,在满足约束前提下向特定目标或方向运动。目前船舶编队控制方法主要包括滑模控制法[51]、反步法[52]、神经网络法[53]、模糊控制法[54]、自抗扰控制[55]、分布式模型预测控制法[56-57]等。从控制方式上,船舶编队控制方法可分为集中式控制方法和分布式控制方法两类[58]。对于分布式船舶编队控制,编队内每艘船舶都可以决定自己的行为。与集中式控制相比,分布式控制方法分担了计算压力,且任意一艘船舶的故障一般不会致使整个编队系统崩溃,鲁棒性更强[59]。典型集中式船舶编队控制器如图9.7所示。

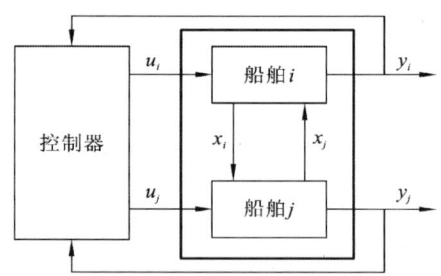

图 9.7 集中式船舶编队控制器原理

2. 分散式编队运动控制器

分散式编队运动控制器将整个船舶编队运动控制器分解为多个独立的子系

统，每个子系统分别由一个局部控制器控制，局部控制器之间不进行通信，其控制原理如图 9.8 所示。分散式编队运动控制方法对子系统之间的强耦合的系统控制效果不佳。

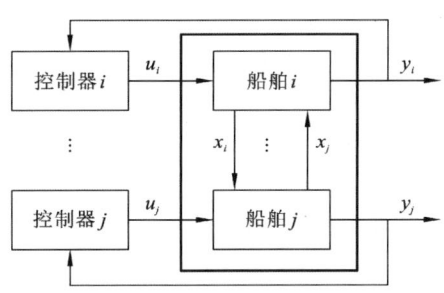

图 9.8　分散式船舶编队控制器原理

3. 分布式模型预测编队控制器

典型分布式船舶编队控制器原理如图 9.9 所示。分布式编队控制方式对编队内单个控制器的依赖较小，随着编队船舶数量的增多，分布式控制的优势将会更加显著。

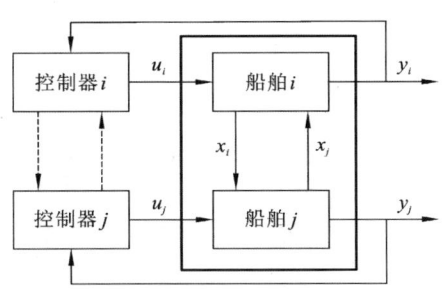

图 9.9　分布式船舶编队控制器原理

模型预测控制由于具有显式多约束处理、鲁棒性强和滚动优化等优点，在船舶运动控制中得到了广泛应用[60-61]。分布式模型预测控制方法（distributed model predictive control，DMPC）[62]是最具代表性的编队分布式控制算法，其应用对象涵盖机器人编队[63]、飞行器编队[64]、车辆编队[65]、船舶编队等。船舶编队控制方面，Chen 等提出了面向船舶列队的分布式协作模型预测控制方法，实现了自主航行船舶和人工操控船舶混合编队的协同控制[66-67]。Zheng 等利用分布式协作模型预测控制方法实现了水上自动导引船编队的避碰控制[68]。为实现多船编队航行控制，在设置多约束基础上，基于模型预测控制方法构建多船编队航行最优化问题，并采用交替方向乘子法（alternating direction method of multipliers, ADMM）实现分布式高效计算。

基于分布式编队控制思路，本书设计船舶编队分布式模型预测控制器，如图 9.10 所示。具体是通过编队结构将船舶编队控制目标分配到每艘船舶，得到每艘船舶具体任务和目标路径；在考虑航速、输入、间距等多约束条件情况下，构建编队多目标优化问题，利用 ADMM 和 MPC 实现该问题的分布式求解，并保证船舶编队航行的协同性和收敛性。

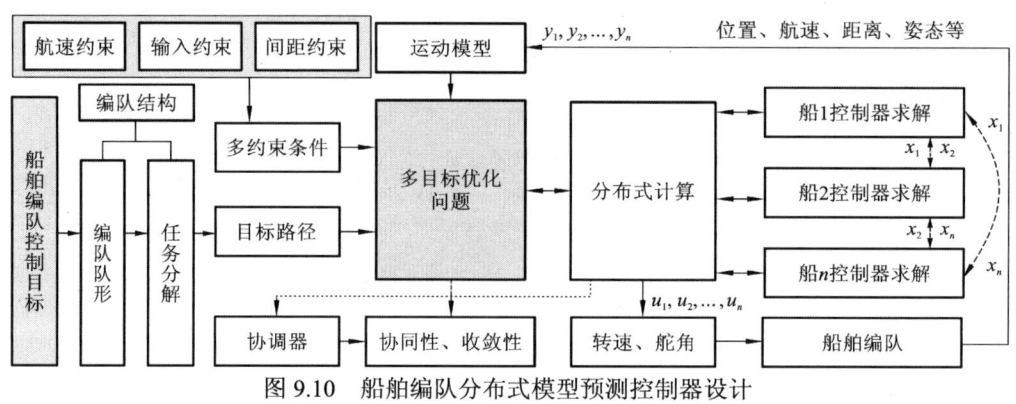

图 9.10 船舶编队分布式模型预测控制器设计

9.1.4 研究现状与关键问题

纵观国内外研究成果，目前主要研究开阔水域的船舶编队控制，重点解决的是船舶队形保持、避碰、编队路径跟踪控制等问题，而针对船舶编队有人/无人船舶共融、人机协作、系统建模、通信受限、特殊水域等方面研究不足，具体表现在以下几个方面。

（1）有人/无人船舶编队共融问题。2018 年 IMO 在 99 届海上安全委员会上正式启动海上自主水面船舶相关规范和条约的研究，标志着船舶自主无人化已经成为未来船舶发展的必然趋势。考虑技术、规范发展历程及现有船舶基数，未来很长一段时间都是一种有人船和无人船共存的状态。可见，有人/无人船舶编队也是未来船舶编队存在的一种重要形式。有人船具有"强智能"，无人船具有"弱智能"，在执行复杂场景下的避障、队形变换等任务时，如何充分发挥有人船在决策层的智能性，以及无人船在感知层的快速性和超视觉能力，是需要解决的关键问题。

（2）不确定干扰下的船舶编队控制问题。风、浪、流等外界干扰直接影响船舶编队协调作业的性能，这些外界干扰往往难以进行精确建模，考虑船舶本身的大惯性、迟滞性等因素，船舶编队控制运动模型难以精确建立，这导致在编队控制过程中存在更多的不确定性。例如，船舶队形可能会因为运动控制偏差而改变，甚至会引起编队内船舶相互碰撞；此外，由于不同船舶操纵性不同（异质编队），在急弯或者紧急停船可能会造成船舶编队发生碰撞。因此，如何在外界干扰不确定情况下设计一种高精度编队控制方法，并保证船舶运动发生偏差情况下仍能正常航行是亟待解决的关键问题。

（3）通信受限条件下的船舶编队鲁棒控制问题。船舶航行水域通常远离生产生活区域，导致船舶编队通信资源受限。由于在深远海和内河部分航段无法使用移动通信网络，只能通过卫星进行数据传输，船舶编队内部通信及船舶与控制中心的通信存在通信带宽窄、时延大，甚至会出现通信中断等情况。根据中国船级社《自主货物运输船舶指南》规定：自主船遥控控制过程中，如通信无法满足遥控要求时，船舶自动回到自主航行状态[69]。这势必对船舶编队控制的可靠性和鲁棒性提出了更高的要求。因此，有必要研究在通信受限时如何实现船舶编队模式的自主切换并保持编队航行的一致性与可靠性。此外，船舶编队航行过程中，远程遥控和自主航行模式如何进行信息交互和切换问题尚未完全解决。

（4）特殊水域船舶编队控制问题。在一些特殊水域，如极地水域、船闸水域等，船舶编队航行水域条件与开阔水域有较大区别。冰区、受限水域的船舶运动机理仍不够明晰，编队航行过程中的航行策略、航行控制、风险控制等问题也有待研究。因此，目前亟须解决特殊水域船舶编队航行运动特性分析、紧密编队条件下航速与距离控制、编队航行风险识别与控制等问题。

（5）船舶编队控制一致性问题。一致性问题是多智能体群体控制中的典型问题，即设计各智能体间的局部规则，使整个群体向某种特定的形式或行为演变[70]。编队中不同类型船舶操纵性差别较大，即使是同一类型、尺度船舶，不同装载状态也会导致船舶操纵性发生改变，这增加了船舶编队一致性控制的难度。此外，通信时滞、丢包和船舶自身的欠驱动性等因素也会加大编队一致性控制的难度。因此，如何实现在各种条件下的船舶编队控制一致性是未来研究的难点问题。

9.2 船舶纵向航速协同控制方法

伴随着新一代通信技术、人工智能、物联网等技术的快速发展，船舶自主编队航行、多船协同作业已逐渐成为可能。多船协同航行是指多艘船舶以协作方式完成航行任务，在海事搜救、资源勘探、极地航运等领域中具有显著优势。在智能载具协同控制研究方面，车辆协同控制研究开展较早，车辆的自适应巡航控制、列队驾驶、编队控制等方面取得了很多进展。目前,船舶协同控制主要在开阔水域开展,难以满足船舶在港口、船闸等复杂航行水域协同航行控制的要求。精确、稳定、可靠的船舶纵向航速协同控制是实现船舶之间安全距离保持、停船、靠泊控制的关键,也是实现船舶协同控制的基础[71]。

针对船舶航速控制问题,常用的控制方法有 PID、最优控制、滑模变结构控制、反步法控制等[72-76]。船舶纵向航速控制的最终目的是实现多船纵向自动跟驰。文献[77]借鉴国外学者伽赛斯在 1961 提出的跟驰理论的一般公式研究了内河航道的通航能力。文献[78]应用交通流跟驰理论,研究超大型船舶纵向间距,建立超大型船舶安全纵向间距计算模型,并分不同情形给出了计算实例。文献[79]根据国外学者 Gipps 提出的基于安全距离的跟驰理论建立了北极航线船舶航行安全的跟驰模型。目前国内外对于船舶跟驰模型的研究已有一定基础,但基于各种跟驰理论的船间距模型非线性较高,较少应用于船舶的跟驰控制中。

在纵向速度协同控制方面,目前主要研究车辆 ACC 系统问题,自从第一代 ACC 装备的车辆被投放市场以来已经超过 20 年了[80]。文献[81]基于 MPC 方法设计了考虑舒适性、经济性、安全性等多目标协调式 ACC 系统。文献[82]设计一种同时兼顾时间效率和精度的算法,将基于 Q 学习的自适应巡航控制策略与现有的跟踪控制结构相结合,使车辆在弯道上减速,在直线上加速。文献[83]研究了基于车辆性能的自适应巡航控制中考虑控制车辆的参数及不确定性的重要性,并通过 3 种确定性设计优化的实例,证明了考虑车辆参数及不确定性的有效性。目前纵向列队速度协同控制的研究在车辆领域已十分成熟,由于船舶只有在进行特殊任务时才会进行纵向跟驰,例如在破冰船护航下的船舶跟驰、在狭窄水域进行纵向编队等,所以纵向速度协同控制的研究很少应用在船舶领域。在车辆自适应巡航中,由于车辆加速和制动时加速度变化过快,很难获得前车准确的实时加速度,所以一般将其视为干扰量来处理,一定程度上会影响控制精度。

综上所述,近年来对于船舶航速控制、跟驰模型及航速协同控制的研究都取得了一定的成果,但也存在一些不足,主要表现在:目前基于各种跟驰理论的船间距模型非线性较高,应用于船舶纵向航速协同控制会影响控制的实时性;在纵向航速控制的研究中,实际应用时,环境或是控制系统自身结构决定着执行器的输出及变化能任意大,因而控制输入同时也受到很多约束,在满足约束条件下控制器的执行变得困难。为了提高船舶在执行特殊任务时的效率,例如在破冰船护航下的船舶跟驰任务,在狭窄水域进行纵向编队任务等,船舶纵向航速协同控制的研究显得十分重要,但目前纵向速度协同的控制的研究主要集中在车辆领域,船舶领域较少。本书在参考了车辆自适应巡航控制系统后,针对船舶纵向航速协同控制问题,采用基于变时距策略的跟驰距离模型解决了船间距模型非线性较高的问题，在建立运动学模型时考虑了前船加速度的影响从而提高了模型精度，最后在结合了船舶的纵向动力模型和运动学模型后，采用 MPC 解决船舶纵向航速协同控制问题，满足了多约束、高精度、强鲁棒等控制要求。

9.2.1 船舶的纵向动力模型

船舶纵向动力模型是分析船舶在航行过程中船舶纵向合力与航速之间的关系。船舶纵向合力由船舶螺旋桨产生的推力与航行所受到的阻力所组成，所以船舶前进动力可由式（9.5）表示：

$$T = T_p - R \tag{9.5}$$

式中：T 为船舶前进动力，N；T_p 为船舶的推进力，N；R 为船舶航行时的总阻力，N。

1. 阻力模型

船舶在水中航行时所受的阻力由静水阻力、风阻及浪阻形成，而本书考虑的是船舶在波浪较小的情境下，所以暂不考虑波浪阻力，只考虑静水阻力以及风阻，所以式（9.6）表示船舶航行时所受的总阻力：

$$R = R_1 + R_2 \tag{9.6}$$

式中：R_1 为静水阻力，N；R_2 为风阻，N。

船体所受的静水阻力由摩擦阻力、剩余阻力和附体阻力组成[84]，由式（9.7）表示：

$$\begin{aligned} R_1 &= R_f + R_r + R_{ap} \\ &= \frac{1}{2}(1+C_{ap})\left\{\left(105\frac{K_s}{L_{pp}} - 0.64\right) \times 10^{-3} + a\left(\frac{0.2977V_s}{\sqrt{L_{wl}}}\right)^3 + b\left(\frac{0.2977V_s}{\sqrt{L_{wl}}}\right)^2 \right. \\ &\quad \left. + \left[a\left(\frac{0.2977V_s}{\sqrt{L_{wl}}}\right)^3 + b\left(\frac{0.2977V_s}{\sqrt{L_{wl}}}\right)^2 + c\left(\frac{0.2977V_s}{\sqrt{L_{wl}}}\right) + d + 1\right]C_f\right\}\rho V_s^2 S_s \end{aligned} \tag{9.7}$$

式中：R_f 为摩擦阻力，N；R_r 为剩余阻力，N；R_{ap} 为附体阻力，N；C_{ap} 为附体阻力系数；K_s 为 50 mm 长度内的平均波动幅度；L_{pp} 为船舶垂线间长，m；a、b、c、d 为与船体的瘦长程度相关的系数值；V_s 为船舶航速，m/s；L_{wl} 为船舶的水线长度，m；C_f 为摩擦阻力系数；ρ 为海水密度，kg/m³；S_s 为船体表面润湿面积，m²。

摩擦阻力系数 C_f 的计算公式如式（9.8）所示：

$$C_f = \frac{0.075}{\left(\lg\dfrac{V_s L_{w1}}{v} - 2.03\right)^2} \tag{9.8}$$

式中：v 为海水的运动黏度，m^2/s。

船舶风阻经验公式如式（9.9）所示[85]：

$$R_2 = \frac{1}{2} C_a \rho_a V_a^2 A \tag{9.9}$$

式中：C_a 为空气阻力系数，与船型相关；ρ_a 为空气密度，kg/m^3；A 为中横剖面投影面积，m^2；V_a 为相对风速，m/s；相对风速可由式（9.10）计算得到：

$$V_a = V_s + V_w \tag{9.10}$$

式中：V_w 为风速，m/s。

综合式（9.6）~式（9.10），船舶总阻力可表示为

$$R_2 = \frac{1}{2}(1+C_{ap})\left\{\left(105\frac{K_s}{L_{pp}} - 0.64\right)\times 10^{-3} + \left[a\left(\frac{0.2997 V_s}{\sqrt{L_{w1}}}\right)^3 + b\left(\frac{0.2997 V_s}{\sqrt{L_{w1}}}\right)^2\right.\right. \\ \left.\left. + c\left(\frac{0.2997 V_s}{\sqrt{L_{w1}}}\right) + d + 1\right]C_f\right\}\rho V_s^2 S_s + \frac{1}{2}C_a\rho_a(V_s+V_w)^2 A_t \tag{9.11}$$

2. 船舶的推力模型

船舶航行动力由螺旋桨提供，其推进力 T_p 为

$$T_p = K\rho n^2 D^4 \tag{9.12}$$

式中：K 为推力系数；n 为螺旋桨转速，r/s；D 为螺旋桨直径，m。

推力系数 K 与进速系数 J 之间的关系一般成二次方关系[86]，如式（9.13）所示：

$$K = e_1 J^2 + f_1 J + h_1 \tag{9.13}$$

式中：e_1、f_1、h_1 为与螺旋桨螺距比有关的系数值。进速系数 J 的计算公式如式（9.14）所示：

$$J = \frac{V_s(1-w)}{nD} \tag{9.14}$$

式中：w 为伴流率系数，一般与船型有关。

综合式（9.12）~式（9.14），可得船舶推进力模型为

$$T_{p} = \left\{ e_{1}\left[\frac{V_{s}(1-w)}{nD}\right]^{2} + f_{1}\frac{V_{s}(1-w)}{nD} + h_{1} \right\} \rho n^{2} D^{4} \qquad (9.15)$$

船舶进行加速度较大的减速运动或制动时，螺旋桨将逆转，推力系数 K_t 与进速系数 J_t 之间的关系会发生变化，但也可估作二次方关系，所以倒车拉力可表示为

$$T_{p} = \left\{ e_{2}\left[\frac{V_{s}(1-w)}{nD}\right]^{2} + f_{2}\frac{V_{s}(1-w)}{nD} + h_{2} \right\} \rho n^{2} D^{4} \qquad (9.16)$$

船舶前进的加速度为

$$a_{h} = \begin{cases} \dfrac{T_{p} - R}{m}, & n > 0 \\ \dfrac{-T_{p} - R}{m}, & n < 0 \end{cases} \qquad (9.17)$$

9.2.2 船舶航速跟驰建模

1. 基于时变策略的船舶间距模型

船舶间距策略是船舶跟驰的重要组成部分，它决定了整个控制过程中的理想跟船距离。合理的间距策略是保证船舶行驶安全和提高通航效率的关键。本书采用适应性和安全性更好的变时距模型设计船舶间距模型[87]。期望行船间距可表达为

$$d_{e}(k) = a + bv_{h}(k) - cv_{r}(k) \qquad (9.18)$$

式中，a、b、c 为设定参数；$v_h(k)$ 为主船船速，m/s；$v_r(k)$ 为两船相对速度，m/s。

船舶的跟驰原理如图 9.11 所示，图中，$d_r(k)$ 为两船之间的相对船距，m；$v_t(k)$ 为前船船速，m/s；$e_d(k)$ 为实际距离与期望间距的差值，m。

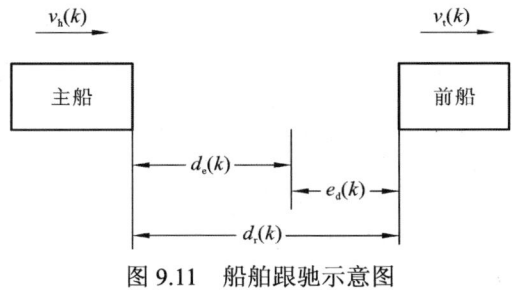

图 9.11 船舶跟驰示意图

2. 船舶的运动学模型

假设 k 时刻主船加速度为 $a_h(k)$,目标船加速度为 $a_t(k)$,则船舶的运动学模型可表示为

$$\begin{cases} \dot{d}_r(k) = v_t(k) - v_h(k) \\ \dot{v}_h(k) = a_h(k) \\ \dot{v}_t(k) = a_t(k) \end{cases} \quad (9.19)$$

根据公式(9.17)得到加速度模型:

$$a_h = \begin{cases} k_{13}V_s^2 + k_2 nV_s + k_3 n^2 - k_v, & n \geq 0 \\ k_{17}V_s^2 + k_{15} nV_s - k_{16} n^2 - k_v, & n < 0 \end{cases} \quad (9.20)$$

式中:

$$k_1 = e_1 \rho (1-w)^2 D^2 / m,\quad k_2 = f_1 \rho (1-w) D^3 / m,\quad k_3 = h_1 \rho D^4 / m,$$

$$k_4 = (1+C_{ap}) \rho S_s (52.5 K_s / L_{pp} - 0.32) \times 10^{-3} / m,$$

$$k_5 = 0.99(1+C_{ap}) \rho S_s a \times 10^{-3} / [m(\sqrt{L_{w1}})^3],\quad k_6 = 3.33(1+C_{ap}) \rho S_s b \times 10^{-3} / (mL_{w1}),$$

$$k_7 = 1.12(1+C_{ap}) \rho S_s c \times 10^{-2} / (m\sqrt{L_{W1}}),\quad k_8 = 37.5(1+C_{ap}) \rho S_s (h+1)/m,$$

$$k_9 = \lg(L_{w1}/v) - 2.03,\quad k_{10} = 0.5 C_a \rho_a A_t / m,\quad k_{11} = C_a \rho_a A_t V_{wind} / m,$$

$$k_{12} = 0.5 C_a \rho_a A_t V_{wind}^2 / m,\quad k_{13} = k_1 - k_4 - k_{10},\quad k_{14} = e_2 \rho (1-w)^2 D^2 / m,$$

$$k_{15} = f_2 \rho (1-w) D^3 / m,\quad k_{16} = h_2 \rho D^4 / m,\quad k_{17} = -k_{14} - k_4 - k_{10},$$

$$k_v = (k_5 V_s^5 + k_6 V_s^4 + k_7 V_s^3 + k_8 V_s^2)/(\lg V_s + k_9)^2 + k_{11} V_s + k_{12}.$$

模型中的参数 $k_1 \sim k_{17}$ 可通过最小二乘法辨识得到。设 $x_1 = d_r(k), x_2 = v_t(k), x_3 = v_h(k)$,$d_0$ 为两船初始相对距离,m,v_0 为主船初始船速,m/s;v_0' 为前船初始速度,m/s;模型的状态方程可表示为

$$\begin{cases} x_1 = d_0 + \int \dot{x}_1 \, dt \\ \dot{x}_1 = x_2 - x_3 \\ x_2 = v_0' + \int \dot{x}_2 \, dt \\ \dot{x}_2 = a_t \\ x_3 = v_0 + \int \dot{x}_3 \, dt \\ \dot{x}_3 = \begin{cases} k_{13} V_s^2 + k_2 nV_s + k_3 n^2 - k_v, & n > 0 \\ k_{17} V_s^2 + k_{15} nV_s - k_{16} n^2 - k_v, & n < 0 \end{cases} \end{cases} \quad (9.21)$$

模型经过离散化后,相对船速、距离及主船船速表达式可表示为

$$\begin{cases} v_h(k+1) = v_h(k) + a_h(k)T_s \\ d_r(k+1) = d_r(k) + v_r(k)T_s + \frac{1}{2}a_t(k)T_s^2 - \frac{1}{2}a_h(k)T_s^2 \\ v_r(k+1) = v_r(k) + a_t(k)T_s - a_h(k)T_s \end{cases} \quad (9.22)$$

式中：T_s 为采样时间，s。

在车辆自适应巡航中，由于车辆加速和制动时加速度变化过快，很难获得前车准确的实时加速度，一般将其视为干扰量来处理，但是前车加速度的绝对值较大时，加速度的实测值与估算值的误差对于两车之间距离的变化有一定的影响，从而影响控制精度。而在船舶的加速和制动时，船舶的加速度变化较慢，可通过测量获得前船较为准确的实时加速度，且船舶的加速度的绝对值较小，加速度的实测值与估算值的误差对前后船之间距离的变化影响较小，可直接将前船的加速度作为状态量考虑到预测模型中，对控制精度不会产生较大影响。所以在建立实时线性系统时，前船加速度也可以作为输入的状态变量带入模型。

选取主船的加速度为控制变量，相对距离、相对船速、主船船速、前船加速度作为输入的状态变量，得到式（9.23）：

$$\begin{cases} u(k) = a_h(k) \\ \boldsymbol{x}(k) = [d_r(k), v_h(k), v_r(k)]^T \\ x\_d(k) = a_t(k) \end{cases} \quad (9.23)$$

因为输入变量可测，由式（9.22）可以获得控制主船加速度的预测模型的状态方程，其可表示为

$$\begin{cases} \boldsymbol{x}(k+1) = \boldsymbol{A}\boldsymbol{x}(k) + \boldsymbol{B}u(k) + \boldsymbol{C}x\_d(k) \\ \boldsymbol{y}(k) = \boldsymbol{D}\boldsymbol{x}(k) \end{cases} \quad (9.24)$$

式中：$k = 0, 1, 2, \cdots, n$；$\boldsymbol{A} = \begin{bmatrix} 1 & 0 & T_s \\ 0 & 1 & 0 \\ 0 & 0 & 1 \end{bmatrix}$，$\boldsymbol{B} = \begin{bmatrix} -\frac{1}{2}T_s^2 \\ T_s \\ -T_s \end{bmatrix}$，$\boldsymbol{C} = \begin{bmatrix} \frac{1}{2}T_s^2 \\ 0 \\ T_s \end{bmatrix}$，$\boldsymbol{D} = \begin{bmatrix} 1 & 0 & 0 \\ 0 & 1 & 0 \\ 0 & 0 & 1 \end{bmatrix}$。

9.2.3 模型预测控制

模型预测控制的原理是根据当前时刻测量输出和参考量，求解在预测步长内的最优预测控制输入序列，使得以预测输出和参考量定义的目标函数最小，将最优预测控制输入序列中的第一个控制输入作为当前时刻的系统控制输入，当其输入系统后，在下一个时刻又重复刚刚的计算过程，从而得到下一个时刻的最优系

统输入。这种滚动优化的策略能够保证每一步的输入都是基于当前状态计算到的最优值，保证控制的高精度和强鲁棒。

1. 基于 MPC 原理的预测模型

设 k 时刻后，输入发生 P 步变化后稳定，且有 $N \geq P$，则未来 N 个时刻系统输入变量的表达式可表示为

$$x(k+1) = Ax(k) + Bu(k) + Cx_d(k)$$

$$x(k+2) = A^2 x(k) + ABu(k) + ACx_d(k) + Bu(k+1) + Cx_d(k+1)$$

$$\vdots$$

$$x(k+P-1) = A^{P-1} x(k) + A^{P-2}(Bu(k) + Cx_d(k)) + \cdots + (Bu(k+P-2) + Cx_d(k+p-2))$$

$$x(k+P) = A^P x(k) + A^{P-1}(Bu(k) + Cx_d(k)) + \cdots + (Bu(k+P-1) + Cx_d(k+p-1))$$

$$\vdots$$

$$x(k+N) = A^N x(k) + A^{N-1}(Bu(k) + Cx_d(k)) + A^{P-2}(Bu(k+1) + Cx_d(k+1)) + \cdots$$

$$+ A^{N-P} Cx_d(k+P-1) + \cdots + Cx_d(k+N-1) \tag{9.25}$$

k 时刻后，由式（9.24）和式（9.25）可以获得未来 N 个时刻系统的预测状态方程式，可表示为

$$Y(k) = Ex(k) + FU(k) + GX_d(k) \tag{9.26}$$

式中：$Y(k) = [y(k+1), \cdots, y(k+N)]^T$，$E = [DA, \cdots, DA^N]^T$。

$$F = \begin{bmatrix} DB & 0 & \cdots & 0 \\ DAB & DB & \cdots & 0 \\ \vdots & \vdots & & \vdots \\ DA^{(P-1)}B & DA^{(P-2)}B & \cdots & DB \\ DA^P B & DA^{(P-1)}B & \cdots & D(AB+B) \\ \vdots & \vdots & & \vdots \\ DA^{(N-1)}B & DA^{(N-2)}B & \cdots & \sum_{i=1}^{N-P+1} DA^{(i-1)}B \end{bmatrix},$$

$$G = \begin{bmatrix} DC & 0 & \cdots & 0 \\ DAC & DC & \cdots & 0 \\ \vdots & \vdots & & \vdots \\ DA^{N-1}C & DA^{N-2}C & \cdots & DC \end{bmatrix},$$

$$U(k) = [u(k), \cdots, u(k+p-1)]^T,$$

$$X_d(k) = [x_d(k), \cdots, x_d(k+N-1)]^T.$$

为了防止加速度变化过大，引入增量式模型，可表示为

第 9 章 船舶编队航行协同控制

$$\Delta u(k) = u(k) - u(k-1) \tag{9.27}$$

引入新的状态量和控制量，可表示为

$$\begin{cases} \pmb{x}'(k) = [d_r(k), v_h(k), v_r(k), u(k-1)]^T \\ \pmb{u}'(k) = \Delta u(k) \end{cases} \tag{9.28}$$

由式（9.24）和式（9.28）联立获得增量式预测状态方程，如式（9.29）所示：

$$\begin{cases} \pmb{x}'(k+1) = \pmb{A}'\pmb{x}'(k) + \pmb{B}'\pmb{u}'(k) + \pmb{C}'x_d(k) \\ \pmb{y}'(k) = \pmb{D}'\pmb{x}'(k) \end{cases} \tag{9.29}$$

式中：

$$\pmb{A}' = \begin{bmatrix} 1 & 0 & T_s & -\tfrac{1}{2}T_s^2 \\ 0 & 1 & 0 & T_s \\ 0 & 0 & 1 & -T_s \\ 0 & 0 & 0 & 1 \end{bmatrix}, \quad \pmb{B}' = \begin{bmatrix} -\tfrac{1}{2}T_s^2 \\ T_s \\ -T_s \\ 1 \end{bmatrix}, \quad \pmb{C}' = \begin{bmatrix} \tfrac{1}{2}T_s^2 \\ 0 \\ T_s \\ 0 \end{bmatrix}, \quad \pmb{D}' = \begin{bmatrix} 1 & 0 & 0 & 0 \\ 0 & 1 & 0 & 0 \\ 0 & 0 & 1 & 0 \\ 0 & 0 & 0 & 1 \end{bmatrix}$$

2. 约束设置与最优化求解

自适应巡航控制需要在保证安全性的同时，在兼顾船舶主机转速限制的前提下实现跟船功能，因此优化目标可以定为减小跟踪误差，约束船速、加速度的变化频率和幅度，抑制过大的振荡。可表示为

$$J_e(k) = \min|e_d(k)| = \min|d_r(k) - d_e(k)| \tag{9.30}$$

式中：$J_e(k)$ 为跟船的误差最优化值，m。跟船的最终目标是在一定时间内与前船船速保持一致，所以相对船速应满足

$$J_{vr}(k) = \min v_r(k) \tag{9.31}$$

式中：$J_{vr}(k)$ 为相对船速优化值，m/s，$\lim_{k \to \infty} v_r(k) = 0$。

船舶的主机的寿命可以由加速度以及其变化率来评定，所以应满足式（9.32）：

$$\begin{cases} J_{ah}(k) = \min|u(k)|, & a_{h_{\min}} \leqslant u(k) \leqslant a_{h_{\max}} \\ J_{ah'}(k) = \min|u'(k)|, & \Delta a_{h_{\min}} \leqslant u'(k) \leqslant \Delta a_{h_{\max}} \\ \pmb{u}_e(k) = \begin{bmatrix} u(k) \\ u'(k) \end{bmatrix} \end{cases} \tag{9.32}$$

式中：$J_{ah}(k)$ 为主船加速度优化值，m/s²，$J_{ah'}(k)$ 为主船加速度增量优化值，m/s²，$\pmb{u}_e(k)$ 为控制量矩阵。

采用软约束方法避免突变的现象，对于输入变量的参考轨迹和偏差量可表示为

$$\begin{cases} \pmb{x}_r(k) = [d_e(k) \ 0 \ v_t(k) \ 0]^T \\ \pmb{x}_e(k) = \pmb{H}\pmb{x}'(k) - \pmb{x}_r(k) \end{cases} \tag{9.33}$$

式中：$x_r(k)$ 为给定的参考轨迹；$x_e(k)$ 为偏差量；H 定义为

$$H = \begin{bmatrix} 1 & 0 & 0 & 0 \\ 0 & 0 & 0 & 0 \\ 0 & 0 & 1 & 0 \\ 0 & 0 & 0 & 0 \end{bmatrix}$$

将跟船误差、相对船速作为优化问题的输入变量，加速度变化率依旧作为控制变量，二次型优化性能指标的表达式如下：

$$\min_{\Delta u(k)} J(k) = \sum_{i=1}^{N} \|x_e(k+i)\|_Q^2 + \sum_{i=0}^{N-1} \|u_e(k+i)\|_R^2 \quad (9.34)$$

满足：

$$x'(k+1) = A'x'(k) + B'u'(k) + C'x_d(k)$$
$$y'(k) = D'x'(k)$$
$$u(k)_{\min} \leqslant u(k) \leqslant u(k)_{\max}$$
$$u'(k)_{\min} \leqslant u'(k) \leqslant u'(k)_{\max}$$

式中，Q 和 R 为权重矩阵，可根据控制需求的不同而更改权重大小。

9.2.4 仿真验证

1. 动力模型参数辨识

本书选取被广泛使用和认可的船舶系统模拟器（Marine Systems Simulator，MSS）工具箱中的"Container"（集装箱）。船舶长 175 m，螺旋桨转速为 0～160 r/min。首先通过参数辨识获得船舶动力学参数，使用最小二乘法，采用船舶初速度 7 m/s，螺旋桨转速 150 rpm 的直航运动仿真，通过工具箱获得的船舶加速度和螺旋桨转速的仿真数据进行参数辨识得到 k_{13}、k_2、k_3、k_5、k_6、k_7、k_8、k_9、k_{11}、k_{12} 的参数值，分别为 -2.943×10^{-4}、-6.521×10^{-5}、1.007×10^{-5}、1.042×10^{-8}、-7.356×10^{-7}、2.218×10^{-5}、1.524×10^{-6}、6.240、6.520×10^{-7}、-1.007×10^{-9}。为验证辨识结果的准确性，利用辨识所得的参数对 3 组直航运动仿真进行仿真预报，第一组是对初速度 3 m/s 螺旋桨转速 80 r/min 的直航运动的仿真与预报，第二组是对初速度 10 m/s 螺旋桨转速 140 r/min 的直航运动的仿真与预报，第三组是对初速度 17 m/s 螺旋桨转速 100 r/min 的直航运动的仿真与预报，结果如图 9.12 所示。

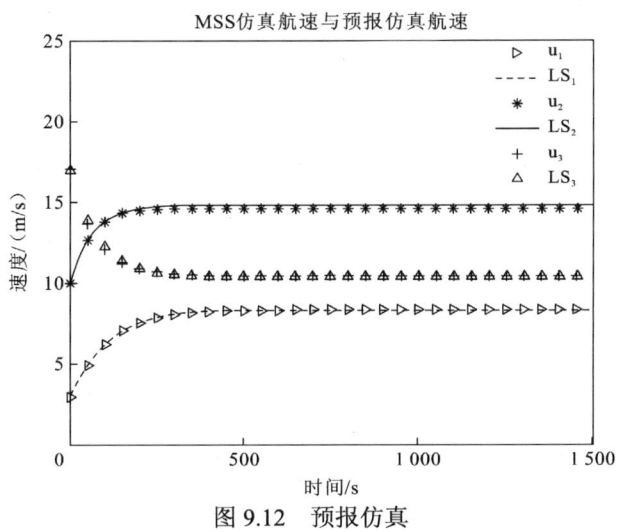

图 9.12 预报仿真

图 9.12 中 u_1、u_2、u_3 分别为第一、二、三组 MSS 仿真出的航速曲线，LS_1，LS_2，LS_3 分别为第一、二、三组模型预报出的航速曲线。由结果可看出辨识出的模型参数具有较高的准确性。由于仿真包中螺旋桨转速只能正转，但在实际运动中，船舶做减速或制动运动时，可通过螺旋桨反转实现，这里假定螺旋桨的反转时，k_{14} 和 k_{15} 分别是 k_2 和 k_3 的 0.8 倍。

2. 基于 MPC 的航速协同控制仿真

1）前船做加速运动的工况仿真

假设前船初始速度为 6 m/s，以 0.02 m/s^2 的加速度进行加速运动，加速至 8.00 m/s 后进行匀速运动，主船初始速度为 5.00 m/s，采样时间设置为 1 s，并设置了[−0.005, 0.005]的均匀随机数作为对船舶加速度的随机干扰。对该工况进行仿真，基于 MPC 的航速协同控制仿真结果如图 9.13（a）～（d）所示；在相同工况下，基于 PID 的航速协同控制仿真结果如图 9.13（e）～（h）所示，PID 参数分别为 $K_p = -350$，$K_i = 0$，$K_d = 0$。

在此情境下，在基于 MPC 的航速协同控制的仿真中，船舶跟随的期望距离与船舶之间的实际距离在 103 s 时误差已收敛在 0.15 m 以内，且平均误差为 2.114 5 m，收敛在 0.15 m 以内之后的平均误差为 0.092 5 m；而在基于 PID 的航速协同控制的仿真中，船舶跟随的期望距离与船舶之间的实际距离在 110 s 时误差才收敛在 0.2 m 以内，且平均误差为 3.369 2 m，收敛在 0.2 m 以内之后的平均误差为 0.163 6 m。

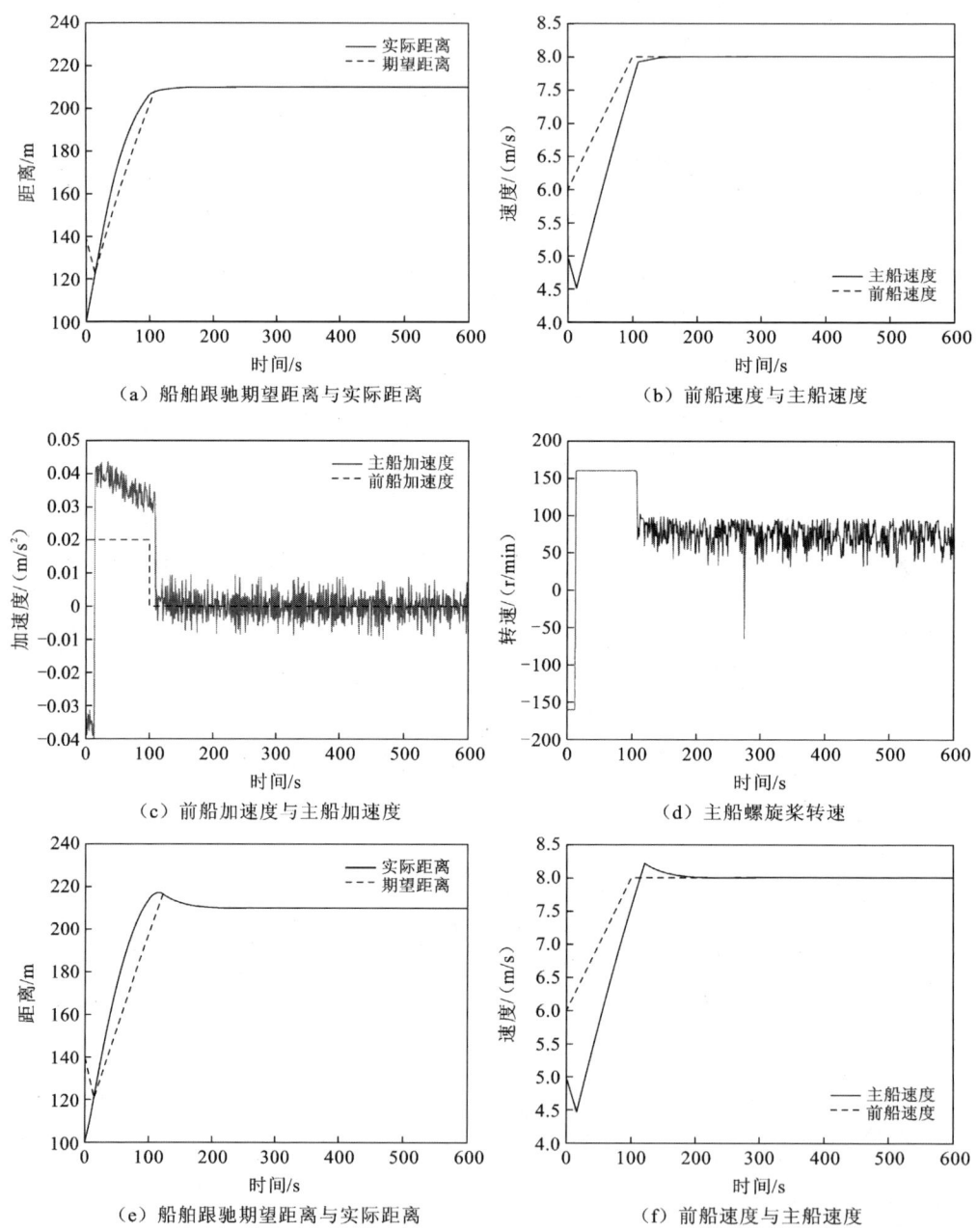

(a) 船舶跟驰期望距离与实际距离
(b) 前船速度与主船速度
(c) 前船加速度与主船加速度
(d) 主船螺旋桨转速
(e) 船舶跟驰期望距离与实际距离
(f) 前船速度与主船速度

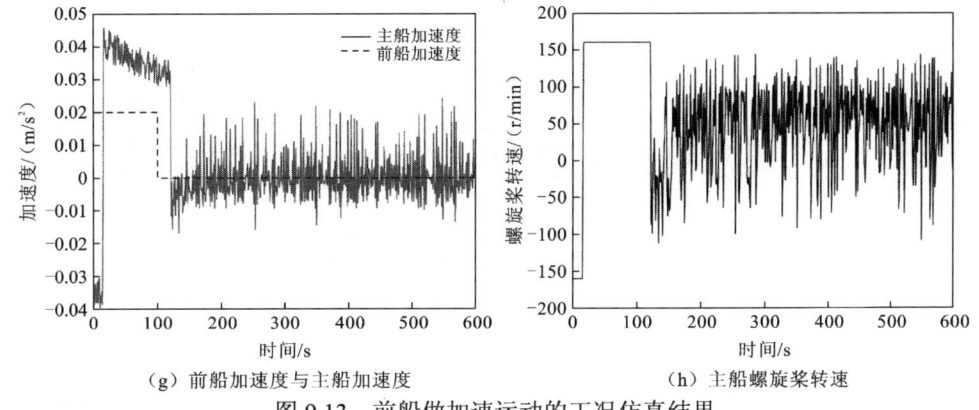

(g）前船加速度与主船加速度　　　　　（h）主船螺旋桨转速

图 9.13　前船做加速运动的工况仿真结果

2）前船做减速运动的工况仿真

假设前船初始速度为 6 m/s，做加速度 -0.02 m/s² 的加速运动，减速至 4 m/s 后做匀速运动，主船初始速度为 5 m/s，采样时间为 2 s，并设置了[−0.005, 0.005] 的均匀随机数作为对船舶加速度的随机干扰。对该工况进行仿真，基于 MPC 的航速协同控制仿真结果如图 9.14（a）〜（d）所示；在相同工况下，基于 PID 的航速协同控制仿真结果如图 9.14（e）〜（h）所示，PID 参数分别为 $K_p = -130$；$K_i = -12.5$；$K_d = -1$。

在此情境下，在基于 MPC 的航速协同控制的仿真中，船舶跟随的期望距离与船舶之间的实际距离在 10 s 时误差已收敛在 0.25 m 以内，且平均误差为 0.814 8 m，收敛在 0.25 m 以内之后的平均误差为 0.192 8 m；而在基于 PID 的航速协同控制的仿真中，船舶跟随的期望距离与船舶之间的实际距离在 30 s 时误差才收敛在 0.3 m 以内，且平均误差为 1.574 7 m，收敛在 0.3 m 以内之后的平均误差为 0.244 1 m。

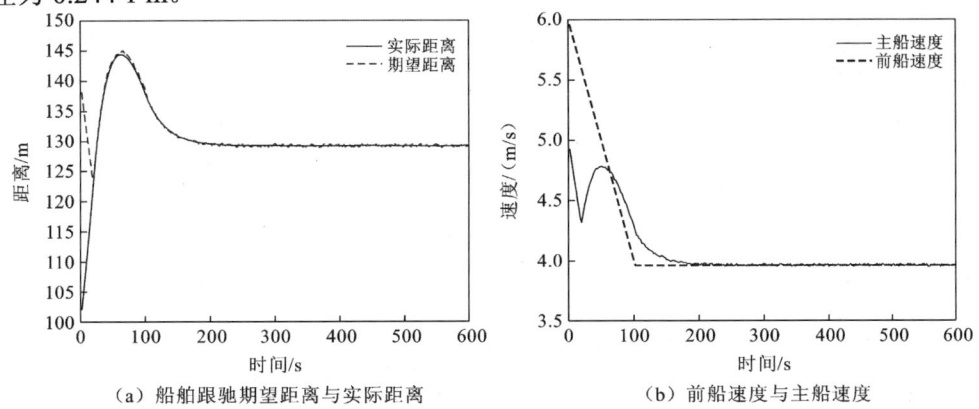

（a）船舶跟驰期望距离与实际距离　　　　（b）前船速度与主船速度

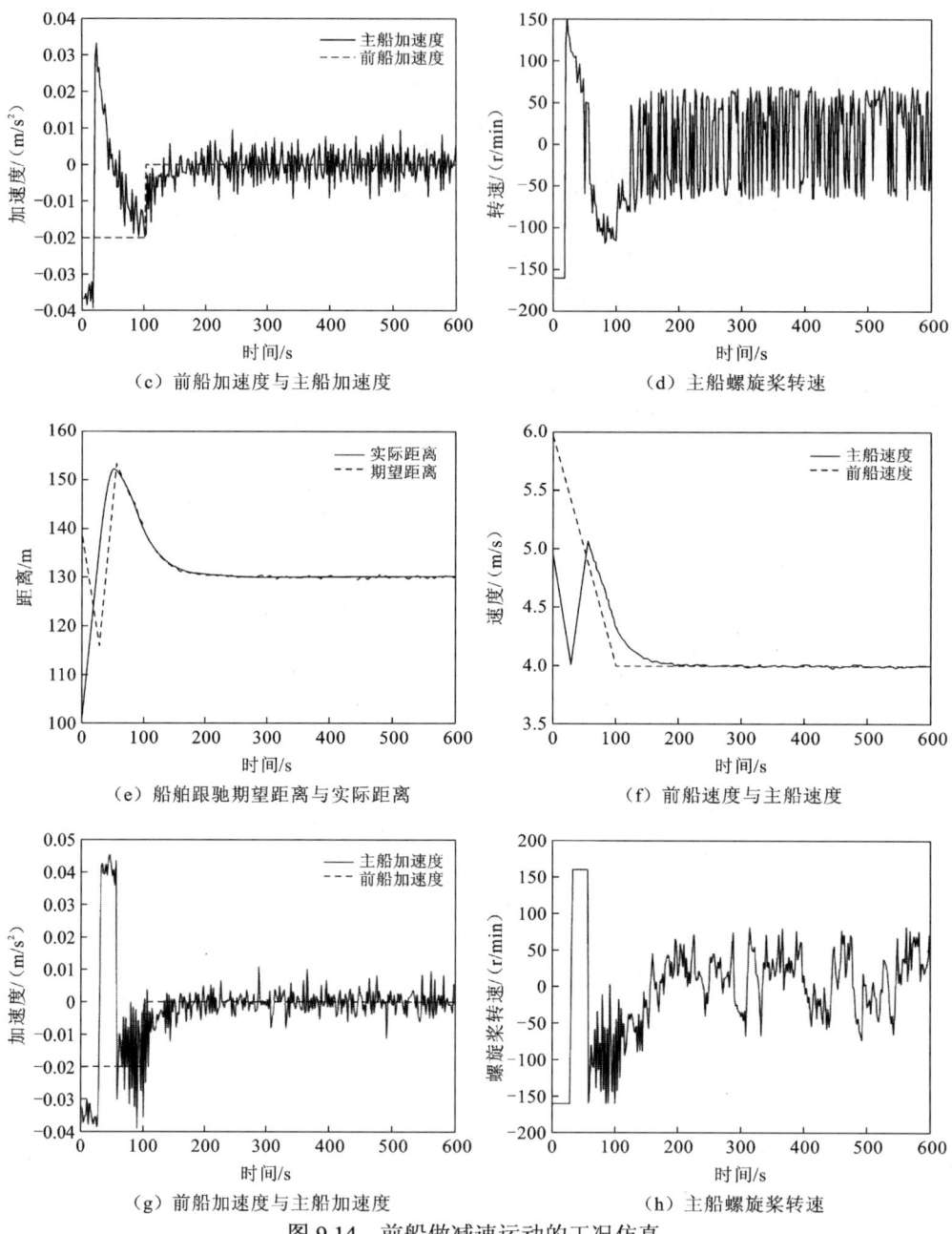

图 9.14 前船做减速运动的工况仿真

3）前船做匀速运动的工况仿真

假设前船初始速度为 6 m/s，做加速度为 0 的匀速运动，主船初始速度为 5 m/s，采样时间为 2 s，并设置了[−0.005, 0.005] 的均匀随机数作为对船舶加速度的随机干扰，对该工况进行仿真。基于 MPC 的航速协同控制仿真结果如图 9.15（a）～（d）所示；在相同工况下，基于 PID 的航速协同控仿真结果如图 9.15（e）～（h）所示，PID 参数分别为 $K_p = -180$；$K_i = -12$；$K_d = -1$。

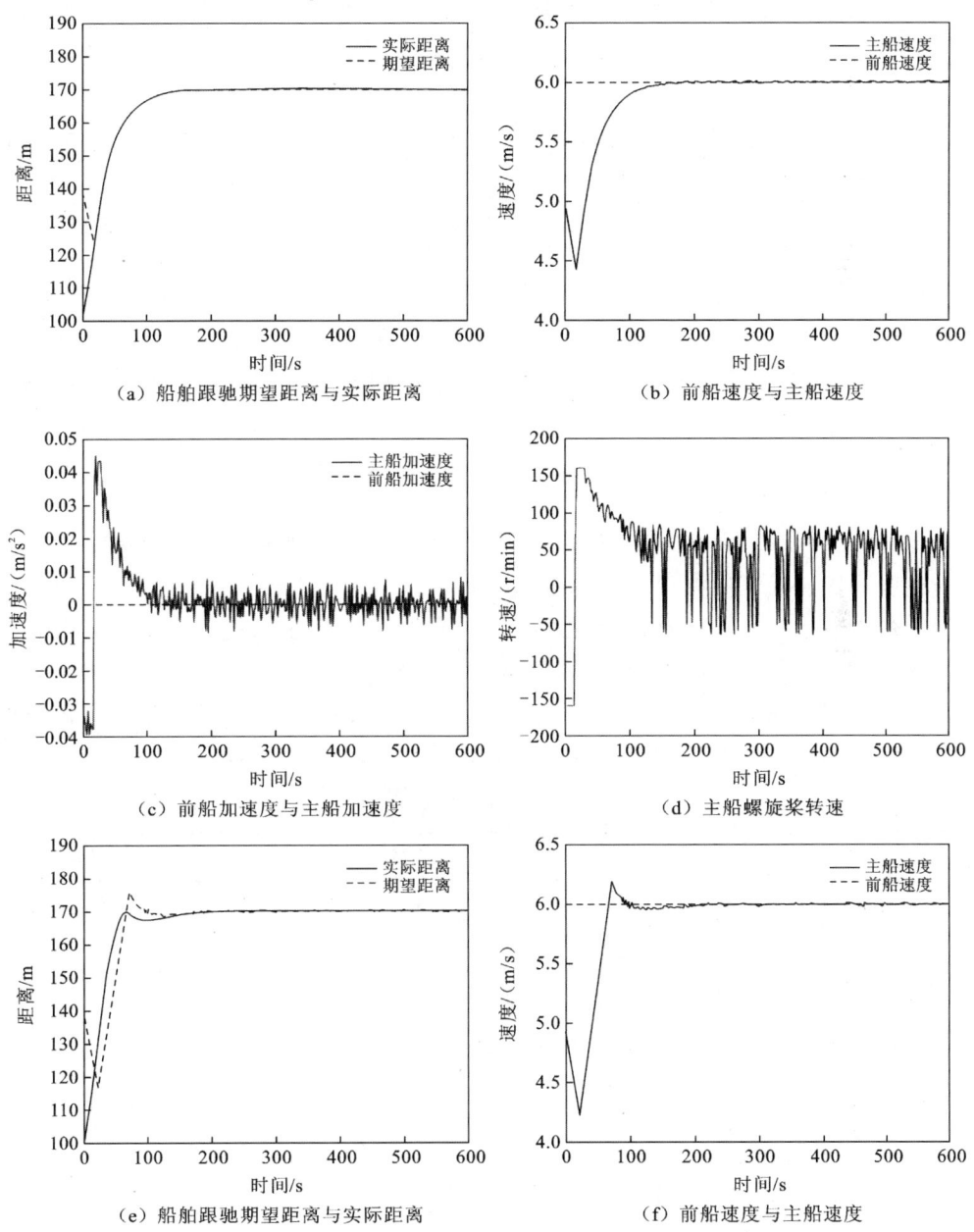

（a）船舶跟驰期望距离与实际距离

（b）前船速度与主船速度

（c）前船加速度与主船加速度

（d）主船螺旋桨转速

（e）船舶跟驰期望距离与实际距离

（f）前船速度与主船速度

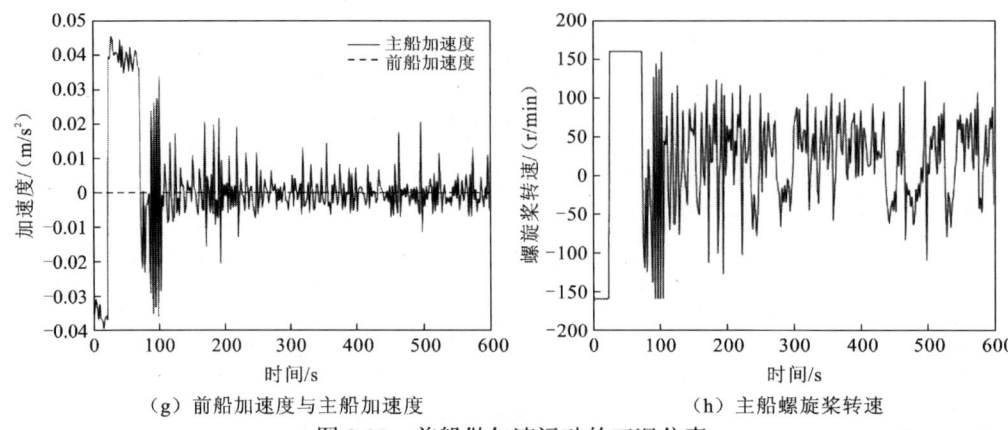

(g) 前船加速度与主船加速度　　　　　　(h) 主船螺旋桨转速

图 9.15　前船做匀速运动的工况仿真

在此情境下,在基于 MPC 的航速协同控制的仿真中,船舶跟随的期望距离与船舶之间的实际距离在 10 s 时误差已收敛在 0.2 m 以内,且平均误差为 0.692 5 m,收敛在 0.2 m 以内之后的平均误差为 0.166 2 m;而在基于 PID 的航速协同控制的仿真中,船舶跟随的期望距离与船舶之间的实际距离在 90 s 时误差才收敛在 0.3 m 以内,且平均误差为 2.325 8 m,收敛在 0.3 m 以内之后的平均误差为 0.277 4 m。

综上所述,在三种不同工况下,基于 MPC 的航速协同控制仿真与基于 PID 的航速协同控制仿真结果见表 9.1。基于 MPC 的航速协同控制在三种工况下都有较好的跟驰效果,且无论是在收敛速度、平均误差方面还是在抗干扰能力方面,基于 MPC 的航速协同控制仿真结果都优于基于 PID 的航速协同控制的仿真结果,螺旋桨转速的变化幅度也相对较小,能相对的节约能耗,增加主机螺旋桨寿命,且在控制调节中,对于不同工况 MPC 相比 PID 的适应性更强。

表 9.1　仿真结果

性能指标	前船做加速运动		前船做减速运动		前船做匀速运动	
	MPC	PID	MPC	PID	MPC	PID
收敛速度/s	103	110	10	30	10	90
平均误差/m	2.1145	3.3692	0.8148	1.5747	0.6925	2.3258
收敛后的平均误差/m	0.0925	0.1636	0.1928	0.2441	0.1662	0.2774

3. 仿真结果分析

本节提出了变时距策略建立了船间距模型,以及船舶纵向动力学模型与船舶运动学模型,提出了基于模型预测控制的船舶航速协同控制器,并验证了其控制效果。设计的航速协同控制器可为船舶在狭窄水域纵向列队航行控制器的设计提供重要依据。

本节研究是在波浪较小的情境下进行的,忽略了波浪、横漂力及首摇力矩对前进力的影响,可能会影响控制精度。此外在后续的研究中可考虑内部不确定因素及浪的影响,并可将横漂力及首摇力矩对前进力的影响也视作外界干扰,通过设计观测器对干扰进行估计,提高控制器精度。

船舶执行某些任务时需在特殊的航行环境中进行,例如北极科考时需在北极航行或者通过某些船闸或者海峡港口时需在狭窄水域航行。在北极航行时,为保障船舶进出冰封港口、锚地,或引导船舶在冰区航行,往往需要破冰船开辟航道,后船再对破冰船进行纵向跟随。跟随船距离过近容易出现安全隐患,距离过远容易导致跟随船还未行进,已经开辟的航道上水面就已经重新结冰或者出现航道外其他冰块漂浮过来,导致跟随船依然无法航行。在狭窄水域航行时,考虑安全性,船舶无法并行通过时,需要进行纵向列队通过,船间距过近时,容易出现安全隐患,船间距过远时,在本就狭窄的航道中极大地降低了通行效率,浪费航道资源。基于以上分析,本书提出的纵向航速协同控制可以为相关研究提供参考。

9.3 船舶编队过闸控制方法

9.3.1 船舶编队过闸控制研究背景

我国内河航道通航总里程、货物吞吐量和亿吨级港口数量均稳居世界第一位,内河航运在我国综合交通运输体系中的作用愈加显著[88]。随着人工智能技术、大数据技术和新一代通信技术的飞速发展,发展内河智能航运已成为我国交通强国和创新性国家战略的重要支撑。作为沟通水系、提高航道等级、改善水流条件的通航建筑物,船闸一直是内河航运基础性控制节点。船闸水域航运智能化水平的不足会严重制约内河智能航运的发展。在当前过闸船型条件下,三峡船闸和葛洲坝一、二号船闸过闸通航调度运行过程为一个闸次4~6条单船从靠船墩陆续航行进闸、闸室内移泊以及出闸。受制于串行船舶航行组织模式与过闸船舶船员驾驶水平参差不齐,过闸通航整体效率不高。同时闸室水域航行受限,船员驾驶水平较差时存在航行安全隐患。因此,从靠船墩到出闸全过程的船舶过闸通航调度与安全保障是进一步提升船闸通航能力的瓶颈之一。

船闸水域航运智能化水平主要体现在船舶过闸效率和安全性两方面[89]。过闸效率方面,随着船舶数量不断增多及大型化、标准化发展,船闸设计通过能力已很难满足船舶过闸通行的需要。以三峡船闸为例,自 2003 年通航以来三峡船闸通过量持续快速增长[90],2019 年达到 1.47 亿 t,超船闸设计通过能力的 47%。船闸通过能力的饱和严重限制了船舶通行效率的提升,船舶待闸时间长的问题也日益严重[图 9.16(a)]。过闸安全性方面,由于船闸水域船舶航行具有区域受限、间距紧密、操纵困难等特点,因船舶操控失误而引发的闸室系船柱损坏、闸门被撞等事故时有发生[图 9.16(b)]。目前广泛采用人工操控船舶依次进出闸室,这种过闸方式难以实现多船同步过闸和运动精确控制,是制约船舶过闸效率和安全性提升的重要原因。现行《内河通航标准》(GB 50139—2014)规定各级船闸都需具备船舶编队航行条件(表 9.2)[91],船舶形成编队自动协同过闸能够显著降低船舶在船闸水域的滞留时间并降低船舶发生事故的概率[92]。因此构建过闸船舶编队,实现多船编队自动协同过闸是提升船舶过闸效率和安全性的重要措施。船舶编队过闸效率和安全性主要取决于船舶编队航速控制的效果,而船舶航速控制又与船舶纵向运动控制直接相关。因此,实现过闸船舶编队纵向运动协同控制既能保证船舶过闸的高效性,也能保证船舶闸室停船、紧密距离保持等操作的安全性。

(a) 船舶待闸问题日益严重

(b) 因船舶操纵失误引起的船闸受损

图 9.16 船舶过闸面临的问题

表 9.2 《内河通航标准》船闸级别划分与有效尺度

船闸级别	I	II	III	IV	V	VI	VII
设计最大船舶吨位/t	3 000	2 000	1 000	500	300	100	50
天然和渠化河流代表船舶、船队	2 排 2 列	①2 排 2 列 ②2 排 1 列	①2 排 2 列 ②2 排 1 列	①3 排 2 列 ②2 排 2 列 ③2 排 1 列	①2 排 2 列 ②2 排 1 列	①1 拖 5 ②货船	①1 拖 5 ②货船

通过采取相关措施，使现有单船过闸时实现船队过闸方式，以便每一闸次的船舶在进闸、移泊过程中实现全部"同步走"，减小船舶进闸和移泊及出闸所需的时间，减少船舶之间的碰撞风险，实现主动安全，从而提高船闸运行效率。近年来船舶编队控制（ship formation control）问题得到了国内外学者的广泛关注，以机器人、车辆、飞行器为对象的编队控制研究也为船舶编队控制研究提供了理论和技术基础。船舶编队系统（ship formation systems，SFS）或多船协同系统（cooperative multi-vessel systems，CMVS）近年来受到了广泛关注，在海事巡航、应急搜救、海洋勘测、商业运输等领域具有良好的应用前景。目前针对 SFS 的研究主要是针对开阔水域提出新编队结构或者改进编队控制方法，而针对船闸特殊水域的过闸航行编队研究较少。船舶编队过闸主要存在以下难点：①船闸水域属于受限水域，船舶航速较低，船舶航行会受到岸壁效应、尾流效应的干扰，船舶操纵困难；②过闸船舶编队控制需实时获得船闸状态、船舶位置、船舶航速、船舶间距、船舶螺旋桨转速、船首向等信息，编队状态感知难度较大；③船舶编队过闸航行行为包括引航道航行、进闸航行、停船系泊、出闸航行等多个过程，难以实现对上述行为的统一表征。因此，船舶编队协同过闸是未来船闸水域航运的一种先进模式，也是深入挖掘船闸通航潜能的重要举措，可以有效推动我国内河船闸水域智能航运的发展[49]。

9.3.2 过闸船舶编队控制结构

船闸水域包括引航道水域和闸室水域。船舶编队过闸过程一般可概括为引航道航行、进闸航行、停船系泊、出闸航行、引航道航行等。为保证航行安全，船舶过闸时航速较低，且需符合过闸规范要求。闸室内船舶编队停船时，编队船舶不能越过闸门禁停线。本书采用领导-跟随结构组织过闸船舶编队，即船舶编队由一艘领航船和若干艘跟随船组成，如图 9.17 所示。

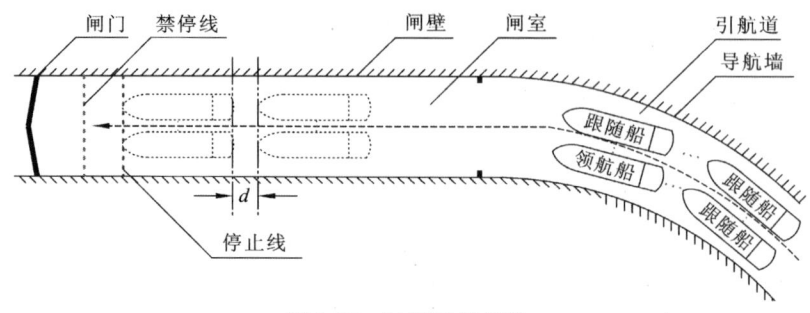

图 9.17 过闸船舶编队

领导-跟随结构解决了过闸船舶编队职责划分问题。过闸船舶编队行为包括航速控制、距离保持、停船控制和紧急停船等，需对领航船和跟随船的每种行为分别进行时空建模，得到下一时刻目标航速，如图 9.18 所示。领航船和跟随船"位移-航速"行为描述原理如图 9.19 所示。

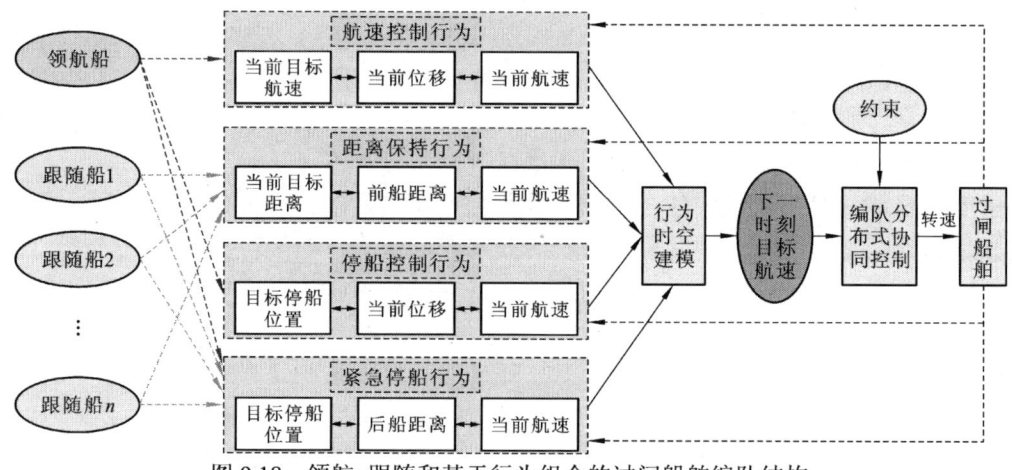

图 9.18 领航-跟随和基于行为组合的过闸船舶编队结构

9.3.3 过闸船舶编队控制方法

为保证航行安全，船舶过闸时航速较低，且需符合过闸规范要求。闸室内船舶编队停船时，编队所有船舶船首线不能越过闸门禁停线。本书采用领导-跟随结构组织过闸船舶编队，即船舶编队由一艘领航船和若干艘跟随船组成，如图 9.20 所示。领航船按照闸区航行规则设定自身的航行速度，跟随船根据与前船或领航船的相对距离和相对速度，动态调整本船航速，保持列队状态前进。

第 9 章　船舶编队航行协同控制

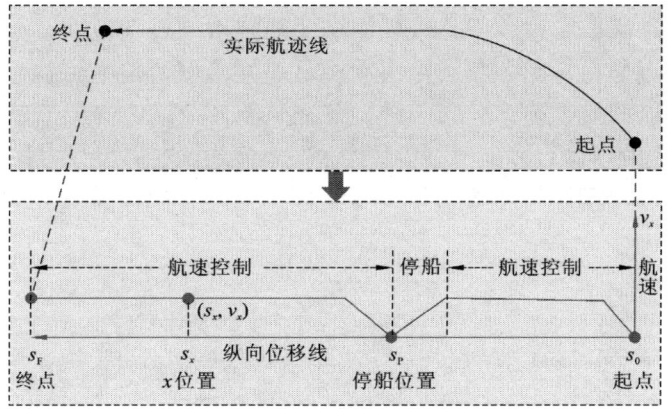

(a) 领航船行为描述

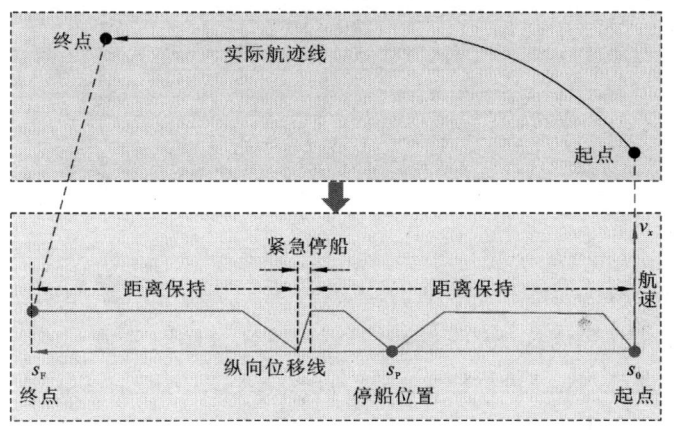

(b) 跟随船行为描述

图 9.19　领航船和跟随船"位移-航速"行为描述原理

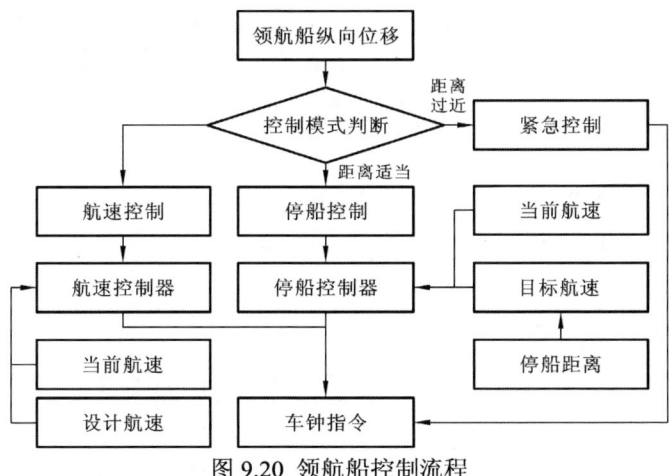

图 9.20　领航船控制流程

船舶编队过闸航行过程中，领航船按照船闸水域航行规则设定自身的航行速度，跟随船根据与目标船的相对距离和相对速度动态调整本船航速，以保持编队状态航行。领航船航行模式分为三种，分别是航速控制、停船控制和紧急停船控制，控制流程如图 9.20 所示；跟随船航行模式分为两种，分别是距离保持控制和紧急停船控制，控制流程如图 9.21 所示。

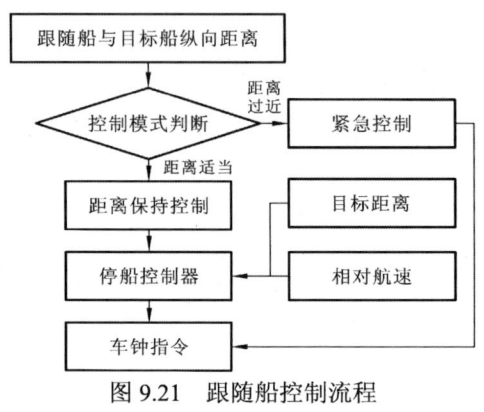

图 9.21　跟随船控制流程

1. 航速控制方法

航速控制是指领航船按照船闸水域航行规则要求实现船舶纵向航速的自动控制，本书采用模糊 PID 实现船舶航速控制。定义目标航速为 v_0，以该船车钟指令 $u(t)$ 作为系统输入。跟踪目标距离设定为 d_0，t 时刻两船的实际距离为 $d(t)$，t 时刻本船的车钟指令为 $u(t)$。

$$u(t) = K_\text{P} e(t) + K_\text{I} \sum_{i=0}^{t} e(i) + K_\text{D}[e(t) - e(t-1)] \quad (9.35)$$

式中：K_P、K_I 和 K_D 为 PID 参数；$e = d(t) - d_0$ 为控制误差。考虑相同转速下的船舶螺旋桨正转与反转效率不同，需要针对正车和倒车分别设置 PID 参数。为了防止船舶车钟控制过于频繁，提出了速度模糊区，即

$$u(t) = \begin{cases} 0, & v(t) \in [-v_f, v_f] \\ K_\text{P} e(t) + K_\text{I} \sum_{i=0}^{t} e(i) + K_\text{D}[e(t) - e(t-1)], & v(t) \in \text{其他} \end{cases} \quad (9.36)$$

式中：$v(t)$ 为 t 时刻船舶实际航速。

2. 停船控制方法

由船舶操控失误而引发的闸室系船柱损坏、闸门被撞等事故时有发生，因此实现闸室内自动精确停船控制是十分必要的。当过闸船舶编队中的领航船在闸室内停止在指定停船位置时，跟随船也会相应与领航船保持距离停止下来。考虑不

同船舶的操纵性各异，定义从船速开始停船到停船结束所经过的纵向位移为停船距离，记为 d_s。d_s 与开始停船前船速、车钟指令和船舶操纵性相关。对于闸室内停船，首选需设定一个合适的目标停船距离（停船线与禁停线的距离）d_{s0}，其次需要根据船舶自身船速在指定的停船位置将船舶停止，最后当船舶达到停船位置附近时，船速为 0，且船舶车钟指令为空挡。停船过程可描述为将船舶运动状态由 $(v(t),u(t))$ 控制到 $(0,0)$，其中 $u>0$ 为正车，$u<0$ 为倒车，$u=0$ 为空挡。

船舶在闸室内停船过程目标航速函数 f_s 定义如下：

$$v_0(t) = f_s(d_t) = \frac{d_t}{d_{s0}} \tag{9.37}$$

式中：d_t 为 t 时刻船舶距离停船线的距离，当船舶驶离停船线时 $d_t < 0$；$v_0(t)$ 为 t 时刻船舶目标航速。设置停船距离区间以判断停船是否结束，即

$$\text{领航船控制模式} \begin{cases} \text{航速控制模式}, & d_t \in (d_{s0}, +\infty) \\ \text{停船模式}, & d_t \in (d_{se}, +d_{s0}) \\ \text{停船结束模式}, & d_t \in (-d_{se}, +d_{se}) \end{cases} \tag{9.38}$$

式中：$d_{se} > 0$。假设船舶停船时长为 t_s，于是有

$$d_s = \int_0^{t_s} v(t) \mathrm{d}t \tag{9.39}$$

3. 距离保持控制方法

每艘跟随船都有一艘目标船，目标船既可以是跟随船，也可以是领航船。跟随船根据目标船的速度、距离控制本船与目标船的相对距离和速度。本书采用模糊 PID 作为航速控制方法，以本船与目标船距离作为输入，以本船车钟指令作为输出。跟踪目标距离设定为 d_0，t 时刻两船的实际距离为 $d(t)$，t 时刻本船的车钟指令为 $u(t)$。

$$u(t) = K_\mathrm{P} e(t) + K_\mathrm{I} \sum_{i=0}^{t} e(i) + K_\mathrm{D}[e(t) - e(t-1)] \tag{9.40}$$

考虑到相同转速下的船舶螺旋桨正转与反转效率不同，需要针对正车和倒车分别设置 PID 参数。假定 t 时刻两船相对速度为 $v_\mathrm{r}(t)$，$v_\mathrm{r}(t) < 0$ 表示两船距离在缩短。为保持船舶跟踪的稳定性，设定跟踪目标距离模糊区为 $[d_0 - d_\mathrm{f}, d_0 + d_\mathrm{f}]$，考虑模糊区的 $u(t)$ 为

$$u(t) = \begin{cases} K_\mathrm{r} v_\mathrm{r}(t), & d(t) \in [d_0 - D, d_0 + D] \\ K_\mathrm{P} e(t) + K_\mathrm{I} \sum_{i=0}^{t} e(i) + K_\mathrm{D}[e(t) - e(t-1)], & d(t) \in \text{其他} \end{cases} \tag{9.41}$$

式中：$d_\mathrm{f} \geqslant 0$ 为阈值，K_r 为控制参数。

9.4 船舶编队控制研究展望

针对船舶编队研究中现存的一些问题及相关领域的新技术和发展趋势，本书对船舶编队未来的发展方向做出以下展望。

（1）船舶编队分布式协同控制。随着高带宽、低时延通信技术及物联网技术的发展，未来船舶编队的规模和组织形式更加灵活，当编队内某艘船舶发生故障时应能保证整个编队航行的一致性。集中式控制对编队通信可靠性、个体稳定性、计算量要求较高，而分布式协同控制可以充分发挥局部和个体的能力，也能灵活切换队形，完成避障、受限水域的航行任务。

（2）船舶编队任务多元化控制。目标包围和目标覆盖不是按照单一几何形状来控制编队，而是以包围目标和覆盖目标为目的的一种特殊的编队控制方式，在多智能体系统控制中已有应用。船舶编队的目标包围和目标覆盖在军事、应急搜救、水下探测等领域有广阔的应用前景，但目前相关的研究开展很少。而且，船舶编队包围和覆盖目标可能是多个动态目标，例如敌方舰艇包围、水下障碍目标覆盖等。因此，未来的船舶编队控制任务不仅包括路径跟踪、避障、队形变换等传统任务，还须向目标包围、目标覆盖等多元化任务方向发展。

（3）基于生物群体机制的船舶编队控制。针对复杂多变的船舶航行环境，传统的船舶编队控制方法通常很难兼顾编队控制整体性和个体自组织性，通常在编队稳定性和效率之间进行取舍[93]。生物群体行为去中心化的特点符合船舶编队自主协同控制需求，将仿生群体智能应用在交通领域是未来的发展趋势。例如：周子为等研究了无人机编队的仿生飞行控制问题，利用雁群编队飞行的上洗气流节约体力的原理，使无人机编队飞行更节能[94]；杨之元等利用莱维飞行鸽群优化算法，使无人机编队控制具有更强的快速性和稳定性[95]。

（4）特殊水域船舶编队控制。受限水域（船闸水域、桥区水域等）船舶航行效率低、安全风险高，已成为制约内河航道运能提升的重要因素。以船舶编队过闸为例，目前船舶广泛采用多船依次进出闸室的方式，极大地降低了船舶在船闸水域（主要包括引航道、导航墙、闸室等水域）的空间利用率。船舶同步过闸编队控制可以大大提升船舶进出闸的效率和安全性，多船编队过闸三维效果如图 9.22 所示。目前还亟待解决过闸船舶编队行为建模、受限水域运动建模与多目标分布式优化控制等技术难题。为了保证船舶在极地航行的安全性和经济性，通常采用编队航行方式[96]。编队航行既可以降低单艘船舶航行的风险，也可以提高整个船舶编队航行的经济性。随着北极航道的逐渐商用化，未来极地海域的船舶编队航行具有广阔的应用前景。

图9.22 多船编队过闸三维效果

（5）人工智能技术在船舶编队控制中的应用。近年来，以机器学习、大数据为代表的人工智能技术在计算机视觉、语音识别、智能控制领域取得了广泛应用，颠覆了人们对于人工智能的认知。船舶编队控制系统是一个复杂系统，主要体现在内部结构的不确定性及外部航行条件的不可预知性。当船舶编队个体数量多、队形变化频繁时，非智能控制方法很难做出最优选择，而强化学习等人工智能控制方法则可以通过不断训练，实现对各种复杂航行环境的认知，并做出最终决策和控制。

参 考 文 献

[1] REYHANOGLU M. Exponential stabilization of an underactuated autonomous surface vessel[J]. Automatica, 1997, 33(12): 2249-2254.

[2] 李学忠, 张冰, 李文秀. 船舶控制模型的建立及仿真[J]. 哈尔滨工程大学学报, 1996, 17(4): 16-21.

[3] ROBERTS G N, ZIRILLI A, TIANO A, et al. A Fuzzy Controller for Integrated Ship Motion Control[J]. IFAC Proceedings Volumes, 1999, 32(2): 8279-8284.

[4] MCGOOKIN E W, MURRAY-SMITH D J, LI Yun, et al. Ship steering control system optimisation using genetic algorithms[J]. Control Engineering Practice, 2000, 8(4): 429-443.

[5] ZHANG R J, CHEN Y B, SUN Z Q, et al. Path control of a surface ship in restricted waters using sliding mode[J]. IEEE Transactions on Control Systems Technology, 2000, 8(4): 722-732.

[6] NIJMEIJER H, PETTERSEN K Y. Underactuated ship tracking control: Theory and experiments[J]. International Journal of Control, 2001, 74(14): 1435-1446.

[7] WANG P K C. Navigation strategies for multiple autonomous mobile robots moving in

formation[J]. Journal of Robotic Systems, 1991, 8(2): 177-195.

[8] 柳晨光, 初秀民, 吴青, 等. USV 发展现状及展望[J]. 中国造船, 2014, 55(4): 194-205.

[9] 侯瑞超, 唐智诚, 王博, 等. 水面无人艇智能化技术的发展现状和趋势[J]. 中国造船, 2020, 61(S1): 211-220.

[10] LEWIS M A, TAN K H. High Precision Formation Control of Mobile Robots Using Virtual Structures[J]. Autonomous Robots, 1997, 4(4): 387-403

[11] BALCH T, ARKIN R C. Behavior-based formation control for multirobot teams[J]. IEEE Transactions on Robotics & Automation, 1998, 14(6): 926-939.

[12] BEARD R W, LAWTON J, HADAEGH F Y. A coordination architecture for spacecraft formation control[J]. IEEE Transactions on Control Systems Technology, 2001, 9(6): 777-790.

[13] DAS A K, FIERRO R, KUMAR V, et al. A vision-based formation control framework[J]. IEEE Transactions on Robotics & Automation, 2002, 18(5): 813-825.

[14] SKJETNE R, MOI S, FOSSEN T I. Nonlinear formation control of marine craft[C]//Proceedings of the 41st IEEE Conference on Decision and Control, 2002. Las Vegas: IEEE, 2002, 2: 1699-1704.

[15] 张伟, 王乃新, 魏世琳, 等. 水下无人潜航器集群发展现状及关键技术综述[J]. 哈尔滨工程大学学报, 2020, 41(2): 289-297.

[16] 柳晨光, 初秀民, 欧阳雪, 等. 欠驱动水面模型船航向保持控制仿真平台[J]. 中国航海, 2016, 39(4): 1-5, 112.

[17] 严新平, 吴超, 马枫. 面向智能航行的货船"航行脑"概念设计[J]. 中国航海, 2017, 40(4): 95-98, 136.

[18] IHLE I A F, ARCAK M, FOSSEN T I. Passivity-based designs for synchronized path-following[J]. Automatica, 2007, 43(9): 1508-1518.

[19] FAHIMI, F. Sliding-Mode Formation Control for Underactuated Surface Vessels[J]. IEEE Transactions on Robotics, 2007, 23(3): 617-622.

[20] 柯涛, 张恒, 宋佳. 海上无人艇编队抗同频干扰技术研究[J]. 中国造船, 2020, 61(S1): 105-112.

[21] SUN Z J, ZHANG G Q, LU Yu, et al. Leader-follower formation control of underactuated surface vehicles based on sliding mode control and parameter estimation[J]. ISA Transactions, 2018, 72: 15-24.

[22] ENCARNACAO P, PASCOAL A. Combined trajectory tracking and path following: an application to the coordinated control of autonomous marine craft[C]// IEEE Conference on Decision & Control. Orlando: IEEE, 2001, 1: 964-969.

[23] PEREIRA G A S, PEREIRA G A S, DAS A K, et al. Formation Control with Configuration

Space Constraints[C]// IEEE/RSJ International Conference on Intelligent Robots & Systems. Las Vegas: IEEE, 2003, 3: 2755-2760.

[24] 李芸, 肖英杰. 领航跟随法和势函数组合的船舶编队控制[J]. 控制理论与应用, 2016, 33(9): 1259-1264.

[25] SHI H, WANG L, CHU T G. Virtual leader approach to coordinated control of multiple mobile agents with asymmetric interactions[J]. Physica D: Nonlinear Phenomena, 2006, 213(1): 51-65.

[26] 王冬梅, 方华京. 基于虚拟领航者的智能群体群集运动控制[J]. 华中科技大学学报(自然科学版), 2008, 36(10): 5-7.

[27] 王彬. 多艘动力定位船鲁棒自适应编队控制研究[D]. 哈尔滨: 哈尔滨工程大学, 2017.

[28] PENG Z H, WANG D, YAO Y B, et al. Robust adaptive formation control with autonomous surface vehicles[C]// Proceedings of the 29th Chinese Control Conference. Beijing: IEEE, 2010: 2115-2120.

[29] DUNBAR W B, CAVENEY D S. Distributed receding horizon control of vehicle platoons: Stability and string stability[J]. IEEE Transactions on Automatic Control, 2011, 57(3): 620-633.

[30] ÖGREN P, EGERSTEDT M, HU X M. A control Lyapunov function approach to multiagent coordination[J]. IEEE Transactions on Robotics and Automation, 2001, 18(5): 847-851.

[31] LEWIS M A, TAN K H. High Precision Formation Control of Mobile Robots Using Virtual Structures[J]. Autonomous Robots, 1997, 4(4): 387-403.

[32] GHOMMEM J, MNIF F, POISSON G, et al. Nonlinear formation control of a group of underactuated ships[C]// OCEANS 2007-Europe. Aberdeen: IEEE, 2007: 1-8.

[33] 秦梓荷, 林壮, 李平, 等. 存在饱和输入量的欠驱动船舶编队控制[J]. 华中科技大学学报(自然科学版), 2015, 43(8): 75-78.

[34] REN W, BEARD R. Decentralized Scheme for Spacecraft Formation Flying via the Virtual Structure Approach[J]. Journal of Guidance, Control, and Dynamics, 2004, 27(1): 73-82.

[35] MEHRJERDI H, GHOMMAM J, SAAD M. Nonlinear coordination control for a group of mobile robots using a virtual structure[J]. Mechatronics, 2011, 21(7): 1147-1155

[36] 崔荣鑫, 徐德民, 沈猛, 等. 基于行为的机器人编队控制研究[J]. 计算机仿真, 2006, 23(2): 137-139.

[37] BALCH T, ARKIN R C. Behavior-based formation control for multirobot teams[J]. IEEE Transactions on Robotics and Automation, 1998, 14(6): 926-939.

[38] PANG S K, LI Y H, YI H. Joint formation control with obstacle avoidance of towfish and multiple autonomous underwater vehicles based on graph theory and the null-space-based method[J]. Sensors, 2019, 19(11): 2591.

[39] ANTONELLI G, ARRICHIELLO F, CHIAVERINI S. Experiments of formation control with

collisions avoidance using the null-space-based behavioral control[C]// 2006 14th Mediterranean Conference on Control and Automation. Ancona: IEEE, 2006: 1-6.

[40] ROSALES C D, SARCINELLI-FILHO M, SCAGLIA G, et al. Formation control of unmanned aerial vehicles based on the null-space[C]// 2014 International Conference on Unmanned Aircraft Systems (ICUAS). Orlando: IEEE, 2014: 229-236.

[41] AHMAD S, FENG Z, HU G. Multi-robot formation control using distributed null space behavioral approach[C]// IEEE International Conference on Robotics & Automation. Hong Kong: IEEE, 2014: 3607-3612.

[42] 李冠男. 基于图论法的多水下机器人编队控制研究[D]. 沈阳: 沈阳理工大学, 2015.

[43] SEOK P B, JIN Y S. An Error Transformation Approach for Connectivity-Preserving and Collision-Avoiding Formation Tracking of Networked Uncertain Underactuated Surface Vessels[J]. IEEE Transactions on Cybernetics, 2018: 1-12.

[44] 秦奇. 基于刚性结构的船舶编队控制[D]. 大连: 大连海事大学, 2018.

[45] HUANG C F, ZHANG X K, ZHANG G Q. Improved decentralized finite-time formation control of underactuated USVs via a novel disturbance observer[J]. Ocean Engineering, 2019, 174: 117-124.

[46] 曲成刚, 曹喜滨, 张泽旭. 人工势场和虚拟领航者结合的多智能体编队[J]. 哈尔滨工业大学学报, 2014, 46(5): 1-5.

[47] 王树凤, 张钧鑫, 张俊友. 基于人工势场和虚拟领航者的智能车辆编队控制[J]. 上海交通大学学报, 2020, 54(3): 305-311.

[48] 王楠, 徐洁琼. 基于图论和行为的深空航天器网络编队控制[J]. 沈阳工业大学学报, 2011, 33(4): 439-444.

[49] LIU C G, QI J, CHU X, et al. Cooperative ship formation system and control methods in the ship lock waterway[J]. Ocean Engineering, 2021, 226: 108826.

[50] Dai S L, He S, Lin H, et al. Platoon formation control with prescribed performance guarantees for USVs[J]. IEEE Transactions on Industrial Electronics, 2017, 65(5): 4237-4246.

[51] LI T S, ZHAO R, CHEN C L P, et al. Finite-time formation control of under-actuated ships using nonlinear sliding mode control[J]. IEEE Transactions on Cybernetics, 2018, 48(11): 3243-3253.

[52] DO K D. Practical formation control of multiple underactuated ships with limited sensing ranges[J]. Robotics and Autonomous Systems, 2011, 59(6): 457-471.

[53] SHOJAEI K. Leader-follower formation control of underactuated autonomous marine surface vehicles with limited torque[J]. Ocean Engineering, 2015, 105: 196-205.

[54] 邓蕴. 舰船编队避碰的自适应控制研究[J]. 舰船科学技术, 2017, 39(20): 31-33.

[55] 周卫东, 刘一萌, 查羊羊. 抗时滞无人艇编队队形控制及变换[J]. 哈尔滨工程大学学报, 2019, 40(11): 1865-1869.

[56] NEGENBORN R R, MAESTRE J M. Distributed model predictive control: An overview and roadmap of future research opportunities[J]. IEEE Control Systems Magazine, 2014, 34(4): 87-97.

[57] GAO Y L, XIA Y Q, DAI L. Cooperative distributed model predictive control of multiple coupled linear systems[J]. IET Control Theory & Applications, 2015, 9(17): 2561-2567.

[58] 蔡星, 谢磊, 苏宏业, 等. 基于串联结构的分布式模型预测控制[J]. 自动化学报, 2013, 39(5): 44-52.

[59] MAESTRE J M, NEGENBORN R R. Distributed model predictive control made easy[M]. Dordrecht: Springer, 2014.

[60] LIU C G, NEGENBORN R R, ZHENG H R, et al. A state-compensation extended state observer for model predictive control[J]. European Journal of Control, 2017, 36: 1-9.

[61] LIU C G, NEGENBORN R R, CHU X M, et al. Predictive path following based on adaptive line-of-sight for underactuated autonomous surface vessels[J]. Journal of Marine Science and Technology, 2018, 23(3): 483-494.

[62] FERRAMOSCA A, LIMON D, ALVARADO I, et al. Cooperative distributed MPC for tracking[J]. Automatica, 2013, 49(4): 906-914.

[63] LIU T F, JIANG Z P. Distributed formation control of nonholonomic mobile robots without global position measurements[J]. Automatica, 2013, 49(2): 592-600.

[64] ZHOU Z, WANG H B, WANG Y L, et al. Distributed formation control for multiple quadrotor UAVs under Markovian switching topologies with partially unknown transition rates[J]. Journal of the Franklin Institute, 2019, 356(11): 5706-5728.

[65] ZHENG H R, WU J, WU W M, et al. Cooperative distributed predictive control for collision-free vehicle platoons[J]. IET Intelligent Transport Systems, 2018, 13(5): 816-824.

[66] CHEN L Y, HOPMAN H, NEGENBORN R R. Distributed model predictive control for vessel train formations of cooperative multi-vessel systems[J]. Transportation Research Part C: Emerging Technologies, 2018, 92: 101-118.

[67] CHEN L Y, HOPMAN H, NEGENBORN R R. Distributed model predictive control for cooperative floating object transport with multi-vessel systems[J]. Ocean Engineering, 2019.

[68] ZHENG H R, NEGENBORN R R, LODEWIJKS G. Cooperative distributed collision avoidance based on ADMM for waterborne AGVs[C] // Proceedings of International Conference on Computational Logistics. Springer, Cham, 2015: 181-194.

[69] 中国船级社. 自主货物运输船舶指南 GD 20—2018[S]. 2018.

[70] 徐利伟. 智能网联汽车队列成形控制及队列稳定性研究[D]. 南京：东南大学, 2019.

[71] 吴文祥, 初秀民, 柳晨光, 等. 基于模型预测控制的船舶纵向航速协同控制方法[J]. 交通信息与安全, 2021, 39(1): 52-63.

[72] KUMARAWADU S, KUMARA K J C. On the speed control for automated surface vessel operation[C]// Third International Conference on Information and Automation for Sustainability. IEEE, 2007.

[73] SHOJAEI K. Leader-follower formation control of underactuated autonomous marine surface vehicles with limited torque[J]. Ocean Engineering, 2015, 105: 196-205.

[74] SHOJAEI K. Observer-based neural adaptive formation control of autonomous surface vessels with limited torque[J]. Robotics and Autonomous Systems, 2016, 78: 83-96.

[75] 李娟, 马涛, 刘建华. 基于领航者的多 UUV 协调编队滑模控制[J]. 哈尔滨工程大学学报, 2018, 39(2): 350-357.

[76] 王珍. 随机风浪下船舶航速自适应控制[J]. 舰船科学技术, 2018, 40(8): 25-27.

[77] 朱俊. 基于跟驰理论的内河航道通过能力计算模型[J]. 交通运输工程学报, 2009, 9(5): 83-87.

[78] 明力, 刘敬贤, 王先锋. 超大型船舶安全纵向间距计算模型[J]. 中国航海, 2014, 37(4): 40-43.

[79] 李振福, 孙悦, 韦博文. "冰上丝绸之路"：北极航线船舶航行安全的跟驰模型[J]. 大连海事大学学报, 2018, 44(3): 22-27.

[80] HE Y L, BIAGIO C, QUAN Z, et al. Adaptive Cruise Control Strategies Implemented on Experimental Vehicles: A Review[J]. IFAC-Papers OnLine, 2019, 52(5): 21-27.

[81] LI S E, JIA Z, LI K, et al. Fast online computation of a model predictive controller and its application to fuel economy–oriented adaptive cruise control[J]. IEEE Transactions on Intelligent Transportation Systems, 2014, 16(3): 1199-1209.

[82] HU B, Li J, YANG J, et al. Reinforcement Learning Approach to Design Practical Adaptive Control for a Small-Scale Intelligent Vehicle[J]. Symmetry 2019, 11(9): 112-113.

[83] HANSU K, TAE H L, et al. Robust design optimisation of adaptive cruise controller considering uncertainties of vehicle parameters and occupants[J]. Vehicle System Dynamics, 2020, 58(6): 987-1005.

[84] 赵乾博. 考虑油耗及经济性的营运船舶定航线航速优化[D]. 哈尔滨：哈尔滨工程大学, 2017.

[85] 洪碧光. 船舶风压系数计算方法[J]. 大连海运学院学报, 1991(2): 113-121.

[86] 李国定, 古文贤. 螺旋桨推力系数 KT 值的数学表达[J]. 大连海运学院学报, 1991, 17(3): 261-267.

[87] 张丽. 纯电动汽车全速自适应巡航控制系统的研究[D]. 哈尔滨: 哈尔滨工业大学, 2017.

[88] 交通运输部. 2019 年交通运输行业发展统计公报[R/OL]. (2020-05-12)[2021-03-24]. http://www.gov.cn/xinwen/2020-05/12/content_5510817.htm.

[89] 齐俊麟. 三峡—葛洲坝船闸通过能力分析及扩能工程对策[J]. 船海工程, 2019, 48(3): 169-174.

[90] 王忠民, 杨全林, 金俊. 三峡船闸通过系统与智能运行模式探讨[J]. 水运工程, 2020(2): 98-102, 116.

[91] 中华人民共和国住房和城乡建设部. 内河通航标准 GB 50139-2014. [S]. 北京: 中国计划出版社, 2014.

[92] 张勃, 万韬, 杨珏. 葛洲坝船闸船舶同步出闸运行组织[J]. 水运工程, 2020(2): 52-55.

[93] 田大新, 康璐. 基于鱼群效应的无人驾驶车辆编队算法研究[J]. 无人系统技术, 2018, 1(4): 62-67.

[94] 周子为, 段海滨, 范彦铭. 仿雁群行为机制的多无人机紧密编队[J]. 中国科学: 技术科学, 2017, 47(3): 230-238.

[95] 杨之元, 段海滨, 范彦铭. 基于莱维飞行鸽群优化的仿雁群无人机编队控制器设计[J]. 中国科学: 技术科学, 2018, 48(2): 161-169.

[96] 张弛, 张笛, 孟上, 等. 极地冰区船舶航运的发展动态与展望: POAC 2017 国际会议综述[J]. 交通信息与安全, 2017, 35(5): 1-10.

第 10 章　船舶智能航行控制应用

本书介绍和提出的船舶智能航行近距离目标感知、避碰路径规划、路径跟踪控制、编队协同控制方法和技术有必要在真实环境进行测试和验证。因此，本书作者团队分别构建了感知-决策-控制一体化无人艇平台、船舶运动控制模型船平台和船闸水域船舶编队航行平台。本章将首先介绍感知-决策-控制一体化无人艇平台的设计与实现方法，对激光雷达目标识别方法、激光雷达目标感知软件、路径规划与跟踪方法进行测试与验证；然后，针对船舶运动控制问题，构建基于模型船的船舶运动控制平台，开展基于 MPC、PID 等方法的运动控制效果验证；最后，在葛洲坝船闸水域构建实船编队过闸航行平台，验证船舶过闸编队协同控制硬件、软件系统及方法的实际控制效果。

10.1　感知-决策-控制一体化无人艇平台

本节主要介绍感知-决策-控制一体化无人艇实验平台的构成、功能和实现方法，以及描述基于该平台开展的点云目标识别和路径规划实验过程、方法和结果。

10.1.1　实验平台设计

构建感知-决策-控制一体化无人艇实验平台，以验证提出的目标识别、路径规划和路径跟踪控制算法的有效性。无人艇实验平台框架如图 10.1 所示。

如图 10.2（a）所示，无人艇三维激光雷达实验平台上架设有三维激光雷达，可以实时获取无人艇周围环境点云信息，并能够通过无线网络回传至监控中心，如图 10.2（b）所示。三维激光雷达型号为 Velodyne VLP16，16 线激光雷达，测量距离约为 100 m，扫描频率为 5~20 Hz。

无人艇平台主要组件介绍如表 10.1 所示。

第 10 章 船舶智能航行控制应用

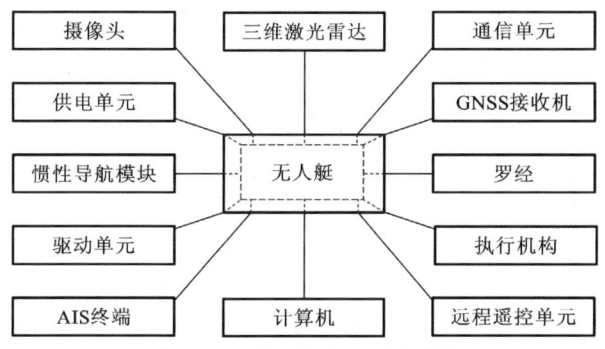

图 10.1 无人艇实验平台结构

（a）无人艇

（b）激光雷达

图 10.2 激光雷达无人艇平台

表 10.1 无人艇平台主要组件

设备名称	主要功能	性能参数
无人艇	自主航行控制对象	艇长约 3 m，挂桨电机推进
三维激光雷达 VLP-16	获取无人艇周围激光点云数据	16 线，最大测距为 150 m，测距精度为±3 cm，水平视场角范围为 0~360°，垂直视场角范围为-15°~+15°，扫描频率为 5~20 Hz
惯性导航模块	用于获取无人艇的姿态数据，以对激光雷达点云数据进行校正	能够获取无人艇姿态角，姿态角数据更新频率大于 10 Hz
GNSS 接收机	获取无人艇实时大地坐标	采用 GPS/北斗双模接收机
罗经	实时获取无人艇船首向数据	精度小于 1°
计算机	用于激光雷达点云数据和其他数据的融合、处理和交互，发送控制指令	保证数据处理的频率为 10 Hz 以上

续表

设备名称	主要功能	性能参数
远程遥控单元	实时监控无人艇工作状态	通过无线网络实现
运动驱动单元	用于控制螺旋桨和舵机	接收并解析计算机指令
船载自动识别系统（AIS）终端	作为三维激光雷达位置和速度计算的参考	获取周围船舶船型、位置、速度等信息
摄像头	与激光雷达结果进行对比	用于与激光雷达目标识别结果进行对比
供电单元	为无人艇所有设备供电	采用电池供电
通信单元	保证无人艇通信工作正常	内部通过有线连接，外部通过 4G/5G 网络连接

10.1.2 算法与软件实现

目标识别和路径规划算法既可以在机器人操作系统（robot operating system，ROS）平台上实现，也可以在 Windows 平台上实现。

1. ROS 平台

ROS 是一个强大而灵活的基于消息传递通信的分布式多进程框架。在 ROS 上有丰富的开源库，其中 PCL 库（point cloud library）集成了大量的点云处理通用算法和高效数据结构，包括点云获取、滤波、分割、配准、检测、特征提取、识别、跟踪、可视化等。基于 ROS 结合 PCL 库实现三维激光雷达目标检测与跟踪算法。图 10.3 为设计的基于 ROS 和 PCL 库的三维激光雷达目标识别系统框架。

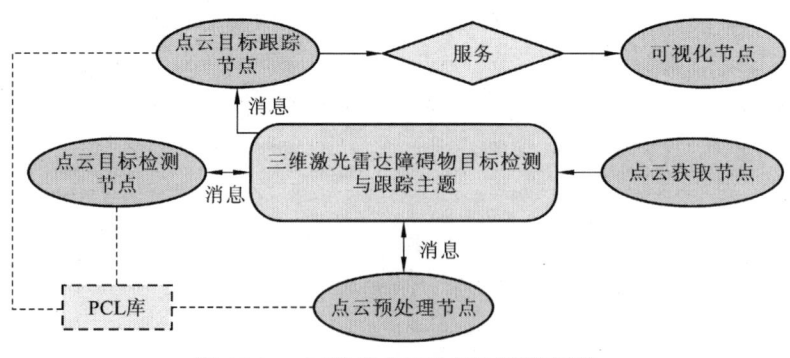

图 10.3　三维激光雷达识别系统框架

电脑连接该激光雷达实时读取和处理激光点云数据，安装 Linux 系统，基于 ROS，按照图 10.3 架构与激光雷达建立连接，同时启动点云预处理节点、点云目标处理节点和可视化节点，实现对三维激光点云数据的处理和显示。

2. Windows 平台

开发了 PCL 库、Qt 平台和 VS 平台的无人船三维激光雷达点云处理软件 VLP 1.0，能够对激光点云进行实时处理，其界面如图 2.9 所示。该软件具有点云预处理、点云分割、障碍栅格标识、点云显示和配置等功能，可以将障碍物物识别结果通过 TCP/IP 协议发送至路径规划计算单元，实现无人船的实时避碰。经测试，该软件可以满足 10 Hz 以上频率的计算要求。此外，还开发了基于 Qt 平台和 VS 平台的路径规划软件，该软件能够根据 VLP 1.0 软件识别结果，并利用 A* 算法实时计算最优路径，实现无人船自主避障。软件界面如图 10.4 所示，该软件还可以实时显示激光雷达识别的障碍物、预设路径、规划路径船舶控制模式、运动状态和系统状态等信息。

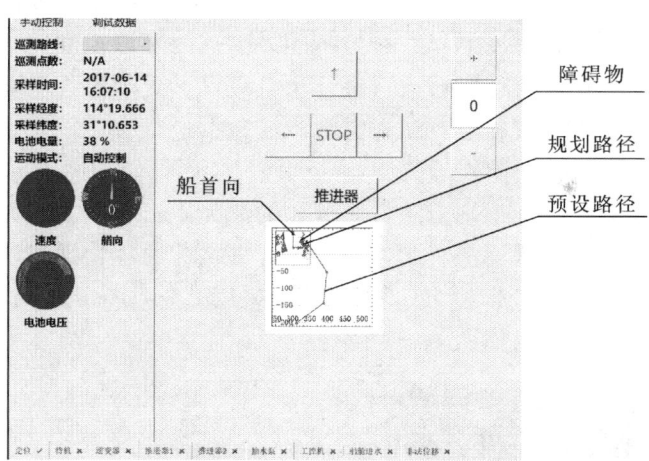

图 10.4 基于激光雷达点云的船舶路径规划软件界面

开发了基于 Qt 平台和 VS 平台的无人艇远程监控软件。该软件可以实现无人艇航行状态在线显示、自主航行路径管理与下发、自主航行控制参数设置、用户管理、地图显示、禁航区配置等功能。其软件界面如图 10.5 所示。

10.1.3 点云目标识别实验

点云目标识别包括点云预处理、点云分割和目标识别过程。

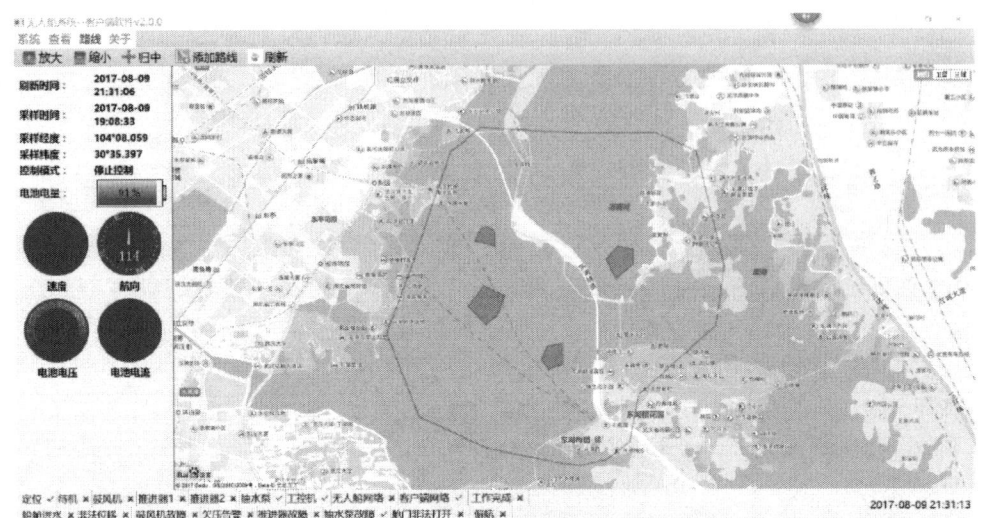

图 10.5 远程监控软件界面

（1）点云预处理。在真实环境下，激光雷达点云数据不可能都是有效的，无效点主要包括无人艇自身反射点、有效范围外的点、环境返回的杂波点和电磁干扰产生的点等。因此，有必要对点云进行预处理，预处理过程主要包括点云校正和去噪。通常采用姿态仪补偿对激光雷达点云数据进行校正，采用中值滤波、设置距离或点云强度阈值去除点云噪声。

（2）点云分割和目标识别方法。获取到的激光点云数据量较大，不利于快速实时处理，可采用二维栅格法对激光点云进行栅格化。在快速实现点云分割效果方面，八邻域标记法通常能达到较好的效果。采用八邻域标记法对栅格进行分割，原始点云及分割后的栅格如图 10.6 所示。

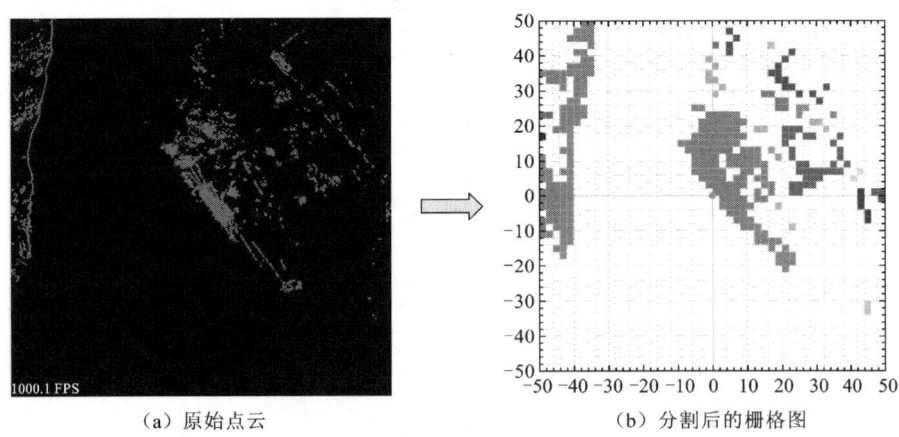

(a) 原始点云　　　　　　　　　(b) 分割后的栅格图

图 10.6 点云分割和目标识别算法

10.1.4 路径规划实验

1. 基于 A^* 算法的无人船路径规划

船舶目标识别是需要解决的关键问题,特别是对于激光雷达点云来说。由于点云相对于图像来说点是比较稀疏的,难以通过纹理等特征来识别目标,本书绕开了传统图像目标识别的方式,直接将栅格与避碰算法相结合,即将目标分割后的结果与 A^* 避碰算法结合,实时地生成避碰路径,完成无人艇的自主航行。图 10.7 所示为实时规划的动态避碰路径。无人艇的真实试验结果表明,激光雷达处理的点云结果能够为无人艇自动避碰提供障碍物信息支持,保证无人艇可以避开障碍物,完成预设路径跟踪。

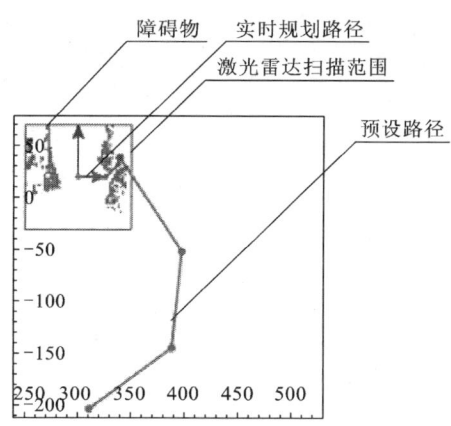

图 10.7 基于 A^* 算法的自动避碰路径

2. 基于 A^* 算法的航道测量路径规划

实验水池长 80 m、宽 60 m,水面平静而开阔,可进行无人航道测量船平台的航行、导航及路径规划实验。实验水池如图 10.8 所示。

图 10.8 实验水池环境

因为该平台的实验都是基于平面坐标系操作的，而该平台采用 GPS 定位，所以需要将 GPS 输出的经纬度坐标采用高斯-克吕格投影法实时转换成平面坐标。

实验时，首先确定无人航道测量船的起点和终点，再在起点和终点的连线段上设置障碍物，即放置浮球，并将实船平台放置在起点，然后在软件控制界面点击相关按钮，路径规划子系统即可分别采用改进前后的 A* 算法为无人航道测量船规划路径。在无人船航行时，可以远程通过软件界面的地图实时观察算法规划的路径。通过无人航道测量船平台实验得到的 A* 算法改进前后的路径规划如图 10.9 所示。

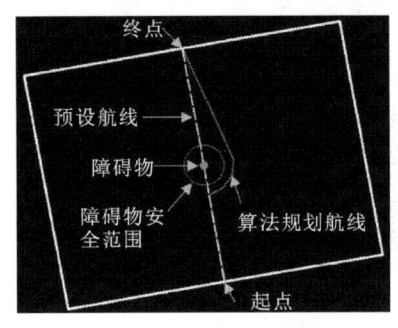

(a) 算法改进前规划路径　　　　(b) 算法改进后路径

图 10.9　算法改进前后路径规划对比

图 10.9 中，设置水池两条长边的中点分别为起始点，在水尺正中央放置障碍物，即中心点，虚线即为无人航道测量船的预设航线，实线为 A* 算法改进前后规划的实际路径，圆圈即为障碍物的安全范围。

从无人航道测量船实船平台实验得到的数据来看，改进前后的 A* 算法都能为无人航道测量船规划一条避开障碍物并到达终点的安全航线，但是基于改进之后的 A* 算法得到的规划航线比传统 A* 算法得到的规划航线更靠近预设航线，更符合无人航道测量船的功能需求。

10.2　船舶运动控制模型船平台

在仿真环境下验证本书所提出的控制算法固然是一种重要的方式，但在真实环境下这些控制算法能否真正满足船舶运动控制要求还有待进一步检验。因此，搭建一个基于模型船的船舶运动控制实验平台，并利用该平台在室内和室外水池环境下对本书提出的主要控制算法进行试验。通过分析和比较模型船运动控制产生的真实数据，验证本书提出算法的有效性，并总结算法存在的不足。

10.2.1 模型船运动控制实验平台

船舶运动控制验证实验一般可通过实船和仿真两种方式来开展。其中，实船实验通常由于成本高、风险大、不可控因素多等原因而较少采用。仿真实验一般包括计算机仿真、半实物仿真和模型船仿真等方式，与计算机仿真和半实物仿真相比，模型船仿真是在真实环境下开展的，能够有效验证所设计的运动控制器在真实环境下的控制实时性、鲁棒性和跟踪性能。因此，本书构建了模型船运动控制实验平台来验证本书所提算法的有效性。

模型船运动控制实验平台（简称实验平台）由模型船、感知系统、运动控制器及远程监控系统4个部分组成，其通信框架如图10.10所示[1]。

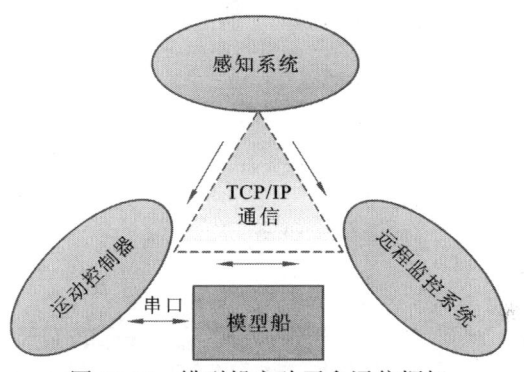

图 10.10 模型船实验平台通信框架

（1）模型船。模型船是实验平台的控制对象。模型船上装有电池、小型船载计算机、驱动电路板和传感器等设备。小型船载计算机是整个船舶运动控制的"指挥官"，运动控制器就运行于这台计算机上。驱动电路板可通过串口与船载计算机通信，用于传感器数据处理、指令解析、执行机构（螺旋桨和舵机）控制等。传感器主要包括光电编码器、超声波传感器、无线通信模块、角度传感器等。

（2）感知系统。感知系统可实时获取船舶和系统当前状态，即包括螺旋桨转速、舵角、位置、航速、船首向、角速度等。这些状态一方面可以作为系统反馈，使控制器获取更优的控制效果；另一方面可以反映系统工作状况，保证船舶航行安全。

（3）运动控制器。运动控制器主要是根据预先制定的运动控制目标和感知系统提供的实时状态反馈信息，计算得到系统最优输入指令（螺旋桨转速指令和舵机指令），使船舶能在外界干扰下实现精确的运动控制。

（4）远程监控系统。模型船在运动控制过程中的状态数据会实时传输至远程监控系统,实现船舶航行状态参数的实时监测和存储,其中存储的数据可供后续分析使用。另外,在遇到紧急情况时可以通过远程方式人工操控船舶,以保证航行安全。本实验平台是通过远程桌面的方式实现远程监控的。

实验平台组成如图 10.11 所示。其中,单目视觉摄像机用于室内环境的船舶定位;远程监控计算机通过 WiFi 远程操控模型船;模型船上的驱动机构为螺旋桨和舵,用于操控船舶运动;驱动电路板基于 STM32 单片机实现,用于信息采集、处理、传输等;光电编码器用于测量螺旋桨转速;超声波用于检测障碍物距离;摄像机定位标志物用于定位;角度传感器用于获取舵角值;差分 GPS 接收机用于室外环境的定位。在真实环境下模型船实验平台如图 10.12 所示。

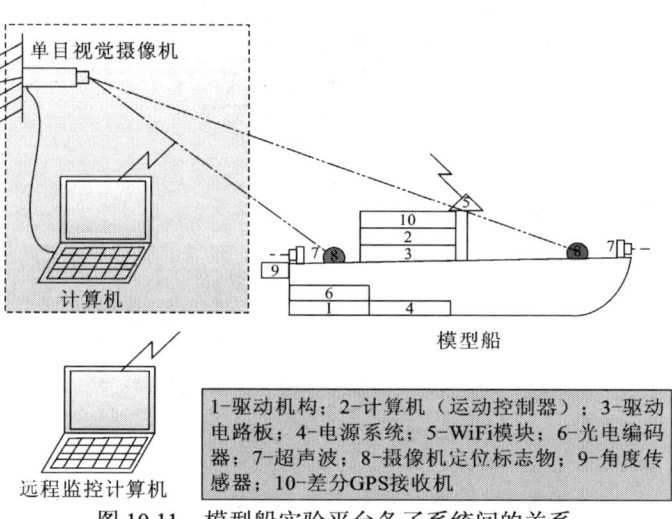

图 10.11　模型船实验平台各子系统间的关系

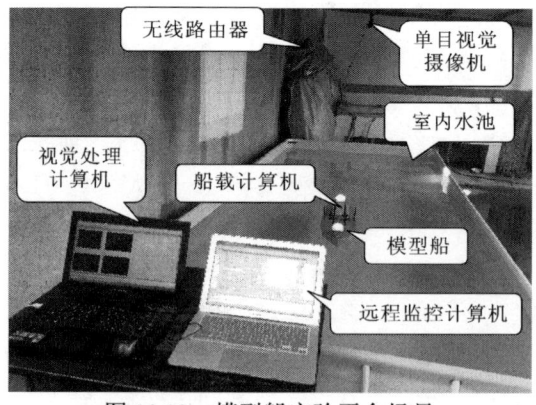

图 10.12　模型船实验平台场景

1. 模型船

选用以 1∶32 比例的"沃斯帕·帕卡萨"（Vosper Perkasa）快速鱼雷艇的缩尺塑料船模为模型船船体。为满足实验需求，对模型船进行了较大幅度的改造，由原来的三桨推进改为单桨推进，并在船体上架设了小型计算机、电机、差分GPS、舵机等设备，改造后的模型船如图 10.13 所示，改造后的模型船参数见表 10.2。

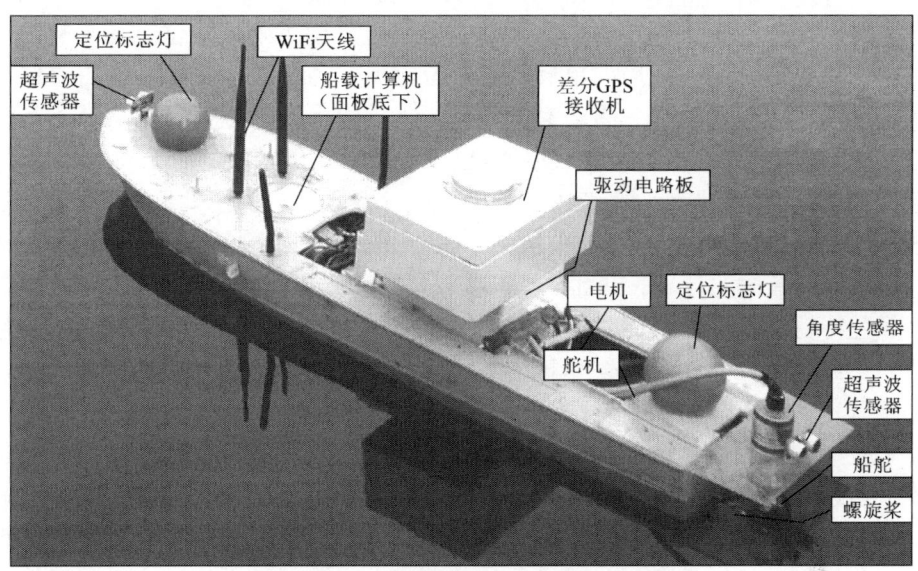

图 10.13　改造后的快速鱼雷艇模型船

表 10.2　改造后的快速鱼雷艇模型船参数

参数	数值	备注
尺寸	船长 958 mm，船宽 243 mm	无
质量	6.37 kg	无
吃水	约 50 mm	无
推进方式	单螺旋桨单舵	无
螺旋桨推进	电机	12V 直流电机
工控机	Core i3 处理器、64GB 固态硬盘、有线网卡、无线网卡、串口等	无
无线传输方式	WiFi	利用无线桥接传输距离可达到约 100 m
控制反馈类型	位置和船首向反馈、螺旋桨转速反馈、舵角反馈	通过单目视觉传感器、光电编码器、角度等测量传感器来实现
电池	磷酸铁锂电池	电压 12 V，容量 10 Ah，放电倍率 2 C

2. 感知系统

1）位置获取

状态感知是实现船舶运动控制的基础。由于模型船较小，为实现精确的运动控制，对船首向、位置等状态变量的测量精度要求较高。实时定位是模型船运动控制中十分重要的状态参数，而 GPS 或北斗定位精度（大约 10 m）很难满足需求，且在室内环境下不能定位。因此，实验平台采用了两种定位方式来解决这一问题：一种是适合室内环境的单目视觉定位，另一种是适合室外环境的差分 GPS 定位。这两种定位方法都具有较高的精度。

（1）单目视觉定位及船首向获取。提出了一种基于单目视觉的无人船定位系统，系统结构如图 10.14 所示。系统由计算机、单目摄像机、蓝色和绿色两个标志灯等组成。不同于常见的单目视觉定位方法，船舶上的蓝色和绿色标志灯在定位的同时还可以实现船首向的计算。单目摄像机获取位置和船首向的基本原理为：①根据标志灯颜色特征、封闭轮廓面积特征及船舶速度特征可分别识别船舶上蓝色和绿色标志灯，得到两个标志灯在图像坐标中的位置，经过图像坐标与真实坐标的转换能够分别确定两个标志灯的真实位置，以两个标志灯的中心点作为船舶中心位置，根据单位时间内船舶中心点的位移计算得到船舶航速；②因为两个灯能分别进行识别，所以绿色标志灯指向蓝色标志灯的矢量方向与正北的夹角即为船舶航向角（0°~360°）；③获取的船舶航向与航速能够通过 WiFi 实时发送至模型船船载计算机，为模型船运动控制提供反馈；④位置、航向与航速数据能实时显示在计算机上，并将数据存储至数据库中。

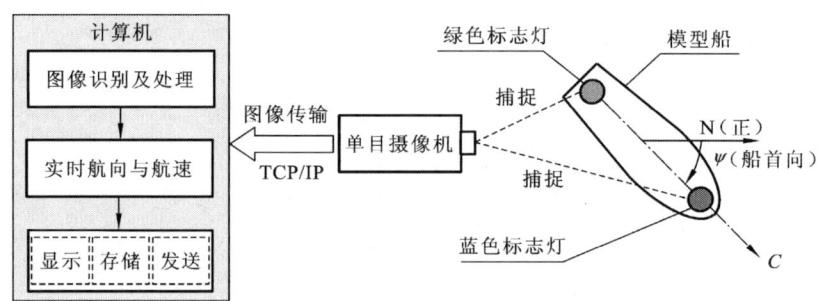

图 10.14 航向与航速感知系统

（2）差分 GPS 定位。在室外环境中，单目视觉定位虽然也能实现定位，但考虑到摄像机覆盖范围有限，且离摄像机越远定位精度越低，同时由于光照对摄像机的影响，很难保证白天的定位效果，因此，差分 GPS 是一种可以选择的定位方式。通过在模型船上安装差分 GPS 接收机，由远处的差分基站通过数传电台实时发送差分报文给接收机来实现厘米级定位。由于差分 GPS 接收机普遍比较重,本实验平台对差分 GPS 进行了改造,使之能够在模型船上使用。

2) 其他数据获取

其他主要数据的获取途径为:①通过光电编码器获取实时的螺旋桨转速;②通过角度传感器获取实时舵角值;③通过超声波传感器获取船舶前后障碍物距离;④通过电罗经获取船舶实时船首向;⑤通过陀螺仪获取船舶姿态和角速度。

3. 运动控制器

运动控制器通过控制舵角和螺旋桨转速使船舶按照预设目标路径运动,并通过紧急避碰模块(超声波传感器)防止船舶发生碰撞。运动控制器的工作原理如图 10.15 所示。运动控制器运行于船载计算机上,通过 TCP/IP 通信与感知系统和远程监控系统通信,通过串口通信方式与驱动电路板通信,驱动电路板可以直接控制舵机和螺旋桨。运动控制器主要分为两部分,一部分是目标路径跟踪控制,另一部分是航速保持控制。目标路径跟踪控制过程为:①根据预设的目标路径点生成目标路径;②利用 LOS 导航计算得到目标船首向;③根据实际船首向与目标船首向偏差计算得到最优舵角值并将指令传输至驱动电路板。航速保持的过程为:①根据感知系统获取的航速与目标航速的偏差计算得到最优螺旋桨转速;②将螺旋桨转速指令传输至驱动电路板。

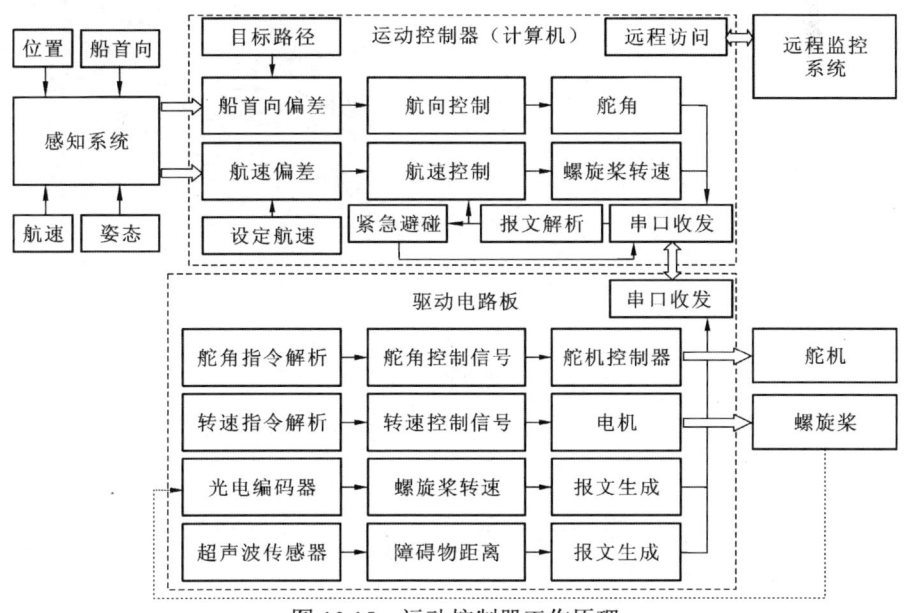

图 10.15 运动控制器工作原理

4. 远程监控系统

远程监控系统通过远程访问船载计算机方式实现对模型船运动过程的实时监控，其主要功能如图 10.16 所示。远程监控系统基于 VS 平台开发，其工作界面如图 10.17 所示。

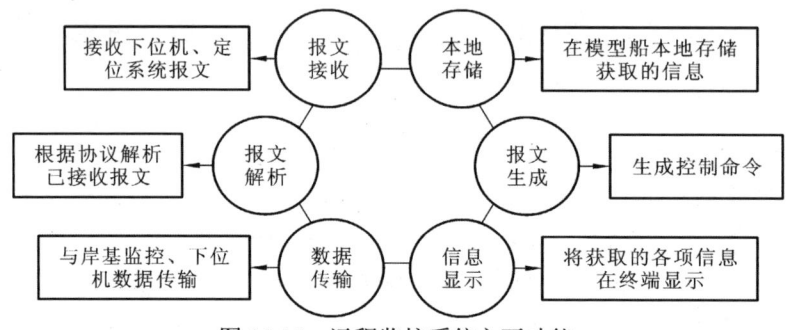

图 10.16　远程监控系统主要功能

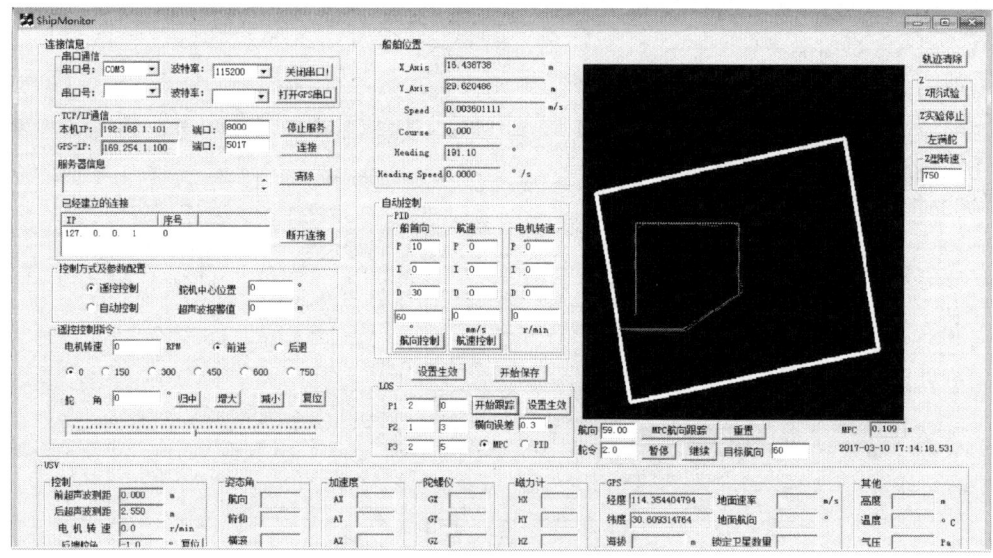

图 10.17　远程监控系统主界面

5. 模型船平台性能测试

船舶建造完成之后，需对其进行操纵性试验。本书在水池环境下对模型船的航向保持和航速保持性能进行了试验。航向保持和航速保持是指在航行过程中，当系统受到干扰时，仍能使船舶保持目标航向和目标航速不变。

1) 航向保持性能试验

通常船舶航向跟踪中的航向是指船首向。采用 PID 作为航向保持控制方法，PID 控制参数标定为：$k_{P1}=10$，$k_{I1}=0$，$k_{D1}=6$。目标航向为 180°，起始航向为 150°，航向保持试验结果如图 10.18 所示。由图 10.18（a）可见，经过不断调整舵角，船舶航向逐渐稳定至目标航向，且误差保持在±2°范围内。由图 10.18（b）可见，当航向稳定后舵角仍有细微的改变以保持航向在稳定的范围内。本试验说明了模型船具有航向稳定性，这是开展模型船运动控制试验的基础。

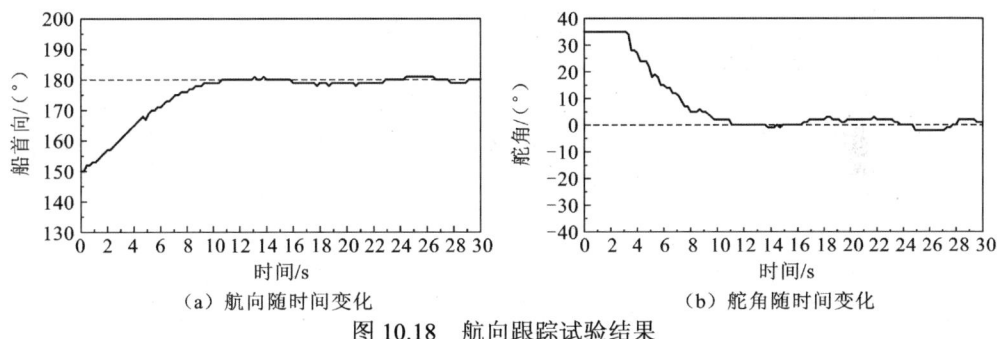

图 10.18 航向跟踪试验结果

2) 航速保持性能试验

与航向保持相同，也采用 PID 作为航向保持控制方法，且 PID 控制参数标定为：$k_{P2}=0.005$，$k_{I2}=0$，$k_{D2}=0.003$。目标航速为 0.4 m/s，初始航速为 0 m/s。航速跟踪试验结果如图 7.10 所示。由图 10.19（a）可见，通过不断调整螺旋桨转速，可使船舶航速保持在一个相对稳定的范围内。由图 10.19（b）可见，当航速稳定后，螺旋桨转速仍在变化以保持航速在稳定的范围内。本试验说明模型船具有航速稳定性。

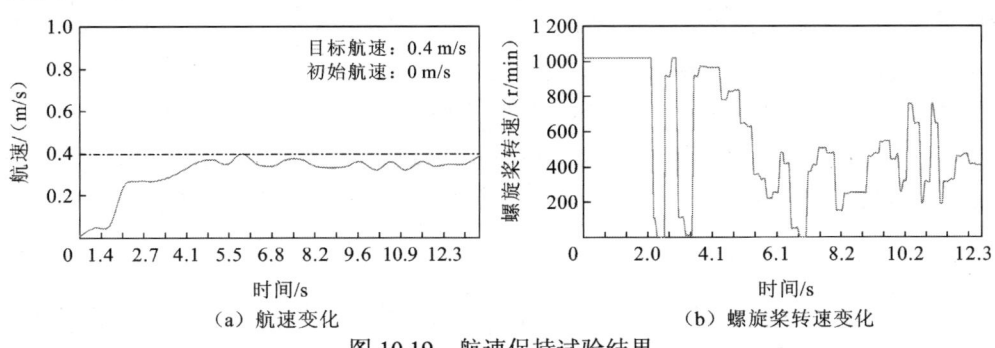

图 10.19 航速保持试验结果

10.2.2 平台算法实现

实验平台软件系统分为船载计算机上（上位机）的软件和船载控制电路板上（下位机）的软件（嵌入式程序）。上位机软件是基于 Microsoft Visual Studio 集成开发环境中的 Visual C++进行软件系统研发的，主要实现数据处理、信息传输、滤波算法、控制算法、数据存储、界面显示等功能。下位机软件是基于 STM32 单片机在 IAR 开发环境进行硬件程序研发的，主要实现数据滤波、指令解析、数据传输等功能。

模型船运动控制实验主要涉及 MPC、数据滤波、单目视觉定位等算法。由于真实环境下船舶运动控制要考虑算法可靠性和实时性等需求，这些算法如何在实验平台上实现十分关键。以下简要介绍 MPC、传感器滤波、舵角反馈、单目视觉定位等主要算法的实现过程。

1. MPC 算法实现

MPC 是一种需要在线求解最优化问题的控制算法。由于在 Microsoft Visual Studio 平台上不自带最优化问题处理工具包，通常需要利用 MATLAB、CPLEX 等第三方工具包实现最优化问题求解。Visual C++和 MATLAB 联合编程实现是一种常见的实现方式，但实际测试过程中发现 Visual C++调用 MATLAB 引擎的求解速率较慢，而 CPLEX 工具包在求解 MPC 最优化问题时效率较高，因此本实验平台采用 Visual C++联合 CPLEX 来验证 MPC 算法。

CPLEX 全称是 IBM ILOG CPLEX Optimization Studio，是 IBM 研发的用于求解优化（mathematical optimization）问题的工具包，能处理带约束的整数规划、线性规划等数学规划问题。CPLEX 即可以利用自身的最优化程序设计语言（optimization programming language，OPL）来编写模型，也可以使用一种叫作 Concert 的技术来实现 C++、C#与 Java 语言调用 CPLEX。基于 CPLEX 和 C++实现 MPC 的原理如图 10.20 所示。在 Microsoft Visual Studio 的 Visual C++平台上编写和生成上位机软件，上位机软件中 MPC 算法中最关键的优化问题是通过在 C++中定义 CPLEX 类对象进行表达的，再利用 CPLEX 的 Concert 技术调用 CPLEX 中的求解器在线求解优化问题的最优解，最后以相反的方向将最优解传至上位机软件。

2. 传感器滤波算法

电罗经是利用陀螺仪的定轴性和进动性原理设计的一种提供真北向基准的仪器。在船舶导航中电罗经是获取船首向角的主要仪器，相比磁罗经，其具有精度

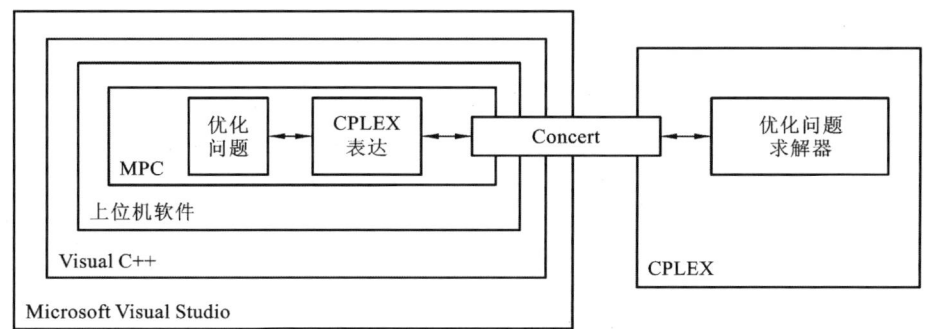

图 10.20　基于 CPLEX 和 C++的 MPC 实现原理

高、误差小等优点。在航向控制和路径跟随控制中船首向是重要的状态量，一旦船首向出现较大偏差或异常值，可能会导致船舶运动轨迹误差变大甚至出现反向航行等严重后果，因此有必要对船首向数据进行滤波。

考虑船舶自身的操纵性，正常操作下船首向的角速度会限定在一定范围内，基于此可提出一种剔除异常船首向数据的方法。以下为具体的操作步骤。

（1）假设船首向 $\psi \in [0,360°)$ 的角速度 ω 满足 $|w| \leqslant w_0$，船首向采样间隔内的时间为 T_s，因此相邻两次船首向之差满足 $|\Delta w| \leqslant w_0 T_s$，且假定 $w_0 T_s \in (0,180°)$。

（2）设 t 时刻的参考船首向为 ψ_t^r，$t+1$ 时刻的测量船首向为 ψ_{t+1}^m。当 $w_0 T_s < |\psi_{t+1}^m - \psi_t| < 360° - w_0 T_s$ 时，表明 $t+1$ 时刻的测量值为错误值，则 $t+1$ 时刻修正后的船首向为 $\psi_{t+1}^f = \psi_t^r$，$t+1$ 时刻参考船首向为 $\psi_{t+1}^r = \psi_{t+1}^m$；当 $|\psi_{t+1}^m - \psi_t| \leqslant w_0 T_s$ 或 $|\psi_{t+1}^m - \psi_t| \geqslant 360° - w_0 T_s$ 时，表明 $t+1$ 时刻的测量值正确，则 $t+1$ 时刻修正后的船首向为 $\psi_{t+1}^f = \psi_{t+1}^m$，$t+1$ 时刻参考船首向为 $\psi_{t+1}^r = \psi_{t+1}^m$。

（3）$t+2$ 时刻，按照步骤（2）继续对船首向进行滤波。

需要说明的是，在步骤（2）中当判断当前时刻测量值为异常值时，仍将这一时刻参考船首向设为测量值。这是考虑到一旦当前时刻测量值判断失误，即测量值是真实值但判断为错误值，这样就容易导致后续时刻的船首向都判断为错误值，船首向跟踪会出现较大偏差。

3. 舵角反馈控制算法

为实现精确的运动控制，有必要对舵角进行闭环控制，即当给舵机发送舵角控制指令时，通过角度传感器测量的实时舵角值作为反馈，应用 PID 算法使舵机较快且平稳地控制舵叶达到预期位置。这一控制过程是通过下位机程序实现的。经调试，舵机 PID 参数分别设置为：$K_P = 2$，$K_I = 0$，$K_D = 0$。不同于开环控制，通过反馈控制使真实舵角稳定到某一目标值通常需要更长的时间。经过辨识得到舵机响应模型（4.13）中的参数为：$K_E=1$，$T_E=0.3\,\text{s}$。

4. 基于单目视觉的定位算法

为解决模型船在室内水池中的定位问题，提出一种基于单目视觉的定位方法，该方法是通过处理固定位置和视角的单目摄像机采集图像来实现的。不同于常规的定位需求，在船舶路径跟随控制过程中除需要获取实时位置以外，还需要获取实时船首向数据。基于此需求，提出一种利用船首和船尾两个标志灯的颜色特征获取船舶位置和船首向的定位方法。

1）定位算法设计

定位算法设计主要包括图像预处理、畸变校正和图像分割3个部分[2]。

（1）预处理。采集图像过程中由于受到外界干扰，在拍摄或窗口变换处理过程中会使图像产生局部的"噪声"，包括气泡、凹陷和毛刺，这些图像缺陷会对后继的图像识别操作产生影响。为提高图像识别准确性，需对这些局部误差进行校正和补偿。根据与真实环境下图像的处理效果对比发现，高斯滤波方法能在保证原图像质量基本不变的条件下实现较好的滤波效果。

（2）畸变校正。本实验平台使用 OpenCV 函数库的 cv Find Chess board Corners 函数实现提取棋盘格角点，利用 cv Find corners SubPix 函数来对亚像素角点精确化，最后利用 cv Calibrate Camera2 函数提取摄像机内参矩阵并对摄像机畸变予以校正。

（3）图像分割。在图像处理领域，利用 RGB 色彩模式中 3 个不同颜色通道的颜色差异进行图像分割应用较广。提出一种基于颜色特征的船舶图像分割算法，具体实现参考文献[3]。简要的步骤如下：①对标定好的单目摄像机获取的单帧图像进行校正，并分离成 R、G、B 三个通道的单通道图像。②对每个单通道图像的灰度值进行阈值设置。③以与标志灯颜色相同的单通道图像的灰度值作为基准，分别减去其他两个单通道图像的灰度值，得到通道差值，对通道差值进行阈值设置。④建立与获取的图像相同尺寸的单通道灰度图像，根据设置的阈值进行二值化处理，得到二值化图像。建立与获取的图像相同尺寸的单通道灰度图像，经过颜色阈值处理后，可以得到满足颜色要求的图像区域，将这些区域内的点的单通道灰度值置为 255（纯白），其他区域置为 0（纯黑），即得到二值化图像。⑤得到二值化图像的连通域，通过连通域面积阈值剔除非标志灯目标。利用 OpenCV 库函数寻找步骤④中得到的二值化图像的连通域，通过连通域面积阈值剔除部分非标志灯目标。⑥计算剔除非标志灯目标之后剩余轮廓序列的 Hu 矩值，与标志灯的图像做匹配，分别识别 2 个标志灯，采用匹配到的轮廓最小外接圆的圆心坐标表征识别到的标志灯的位置。通过 Hu 矩值匹配之后的轮廓理论上是唯一的，如果出现干扰等导致匹配结果不唯一，或者没有匹配的轮廓，则识别终止并将该帧图像舍弃，回到步骤①对下一帧图像进行处理，直至识别到唯一的标志物轮廓。⑦运用小孔成像原理，将两个标志灯的图像坐标转换为世界坐标系下的坐标。⑧利用世界坐标系下的标志灯坐标，计算此刻的船首角。⑨在实时定位过程中，对获取的每一帧图像分别按照步骤①~⑧进行处理，取相邻两帧图像识别得到的两标志灯位置计算目标船舶的航行速度 v 和航向角 ψ。

2）实验测试

基于单目视觉定位算法自主研发了一套单目视觉软件系统，其界面如图 10.21 所示。该单目视觉定位系统在多种光照条件下做过测试，在保证有一定光照条件下，通过调节摄像机光圈、图像颜色通道阈值和标志灯尺寸参数一般能实现对标志灯的唯一识别。

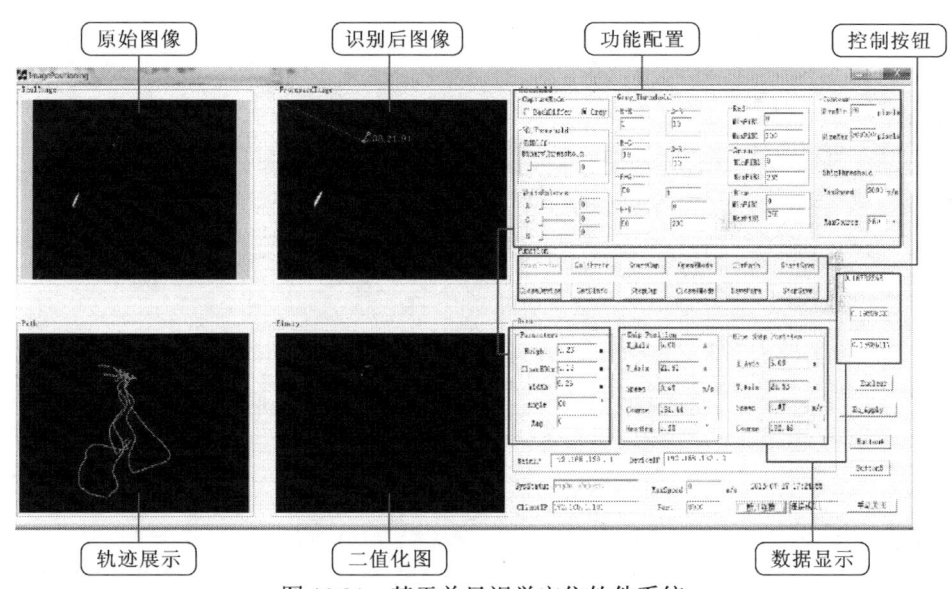

图 10.21 基于单目视觉定位软件系统

利用单目视觉定位系统在水池环境下对模型船定位精度进行验证，表 10.3 列出全部 16 组测量结果。在对系统误差校正前的 x_1 轴平均定位误差为 0.058 m，y_1 轴平均定位误差为 0.209 m，校正之后坐标点 x_1 轴平均定位误差为 0.038 m，y_1 轴平均定位误差为 0.124 m，均在可接受范围内，且摄像机定位数据更新频率达到 8 Hz，能满足船舶控制需要。

表 10.3 实际测量值与摄像机测量值对比　　　　（单位：m）

序号	实际值 P_r	摄像机测量值 P_c	误差差值 P_c-P_r	修正后摄像机测量值 P_{ce}	修正后误差值 $P_{ce}-P_r$
1	(2.99,2.13)	(2.99,2.27)	(0.00,0.14)	(2.94,2.14)	(−0.05,0.01)
2	(2.11,2.38)	(2.23,2.35)	(0.12,−0.03)	(2.18,2.22)	(0.07,−0.16)
3	(1.84,1.24)	(1.8,1.37)	(−0.04,0.13)	(1.75,1.24)	(−0.09,0.00)
4	(1.55,4.00)	(1.61,4.17)	(0.06,0.17)	(1.56,4.04)	(0.01,0.04)
5	(3.01,2.8)	(3.12,3.02)	(0.11,0.22)	(3.07,2.89)	(0.06,0.09)
6	(2.38,2.04)	(2.42,2.22)	(0.04,0.18)	(2.37,2.09)	(−0.01,0.05)
7	(4.38,2.31)	(4.44,2.22)	(0.06,−0.09)	(4.39,2.09)	(0.01,−0.22)
8	(4.36,2.43)	(4.41,2.68)	(0.05,0.25)	(4.36,2.55)	(0.00,0.12)
9	(2.97,1.54)	(3.03,1.59)	(0.06,0.05)	(2.98,1.46)	(0.01,−0.08)
10	(2.49,4.60)	(2.55,4.91)	(0.06,0.31)	(2.50,4.78)	(0.01,0.18)
11	(2.38,3.2)	(2.38,3.43)	(0.00,0.23)	(2.33,3.30)	(−0.05,0.10)
12	(0.22,4.93)	(0.23,5.19)	(0.01,0.26)	(0.18,5.06)	(−0.04,0.13)
13	(5.12,4.53)	(5.15,4.86)	(0.03,0.33)	(5.10,4.73)	(−0.02,0.20)
14	(4.41,5.03)	(4.44,5.33)	(0.03,0.30)	(4.39,5.20)	(−0.02,0.17)
15	(6.10,2.89)	(6.21,3.17)	(0.11,0.28)	(6.16,3.04)	(0.06,0.15)
16	(4.86,3.86)	(5.00,4.23)	(0.14,0.37)	(4.95,4.10)	(0.09,0.24)

10.2.3　实验验证

为验证本书提出的基于 MPC 的船舶运动控制方法在真实环境下的实验效果，利用模型船实验平台开展了基于 MPC 的航向跟踪控制、基于 MPC 的路径跟随控制、自适应 LOS 导航算法、基于 LEM 的路径跟随控制等实验，并与 PID、传统 LOS 导航等算法进行对比。实验场景如图 10.22 所示。在室外环境下采用 WiFi 作为通信手段，数传电台将差分 GPS 基站的差分数据传输至模型船差分 GPS 接收机，利用差分 GPS 实现模型船的实时定位。

第 10 章 船舶智能航行控制应用

图 10.22 实验场景

1. 基于 MPC 与基于 PID 的航向跟踪控制对比实验

航向跟踪控制是指从某一航向跟踪至目标航向并稳定在目标航向的过程。航向跟踪可以说是船舶操控的基础，在真实船舶航行过程中，驾驶员往往通过改变航向就能完成转向、避碰、绕行等驾驶行为。以下在模型船实验平台上测试 MPC 算法的航向跟踪控制性能，并通过与 PID 算法对比验证了 MPC 算法的有效性。

1) 实验条件和过程

MPC 算法实现的原理如 7.2.1 小节所述，在具体实现过程中考虑到实际的计算效率、传感器特性等因素，控制参数设置与仿真参数有所不同。具体参数设置见表 10.4。相应的 PID 参数调节为：$K_P=10$，$K_I=0$，$K_D=30$。

表 10.4 MPC 实验参数设置

参数类型	设置值
N_P	8
N_C	8
控制周期/s	0.1
约束设置 $u/(°)$	$-35 \leqslant u \leqslant 35$
权重矩阵 Q	diag[10000,10000,10000,10000]
权重参数 R	1

不同于仿真中对于不可测状态的假设，模型船中可通过电罗经获取实时船首向、陀螺仪获取实时角速度、绝对式角度传感器获取实时舵角值，因此状态变量中唯一不可测的就是角加速度值。参考文献[4]中对微分器的介绍和分析，应用基于微分器的状态估计方法以实现对角加速度的观测。微分器也可以认为是观测器

的一种，文献[4]提到的 ESO 是基于微分器发展而来的。基于微分器和其他传感器状态采集系统的原理如图 10.23 所示。

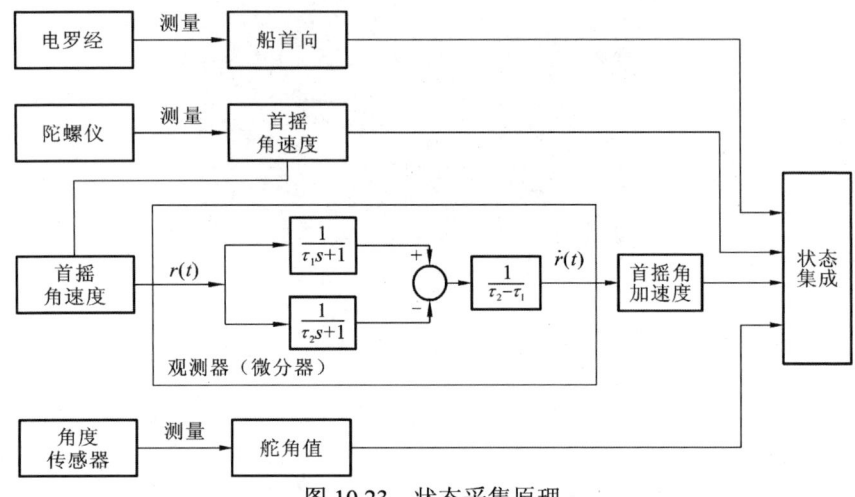

图 10.23　状态采集原理

由于非线性 MPC 求解速度较慢，本书采用线性化模型实现航向跟踪控制。为简化模型，假定干扰为定值。

2）实验结果分析

由理论分析可知，不同航速对应的二阶非线性 Nomoto 模型应不相同，为验证这一结论，在航速分别为 0.2 m/s 和 0.5 m/s 时对模型船进行 Z 型试验，通过最小二乘法辨识得到二阶非线性 Nomoto 模型的参数见表 10.5。由表 10.5 不难看出，不同航速对应的船舶操纵性能（模型参数）有所不同。

表 10.5　不同航速辨识得到的模型参数

航速为 0.2 m/s		航速为 0.5 m/s	
模型参数	数值	模型参数	数值
K	0.11	K	0.36
T_1	0.16	T_1	0.10
T_2	0.08	T_2	0.10
T_3	−0.16	T_3	−0.32
a	−1.23	a	−0.58
d_0	0.000 5	d_0	0
K_E	1.03	K_E	1.09
T_E	0.30	T_E	0.32

在室外风、浪、流干扰较小的情况下，当航速为 0.5 m/s 时利用本书提出的 MPC 算法跟踪目标船首向，得到模型船航向跟踪结果如图 10.24 所示，航向跟踪过程中的真实舵角和舵令对比如图 10.25 所示。由图 10.24 可见，基于 MPC 和基于 PID 的航向跟踪控制方法均能使模型船较快地跟踪到目标航向，且超调量较小，但相比于 PID 控制器，MPC 控制器在船首向稳定之后的波动更小。由图 10.25 可见，MPC 的操舵幅度和频率比 PID 要小，这样更有利于节能和减少机械损耗。与仿真结果不同的是，实际航向跟踪时很难实现完全无静差和波动的跟踪，这可能是由在真实环境下外界环境干扰和建模误差导致的。

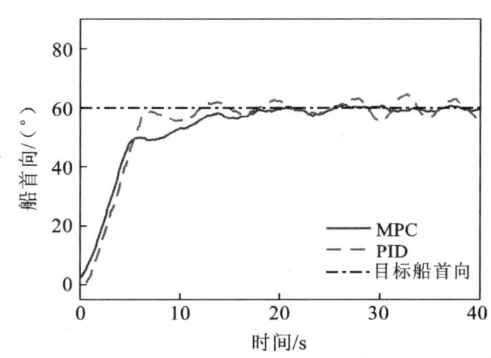

图 10.24　航速为 0.5 m/s 时不同初始角度跟踪效果

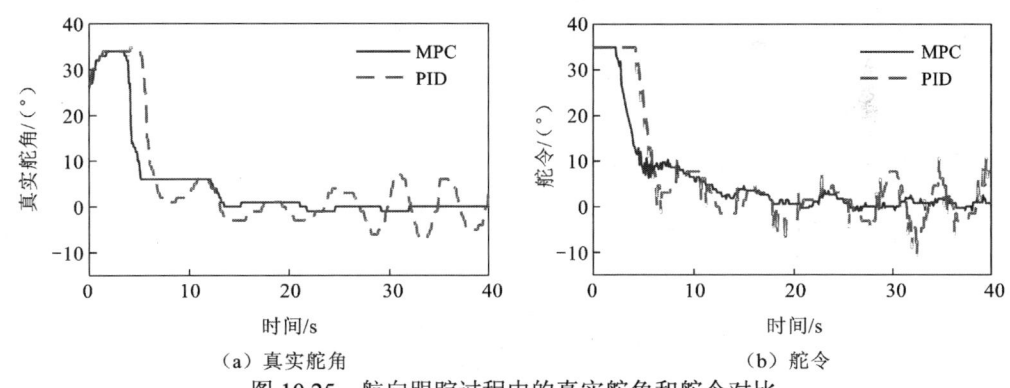

（a）真实舵角　　　　　　　　　　　　　（b）舵令

图 10.25　航向跟踪过程中的真实舵角和舵令对比

2. 基于 MPC 与基于 PID 的路径跟随控制对比实验

基于 MPC 的路径跟随的效果有待在真实环境下进一步验证，通过与 PID 方法进行对比来验证 MPC 在船舶路径跟随中的有效性。

1）实验条件和过程

在室外水池环境下（有一定风、流等干扰），在本实验平台上通过比较基于

MPC 与基于 PID 的模型船路径跟随控制算法的控制效果来验证基于 MPC 的路径跟随控制算法的有效性。在具体实现过程中考虑到实际的计算效率、传感器特性等因素，控制参数设置与仿真有所不同。MPC 与 PID 的控制参数设置分别见表 10.6 与表 10.7。需要指出的是，虽然 MPC 和 PID 的目标路径点坐标有区别，但是路径点构成的相对路径是相同的。

表 10.6 MPC 实验参数设置

参数	数值
N_P	8
N_C	8
控制周期/s	0.1
约束设置 u/(°)	$-35 \leqslant u \leqslant 35$
权重矩阵 Q	diag[10000,10000,10000,10000]
权重参数 R	1
目标路径点/m	{P_1(11.32,29.95), P_2(31.32,29.95), P_3(31.32,49.95), P_4(16.32,49.95), P_5(16.32,34.95)}
起始位置/m	(11.32,29.95)
起始船首向/(°)	70.7
起始航速/(m/s)	0

表 10.7 PID 实验参数设置

参数	数值
控制周期/s	0.1
约束设置 u/(°)	$-35 \leqslant u \leqslant 35$
PID 参数	$K_P=10$、$K_I=0$、$K_D=30$
目标路径点/m	{P_1(10.75,27.35), P_2(30.75,27.35), P_3(30.75,47.35), P_4(15.75,47.35), P_5(15.75,32.35)}
起始位置/m	(10.75,27.35)
起始船首向/(°)	96.0
起始航速/(m/s)	0

2）实验结果分析

按照表 10.6 和表 10.7 所示的参数和条件开展基于 MPC 的路径跟随和基于 PID 的路径跟随实验，实验结果分别如图 10.26 和图 10.27 所示。这两种方法在路径跟随过程中的横向跟踪误差（绝对值，下同）、舵令（系统输入）、真实舵角、航速对比分别如图 10.28（a）~（d）所示。

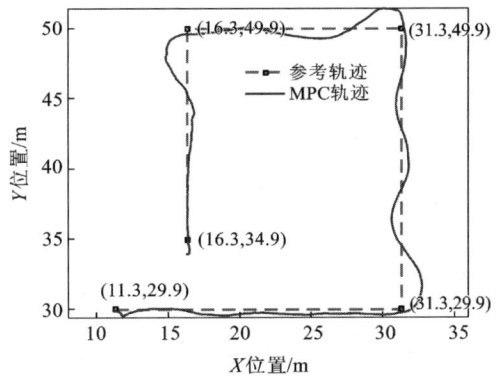

图 10.26　基于 MPC 的路径跟随结果

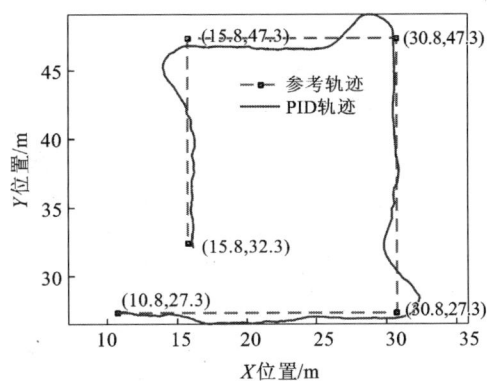

图 10.27　基于 PID 的路径跟随结果

由图 10.26 和图 10.27 可以得出，基于 MPC 和基于 PID 的路径跟随均能实现对目标路径的跟踪，具体的跟踪误差如图 10.28（a）所示。其中，基于 MPC 的路径跟踪平均误差为 0.46 m，基于 PID 的路径跟随跟踪平均误差为 0.58 m。由图 10.28（b）能看出，PID 的舵令幅度大于 MPC 的舵令幅度，并且从图 10.28（c）中能得到 MPC 和 PID 的真实舵角幅度分别为 12.5°和 10.6°。舵角幅度越小通常说明消耗的能量越小。图 10.28（d）说明 MPC 的平均航速大于 PID 的平均航速，MPC 和 PID 航速的平均值分别为 0.43 m/s 和 0.41 m/s。

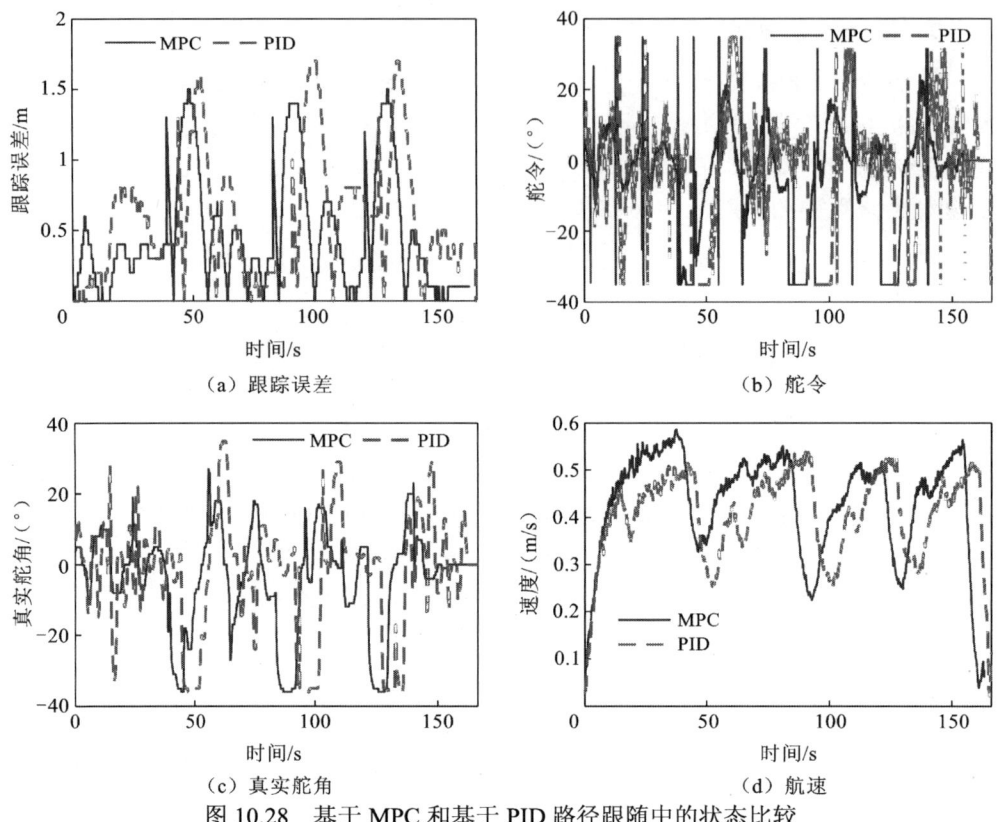

图 10.28 基于 MPC 和基于 PID 路径跟随中的状态比较

3. 自适应 LOS 导航算法与固定 LOS 导航算法对比实验

1）实验条件和过程

为验证第 6 章提出的自适应 LOS 导航算法的有效性,分别利用基于固定接纳圆 LOS（固定 LOS）和自适应接纳圆（自适应 LOS）的 MPC 路径跟随控制方法实现船舶路径跟随控制,控制参数设置与表 10.6 相同。固定 LOS 的接纳圆半径通常设置为 $R_0 = 2L$,其中 L 表示船长。自适应 LOS 半径设置参考式（6.9）,其中 $R_{\min} = L$,$R_{\max} = 9L$,$l = 2.7$。固定 LOS 的参数设置见表 10.8,自适应 LOS 的参数设置见表 10.9。

第 10 章 船舶智能航行控制应用

表 10.8 固定 LOS 实验参数设置

参数类型	设置值
目标路径点/m	{P_1(12.69,24.03), P_2(32.69,24.03), P_3(49.99,34.03), P_4(49.99,34.03), P_5(17.99,54.03), P_6(17.99,29.03)}
接纳圆半径/m	2
船长 L/m	1
起始位置/m	(12.69,24.03)
起始船首向/(°)	80.7
起始航速/(m/s)	0

表 10.9 自适应 LOS 实验参数设置

参数类型	设置值
目标路径点/m	{P_1(13.30,23.65), P_2(33.30,23.65), P_3(50.60,33.65), P_4(50.60,53.65), P_5(18.60,53.65), P_6(18.60,28.65)}
自适应接纳圆半径/m	P_2：0.6；P_3：1.2；P_4：3.7；P_5：3.7
起始位置/m	(13.30,23.65)
起始船首向/(°)	80.6
起始航速/(m/s)	0

2）实验结果分析

固定 LOS 和自适应 LOS 导航的 MPC 路径跟随结果分别如图 10.29 和图 10.30 所示。从跟踪轨迹的对比容易看出，在其他条件相同情况下，自适应 LOS 的路径跟随效果明显优于固定 LOS 的跟随效果。两种 LOS 方法在路径跟随过程中的横向跟踪误差、舵令、真实舵角和航速的对比分别如图 10.31（a）、(b)、(c) 和 (d) 所示。具体说明如下。

（1）图 10.31（a）说明自适应 LOS 的横向跟踪误差小于固定 LOS 的横向跟踪误差。其中，自适应 LOS 的平均横向跟踪误差为 0.41 m，固定 LOS 的平均横向跟踪误差为 0.74 m。

（2）根据图 10.31（b）和（c）呈现的舵令和真实舵角变化数据，可计算得到自适应 LOS 对应的真实舵角的平均值为 9.8°，固定 LOS 对应的真实舵角的平均值为14.0°。真实舵角越大意味着需要花费更多的能量用于控制舵机。因此从节能的角度来看，自适应 LOS 路径跟随方法具有一些优势。

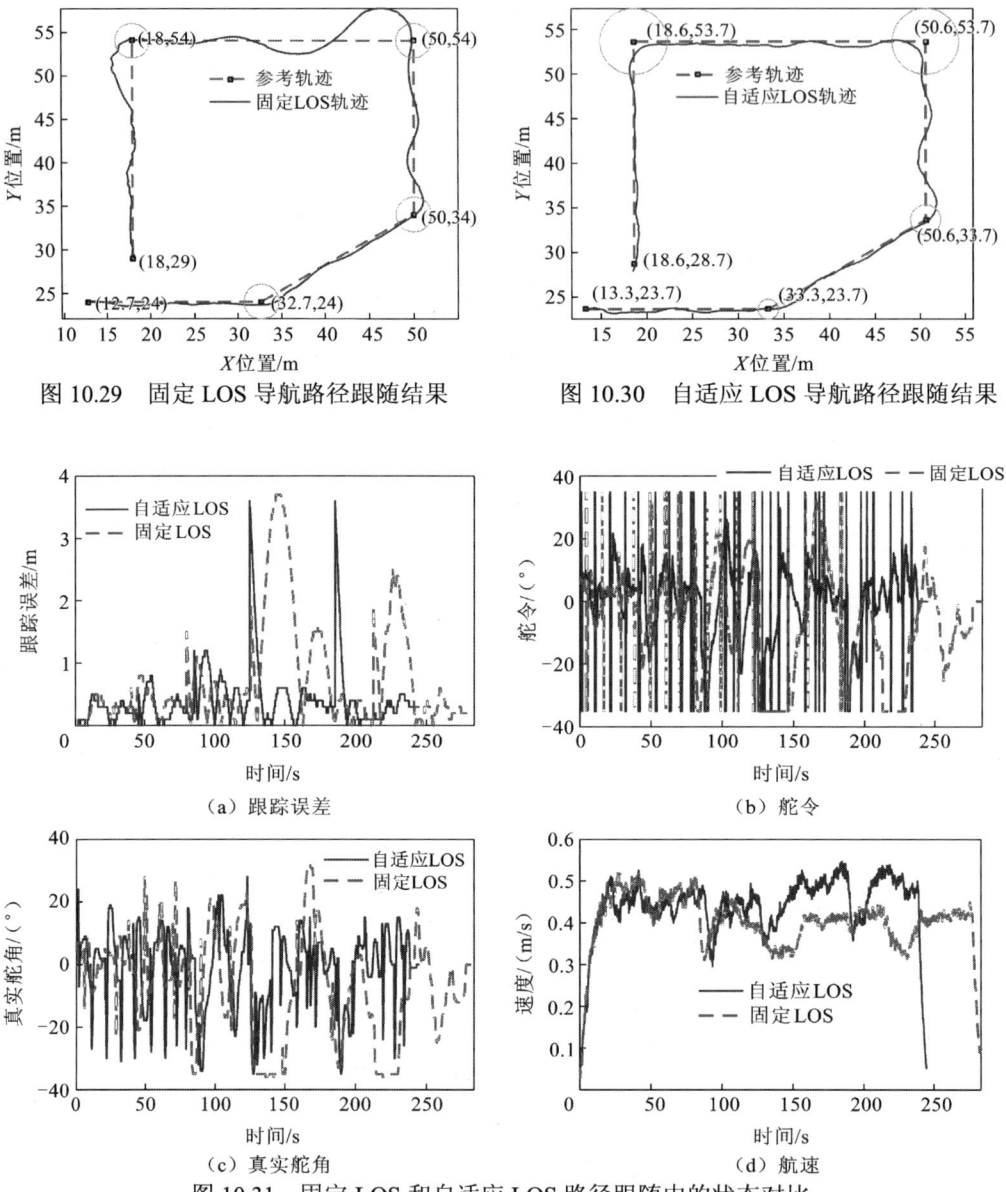

图 10.29 固定 LOS 导航路径跟随结果

图 10.30 自适应 LOS 导航路径跟随结果

（a）跟踪误差

（b）舵令

（c）真实舵角

（d）航速

图 10.31 固定 LOS 和自适应 LOS 路径跟随中的状态对比

（3）图 10.31（d）说明自适应 LOS 的航速小于固定 LOS 的航速。其中，自适应 LOS 的平均航速为 0.44 m/s，固定 LOS 的平均航速为 0.40 m/s。这与（2）中分析的结果一致，因为通常来说舵角越大速度损耗也越大。

（4）由图 10.29～图 10.31 可看出，固定 LOS 的路径跟踪收敛较慢，导致航行的路径总长度更长，相同目标路径花费的时间也更多，其中自适应 LOS 花费的总时长为 244.8 s，固定 LOS 花费的总时长为 284.0 s。

4. 基于 LEM 的路径跟随控制实验

1）实验条件和过程

为验证本书提出的基于 LEM 的路径跟随方法在干扰环境下的有效性，在室外水池环境下（有风、流等干扰）测试了模型船的路径跟随效果，并对路径跟随过程中的数据进行了分析。

LEM 原理见 8.4 节，在具体实现过程中考虑到实际的计算效率、传感器特性等因素，控制参数的设置与仿真有所不同。具体的参数设置见表 10.10。

表 10.10 实验参数设置

参数类型	设置值
N_P	8
N_C	8
控制周期/s	0.1
约束设置 $u/(°)$	$-35 \leqslant u \leqslant 35$
权重矩阵 Q	diag[10000,10000,10000,10000]
权重参数 R	1
目标路径点/m	{P_1(13.30,23.65)，P_2(33.30,23.65)，P_3(50.60,33.65)，P_4(50.60,53.65)，P_5(18.60,53.65)，P_6(18.60,28.65)}
接纳圆半径/m	P_2：0.6；P_3：1.2；P_4：3.7；P_5：3.7
起始位置/m	(13.30,23.65)
起始船首向/(°)	80.6
起始航速/(m/s)	0

2）实验结果分析

基于 LEM 的路径跟随控制实验结果如图 10.32 所示。根据真实轨迹重新绘制的路径跟随结果如图 10.33 所示，路径跟随过程中横向跟踪误差、舵令、真实舵角、真实船首向、目标船首向、航速等数据变化如图 10.34 所示。

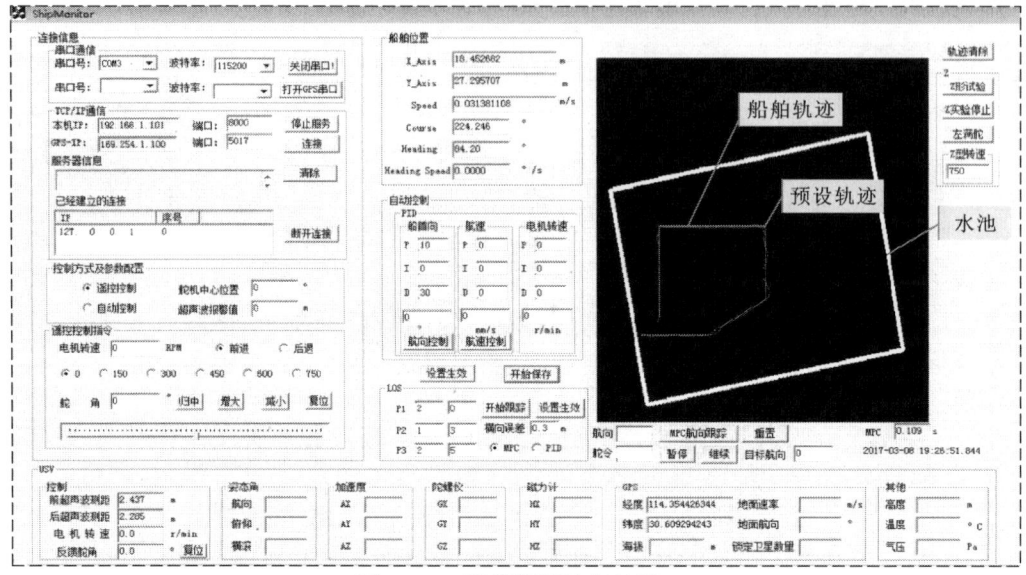

图 10.32 路径跟随控制效果

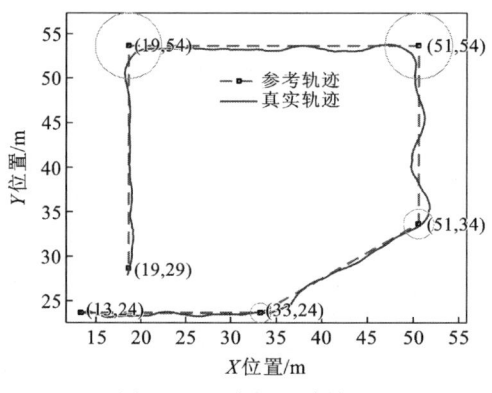

图 10.33 路径跟随结果

由图 10.33 可见，模型船能够较平稳地跟踪上直线路径，而在路径段切换过程中由于目标船首向有突变，需要经过一段时间才能逐步跟踪上目标路径，从图 10.34（a）的跟踪误差和图 10.34（c）的船首向变化情况可以印证这一点。需要说明的是，在图 10.34(a)中圆圈内的横向跟踪误差值约为 3.7 m，对比图 10.34，实际的跟踪误差没有这么大，这是因为在计算横向跟踪误差时，当船舶进入接纳圆后，计算的横向跟踪误差是相对于下一条路径的横向距离。图 10.34（b）中舵

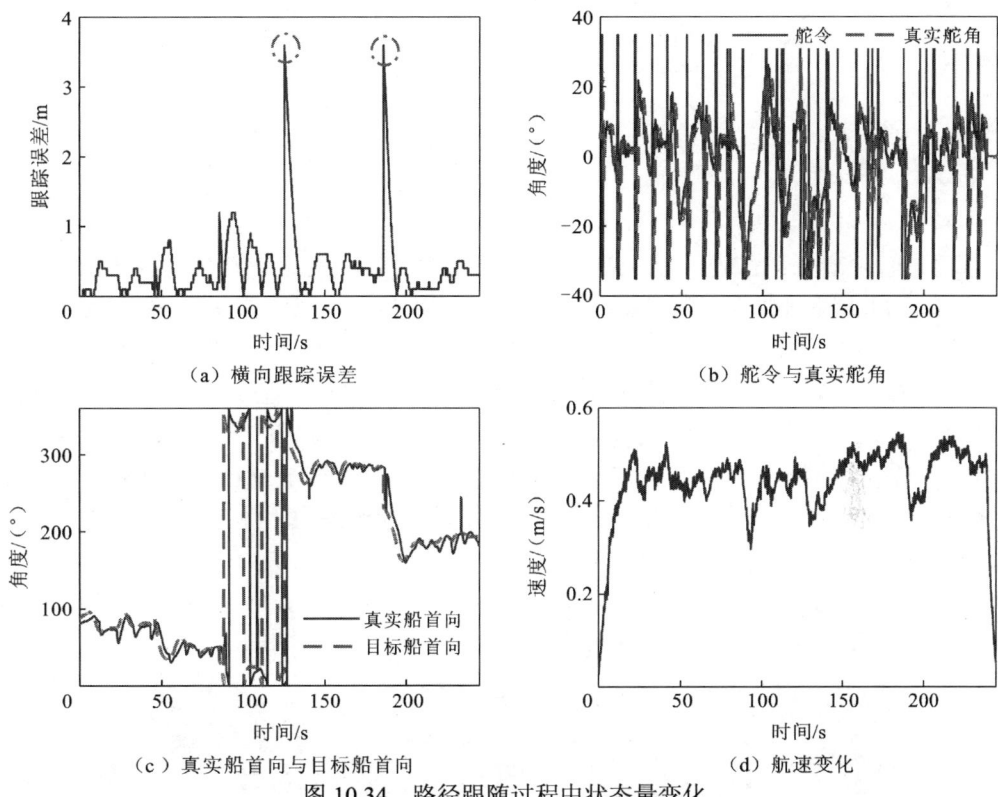

图 10.34 路径跟随过程中状态量变化

令和真实舵角不完全一致,这是由舵机的延时特性导致的。图 10.34(c) 中可以看出真实船首向总是落后于目标船首向,但一直在"尽力"缩小差距。图 10.34(d) 呈现的航速变化说明在路径跟随过程中航速基本上维持在 0.5 m/s 左右,在转向时由于推进器产生的推力一部分用于转向,所以航速会突然下降。

5. 实验总结

基于模型船建立了船舶实验验证平台,用于验证本书提出的船舶控制算法的有效性。提出了一种单目视觉的船舶定位方法,实现了模型船的室内精确定位和船首向测量。测试了模型船的航向保持和航速保持性能,保证了模型船实验平台能够满足路径跟随等运动控制的需要。在模型船实验平台上测试了 MPC、自适应 LOS 导航和 LEM 等方法的控制效果,并取得了较好实验结果,通过与 PID、传统 LOS 导航进行对比进一步验证了提出的控制算法的有效性。

10.3 船闸水域船舶编队航行平台

10.3.1 概述

目前,随着船舶航速自动控制与船舶高精度定位及航行态势感知技术的发展,实现船闸水域多船航行同步控制及船舶精确定位控制在技术上具有可行性。三峡-葛洲坝船闸是促进长江经济带持续发展的重要节点之一,其日常运行效率和安全保障能力直接影响长江航运的运行效率[5]。在安全稳定的前提下,为缩短船舶进出闸时间,提高三峡-葛洲坝船闸运行通过能力,迫切采用船舶智能航行控制、高精度定位及测量等技术实现三峡-葛洲坝船闸多船自适应航行控制同步进出闸。为优化多船同步进出闸流程,开展了三峡-葛洲坝多船编队过闸控制系统研究。多船编队过闸场景如图 10.35 所示。

图 10.35 多船编队过闸场景

10.3.2 多船编队过闸控制系统

1. 系统设计

多船编队过闸控制系统具体包括船载系统(包括船载信息采集子系统和船载控制子系统)和岸基系统,如图 10.36 所示。船载信息采集子系统主要实现前方障碍物距离探测、船舶周围障碍物探测和船舶航行状态检测。船载控制子系统主要实现船舶主机速度控制、距离保持控制、自动停船控制等,保证船舶安全编队航行。船载系统包括毫米波雷达、定位定姿系统、通信系统、数据处理与控制系统、执行器(车钟)控制接口等。其中,毫米波雷达分别布设在船舶的前、后、左、右四个方位,用于获取船舶四周障碍物目标的距离、角度和相对速度。岸基服务子系统主要负责船岸通信、岸基监控、数据存储、人机交互等功能,船岸交互数据主要包括船舶定姿定位数据、毫米波雷达数据、船闸状态、船闸信号灯状态、监控信息等。

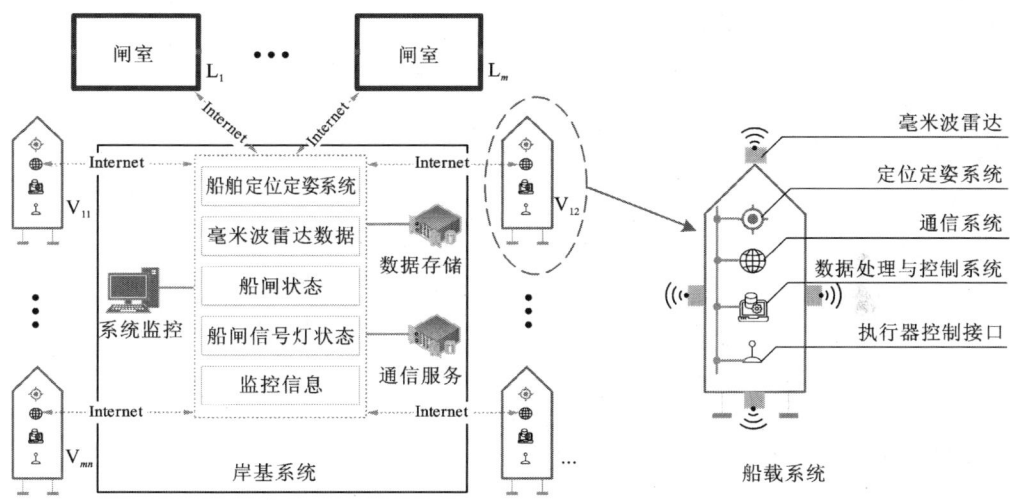

图 10.36　过闸编队控制船载和岸基系统

1) 船载信息采集子系统

船载信息采集子系统采用毫米波雷达、激光雷达、罗经、定位单元、航海雷达作为信息获取手段。其中,毫米波雷达用于获取船舶前、后、左、右四个方向的距离信息。激光雷达采用多线 360°覆盖避障激光雷达,能够获取周围环境障碍物距离信息(激光雷达作为备选,尚未采用)。罗经用于获取船首向数据。定位单位用于获取船舶精确位置。航海雷达作为一种备用手段,也可以作为障碍物探测手段。这些传感器具体布设如图 10.37 所示。

过闸船舶编队内每艘船舶都需获取本船位置、航速、航向、船首向、螺旋桨转速、周围障碍物距离与速度及他船状态等信息,同时还需接收岸基中心控制指令。过闸船舶编队信息采集与感知框架图 10.38 所示。

2) 船载控制子系统

船载控制子系统包括航速控制、距离保持控制、自动停船控制和紧急停船控制等,主要通过操控船舶主机车钟实现。过闸船舶编队领航船主动控制船舶航行速度,并保证船舶能够在指定纵向位置停下。过闸船舶编队跟随船根据前船速度和位置来控制自身航速,保证本船与前船保持安全相对距离和相对航速。

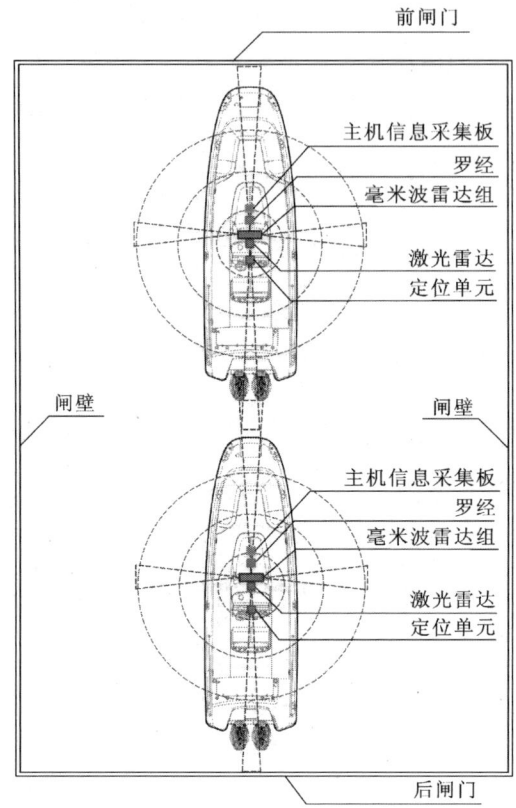

图 10.37 传感器布设

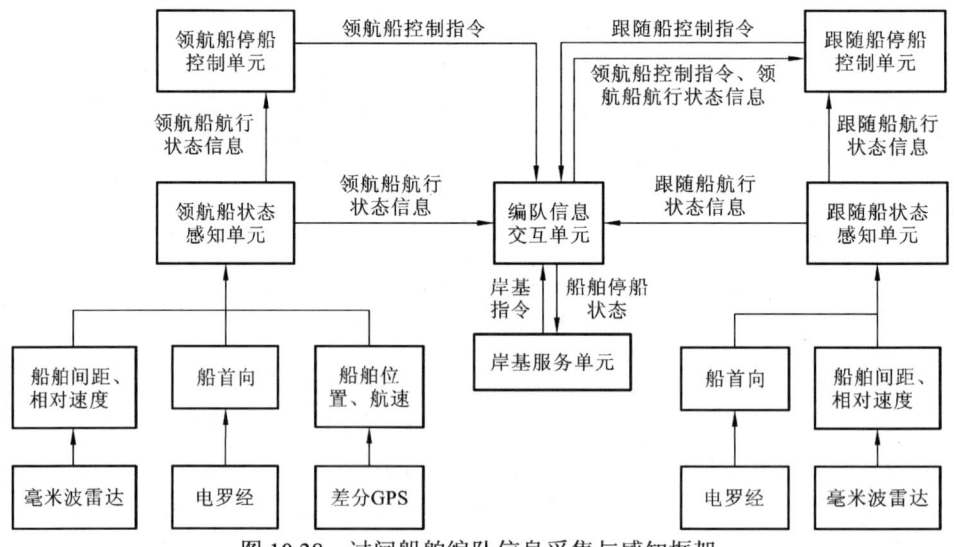

图 10.38 过闸船舶编队信息采集与感知框架

3) 岸基系统

岸基系统主要实现船舶精确定位、远程交互。闸室环境下 GNSS 信号微弱，很难实现精确定位。采用室内定位技术实现船舶在闸室环境下的精确定位。同时，岸基服务系统还应提供远程交互服务，其信息交互关系如图 10.39 所示。

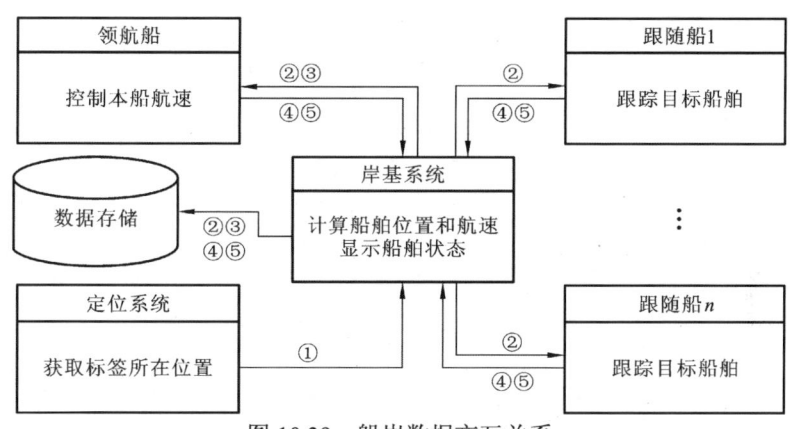

图 10.39 船岸数据交互关系

①定位标签位置；②所有船舶位置和航速；③领航船航速、停船设定；④车钟指令、主机转速、罗经值、GNSS 信息；⑤4 个毫米波雷达距离和速度值

2. 系统实现

选择"海巡 12911"（图 10.40）海事巡逻船作为改装船，在该船上安装多个传感器和采集设备，实时获取船舶周围障碍物距离、尾轴转速信息，控制船舶主机车钟，实现对前船的自适应巡航控制。

图 10.40 海巡 12911

1)硬件系统

过闸船舶编队硬件系统包括毫米波雷达、罗经、工控机、CAN/网口转换器、舵机控制器、脉冲采集设备、4G 路由器、摄像头等。软件系统主要实现传感器数据读取、解析、参数配置、主机控制、界面显示等功能。硬件系统结构如图 10.41 所示。

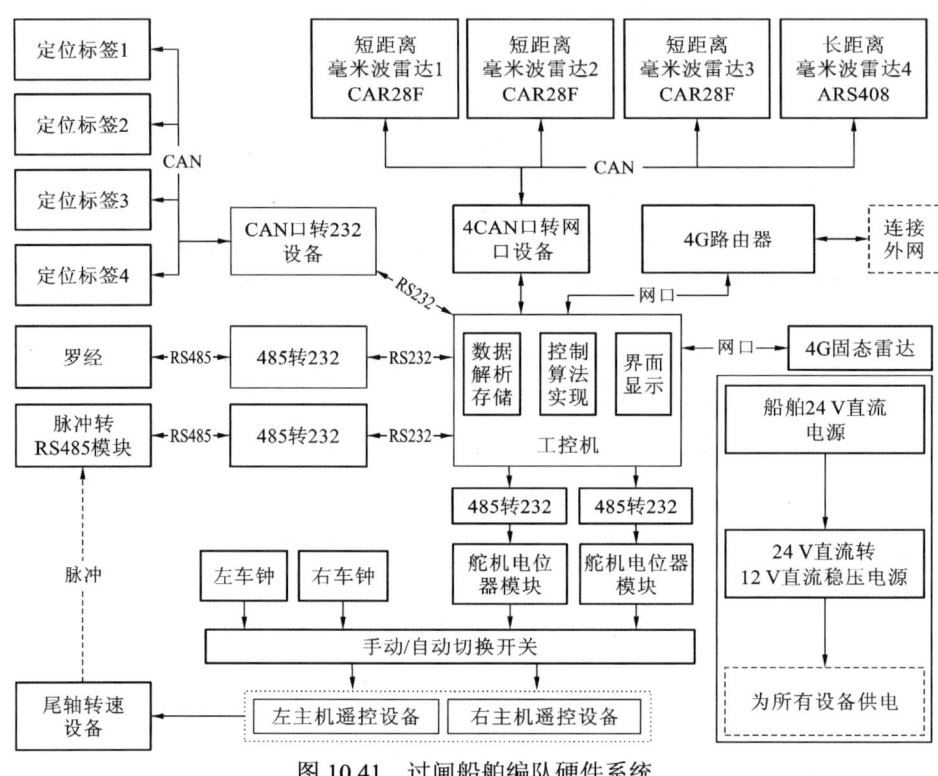

图 10.41　过闸船舶编队硬件系统

安装主要的设备如图 10.42 所示。

2)软件系统

基于 C++和 QT 开发多船自适应巡航控制软件系统。多船同步过闸控制系统是一套能够获取过闸船舶周围环境信息，控制船舶车钟，实现与前船的自适应巡航控制的系统。其主要功能包括：①解析毫米波雷达数据和主机转速数据；②从配置文件中读取控制算法参数配置；③实现船舶控制算法；④向车钟发送控制指令；⑤界面动态显示船舶位置和周围船舶目标状态；⑥实时保存船舶运行状态数据和控制指令数据。船载船舶编队控制软件界面如图 10.43 所示。

第10章 船舶智能航行控制应用

图 10.42 安装的主要设备

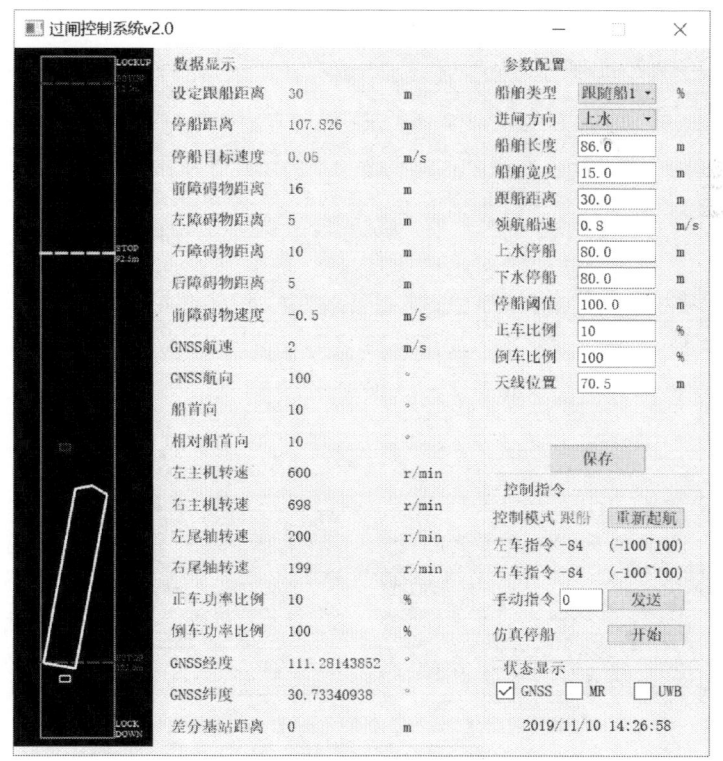

图 10.43 船载船舶编队控制软件界面

岸基服务软件主要实现对所有编队船舶的远程信息显示、存储、信息分享和监控等功能。其软件界面如图10.44所示。

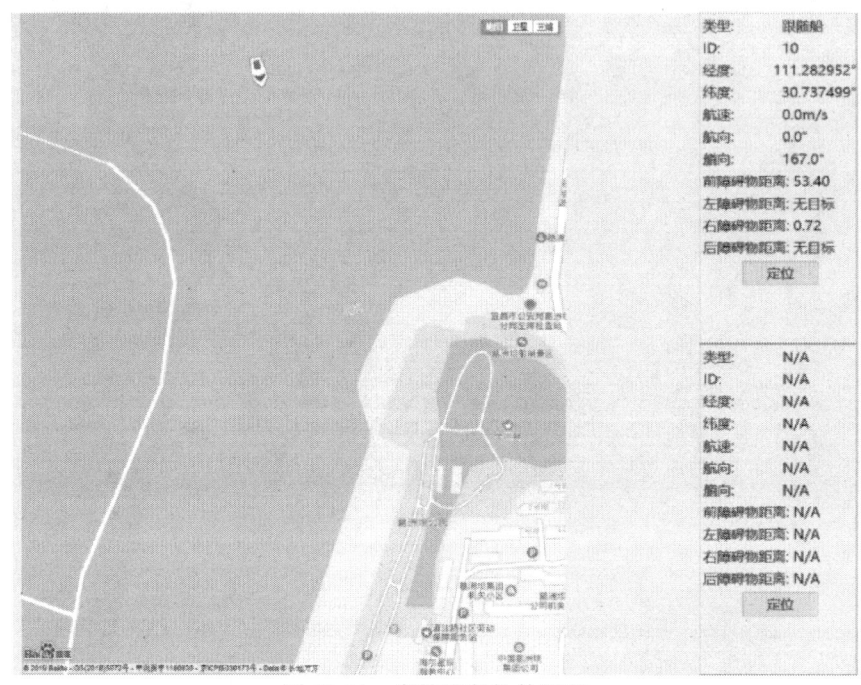

图10.44 岸基服务软件界面

3. 实验测试

为验证多船自适应巡航控制系统的有效性，在葛洲坝3号闸对该系统进行了验证。前船（被跟踪船舶）为"海巡12907"（船长34 m，船宽5 m），后船（跟踪船）为"海巡12911"（船长24.5 m，船宽5 m）。测试现场如图10.45所示。

（a）测试现场1

（b）测试现场2

(c)测试现场3

(d)测试现场4

图 10.45 测试现场

为测试船舶编队协同过闸控制系统在实际船闸水域的效果,在葛洲坝二号和三号船闸进行了多次测试,测试场景如图 10.46 所示。其中,二号船闸闸室长为 280 m,宽为 34 m;三号船闸闸室长为 120 m,宽为 18 m。共完成了距离保持控制、航速控制和两船编队过闸控制等 3 项测试内容,测试过程中参数配置见表 10.11,具体测试内容详见表 10.12。

(a)测试场景

(b)距离保持场景

(c)协同控制场景

图 10.46 葛洲坝船闸测试场景

表 10.11 测试参数设置

参数	数值
距离保持控制正车 PID 参数	$K_P=0.015$,$K_I=0$,$K_D=0.002$
距离保持控制倒车 PID 参数	$K_P=0.060$,$K_I=0$,$K_D=0.002$
航速控制正车 PID 参数	$K_P=0.30$,$K_I=0$,$K_D=0.02$
航速控制倒车 PID 参数	$K_P=0.60$,$K_I=0$,$K_D=0.02$
距离模糊阈值 d_f/m	3.00
速度模糊阈值 v_f/(m/s)	0.40
停船参数 d_{se}/m	3.00

续表

参数	数值
正、倒车控制参数 K_r	0.2、0.4
停船距离 d_{s0}/m	80.0
"海巡 12911" 正、倒车功率/%	7、20
"航工 201" 正、倒车功率/%	10、100
"航工 07" 正、倒车功率/%	10、30

表 10.12　编队协同过闸控制测试内容

测试时间	测试地点	测试内容	测试船舶
2019 年 6 月 26 日	葛洲坝三号船闸	距离保持控制测试	"海巡 12911"、"海巡 12907"
2019 年 9 月 5 日	葛洲坝二号船闸	航速控制测试	"航工 201"
2019 年 11 月 9 日	葛洲坝二号船闸	两船编队协同控制测试	"航工 07"、"航工 201"

1）距离保持控制测试

在距离保持控制测试过程中，"海巡 12907" 作为领航船（人工操控），"海巡 12911" 作为跟随船（车钟自动控制），测试 "海巡 12911" 在距离保持控制时与设定距离的偏差、相对航速变化等性能。距离保持设定值为 20 m，两艘船舶航速控制在 1.0 m/s 左右。测试结果如图 10.47 所示。从实验数据可得，平均跟踪距离误差为 2.43 m，相对航速的平均值为 0.33 m/s。

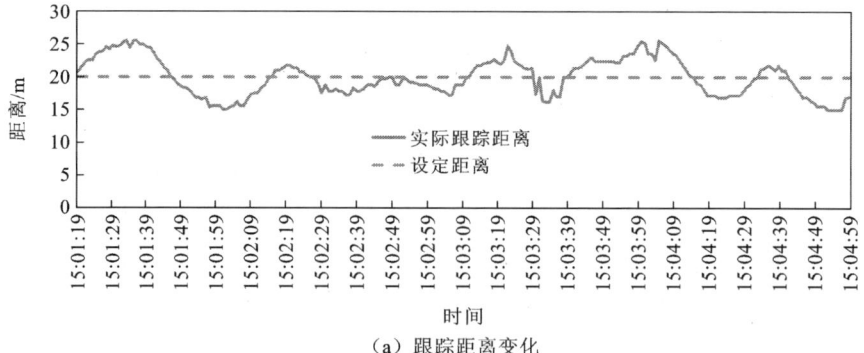

(a) 跟踪距离变化

第 10 章　船舶智能航行控制应用

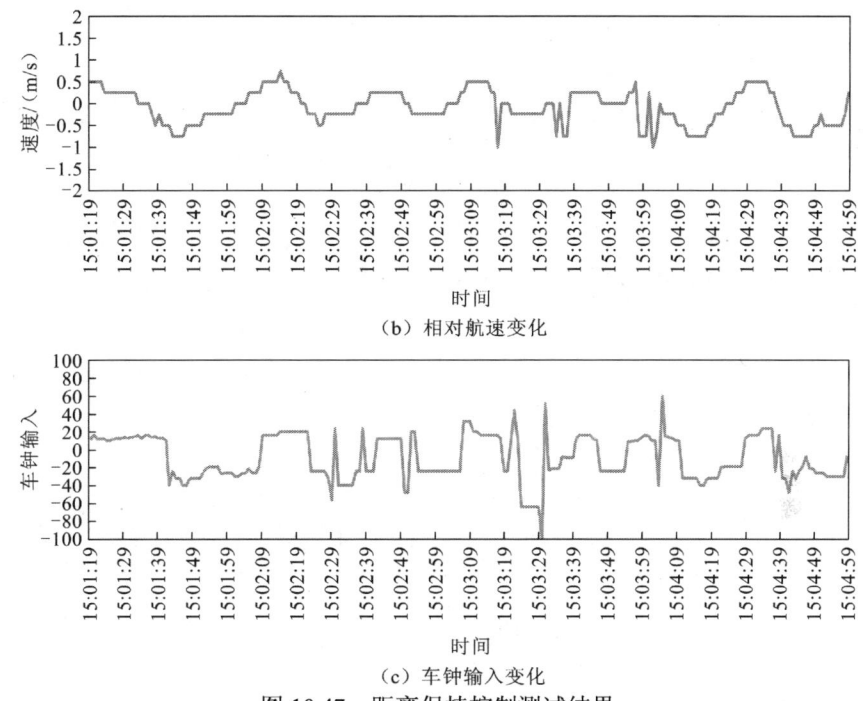

（b）相对航速变化

（c）车钟输入变化

图 10.47　距离保持控制测试结果

2）航速控制测试

在航速控制测试过程中，"航工 201"船舶车钟由编队协同控制系统控制，测试实际航速与设定航速偏差。船舶航行初速度设为 1.5 m/s，设定航速为 0.8 m/s。测试结果如图 10.48 所示。从实验数据可得，航速控制平均误差为 0.08 m/s。

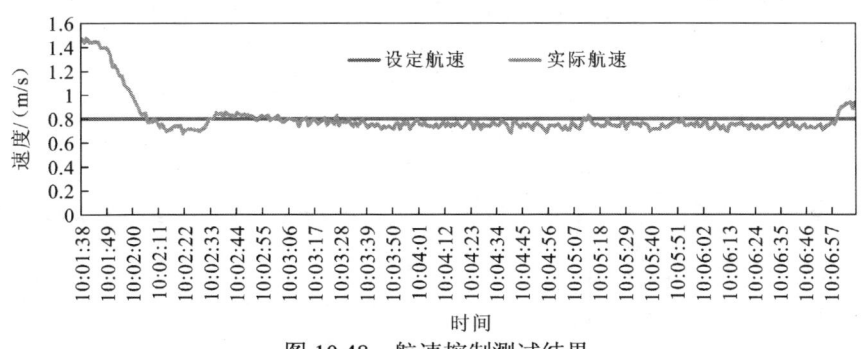

图 10.48　航速控制测试结果

3）两船编队协同控制测试

在两船两船编队协同控制测试过程中，领航船"航工 201"自动控制航速和停船,跟随船"航工 07"自动实现距离保持,测试编队过闸过程中协同控制性能。领航船上行进闸后航速维持在 0.8 m/s 左右,进入停船模式后,航速缓慢降至 0,此时领航船与设定停船线的距离为 2 m,重新起航后,领航船航速平稳加速至 0.8 m/s,如图 10.49(a)和(b)所示。跟随船"航工 07"在上行过闸过程中航速维持在 1.5 m/s 以下,与领航船纵向距离保持在设定距离 30 m 左右浮动,如图 10.49(c)和(d)所示。由于在停船系泊时领航船与跟随船纵向不共线,导致毫米波雷达测量输出为 0。

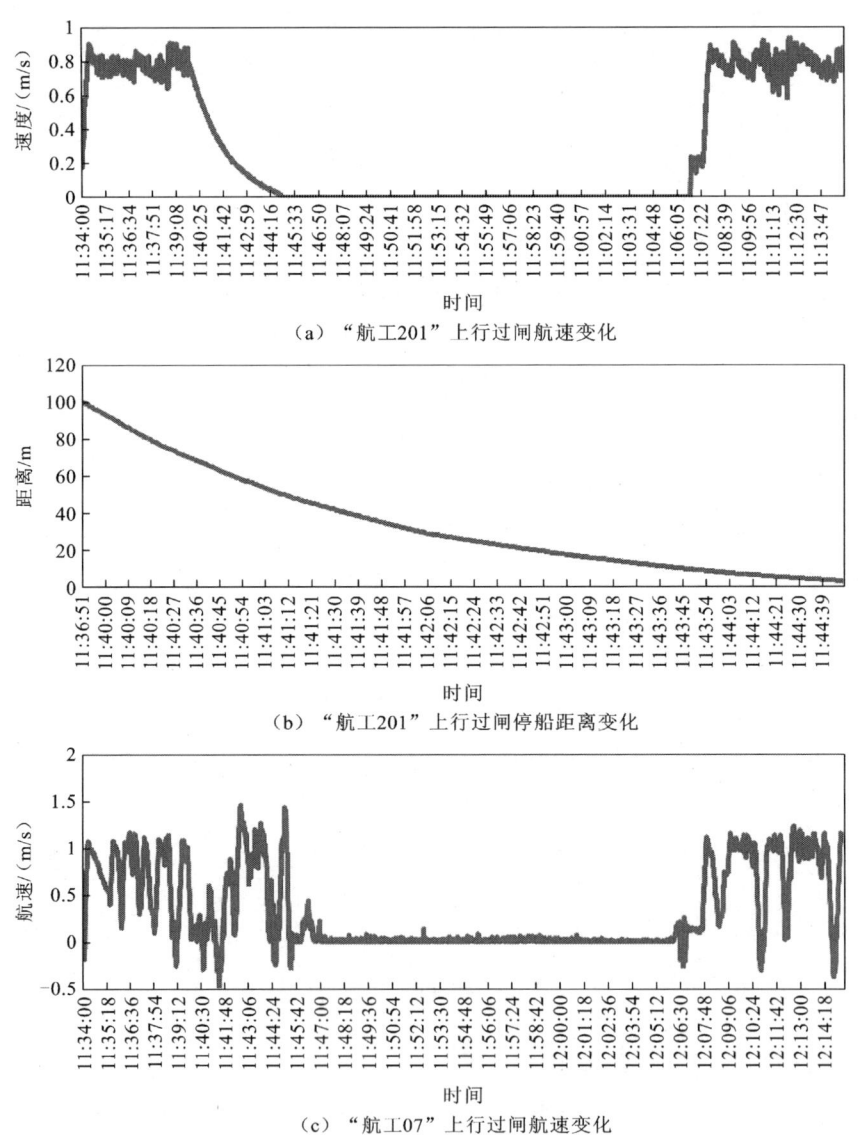

(a)"航工201"上行过闸航速变化

(b)"航工201"上行过闸停船距离变化

(c)"航工07"上行过闸航速变化

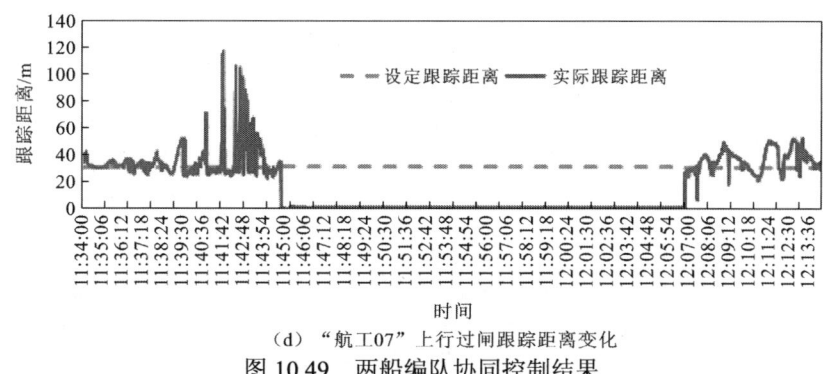

(d) "航工07"上行过闸跟踪距离变化

图 10.49 两船编队协同控制结果

从测试结果分析，船舶编队协同控制系统能够实现船舶航速控制、船舶距离保持控制、船舶编队协同过闸控制（停船控制）。

参 考 文 献

[1] 柳晨光, 初秀民, 欧阳雪, 等. 欠驱动水面模型船航向保持控制仿真平台[J]. 中国航海, 2016, 39(4): 1-5.

[2] 柳晨光, 初秀民, 谢朔, 等. 基于单目视觉的水面船舶多目标定位方法[J]. 交通运输工程学报, 2015(5): 91-100.

[3] 初秀民, 柳晨光, 谢朔, 等. 基于单目视觉的室内水面船舶精确定位系统和方法: 中国, CN104867158A[P]. 2015-08-26.

[4] 韩京清. 自抗扰控制技术: 估计补偿不确定因素的控制技术[M]. 北京: 国防工业出版社, 2008: 49-52.

[5] LIU C, QI J, CHU X, et al. Cooperative ship formation system and control methods in the ship lock waterway[J]. Ocean Engineering, 2021, 226: 108826.

编 后 记

《博士后文库》是汇集自然科学领域博士后研究人员优秀学术成果的系列丛书。《博士后文库》致力于打造专属于博士后学术创新的旗舰品牌，营造博士后百花齐放的学术氛围，提升博士后优秀成果的学术和社会影响力。

《博士后文库》出版资助工作开展以来，得到了全国博士后管委会办公室、中国博士后科学基金会、中国科学院、科学出版社等有关单位领导的大力支持，众多热心博士后事业的专家学者给予积极的建议，工作人员做了大量艰苦细致的工作。在此，我们一并表示感谢！

《博士后文库》编委会